Elisabeth Noelle-Neumann
Renate Köcher

Die verletzte Nation

Elisabeth Noelle-Neumann
Renate Köcher

Die verletzte Nation

Über den Versuch der Deutschen,
ihren Charakter zu ändern

Deutsche Verlags-Anstalt
Stuttgart

CIP-Kurztitelaufnahme der Deutschen Bibliothek

Noelle-Neumann, Elisabeth:
Die verletzte Nation:
über d. Versuch d. Deutschen, ihren Charakter zu ändern /
Elisabeth Noelle-Neumann; Renate Köcher. –
Stuttgart: Deutsche Verlags-Anstalt, 1987.
ISBN 3-421-06331-1
NE: Köcher, Renate:

© 1987 Deutsche Verlags-Anstalt GmbH, Stuttgart
Alle Rechte vorbehalten
Redaktionsassistenz und verantwortlich für
die Bibliographie: Helmtrud Seaton
Typographische Gestaltung: Brigitte Müller
Satz: Setzerei Lihs, Ludwigsburg
Druck und Bindearbeit: May + Co., Darmstadt
Printed in Germany

Inhalt

Elisabeth Noelle-Neumann
Vorwort   9

Elisabeth Noelle-Neumann
Nationalgefühl und Glück   17
Anhang-Tabellen: A1 bis A21   48

Elisabeth Noelle-Neumann
Methodenexkurs zur Frage der Vergleichbarkeit
von Ergebnissen bei internationalen Umfragen .   72

Renate Köcher
Familie und Gesellschaft   74
Anhang-Tabellen: A22 bis A79 105

Renate Köcher
Religiös in einer säkularisierten Welt 164
Anhang-Tabellen: A80 bis A156 198

Renate Köcher
Freiheit, Gleichheit, Autorität und Norm –
ungeklärte Verhältnisse 282
Anhang-Tabellen: A157 bis A206 305

Elisabeth Noelle-Neumann
Rückblende 356
1940: Frau B. kommt nach Hause 360
1941: Im Hotel „Märkischer Adler" 370
1943: Fahrt in die ruhigen Nächte 376
1945: Im Oderbruch. Ein Wald, ein Bahndamm,
     ein Bataillon (Erich Peter Neumann) 381
1985: Die geschlagene und befreite Generation 390
Quellennachweis für die Textstücke dieses Abschnitts . . . 394

Anhang

Quellennachweis von vorliegenden Veröffent-
lichungen mit Ergebnissen der internationalen
Wertestudie 396
Literaturhinweise 398
Technische Erläuterungen 404
Fallzahlen der Wertestudie 407
Untersuchungsdaten zur deutschen Wertestudie . 409
Originalfragebogen der Wertestudie mit
Anlagen 410

Was heißt Europa?

Wenn in diesem Buch von „Europa" die Rede ist
oder Ergebnisse für „Europa insgesamt" ausgewiesen werden,
so sind darin die Ergebnisse für die Bundesrepublik Deutschland,
Dänemark, Großbritannien, Nordirland,
Republik Irland, Holland, Belgien, Frankreich, Spanien
und Italien enthalten, gewichtet nach den Einwohnerzahlen
dieser Länder. In einzelnen Tabellen werden
zusätzliche Ergebnisse für Schweden ausgewiesen, das
in der ursprünglichen Umfrage über die Wertesysteme nicht
eingeschlossen war.

Vorwort

In drei Tagen, von Himmelfahrt 1979 bis zum Samstagabend, entwarfen wir im Allensbacher Institut den ersten Fragebogen. Juan Linz war dabei, Professor für Politische Wissenschaften an der Universität Yale, Amerikaner, aber auch Spanier, Chef des Umfrageinstituts DATA in Madrid; weil er einen deutschen Vater hatte, konnten wir deutsch sprechen.

Abends gingen wir alle zusammen, die vier Allensbacher, E. N. N., R. K., Erp Ring und Maria Auer*, und Juan Linz in das Restaurant Pferdehof, oberhalb von Bodman, am westlichen Teil des Bodensees, der Überlinger See heißt. Noch beim Essen im Kerzenschein unter dunklen Holzbalken, die zeigten, daß wir wirklich in einem alten Pferdestall waren, sprachen wir weiter über den Fragebogen. Damals, bei Steaks und Roséwein, entwickelte Juan Linz seine Idee, man müsse bei dieser Umfrage testen, mit wieviel Widersprüchen heute die Menschen lebten. Zum Beispiel könnten sie offenbar ohne irgendwelche Beschwerden einmal mit Nachdruck eintreten für das Recht einer Frau auf ein Kind, auch ohne verheiratet zu sein, und wenig später könnten sie versichern, ein Kind brauche für seine Entwicklung Vater und Mutter. Die ganze Idee, das Widerspruchsvolle der Werte, für die Menschen heute einträten, zum Zentrum der Untersuchung zu machen, wurde leider nicht verwirklicht. Aber diese beiden Fragen gab es dann tatsächlich noch im endgültigen Fragebogen, wie er nach zehn Konferenzen mit englischen, französischen, belgischen, holländischen und spanischen Kollegen verab-

---

* Als Allensbacher Mitarbeiterin an diesem ersten Entwurf ist außerdem zu erwähnen Herta Ludwig.

schiedet worden war*, und jetzt findet man im vorliegenden Buch im Kapitel „Freiheit, Gleichheit, Autorität und Norm – ungeklärte Verhältnisse" die Ergebnisse (vgl. S. 282).

Fast zwei Jahre lag damals schon der Sommertag zurück, an dem wir in Holland über wissenschaftliche Arbeiten in einem kleinen Kreis referiert hatten. Wir beschrieben den dramatischen Wertewandel, der sich in der Bundesrepublik Deutschland zwischen 1967 und 1972 vollzogen hatte. Daß es ein Sommertag war, steht fest und muß nicht mehr im Kalender überprüft werden. Es gibt da eine lebhafte Erinnerung an den Pater Professor Fr. J. Kerkhofs S. J., der später, im Frühjahr 1978, den Vorsitz der Forschungsgruppe European Value Systems Study Group (EVSSG) übernahm, die die europäischen Wertesysteme und den Wertewandel studieren wollte. Wir gingen durch einen kleinen Birkenwald zum Konferenzzentrum, und plötzlich waren wir ganz von einem Bienenschwarm umgeben. „Fürchten Sie sich nicht", sagte Pater Kerkhofs, „in meiner Nähe werden Sie nicht gestochen werden."

1981 im Frühjahr schließlich wurde die Umfrage zuerst in den meisten Ländern der Europäischen Gemeinschaft, und später auch in vielen anderen Ländern, durchgeführt. In der Bundesrepublik Deutschland vom Institut für Demoskopie Allensbach mit 1305 Interviews, repräsentativ für die Bevölkerung ab 18 Jahre. Insgesamt waren es 12 463 Interviews für die Länder Europas.

Die Vorbereitungen für die internationale Wertestudie, auf die sich unser Bericht stützt, hatten auch darum so lange gedauert, weil uns die Frage sehr lange beschäftigte: „Was sind Werte?" Wenn man in einem demoskopischen Interview Menschen nach ihren Werten fragt, ohne irgendwelche Antworten vorzugeben, dann sagen die meisten, als obersten Wert betrachteten sie Glücklichsein, Gesundheit, ihre Familie, ein gutes Einkommen. Aber mit einem solchen Wertekatalog wollten wir uns bei dieser Untersuchung nicht zufriedengeben. Die Geschichte mit den Bienen ist in diesem Zusammenhang nicht unwichtig, obgleich sicher viele Leser über so etwas den Kopf schütteln werden. Pater Kerkhofs war überzeugt, daß er die

---

* Der erste Entwurf des Fragebogens der Wertestudie vom Frühjahr 1979 kann in deutscher und englischer Sprache beim Institut für Demoskopie Allensbach angefordert werden.

Bienen liebte, und die Bienen liebten ihn, Liebe als religiöser Wert –
das mußte die Untersuchung zu den europäischen Wertesystemen
bestimmt einschließen: Wieweit war eine solche Empfindung in den
verschiedenen europäischen Ländern lebendig?
Später nahmen die Fragen zum Glauben, zur Religion, zur Kirche
fast ein Fünftel des Fragebogens ein. Fragen nach Gesundheit,
Familie, Arbeit, wirtschaftlicher Lage erschienen ebenfalls im Fragebogen, aber die Erhebung objektiver Fakten war betont knapp
gehalten. Werte wurden subjektiv verstanden. Es wurde gefragt
nach Zufriedenheit, Stolz, Vertrauen, Hoffnungen und Befürchtungen, politischen Glaubenssätzen. Die Konsumwerte blieben völlig
außer Betracht und auch die Werte der Literatur, der Kunst, der
Wissenschaft. Diese Entscheidungen fielen nicht so schwer, weil es
andere international vergleichende Statistiken und auch Umfragen
gibt, die objektive Fakten für die EG und die OECD sammeln oder
auch aktuelle politische Stimmungen messen, etwa das „Euro-Baro-
meter" der EG. Zu den Werten von Literatur, Kunst und Wissenschaft andererseits kann die Umfrageforschung nach gegenwärtigem
Stand noch nicht viel beitragen. Jetzt, am Anfang bei dieser ersten
vergleichenden internationalen Studie von Wertesystemen sollte das
Hauptgewicht bei den moralischen Werten liegen: Was ist richtig,
was darf man, was darf man nicht tun? Wofür soll man sich Mühe
geben? Wozu soll man Kinder erziehen? Was ist der Sinn des Lebens?
Und gibt es etwas, wofür es sich lohnt, sein Leben einzusetzen?
Mehr als 100 Fragen enthielt der Fragebogen. Es ist schon merkwürdig, daß er sich in den folgenden Jahren praktisch unverändert in der
ganzen Welt anwenden ließ, in Nord- und Südamerika, in Japan,
auch in Afrika. Sicher sind manche Mißverständnisse in den Übersetzungen unentdeckt geblieben, manches eigentümlich abweichende Ergebnis in einzelnen Ländern mag sich aus einem anderen
Tonfall der Frage, anderen Wertladungen, anderen Assoziationen,
die die Begriffe mit sich tragen, erklären. Ein bekannter Fall ist das
englische „lonely". Im europäischen Durchschnitt sagen 10 Prozent,
daß sie sich oft einsam fühlten, und 27 Prozent „manchmal", zusammen 37 Prozent. Aber in Italien sagten 21 Prozent „oft" und
35 Prozent „manchmal", zusammen 56 Prozent. Kann es sein, daß
das italienische Wort „solo" eine andere Färbung trägt als
„lonely"?

Im Kapitel „Religiös in einer säkularisierten Welt" wird berichtet, wie Selbstbeschreibungen bei einer solchen Umfrage oft eine relative Bedeutung haben, die Menschen messen sich an ihrer Umwelt (vgl. S. 169 f.). Wenn wir aber Erkenntnisgewinn und Schwierigkeiten bei einer solchen internationalen Umfrage gegeneinander abwägen, dann kommen wir mit einem großen Vorsprung für den Erkenntnisgewinn heraus und mit der Hoffnung, es mögen sich auch jene Länder noch an der Wertestudie beteiligen, die bisher in einem neuen Sinn weiße Flecken auf der Landkarte bilden.

Bei den Fragebogenkonferenzen wurde erwogen, bestimmte, aus der empirischen Sozialforschung bekannte Instrumente zur Ermittlung der Werte-Rangskalen zu verwenden. Eines dieser Instrumente ist die von dem amerikanischen Wissenschaftler Milton Rokeach entwickelte Batterie von 36 Werten, die vom Befragten in eine Rangskala gebracht werden sollen.[1] Abstrakt befriedigt ein solches Instrument, aber konkret ergibt sich, daß die Befragten zahlreiche Werte gegeneinander halten müssen, die sie in der Wirklichkeit nie in einer Konkurrenz als „wichtiger" oder „weniger wichtig" erleben. Diese Werte liegen für sie gleichsam auf verschiedenen Ebenen, sie begegnen sich nicht. Derartige Entscheidungen – dieser Wert ist wichtiger, dieser Wert ist weniger wichtig – fallen sogar da noch schwer und begegnen Bedenken, wo sie tatsächlich in der Realität bei politischen Grundsatzentscheidungen getroffen werden müssen. Ein Beispiel dazu aus unserem Fragebogen lautet: „Hier unterhalten sich zwei, was letzten Endes wohl wichtiger ist, Freiheit oder möglichst große Gleichheit – wenn Sie bitte einmal lesen. Welcher von beiden sagt eher das, was auch Sie denken?" Dazu wurde ein Bildblatt mit den folgenden Alternativen vorgelegt: „Ich finde Freiheit und möglichst große Gleichheit eigentlich beide gleich wichtig. Aber wenn ich mich für eines davon entscheiden müßte, wäre mir die persönliche Freiheit am wichtigsten, daß also jeder in Freiheit leben und sich ungehindert entfalten kann." Und: „Sicher sind Freiheit und möglichst große Gleichheit gleich wichtig. Aber wenn ich mich für eines davon entscheiden müßte, fände ich eine möglichst große Gleichheit am wichtigsten, daß also niemand benachteiligt ist und die sozialen Unterschiede nicht so groß sind." Die Europäer ent-

---

[1] Literaturhinweise, S. 398 ff.

scheiden eine solche Frage gegenwärtig zu 49 Prozent zugunsten der Freiheit, die Deutschen zu 50 Prozent, die Amerikaner zu 72 Prozent.

Der berühmte englische Sozialforscher Mark Abrams, einer der Herausgeber des ersten englischen Berichts über die internationale Wertestudie, versuchte, das Problem einer einheitlichen Werteskala zu lösen, indem er 71 Fragen des Fragebogens auswählte und den Antworten je nach mehr progressiver oder konservativer Richtung Punktwerte gab.[2] Nach dieser Methode konnte er die englischen Befragten nach ihrer Grundeinstellung gruppieren, mehr konservativ oder mehr progressiv. Aber Mark Abrams stellte selbst fest, daß eine mehr konservative Haltung in bestimmten Lebensbereichen und eine mehr progressive in anderen sich so überlagerten und sich so gegensätzliche Muster in verschiedenen Schichten herausbildeten, daß mit dem Punktverfahren keine wirklichkeitsnahe Beschreibung der englischen Gesellschaft gefunden wurde.

Eine in den letzten Jahren sehr bekannt gewordene Skala zur Messung von Werteorientierung, die Inglehart-Skala, wurde in die internationale Wertestudie eingebaut. Diese Skala besteht aus vier Werten, von denen der Befragte angeben soll, welcher ihm der wichtigste und welcher für ihn der zweitwichtigste ist als Ziel der Politik seines Landes in den nächsten zehn Jahren.

Die vier Werte sind:
- Recht und Ordnung im Land aufrechterhalten
- Mehr Mitbestimmung des Bürgers in wichtigen Entscheidungen der Regierung
- Stabile Währung, Bekämpfung der Inflation
- Die Meinungsfreiheit erhalten.

Inglehart hat aus diesem Material eine Typologie von materiellen und postmateriell orientierten Personen gebildet. Die Aufrechterhaltung von Recht und Ordnung und Preisstabilität als die zwei wichtigsten Werte zu erklären, zeigt nach seiner Typologie die materielle Werteorientierung an. Umgekehrt erkennt man die postmaterielle Werthaltung an dem Verlangen nach mehr Mitbestimmung bei den Entscheidungen der Regierung und Sicherheit der Meinungsfreiheit.

Inglehart stellte die Thesen auf, daß in den Industrieländern ein Wertewandel von materiellen zu postmateriellen Werten vor sich gehe, und daß dies überall in den Ländern der Europäischen Gemeinschaft beim Vergleich der älteren und der jüngeren Generation zu beobachten sei.

Aber die internationale Umfrage brachte an den Tag, daß es von der innenpolitischen und wirtschaftlichen Lage des Landes abhängt, wie viele Menschen die Aufrechterhaltung von Recht und Ordnung oder die Bekämpfung der Inflation für vordringlich halten. In Ländern, die mit dem Terrorismus zu kämpfen haben, wie Nord-Irland oder Spanien, Westdeutschland und Italien, wird Aufrechterhaltung von Recht und Ordnung sehr viel höher eingestuft als in den anderen Ländern. Und in Ländern, die von höheren Inflationsraten geplagt sind, wird das Ziel Geldwertstabilität mehr betont. In Ländern, in denen es kaum Terrorismus und kaum Inflation gibt, rückt das Ziel: mehr Mitbestimmung bei Regierungsentscheidungen und Schutz der Redefreiheit in den Vordergrund, beispielsweise in Dänemark (vgl. Tabelle A 1).

Die Vorstellung von einem Wertewandel zu „postmateriellen Werten" hat viele Intellektuelle fasziniert. Hier war die Fortschrittsidee neu eingekleidet. Aber dabei wurde die Vergangenheit verzeichnet. In allen europäischen Ländern, die in der internationalen Wertestudie eingeschlossen waren, hegte die ältere Generation mehr religiöse und mehr moralische Werte – allerdings keine neuen, sondern traditionelle. „Postmaterielle Orientierung" der jungen Generation suggerierte eine materielle Werteorientierung der älteren Generation in Europa. Die tatsächlich viel größere Religiosität und entschiedenere Moral der älteren Generation paßt nicht zu diesem Bild.

Professor Jean Stoetzel, Pionier der Umfrageforschung in Frankreich seit 1938, Gründer des französischen Gallup-Instituts, Professor für Soziologie und Sozialphilosophie an der Sorbonne seit 1955, schrieb einen ersten französischen Bericht über die Ergebnisse der Wertestudie.[3] Er schrieb über Europa. Zum erstenmal war es möglich, mit Ergebnissen der Umfrageforschung so über Westeuropa, die Europäische Gemeinschaft als Ganzes zu schreiben, wie man das bisher nur über die Vereinigten Staaten von Amerika gekonnt hatte. Eine Premiere – aber wohl tatsächlich doch noch zu früh. Zu verschieden standen die Länder der Europäischen Gemeinschaft nebeneinander, die Durchschnittswerte „Europa insgesamt" vereinten nationale Realitäten, die sich wie Feuer und Wasser unterschieden.

14

Ein Hauch von europäischem Konsensus, einer gewissen europäischen Gemeinsamkeit kam erst auf, als einige Jahre später die Ergebnisse für die USA vorlagen und verglichen werden konnten. Zuvor, wohl auch unter dem Eindruck eines sozusagen künstlichen Lichts, das die Durchschnittswerte auf Europa geworfen hatten, konzentrierten sich die Berichte aus Spanien, aus Belgien, aus Irland[4] und aus England[5] ganz auf die Ergebnisse der Wertestudie aus dem eigenen Land. Hier entstand eine greifbare Wirklichkeit, die man auch, wenn man sich im Land umsah, wiederfinden konnte. Aber zugleich ging etwas verloren. Die Untersuchung des eigenen Landes in Perspektive zu setzen: Was ist allgemein, wo zeigt sich ein „Sonderweg" eines Landes? Zum erstenmal konnte man die eigenwilligen Züge der „Vaterländer" Westeuropas erkennen.

Wir haben lange gezögert mit diesem deutschen Bericht.* Viele Fragen der internationalen Wertestudie haben wir später und bis zu diesem Jahr 1986 noch einmal wiederholt, in Allensbacher Umfragen eingeschlossen, um zu sehen, ob sich die Ergebnisse bestätigen würden. Dann warteten wir auf die amerikanischen Daten. Wir hatten schon früher die Erfahrung gemacht, daß sich manchmal deutsche und amerikanische Ergebnisse erstaunlich ähneln, zum Beispiel in einer Neigung zu Extremen bei Fragen nach Hochstimmung und Niedergeschlagenheit.[6] Aber als die amerikanischen Ergebnisse kamen, da waren wir um so mehr betroffen. Wir sahen die Deutschen noch mehr isoliert.
Im deutschen Alltag sieht man nicht, was die internationale Wertestudie für Deutschland offenlegt. Wir hoffen, daß sich die Leser nicht abschrecken lassen von den Instrumenten der Demoskopie, die ja zum erstenmal eine derartige Diagnose möglich gemacht haben. Es muß uns gelingen, denken wir, die Leser dafür zu gewinnen, daß wir ihnen die Nachweise für unsere Analyse vom Zustand der Deutschen zeigen. Gut, es sind Tabellen. Aber wir haben uns aller statistischen und mathematischen Formelsprache enthalten, wir wollten leicht lesbar und überprüfbar sein.

---

* Eine Reihe von Aufsätzen aus dem Material wurden seit 1982 veröffentlicht. Die Titel sind im „Quellennachweis von vorliegenden Veröffentlichungen mit Ergebnissen der internationalen Wertestudie" im Anhang zusammengestellt.

Viele Verfasser von Essays in unseren führenden Tageszeitungen und Zeitschriften sind schwerer zu lesen, setzen mehr an Kenntnissen von Begriffen, Konzepten, Autoren voraus, als wir es tun. Vor allem aber: Wenn wir sagen, die Deutschen sind verwundbar, weil sie schon verletzt sind, wenn wir sagen, die Deutschen heben sich so eigentümlich ab von ihren europäischen Nachbarn und erst recht von den Amerikanern, da, bei den Deutschen, fehlt etwas wie Wärme, Unternehmungsgeist, Lebensfreude, aber dennoch ist das Fallen von einem Extrem ins andere, das schon immer als typisch deutsch galt, weiter erkennbar – dann laden wir den Leser nicht ein, uns zu glauben, sondern wir verweisen auf Tabellen, in denen das belegt wird, was wir sagen. Das Ideal, das uns vor Augen steht, Madame de Staëls „Über Deutschland", wollen wir nicht verbergen. Aber wir möchten, fast 200 Jahre nach ihr, die spröden Instrumente der Demoskopie dem Leser in die Hand geben, daß er selbst nachsieht.

Allensbach, im August 1986   E. N. N.

Nationalgefühl und Glück

Wann fing es eigentlich an, daß man den Stolz als etwas Böses betrachtete? Als Jane Austen 1813 ihren berühmten Roman „Pride and Prejudice" veröffentlichte, gehörte schon beides zusammen, der Stolz und das Vorurteil; und beides wollte die Heldin des Romans, Elizabeth Bennett, ihrem Verehrer Darcy austreiben. 200 Jahre zuvor hat Hobbes seine Landsleute vor dem Stolz gewarnt, Stolz vertrage sich nicht mit dem Ideal der Gleichheit. Der Stolze setze sich über andere. Aber dabei sprach er wechselnd von Stolz und auch von Eitelkeit. Aristoteles, mit dem sich Hobbes so intensiv beschäftigte, den er übersetzt hatte, tadelte Hochmut und Eitelkeit, aber von Stolz sprach er nicht, er lobte die Ehre, „das Größte der äußeren Güter".

An all das dachte ich bei einer Fernseh-Podiumsdiskussion, die im Mai 1986 in Aschaffenburg stattfand zum Thema: „Patriotismus nach Auschwitz".

Guido Knopp, der Moderator, fragte mich: „Sie haben einmal in einem Interview erklärt, daß Sie stolz darauf seien, Deutsche zu sein. Worauf sind Sie stolz?" Ich sprach von den Empfindungen von Stolz, wenn ich auf Reisen überall in der Welt, in Japan oder Nord- oder Südamerika, deutsche klassische Musik höre – im Restaurant, im Flugzeug, im Autoradio. „Man sollte überhaupt nur stolz sein auf etwas, was man selbst gemacht hat", sagte Henryk M. Broder, der neben mir auf dem Podium saß.

Ich fühlte mich verlegen. Einige Zeit später erzählte ich die Geschichte Johannes Gross. Er sagte: „Genau umgekehrt. Man sollte überhaupt nie stolz sein auf das, was man selbst gemacht hat. Man sollte nur stolz sein auf das, was andere gemacht haben."

Nun liegen die Ergebnisse einer großen internationalen Repräsentativumfrage vom Anfang der achtziger Jahre mit mehr als 12 000 Interviews in Europa, mehr als 1700 Interviews in den USA vor uns und nötigen uns, neu über den Stolz nachzudenken.

„Sind Sie stolz auf Ihre Arbeit, Ihren Beruf?" wurde gefragt, und 83 Prozent der Amerikaner, 79 Prozent der Engländer und 15 Prozent der Deutschen sagten, sie seien sehr stolz auf ihre Arbeit (vgl. Tabelle A 19). „Sind Sie stolz auf Ihre Nationalität?" wurde gefragt, und 79 Prozent der Amerikaner, 55 Prozent der Engländer und 21 Prozent der Deutschen sagten, sie seien sehr stolz auf ihre Nationalität (vgl. Tabelle A 2).

Kann denn „Stolz" im Deutschen und im Englischen so verschiedene Bedeutung haben? Kommen wir darum zu so verschiedenen Ergebnissen? Eine wichtige Frage bei jeder international vergleichenden Untersuchung. Auf Umwegen kehren wir später zu ihr zurück.*

Ganz überraschend waren die Ergebnisse der internationalen Umfrage nicht, wenn wir auch nicht wußten, daß die Deutschen im Weltmaßstab den geringsten Stolz auf ihre Nationalität äußerten. Das ließ sich erst in der Mitte der achtziger Jahre übersehen, als die Umfrage über Werte in 29 Ländern auf fünf Kontinenten mit dem gleichen Fragebogen durchgeführt worden war. Aber daß da etwas los war, was wir noch nicht richtig verstanden, das wußten wir seit 1970. Damals wurde durch sechs Fernsehanstalten und Zeitschriften in den sechs Ländern, die die Europäische Gemeinschaft gegründet hatten, eine Umfrage organisiert, um zu erforschen, wieviel Gemeinsamkeit es schon gab und wieviel Bereitschaft, auf nationales Eigenleben zu verzichten, um die europäische Vereinigung zu erreichen. Plötzlich, mit dieser Umfrage, war zu sehen, wie die Deutschen abseits standen, sich anders bewerteten, Schwierigkeiten hatten.

Das war aber nur der Anfang. Später folgten weitere internationale Umfragen, und immer wieder waren die Deutschen auf eigentümliche Weise abgesondert. Sie hatten eine besonders wurschtige Art, über ihre Einstellung zur Arbeit zu sprechen. Das paßte zu dem erstaunlichen Mangel an Stolz, den sie für ihre Arbeit bekundeten.

---

* Vgl. Kapitel „Methodenexkurs zur Frage der Vergleichbarkeit von Ergebnissen bei internationalen Umfragen", S. 72f.

Tabelle 1
Länder der Europäischen Gemeinschaft
Erwachsene Bevölkerung

Frage:
„Wenn jemand sagt, ‚Ich bin stolz darauf, ein … (Nationalität) zu sein.' Würden Sie dem unbedingt zustimmen, überwiegend zustimmen, eher nicht, gar nicht zustimmen?"

Der Aussage: „Ich bin stolz darauf, ein … zu sein" würden unbedingt zustimmen	Umfrage 1970 in sechs Ländern der Europäischen Gemeinschaft					
	Deutschland	Niederlande	Italien	Frankreich	Belgien	Luxemburg
	%	%	%	%	%	%
Bevölkerung insgesamt	37	54	62	65	70	81
16- bis 24jährige	28	42	56	56	63	60

Quelle: Allensbacher Archiv, IfD-Umfrage 2060.

Dies also bei einem Volk, das in der ganzen Welt als besonders fleißig galt, wie eine internationale Umfrage von 1963 gezeigt hatte.[1]

Dann bekundeten die Deutschen ein besonderes Ruhebedürfnis, die Frage in der Wertestudie lautete: „Wenn Sie einmal ganz allgemein an das Wochenende, an Ihre Freizeit denken – was ist Ihnen da alles in allem wichtiger: möglichst viel Entspannung, ausruhen, oder etwas unternehmen und erleben?"

„Mir ist es am wichtigsten auszuruhen", sagten im europäischen Durchschnitt 28 Prozent, in den USA 24 Prozent, aber in Deutschland 41 Prozent. „Mir ist es am wichtigsten, etwas zu unternehmen, zu erleben", erklärten im europäischen Durchschnitt 47 Prozent, in den USA 63 Prozent, in Deutschland 23 Prozent.

Es liegt etwas Bedrücktes in vielen Antworten der Deutschen in der Wertestudie. Im geringsten Anteil – nur 14 Prozent, europäischer Durchschnitt 22 Prozent, Amerika 40 Prozent – bezeichnen sie ihre Gesundheit als „sehr gut". Im geringsten Anteil bezeichnen sich die Deutschen als „sehr glücklich": 10 Prozent, europäischer Durchschnitt 21 Prozent, Amerikaner 33 Prozent.

Eine Frage – die von Norman Bradburn, University of Chicago, entwickelte „Affekt-Balance-Skala"[2] – erkundete in der Wertestudie, wie man sich in der letzten Zeit gefühlt habe. „Ich war sehr niedergeschlagen, habe mich sehr unglücklich gefühlt", sagten 46

Prozent der Deutschen, europäischer Durchschnitt 26 Prozent, Amerikaner 27 Prozent. „Ich war so unruhig, daß ich nicht stillsitzen konnte", sagten 45 Prozent der Deutschen, europäischer Durchschnitt 32 Prozent, Amerikaner 36 Prozent.

„Haben Sie sich mal sehr einsam gefühlt oder so, als ob die anderen Menschen ganz weit weg von Ihnen seien?" – „Ja, so habe ich mich gefühlt", sagten 33 Prozent der Deutschen, europäischer Durchschnitt 20 Prozent, Amerikaner 16 Prozent.

Die Skalen-Fragen sind aus der psychiatrischen Diagnostik abgeleitet. Wenn wir bei diesen Ergebnissen stocken, dann nicht, weil einmal wieder die Deutschen so übermäßig mit sich selbst, mit ihrem nationalen Charakter beschäftigt sind, wie man oft sagt. Hier gibt es keine deutschen Selbstanalysen. Jeder Befragte hat nur über seine Empfindungen berichtet. Aber wie die Ergebnisse sich abheben vom europäischen und amerikanischen Gesamtbild, das führt unvermeidlich zu der Frage, die Walter Laqueur seinem 1985 erschienenen Buch als Titel gegeben hat: „Was ist los mit den Deutschen?"[3]

Aber sie sind nicht nur bedrückter, verstörter, die Deutschen fühlen sich auch häufiger wie im siebenten Himmel (42 Prozent, europäischer Durchschnitt 34 Prozent, Amerikaner 55 Prozent), und sie erinnern sich häufiger als die übrigen Europäer, wenn auch seltener als die Amerikaner, daß sie einmal in den letzten Wochen ganz begeistert waren (57 Prozent, europäischer Durchschnitt 48 Prozent, Amerikaner 70 Prozent).

Hat man nicht schon oft gesagt, die Deutschen fallen von einem Extrem ins andere? Jetzt wird ihnen dieser Spiegel vorgehalten mit der internationalen Wertestudie. Soll man annehmen, daß die Deutschen schon immer mit mehr Licht und mehr Schatten lebten? Und daß dies eben jetzt erst durch die Demoskopie richtig sichtbar wird? Schon immer – oder sind es Symptome einer verletzten Nation?

Vielleicht kommt eines und das andere zusammen. Etwas, das man oberflächlich eine neurotische Disposition nennen könnte, eine dünne Haut, gereizt und zerbrochener Stolz.

Wie man sich zu Hause fühle, wurde in der internationalen Wertestudie gefragt. „Oft gereizt" – „manchmal gereizt" sagten 60 Prozent der Deutschen, weit entfernt vom europäischen Durchschnitt (45 Prozent) und auch noch über den Amerikanern (55 Prozent).

„Gereizt zu Hause?" „Nie!" sagten die Deutschen zu 8 Prozent, europäischer Durchschnitt 23 Prozent, Amerikaner 10 Prozent. Und hier, beim häuslichen Leben, schwingt das Pendel bei den Deutschen nun nicht zum anderen Extrem. 72 Prozent der Amerikaner sagen, sie fühlten sich zu Hause oft glücklich. In der Mehrzahl der europäischen Länder sagen das um 60 Prozent, aber in Deutschland nur 46 Prozent und in Italien nur 35 Prozent.

Wenn man Stabilität des Wertesystems und – was meist zusammenfällt – das Wohlbefinden der Bevölkerung eines Landes nur mit einer einzigen Frage messen wollte, dann müßte man wohl die Zufriedenheit mit dem häuslichen Leben als wichtigsten Anhaltspunkt nehmen. Dieses Thema wird uns von nun an begleiten, und immer wieder wird die Analyse dahin führen: Wie nah oder fern stehen sich Eltern und heranwachsende oder erwachsene Kinder in ihren Überzeugungen? (vgl. Tabelle A 3)

Tabelle 2
Bundesrepublik mit West-Berlin
Bevölkerung ab 18 Jahre

Der Zusammenhang zwischen der Zufriedenheit mit der häuslichen Situation und der Übereinstimmung in fünf Bereichen mit den Eltern

Nach den Antworten auf die Frage, in welchen von fünf Bereichen – Religion, Moral, Einstellung gegenüber anderen Menschen, Politik, Sexualität – man ähnliche Ansichten hat wie die Eltern, wird die Nähe oder Ferne zu den Eltern bestimmt

	Übereinstimmung mit den Eltern bei –				
	keinem dieser Bereiche	1	2	3	4 oder 5 Bereichen
	%	%	%	%	%
Sehr zufrieden mit dem häuslichen Leben (Stufen 9, 10)	33	35	29	43	48
Mittel (7, 8)	36	36	46	38	33
Weniger zufrieden (1–6)	30	29	25	19	18
Weiß nicht, keine Angabe	1	x	x	x	1
	100	100	100	100	100

x = weniger als 0,5 Prozent
Quelle: Internationale Wertestudie 1981/82.

Kein Land – das werden wir sehen – ist so sehr betroffen wie die Deutschen in der Bundesrepublik von einer Entfernung zwischen Eltern und Kindern, die Unglück bedeutet, einer Entfernung in den Überzeugungen, was gut und was schlecht ist (vgl. Tabelle A 4). Aber im weiteren Sinn ist das ganze Zentrum des westlichen Europas betroffen, neben Deutschland ist auch in Frankreich, in Belgien, in Spanien und Italien das häusliche Leben disharmonischer als in England und Irland, Holland, Dänemark und Schweden und natürlich in den USA (vgl. Tabelle A 5).

Im Stolz hinter den anderen europäischen Ländern zurückbleibend, im Abstand zwischen Eltern und erwachsenen Kindern alle anderen übertreffend – ein solcher Befund erschreckt niemanden. Wir tun so, also seien wir Instinktwesen, nicht angewiesen auf Weitergabe von Erfahrungen und Werten im Vertrauen zwischen Eltern und Kindern. Und vom Stolz, abgesetzt von Hochmut und Eitelkeit, wissen wir nichts. Wenn man sich über den Stolz ein Urteil bilden will, muß man ansehen, wie weit verzweigt der Stolz die Einstellungen und Empfindungen eines Menschen durchdringt. Stolz auf die eigene Nationalität steht nicht allein, diese Empfindung von Freude, von Zustimmung, von Stärke und Belebung ist verbunden, findet sich eng verknüpft mit dem Stolz auf die eigene Familie, auf die eigenen Kinder, auf die eigene Arbeit, eng verknüpft mit der Fähigkeit, von sich selbst abzusehen, selbstlos zu sein (vgl. Tabellen A 6 bis A 8). Wenn man das sieht, und es gilt nicht nur für die Deutschen, es gilt für alle Bevölkerungen, die bei der internationalen Wertestudie befragt wurden, kann man sich dann noch wünschen, den Stolz wie Unkraut auszuziehen?

Die deutsche Soziologin Helge Pross erwartete, ein Mangel an Nationalstolz könne die Intensität der Gefühle gleichsam umlenken, damit sie nicht politisch ideologisch mißbraucht werden könnten.[4] Das war, bevor die internationalen Umfrageergebnisse vorlagen. Man wußte noch nicht, daß Stolz etwas so Unteilbares ist wie eine Stimmung, wie Hochstimmung oder Depression.

Müssen wir ganz von vorn anfangen mit dem Versuch zu verstehen, was denn Stolz ist? Wem bei dem Gedanken an Stolz immer gleich Hochmut und Arroganz einfällt, der wird es schwer haben anzunehmen, worüber wir von der Sozialforschung belehrt werden. Stolz hat zu tun mit der Fähigkeit, sich zu binden, die Liebe zu sich selbst auf die Liebe zu anderen zu übertragen, sich zu „identifizieren", sagt man spröde. Dabei gehen Selbstbewußtsein und Selbstlosigkeit eine Verbindung miteinander ein.

Schon wieder trifft man auf eine Schwierigkeit, die Gewohnheit, Selbstbewußtsein und Selbstlosigkeit als Gegensätze zu betrachten. Es gehen aber, wie statistische Analysen zeigen, beide eher zusammen, als daß sie auseinanderfallen.[5]

Mit jedem Schritt, mit dem die Zusammenhänge bloßgelegt werden, wird es besser verständlich, warum sich die Erwartung von Helge Pross nicht erfüllen konnte, bei einem Vakuum an Nationalstolz um so mehr an Wärme und Zuneigung im Binnenraum, im Privaten, auch im familiären Kreis zu finden. Tabelle A 9 zeigt die häusliche Zufriedenheit bei Menschen, die sehr stolz sind auf ihre Nationalität, im Vergleich zu denen, die „ziemlichen" Stolz bekunden, und denen, die keinen Nationalstolz empfinden.

Weil Stolz mißbraucht werden kann, nur deshalb darf man diese Empfindung, eine bestimmte Art, lebendig zu sein, nicht abtöten. Ganz am Anfang in dem Verständnis, was Stolz ist, stehen wir sicher nicht. Wir hatten nur so viele Möglichkeiten, den Stolz, den Nationalstolz auszulegen, zur Auswahl. Daß nach 1945, nach so vielen Jahren des Mißbrauchs, das Nationalgefühl für schädlich gehalten wurde, ist einleuchtend. Aber fast von Anfang an hörte man auch andere Stimmen. Theodor Heuss benutzte den Ausdruck „Stolz" nur als Adjektiv, als er unmittelbar nach seiner Wahl zum Bundespräsidenten am 12. September 1949 im Bundestag sprach, er sprach vom „Nationalgefühl", aber der Gedanke an Stolz war eingeschlossen, als er von „Nationalgefühl" und von Beethoven und Goethe sprach und damit das traf, an das die Deutschen auch noch in der Mitte der achtziger Jahre am meisten denken, wenn vom Nationalstolz die Rede ist.

Heuss sagte: „Wir stehen vor der großen Aufgabe, ein neues Nationalgefühl zu bilden. Eine sehr schwere, erzieherische und erlebnismäßige Aufgabe, daß wir nicht versinken und steckenbleiben in dem Ressentiment, in das das Unglück des Staates viele gestürzt hat, und daß wir nicht ausweichen in hochfahrende Hybris, wie es ja nun bei den Deutschen oft genug der Fall war. Seltsames deutsches Volk, voll der größten Spannungen, wo der Subalterne neben dem genial spekulativ Schweifenden, das Spießerhafte neben der großen

Romantik steht. Wir haben die Aufgaben im politischen Raum, uns zum Maß, zum Gemäßen, zurückzufinden und in ihm unsere Würde neu zu bilden, die wir im Inneren der Seele nie verloren. Darf ich den Zufall der Zeit und des Ortes als Symbol nehmen, daß wir in diesem Jahr 1949 den 200. Geburtstag von Goethe begangen haben und daß wir hier in der Geburtsstadt von Beethoven weilen. Es steht uns nicht an, aus diesen beiden Namen, aus diesen beiden großen Erscheinungen etwas zu machen wie Reklameartikel und Propagandageschäfte. Es steht uns auch nicht an, wohlwollend auf ihre Schultern zu klopfen. Aber wir spüren dies: daß in diesen beiden Männern aus dem deutschen Mutterboden Weltwerte geworden sind, vor denen wir selber stolz und bescheiden stehen. Sie mögen uns in der Zerschlagenheit der Zeit Festigung und Trost bedeuten."

Die Jahrzehnte, in denen sich die inneren Verletzungen des Nationalgefühls unter den Deutschen ausbreiteten, lagen damals noch vor der Bevölkerung, vor den Politikern. Wie auf einem Film wurde der Vorgang von der Demoskopie aufgenommen mit der in einer Allensbacher Umfrage zum erstenmal 1952 verwendeten Formulierung: „Was halten Sie für die besten Eigenschaften der Deutschen?" Das Auffallende war die Antwort: „Ich weiß keine guten Eigenschaften der Deutschen." 1952 sagten 4 Prozent „Ich weiß es nicht", dann stieg dieser Prozentsatz bis auf 22 Prozent im Jahr 1973 und ging auch danach bis heute nur wenig zurück.

Tabelle 3
Bundesrepublik mit West-Berlin
Erwachsene Bevölkerung

Frage:
„Was halten Sie – einmal ganz allgemein gesagt – für die besten Eigenschaften der Deutschen?"

	1952 %	1962 %	1963 %	1965 %	1970 %	1972 %	1973 %	1975 %	1976 %	1978 %	1980 %	1983 %
Positive Angaben machten	96	86	84	86	81	80	78	85	86	82	85	82
„Ich weiß keine positiven Eigenschaften"	4	14	16	14	19	20	22	15	14	18	15	18
	100	100	100	100	100	100	100	100	100	100	100	100

Quelle: Allensbacher Archiv, IfD-Umfragen 052, 1069, 1081, 2002, 2065, 2082, 2093, 3021, 3031/I, 3059, 3089, 4035.

Beethoven und Goethe: Man sollte nur auf etwas stolz sein, was man selbst gemacht, selbst geleistet hat, hatte Henryk M. Broder in der Fernsehdiskussion gesagt. Aber der eigentümlichen Empfindung, genannt Stolz, wird man mit dieser Forderung gerade nicht gerecht. Es überwiegt die Ausweitung des Ich, und umgekehrt wird die weite Welt nach innen gezogen. Eugen Gerstenmaier hat einmal vom Nationalbewußtsein gesprochen als „Bedürfnis nach innerer und äußerer Behausung".[6] Zugleich innen und außen, das kann man in den demoskopischen Ergebnissen wiedererkennen, aber die Empfindung von Stolz hat mehr Weite, als in dem Wort „Behausung" unterzubringen ist.

Der Stolz sucht sich seine Themen, seinen Ausdruck. Im Herbst 1984 wurde zum erstenmal in einer Allensbacher Umfrage gefragt, worauf man als Deutscher stolz sein könne. Am ersten Platz, von je 71 Prozent genannt, standen „Goethe, Schiller und andere große Dichter" und „die schönen Landschaften", gefolgt von „Beethoven, Bach und andere klassische deutsche Komponisten" (vgl. Tabelle A 10).

Jemand, der die Bundesrepublik Deutschland vor allem aus der deutschen Nachkriegsliteratur, aus dem neuen deutschen Film und aus den Massenmedien kennt, könnte überrascht sein: „Technische Hochleistungen der deutschen Industrie" und „deutsche Wissenschaft und Forschung" in der Spitzengruppe, „unsere sozialen Leistungen" von 55 Prozent genannt, das Wirtschaftswunder von fast jedem zweiten Deutschen, das Ansehen Deutschlands in der Welt ebenso von fast jedem zweiten angeführt, die Tapferkeit deutscher Soldaten von 33 Prozent und „der deutsche Widerstand im Dritten Reich" von 30 Prozent!

Wer würde denn angesichts dieser Ergebnisse auf den Gedanken kommen, von einem Mangel an Nationalstolz zu sprechen? Wenn die Deutschen stolz auf Boris Becker waren, hatte man bei manchen Kommentatoren den Eindruck, nun hätten sie die Deutschen gleichsam ertappt, ein ganz normales Nationalgefühl hätten sie, vielleicht sogar schon wieder zuviel. Solche Täuschungen entstehen daraus, daß über den Nationalstolz, das Nationalgefühl so wenig bekannt ist. Wie kommt es nur, fragt der englische Politikwissenschaftler Richard Rose, daß darüber kaum nachgedacht wird: „Wenn man den hohen Grad von Nationalstolz sieht, wie er in so vielen verschiedenen Ländern zu finden ist, dann fragt man sich: Warum wendet man in wissenschaftlichen Analysen des politischen Systems dem Patriotismus so wenig Aufmerksamkeit zu? Und warum wird Patriotismus in den Elitemedien so oft abfällig behandelt?"[7] Jeder weiß, wie eine Depression sich ihre Begründungen sucht, und auch die Hochstimmung sucht sich ihre Nahrung. Aber darum wird aus bedauerlichen Ereignissen noch keine Depression und aus erfreulichen Ereignissen noch keine Hochstimmung.

Kaum etwas zeigt das besser als die Bradburnsche Affekt-Balance-Skala: Jene fünf positiven und fünf negativen Empfindungen, die jemand in den letzten Wochen gehabt hat und die nicht gekoppelt sind in dem Sinn, daß derjenige, der hochstimmende Erfahrungen gemacht hat, keine deprimierenden hatte, und umgekehrt. Beides ist bemerkenswert wenig untereinander korreliert, aber ein starkes Übergewicht von Empfindungen, Erlebnissen einer Art über eine andere, der Saldo bestimmt die Verfassung des Menschen.

„Sind Sie stolz auf Ihre Nationalität?" – „Ja, sehr ..." Das bezeichnet eine Verfassung, einen Zustand mit weitverzweigten Wirkungen. Aus dem Arsenal unseres Wissens, unserer rational begründeten Ansichten erhalten wir offenbar keine Hilfe zum Verständnis der Tragweite einer solchen Verfassung: „Sehr" auf die eigene Nationalität stolz zu sein, oder eben nicht. Die in der Analyse der internationalen Wertestudie mehrfach getroffene Entscheidung, diejenigen, die „sehr" stolz sind auf ihre Nationalität und die „ziemlich" darauf stolz sind, zusammenzufassen in eine Gruppe „Stolz insgesamt", ist ähnlich verfehlt, als ob man jemanden, der auf die Frage: „Sind Sie glücklich in Ihrer Ehe?" mit „sehr" antwortet, in eine Gruppe wirft mit demjenigen, der antwortet „ziemlich".

Bei den vielen Versuchen zu erklären, warum die Deutschen soviel seltener als andere Völker sagen, sie seien „sehr stolz" auf ihre Nationalität, kommt auch das Argument, die Deutschen trauten sich vielleicht nicht mehr zu sagen, daß sie auf ihre Nationalität sehr stolz seien. Schließlich sei ihnen oft genug gesagt worden, daß sie Trauerarbeit zu leisten hätten und daß für sie Nationalstolz fehl am Platze sei. Aber merkwürdigerweise haben die meisten Deutschen bis heute die Ansicht, Nationalstolz sei etwas Gutes. Im Sommer 1986 wurden einem repräsentativen Querschnitt im Interview zwei Standpunkte zur Entscheidung vorgelegt. Der eine lautete:

„Nationalstolz ist etwas Schlechtes. Nationalstolz und Feindselig-
keit gegenüber dem Ausland gehen Hand in Hand."

Der andere:

„Nationalstolz ist eine gute Eigenschaft, die mit feindseligen Einstellungen gegenüber dem Ausland gar nichts zu tun hat."

Die Mehrheit, 70 Prozent, entschied sich für den zweiten Standpunkt, nur 12 Prozent für den ersten, 18 Prozent blieben unentschieden (Allensbacher Archiv, IfD-Umfrage 4075, Juli 1986).

Auch eine von der Realität abgelöste Frage, in der man die vermuteten verdrängten Empfindungen von Selbsthaß hätte ausdrücken
können, zeigte zumindest keine Selbstablehnung. Die Frage lautete:
„Einmal angenommen, Sie würden noch einmal auf die Welt kommen, und Sie könnten es sich aussuchen: Möchten Sie dann wieder
Deutscher sein oder nicht so gern?" Nur 6 Prozent der deutschen
Bevölkerung ab 16 Jahre sagten „nicht so gern". 68 Prozent wollten
wieder Deutsche sein. Gut jeder vierte, 26 Prozent, antwortete mit
„wäre mir egal" (Allensbacher Archiv, IfD-Umfrage 4048, August
1984).

Äußerlich sieht alles ganz normal aus. Kämen nicht so viele Symptome der Abweichung der Deutschen von den anderen Europäern
bei den internationalen Umfragen zutage – mal im Ruhebedürfnis,
mal im Zurückbleiben des Nationalstolzes, mal im Berichten über
Depressionen, mal im Bericht über Gereiztheit in der Familie, mal
im Zurückbleiben des problemlosen „sehr gut ist meine Gesundheit", dann wieder im Abstand zu den Grundüberzeugungen der
Eltern, ein Zurückbleiben natürlicher Liebe zu den Eltern (vgl.
Tabelle A 4)[8] – wenn nicht so viele von solchen Symptomen zusam-
menkämen, man käme gar nicht auf den Gedanken, daß so etwas
wie innere Verletzungen vorliegen könnten. Diese Symptome –
manche findet man ähnlich ausgeprägt in Italien, andere in Holland
oder Dänemark, weitere in Frankreich, oder in Belgien oder in Spanien – sind nicht einzeln wichtig, es ist die Kumulation aus derartigen
Symptomen bei den Deutschen, die man nicht übersehen kann.

Die Österreicher waren leider nicht eingeschlossen bei der internationalen Wertestudie. Aber daß die Verfassung der Österreicher
gänzlich anders ist als die der Deutschen, kann man schon mit
der einfachen Frage nach dem Stolz auf die eigene Nationalität
erkennen.

Tabelle 4

Deutschland, Österreich
Bevölkerung ab 16 Jahre

Frage: *„Sind Sie stolz darauf, ein ... zu sein?*
Würden Sie sagen unbedingt, überwiegend, eher nicht, gar nicht?"

Auf ihre Nationalität sind stolz:	1982 Deutscher %	Österreicher %
„Unbedingt"	32	69
„Überwiegend"	43	24
„Eher nicht"	10	1
„Gar nicht"	5	1
Unentschieden	10	5
	100	100

Quelle für Deutschland: Allensbacher Archiv, IfD-Umfragen 4012-14.
Quelle für Österreich: Institut für Markt- und Sozialanalysen, Linz.

Der eben zitierte englische Politikwissenschaftler Richard Rose, der schon 1984 eine Analyse des Materials der internationalen Wertestudie vorlegte, sah mit Überraschung ein doppeltes Muster.[9] Er sah eine Gruppe von Ländern, deren Bevölkerung auffallend wenig Nationalstolz empfand: Deutschland, Niederlande, Japan – drei Länder, die militärische Niederlage und Besetzung erlebt hatten. Am anderen Ende eine Gruppe von Ländern mit besonders ausgeprägtem Nationalstolz: die USA, Island, Mexiko und Finnland – Länder, die sich ihre Unabhängigkeit erkämpft hatten.

Man gelangt zu einer unerwarteten Perspektive von Spätfolgen. Dieser Zustand, diese Verfassung, stolz auf die eigene Nationalität zu sein, scheint Jahrzehnte und sogar Jahrhunderte zurückliegende Ursachen zu haben. Aufmerksamkeit verdient dieses Thema – das auf den ersten Blick wie eine demoskopische Erfindung aussieht, man mißt etwas, weil man es messen kann –, nachdem sich nun in jedem Land diese weitverzweigten Zusammenhänge mit anderen, für die Existenzfähigkeit wichtigen Lebensbereichen zeigen.

Richard Rose[10] erinnert an Thesen von Theodor Adorno über den Zusammenhang zwischen Patriotismus und autoritärer Persönlichkeit. Die These sei gewesen, daß Menschen ohne liebevolle Umgebung, aus Familien mit einem harten Erziehungsstil anstelle natürlicher persönlicher herzlicher Bindungen eine übersteigerte Vater-

landsliebe entwickelten. Man habe vermutet, daß Nationalstolz ein
gestörtes Verhältnis zur Gesellschaft, Entfremdung und sozial-feind-
liche Verhaltensweisen anzeige. Nun aber deuteten die Ergebnisse
der internationalen Studie in die entgegengesetzte Richtung, Menschen mit Nationalstolz hätten in jedem der Länder, die einbezogen
waren, ein glücklicheres Familienleben, in höherem Anteil Freude
an ihrer Arbeit und am Leben allgemein. Die Ergebnisse sprächen
für ziemlich weit zurückreichende historische Wurzeln, Nationalstolz scheine den Staat zu stabilisieren, und kurzfristige Einflüsse,
Zufriedenheit, Übereinstimmung mit der jeweiligen Regierung,
scheinen erstaunlich wenig mit dem Nationalstolz zu tun zu haben.
Man muß sich an den Gedanken gewöhnen: Etwas, das man für
schädlich hielt, hat viel mehr gute als schlechte Wirkungen. In eini-

Tabelle 5
Amerika, Japan, Europa
Bevölkerung ab 18 Jahre

Sind Sie stolz auf Ihre Nationalität?
Zusammenhang zwischen linker und rechter politischer
Orientierung und Nationalstolz

Stolz auf die eigene Nationalität sind in –	Politische Einstellung		Differenz
	Stufen 8–10 (rechts) %	Stufen 1–3 (links) %	
Frankreich	96	56	40
Deutschland	83	45	38
Spanien	93	62	31
Japan	87	59	28
Niederlande	66	42	24
Dänemark	71	48	23
Finnland	86	64	22
England	96	75	21
Republik Irland	96	81	15
Schweden	74	61	13
Italien	84	71	13
USA	99	88	11
Mexiko	91	82	9
Belgien	75	73	2
Island	88	92	– 4

Anmerkung: Die Tabelle folgt Richard Rose: National Pride: Cross-National Surveys (Studies in Public Policy No. 136). Glasgow: Centre for the Study of Public Policy, University of
Strathclyde 1984, Tabelle 4, S. 21: „Sehr stolz" und „ziemlich stolz" sind zusammengefaßt.

gen Ländern ist der Nationalstolz ideologisiert worden. In drei europäischen Ländern und Japan ist die Antwort auf die Frage, ob man
auf seine Nationalität stolz sei, stark abhängig davon, ob man politisch links oder rechts steht: in Frankreich, Deutschland, Spanien
und, wie gesagt, Japan. In sieben Ländern gibt es im Stolz auf die
Nationalität zwischen links- und rechtsorientierten Menschen kaum
einen Unterschied: Irland, Schweden, Italien, USA, Mexiko, Belgien, Island.

Auf diese eigentümliche Ideologisierung insbesondere in Deutschland kommen wir in späteren Kapiteln ausführlich zurück.* Jetzt ist
nur festzuhalten, daß bei einer derartigen Ideologisierung der Nationalstolz gerade nicht jenen Beitrag zum notwendigen Konsensus,
den jedes Gemeinwesen braucht, zum Konsensus über viele Mei-
nungsverschiedenheiten und Spannungen in der Gesellschaft hinweg, leisten kann, den Richard Rose besonders lobt.[11]

Ohne alle Einblicke in internationale Wertestudien hat Arnold Gehlen in den siebziger Jahren erkannt, was es mit dem Nationalstolz
auf sich hat. Es ist überhaupt interessant, daß manche Soziologen
ohne alle Umfragen die Zusammenhänge mit großer Sicherheit bezeichnen, die dann später durch empirische Sozialforschung bestätigt
werden.

„Wenn das Vaterland so total geschlagen und aufgeteilt wurde",
schrieb Gehlen, gehört „Patriotismus zu den in der Substanz lädier-
ten Werten und Gefühlen".[12] Gehlen spricht synonym für Patriotismus von „Behauptungswillen", der Treue zur eigenen Gründung,
dem Willen, Grenze und Identität zu wahren.[13] Er unterstellt implizit
einen engen Zusammenhang zwischen Nationalstolz und Verteidigungsbereitschaft. Unbestreitbar wird mit einem gebrochenen
Nationalstolz die Verteidigungsbereitschaft geschwächt. Das ist
keine Besonderheit eines einzelnen Landes. Nach der internationalen Wertestudie ist dieser Zusammenhang für ganz Europa gültig.

Wie in der Bundesrepublik nur unter Personen mit ausgeprägtem
Nationalstolz die Mehrheit (52 Prozent) bereit ist, bei einem Krieg
für ihr Land zu kämpfen, aber nur 22 Prozent derjenigen mit nur
geringem oder ohne jeden nationalen Stolz ist auch in jedem ande-

---

* Vgl. „Familie und Gesellschaft", S. 74ff., und „Freiheit, Gleichheit, Autorität
und Norm – ungeklärte Verhältnisse", S. 282ff.

ren europäischen Land die Verteidigungsbereitschaft bei Personen ohne ausgeprägten Nationalstolz deutlich herabgesetzt. In zwei Ländern allerdings ist dieser Zusammenhang zwar ebenfalls eindeutig gegeben, die Verteidigungsbereitschaft jedoch selbst bei Personen mit ausgeprägtem Nationalstolz auffällig gering: Italien und Belgien reihen sich hier auf einmal unter die in ihrem Selbstbehauptungswillen geschwächten Länder ein, neben Japan, der Bundesrepublik und begrenzt auch Holland. Hier ist wieder das beklemmende Muster: Es sind durchweg Länder, die aus dem Zweiten Weltkrieg als Verlierer hervorgingen oder während des Krieges jahrelang die Demütigung einer Besetzung dulden mußten (vgl. Tabelle A 11).

Der ausgeprägte Nationalstolz der amerikanischen Bevölkerung findet seine Entsprechung in einer entschiedenen Verteidigungsbereitschaft, die sich in scharfem Kontrast von der Haltung der europäischen Bevölkerung abhebt; 69 Prozent der amerikanischen Bevölkerung wären im Kriegsfall bereit, für ihr Land zu kämpfen (vgl. Tabelle A 11).

Daß man Verteidigungsbereitschaft einer Bevölkerung, eines Landes – und das hängt ja wohl zusammen – durch eine Warnung vor Nationalstolz herabsetzen kann, ist anzunehmen. Man muß immer die beiden Perspektiven im Auge haben, vor allem bei einer Bevölkerung, die zu Übertreibung, zum Extremen neigt. An der Möglichkeit, Nationalstolz zu mißbrauchen, ist nicht zu zweifeln, aber ebensowenig an der Notwendigkeit des Nationalstolzes für das Überleben.

„Die Treue zur eigenen Gründung" hatte Gehlen als Bestandteil des Patriotismus beschrieben. In der Sprache eines Allensbacher Fragebogens heißt das: auswandern wollen oder nicht auswandern wollen. Der Zusammenhang zwischen geringem Nationalstolz und dem Wunsch, auswandern zu wollen, läßt sich für jede Bevölkerungsgruppe nachweisen (vgl. Tabelle A 12).

Was die Deutschen betrifft, so gilt aber wahrscheinlich, was Walter Laqueur beobachtete:[14] Es wird viel vom Auswandern gesprochen, aber umgesetzt wird das vor allem in weite Urlaubsreisen zu exotischen Plätzen, die berühmten „Ferien vom Ich". Richtig auswandern, dagegen spricht das zuvor beschriebene Bedürfnis der Deutschen nach Ruhe und Entspannung; auch sind die Lebensverhältnisse zu angenehm, vor allem die soziale Sicherheit.

Die Schwächung der nationalen Idee schwächt ein Land nach innen wie nach außen. Wenn man sich klarwerden will, ob man Stolz auf die eigene Nationalität loben oder tadeln soll, dann muß man sich ansehen, wie weitverzweigt diese Empfindung überall hinreicht. Das Vertrauen in nahezu alle Institutionen des Staates ist beeinträchtigt, wenn Stolz auf die eigene Nationalität fehlt (vgl. Tabelle A 13).

Die getrennte Analyse Unter-30jähriger mit ausgeprägtem und mit nur schwach entwickeltem Nationalstolz zeigt ebenso wie beim engen Zusammenhang zwischen Nationalstolz und Verteidigungsbereitschaft auch in der Beurteilung der Armee, wie eng hier alles verflochten ist: Von Unter-30jährigen mit ausgeprägtem nationalen Stolz bringen 72 Prozent der Armee Vertrauen entgegen, von ihren Altersgenossen ohne oder mit nur geringem nationalen Stolz lediglich 15 Prozent. Ähnlich scharf trennen sich junge Leute ohne Stolz auf ihr Land von ihrer Altersgruppe in der Beurteilung der Polizei (86 zu 37 Prozent). Damit existiert ein besonders enger Zusammenhang zwischen Nationalstolz und der Beurteilung der Institutionen, die die Sicherheit eines Landes nach außen und nach innen garantieren.

Allein das (geringe) Vertrauen in die Medien bleibt von einer geschwächten Identifikation mit dem eigenen Land nahezu unberührt, nur das Vertrauen in die Gewerkschaften wächst mit sinken-

Tabelle 6
Bundesrepublik mit West-Berlin
Unter-30jährige

Frage:
„Hier auf dieser Liste steht verschiedenes, was sich in Zukunft in unserer Gesellschaft verändern kann. Könnten Sie mir zu jedem Punkt sagen, ob Sie eine solche Entwicklung begrüßen oder ablehnen würden, oder ob Ihnen das egal ist."

	Unter-30jährige, die auf die Frage, ob sie stolz darauf sind, Deutscher zu sein, antworten:		
	„Sehr stolz"	„Ziemlich stolz"	„Nicht sehr", „überhaupt nicht stolz"
– Auszug aus den Angaben –	%	%	%
Es begrüßen die Ziele –			
– persönliche Entfaltung fördern	74	82	90
– die Arbeit weniger wichtig nehmen	19	31	51

Quelle: Internationale Wertestudie 1981/82.

dem nationalen Stolz. Das Verhältnis zu Parlament und Rechtsprechung ist bei Unter-30jährigen ohne ausgeprägtem nationalen Stolz dagegen tiefgreifend gestört; nur 34 Prozent von ihnen bringen dem Bundestag, nur 50 Prozent den Gesetzen Vertrauen entgegen (Tabelle A 13). Enttäuschung aber, Abkehr von dem Staat und den ihn tragenden Institutionen erhöhen die Anfälligkeit für politischen Extremismus. Das Vakuum, von dem Helge Pross immunisierende Wirkungen gegen extreme Ideologien erhoffte, schwächt in Wirklichkeit die Abwehrkräfte.

Eine distanzierte Haltung zu dem eigenen Land wird keineswegs durch den Rückzug auf die Kleingruppe Familie oder verstärktes Engagement in der beruflichen Sphäre kompensiert, sondern ist Teil eines übergreifenden Bestrebens, individuelle Ziele über Gruppen- und Sachinteressen zu stellen.

Das Konzept individueller Entfaltung, das hier wie an vielen anderen Befunden der Untersuchung deutlich wird, interpretiert die Interessen des einzelnen und der Gruppe als Spannungsverhältnis, in dem persönliche Entfaltung nicht mit und für die Gemeinschaft, sondern gegen sie durchgesetzt werden muß. Der Zusammenhang zwischen einem geringen Nationalstolz und der Abneigung gegen die Bindungen und Normen, die zugunsten anderer den individuellen Freiraum einengen, wirkt bis in die Ziele hinein, die für die Erziehung von Kindern befürwortet werden: Höflichkeit, gute Manieren, Treue und Loyalität, Sparsamkeit, Leistungsbereitschaft – all diese auf Selbstbeschränkung und Disziplin dringenden Ziele gelten Personen mit geringem Nationalstolz weniger. Dagegen erhält der Wunsch, zu Unabhängigkeit und Selbständigkeit zu erziehen, überragendes Gewicht, Unabhängigkeit, der nur ein individuelles Verantwortungsgefühl, das auf die Orientierung an festen Normen verzichtet, Grenzen setzt. Zwangsläufig wird im Zuge dieses Bestrebens, individuellen Freiraum auszudehnen, Toleranz zu einem zentralen, geradezu lebensnotwendigen Wert (vgl. Tabelle A 14).

Der enge Zusammenhang zwischen nationalem Stolz und Verteidigungsbereitschaft, Vertrauen in die Institutionen, der generellen Bereitschaft zur Einordnung in die Person übergreifende Zusammenhänge legt für einen Staat geradezu zwingend die Förderung der nationalen Idee nahe.

Aber aus der Sicht des einzelnen? Die Erwartungen, was Glück und

Zufriedenheit des einzelnen befördert, richten sich zunehmend auf die Herauslösung aus größeren Zusammenhängen, auf die weitestmögliche Individualisierung von Lebensinhalten und -gestaltungen, auf die Befreiung von Normen und Pflichten. Unklar ist, was diese Erwartungen entstehen läßt und nährt; denn die Erkenntnisse sozialpsychologischer Untersuchungen widersprechen der Hoffnung, auf diesem Weg das Glück des einzelnen und der Gesellschaft als der Summe der Individuen zu erhöhen. Auch die Distanzierung von dem eigenen Land geht keineswegs mit erhöhter individueller Zufriedenheit einher. Vielmehr tritt bei allen Indikatoren für Lebenszufriedenheit, für individuelles Glück dasselbe Phänomen auf: Personen mit ausgeprägtem Nationalstolz sind zufriedener, froher als Personen ohne entwickelten Nationalstolz, die sich seltener vorbehaltlos als glücklich bezeichnen, häufiger an dem Sinn des Lebens zweifeln und auch ihre häusliche Situation ungünstiger beschreiben. Sinkender Nationalstolz ist nicht Ausdruck eines Rückzugs auf ein privates Glück; individuelle Lebenszufriedenheit ist ein Korrelat der Identifikation mit dem eigenen Land.

Das Eigentümliche ist die Häufung der falschen Ideen, die Menge der falschen Fährten, die verfolgt werden – falsche Fährten, falsche Rezepte, wenn man nach den Befunden der internationalen Wertestudie geht. Wieviele falsche Diagnosen kann sich eine Gesellschaft, können sich ihre Politiker, ihre Pädagogen, ihre Theologen und Philosophen leisten?
Für viele ist es eine moralische Frage: Maßstäbe der Selbstverteidigung einer Gesellschaft, eines Landes gelten da nicht. Man kann sich an die Auseinandersetzungen vor der Wahl von Kurt Waldheim zum österreichischen Bundespräsidenten erinnern. Endlich, hieß es, komme einmal an die Oberfläche, daß eine wirkliche Auseinandersetzung mit der nationalsozialistischen Periode in Österreich nicht stattgefunden habe. Der österreichische Nationalstolz ist auch nicht zerbrochen worden (vgl. Tabelle 4, S. 28). Kann man es beklagen, wenn man den Zusammenhang zwischen Stolz und Leistungsfähigkeit sieht?
Theodor Heuss hat über das Zurückgewinnen von Nationalgefühl 1949 noch ganz anders gesprochen, als man zwei, drei Jahrzehnte später in der Bundesrepublik Deutschland darüber sprach. Der

Schweizer Journalist Roger de Weck stellte 1984 fest: „Kein Volk scheint mir so gnadenlos mit sich selber wie das der Deutschen ... Nur im Mitleid mit Deutschland äußert sich die Zuneigung zum eigenen Land."[15]

Aber auch das Mitleid ist schwer zu finden, wenn man zum Beispiel in der deutschen Literatur nach 1945 danach sucht.

Bei Theodor Heuss war noch etwas von Mitleid wahrzunehmen: „... Ressentiment, in das das Unglück des Staates viele gestürzt hat", sagte er. Heuss konnte noch Stolz und Bescheidenheit zusammenfügen wie etwas, was zusammengehört. Als der Altbundespräsident Karl Carstens eine Dankrede an seinem 70. Geburtstag hielt, sprach er, wie es seine Art ist, sehr nüchtern. Er erinnerte daran, daß die deutsche Inflation Anfang der zwanziger Jahre die größte Geldentwertung war, von der man in historischer Zeit weiß, und daß wenige Jahre später die Weltwirtschaftskrise die Deutschen ohne Reserven und in einem Ausmaß von Arbeitslosigkeit traf, wie man es noch nie gekannt hatte, ein Drittel aller Beschäftigten waren arbeitslos. Carstens sagte das trocken, und doch konnte man das Mitgefühl erkennen.

Wenn Richard Rose den hohen Grad von Nationalstolz einiger Länder aus hundert, zweihundert Jahre zurückliegenden Befreiungsbewegungen erklärt, einen solchen Zusammenhang für möglich hält und auch den Mangel an Stolz auf die eigene Nationalität als Nachwirkung von militärischer Niederlage und Besetzung betrachtet, dann wäre eine solche Langzeitperspektive wohl auch angebracht, um die deutschen Ergebnisse bei der internationalen Wertestudie zu verstehen. Was sind gültige Werte, religiöse, moralische, politische, menschliche, wenn innerhalb eines Jahrhunderts viermal das Herrschaftssystem wechselt? Wenn nicht eine, sondern zwei militärische Niederlagen den Stolz brachen? Wenn ein brutaler, massenpsychologisch und technisch perfekt organisierter totalitärer Staat eine Dauerlage schafft, in der Idealismus und Angst zusammengerückt werden, und wenn dann im Krieg schließlich nur noch die Entscheidung übrigblieb zwischen Vaterlandsliebe oder vorsätzlich gesuchter Niederlage?

Kein Wunder, daß die Sprache, das Vokabular, die Härte der Auseinandersetzung zeigt. Richard Rose spricht bei der Analyse der internationalen Wertestudie von „patriotism", wenn er National-

Tabelle 7
Bundesrepublik mit West-Berlin
Bevölkerung ab 16 Jahre

Frage:
„Einmal ganz allgemein gefragt: Sollte man heute Nationalgefühl haben, oder halten Sie das
für unwichtig?"
In parallel laufenden Umfragen wurde gefragt nach „Nationalbewußtsein", „Nationalstolz"
und „Patriotismus".

	Juli 1986			
	National- gefühl %	National- bewußtsein %	National- stolz %	Patriotismus %
Sollte man haben	71	67	63	41
Halte ich für unwichtig	20	24	28	37
Unmöglich zu sagen	9	9	9	22
	100	100	100	100
n =	485	551	570	569

Quelle: Allensbacher Archiv, IfD-Umfrage 4075.

stolz, Nationalbewußtsein meint. „Patriotismus", das Wort geben
wir am besten im Deutschen auf. Darüber belehrt uns eine Allensbacher Umfrage vom Sommer 1986. Aber immerhin, Worte wie Nationalgefühl, Nationalbewußtsein, Nationalstolz sind für die Mehrheit
noch nicht diskreditiert (vgl. Tabelle 7).
Tatsächlich allerdings ist noch nichts entschieden. Tatsächlich wird
man erst sagen können, welche dieser Begriffe in positivem Verständnis überleben werden, wenn man den Sprachgebrauch, das
Sprachempfinden der jungen Generation weiter beobachtet. Das
Wort „Nationalbewußtsein" ist offenbar schon vor etwa 25 Jahren in
Mitleidenschaft gezogen worden, die Altersgruppen unter 45 und ab
45 unterscheiden sich dramatisch in der Bewertung. Das Wort
„Nationalgefühl" ist erst später in die Abwertung geraten, erst die
jetzt Unter-30jährigen distanzieren sich zunehmend davon (vgl.
Tabelle 8).
Beim Aufdecken der Ergebnisse für bestimmte Bevölkerungsgrup-
pen wird der Einfluß der Schule auf solche sprachlichen Entwicklungen sichtbar. Die jüngere Bevölkerung unter 45 Jahren, die die
höhere Schule besuchte, hält heute im Verhältnis 1 zu 1 Nationalbewußtsein nicht für wichtig (vgl. Tabelle 9).
Was die Schule betrifft, so fällt bei der internationalen Wertestudie

Tabelle 8
Bundesrepublik mit West-Berlin
Bevölkerung ab 16 Jahre

Das Sprachgefühl der Altersgruppen

Frage:
„Einmal ganz allgemein gefragt: Sollte man heute Nationalbewußtsein *haben, oder halten Sie das für unwichtig?"*

| | Juli 1986 Altersgruppen: | | | |
| | 16–29 Jahre | 30–44 Jahre | 45–59 Jahre | 60 Jahre und älter |
	%	%	%	%
Sollte man haben	55	52	80	82
Halte ich für unwichtig	31	38	14	11
Unmöglich zu sagen	14	10	6	7
	100	100	100	100
n =	152	136	132	131

Frage:
„... Nationalgefühl haben, ..."

Sollte man haben	55	70	76	85
Halte ich für unwichtig	31	21	15	10
Unmöglich zu sagen	14	9	9	5
	100	100	100	100
n =	132	130	106	117

Quelle: Allensbacher Archiv, IfD-Umfrage 4075.

besonders der Mangel an Vertrauen, das die Deutschen ihr entgegenbringen, auf (vgl. Tabelle A 15).

Für die Preisgabe des Wortes „Patriotismus" spricht nicht nur die niedrige Akzeptanz, kaum mehr als 40 Prozent, sondern auch die parteiische Zerrissenheit, die den Begriff zum Abzeichen für politische Lager hat werden lassen. Das ist nun das letzte, was man sich für eine Empfindung, die Konsensus stiften soll, wünscht.

Immerhin und trotz allem gibt es auf diesem Feld noch so etwas wie Konsensus, wenn man nämlich fragt: „Würden Sie sagen, daß Sie alles in allem Ihr Land – Deutschland – lieben, oder würden Sie das nicht sagen?" Dann sagen 83 Prozent „liebe Deutschland", auch 71 Prozent der unter 30jährigen, auch 45 Prozent der Wähler der GRÜNEN (Allensbacher Archiv, IfD-Umfrage 4058, Mai 1985).

Tabelle 9
Bundesrepublik mit West-Berlin
Bevölkerung von 16 bis 44 Jahren

Frage:
„Einmal ganz allgemein gefragt: Sollte man heute Nationalbewußtsein haben, oder halten Sie das für unwichtig?"

| | Juli 1986 Unter-45jährige | |
	ohne Besuch der höheren Schule %	mit Besuch der höheren Schule %
Sollte man haben	62	46
Halte ich für unwichtig	23	46
Unmöglich zu sagen	15	8
	100	100
n =	138	150

Quelle: Allensbacher Archiv, IfD-Umfrage 4075.

Tabelle 10
Bundesrepublik mit West-Berlin
Bevölkerung ab 16 Jahre

Frage:
„Einmal ganz allgemein gefragt: Sollte man heute Patriotismus haben, oder halten Sie das für unwichtig?"

| | Juli 1986 | | | |
	CDU/CSU-Wähler %	FDP-Wähler %	SPD-Wähler %	Wähler der GRÜNEN %
Sollte man haben	60	39	34	8
Halte ich für unwichtig	22	46	45	76
Unmöglich zu sagen	18	15	21	16
	100	100	100	100
n =	198	18	193	36

Quelle: Allensbacher Archiv, IfD-Umfrage 4075.

Militärische Niederlagen, Besetzungen – im von Richard Rose aufgestellten Katalog der Erfahrungen einer Nation, die langanhaltende Wirkung haben, fehlt verständlicherweise der Fall einer Teilung des Landes. Bei der internationalen Wertestudie gab es außer Deutschland kein Land, bei dem man die Auswirkungen einer Teilung hätte sehen können. Süd- und Nordkorea wären ein interessanter Parallelfall, weil auch dort die Teilung zugleich Gegensätze in Herrschaftssystemen bedeutet. Nur daß Südkorea die Situation einer solchen nationalen Teilung ganz anders beantwortet als die Bundesrepublik Deutschland, mit scharf reduzierten Freiheitsrechten seiner Bürger und einer entschiedenen Abschottung gegen Zuwanderungen aus Nordkorea.

Was die deutsche Teilung für das deutsche Nationalgefühl bedeutet, darüber gibt es seit Jahrzehnten eine gereizte Debatte.

Für die einen ist der Verzicht der Bundesrepublik, sich endgültig und dauerhaft als Staat zu etablieren, ohne alle Elemente von Provisorium, der eigentliche Fehler. Nur wegen des „Offenhaltens" der Deutschen Frage bilde sich in der Bundesrepublik kein normales

Tabelle 11
Frankreich, Großbritannien:
Bevölkerung ab 15 Jahre
USA:
Bevölkerung ab 18 Jahre

Deutschland: besser geteilt oder wiedervereinigt?

Frage:
„Deutschland ist ja geteilt in die Bundesrepublik und die DDR. Darüber, ob es für den Frieden in der Welt besser ist, wenn Deutschland geteilt bleibt oder wiedervereinigt wird, gibt es verschiedene Meinungen. Welcher dieser beiden Meinungen würden Sie eher zustimmen?"
(Vorlage einer Liste)

	Frankreich %	Großbritannien %	USA %
„Wenn ein Land gegen seinen Willen geteilt ist, entstehen dort besonders leicht Spannungen. Deshalb wäre für den Frieden in der Welt ein wiedervereinigtes Deutschland besser"	43	51	54
„Ein wiedervereinigtes Deutschland wäre zu stark und könnte das internationale Kräftegleichgewicht stören. Für den Frieden in der Welt ist daher ein geteiltes Deutschland besser"	25	26	31
Unentschieden	32	23	15
	100	100	100

Quelle: Institut für Demoskopie Allensbach: Das Ansehen der Deutschen. Eine Repräsentativbefragung in den Vereinigten Staaten, in Großbritannien und Frankreich im Auftrag der Redaktion des „Stern". Allensbach, März 1984, IfD-Bericht 2970/I, Tabelle 7, Seite 14.

Nationalgefühl. Das mindeste, meinen sie, das die Bundesrepublik Deutschland den Nachbarn nach zwei Weltkriegen schulde, sei ein entschlossenes Aufgeben jeden Gedankens an eine deutsche Wiedervereinigung. Die Bevölkerung anderer großer Länder sieht das anders. Mehrheiten schlossen sich 1984 dem Standpunkt an: „Wenn ein Land gegen seinen Willen geteilt ist, entstehen dort besonders leicht Spannungen. Deshalb wäre für den Frieden in der Welt ein wiedervereinigtes Deutschland besser."

Wenn man die weitverzweigten Wirkungen von Nationalgefühl sieht und das lange Gedächtnis einer Bevölkerung für geschichtliche Ereignisse, dann muß man sich über die Beharrlichkeit der Deutschen nicht wundern, die die Präambel des Grundgesetzes mit dem Wortlaut: „Das gesamte deutsche Volk bleibt aufgefordert, in freier Selbstbestimmung die Einheit und Freiheit Deutschlands zu vollenden" erhalten wissen wollen (69 Prozent im Dezember 1985)[16].

Die Tendenz, nur das Aktuelle für wichtig zu halten, führt dazu, daß man die Einstellung der Deutschen zur Wiedervereinigung daran abzulesen sucht, ob sie auf der politischen Tagesordnung der Deutschen Priorität hat, für wie dringlich, für wie wichtig sie gehalten wird.

Für die Deutschen befindet sich, so scheint es, die Frage der Wiedervereinigung im „Wartezimmer der Geschichte", wie es einmal ausgedrückt wurde. 1984 sagten 47 Prozent der Bevölkerung, sie betrachteten die Deutsche Frage als „offen", bei 21 Prozent Gegenstimmen „nicht mehr offen" und 32 Prozent Unentschiedenen.[17]

Im Sommer 1986 wurde in einer Allensbacher Umfrage ein Satz zur Wiedervereinigung vorgelegt mit der Frage, ob man diesem Satz zustimme oder nicht zustimme. Der Satz lautete: „Für die deutsche Wiedervereinigung muß man eintreten, auch wenn sie nicht sofort zu erreichen ist. Bei großen Zielen muß man in Kauf nehmen, daß man ihre Erfüllung selbst nicht mehr erlebt." 60 Prozent stimmten zu, 20 Prozent stimmten nicht zu, 20 Prozent blieben unentschieden.[18]

Es ist zwar seit langem in den Schulen und auch in den tonangebenden Medien keine Propaganda mehr für das nationale Provisorium gemacht worden. Aber das Gefühl vom Provisorium bleibt.[19]

So unnatürlich erscheint vielen Politikern und auch ausländischen Beobachtern das Vakuum Nationalstolz bei den Deutschen, daß sie in kurzen Abständen ein neues, gestärktes Nationalgefühl diagnostizieren, bei der Rechten, vielleicht noch häufiger bei der Linken. Ein Titelbild des *stern* mit einem hünenhaften blonden jungen Mann, der die schwarz-rot-goldene Flagge schwenkt, umdrängt von begeisterten Altersgefährten, dazu der Titeltext „Eine neue Bewegung formiert sich: Pazifistisch, neutralistisch, patriotisch. Deutschland – Vaterland" – das liegt nun schon wieder fast fünf Jahre zurück.[20]

Die Symbolausstattung der nationalen Identität gewinnt langsam an Sympathie. Daß seit Mitte April 1985 am Schluß des Abendprogramms des Zweiten Deutschen Fernsehens und seit Ende Mai 1985 am Schluß des ARD-Programms die Nationalhymne gespielt wird, fanden nach einer Umfrage im August 1986 55 Prozent der Deutschen gut, 12 Prozent „nicht gut", 34 Prozent blieben unentschieden.[21] Eine weitere Frage lautete: „In den Schulen von Baden-Württemberg soll jetzt die ganze Nationalhymne, also nicht nur eine, sondern alle drei Strophen des Deutschlandliedes gelernt werden. Einmal ganz allgemein gefragt: Finden Sie das richtig, oder finden Sie das nicht richtig?" – „Finde ich richtig" antworteten 40 Prozent, „nicht richtig" 30 Prozent, 30 Prozent blieben unentschieden.[22]

Von einer „Wende" zu neuem Nationalgefühl kann man nicht sprechen. Es steckt hinter solchen Erwartungen eine unrealistische Vorstellung, als ob man Nationalgefühl wie ein Kleid auszieht und wieder anzieht. So eine Vorstellung trifft auf die Deutschen am allerwenigsten zu, die man sicher als schwerblütig bezeichnen kann. In der internationalen Wertestudie gab es eine Frage, die eigentlich eher anmutete wie „small talk", wie aus einer Cocktail-Unterhaltung: „Würden Sie der folgenden Aussage eher zustimmen oder nicht zustimmen? ‚Die Zukunft ist so unsicher, da ist es das beste, von einem Tag auf den nächsten zu leben.‘ "

Warum fallen die Deutschen gerade bei so einer Frage wieder ganz aus dem Rahmen? Man kann es nur als Abneigung gegen Leichtlebigkeit erklären, wenn sie weniger als alle anderen Europäer und erst recht die Amerikaner zustimmen wollen (vgl. Tabelle A 16).

Geschichtswissenschaft, Philosophie, Theologie, Sozialwissenschaft haben uns wenig dafür ausgerüstet, uns mit so etwas wie einem Nationalcharakter auseinanderzusetzen. Das klügste, was man dazu sagen kann, scheint vielen noch immer die Bemerkung, es gebe in jedem Volk solche und solche. Wenn wir jetzt durch die internationale Wertestudie mit kollektiven Zügen der verschiedenen Länder konfrontiert werden, sind wir dafür nicht gut vorbereitet. Die Bevölkerung allerdings hält sowieso an der Idee nationaler Wesenszüge fest. „Wir sind arbeitsam" sagen die Deutschen.

Hitzig ist im letzten Jahrzehnt in Deutschland die Debatte über den Wertewandel geführt worden, Stichwort: „Sind die Deutschen faul geworden?"[23] Deutliche Veränderungen der Arbeitsfreude, der Arbeitsmoral waren ab Ende der sechziger Jahre in den Trendfragen des Allensbacher Instituts beobachtet worden (vgl. Tabelle 12 sowie Tabellen A 17 und A 18).

Eine wünschenswerte Anpassung an den wirtschaftlichen und technologischen Wandel sei das, meinten die meisten deutschen Soziologen.[24] Ohnehin gehe den Menschen die Arbeit aus, die Neigung zur „ökonomischen Abrüstung" und alternativen Formen des Arbeitslebens zeige vorausschauende Klugheit der Bevölkerung.

Aber dann folgten Anfang der achtziger Jahre in kurzen Abständen zwei internationale Umfragen, die dem Weltmythos vom fleißigen Deutschen[25] hohnsprachen. Dabei ließ sich nicht erkennen, ob die jahrhundertealte Tradition das faktische Verhalten im Arbeitsleben

Tabelle 12
Bundesrepublik mit West-Berlin
Unter-30jährige Arbeitnehmer

Frage:
„Welche Stunden sind Ihnen ganz allgemein am liebsten: Die Stunden während der Arbeit oder die Stunden, während Sie nicht arbeiten, oder mögen Sie beide gern?"

	Unter-30jährige Arbeitnehmer							
	1962 %	1967 %	1972 %	1975 %	1978 %	1984 %	1985 %	1986 %
Es haben beide gern, die Stunden während der Arbeit und während der Freizeit (oder sogar: „die Arbeitsstunden lieber")	53	55	49	43	43	40	41	42
Die Stunden, wenn ich nicht arbeite	39	42	47	53	54	54	57	55
Unentschieden	8	3	4	4	3	6	2	3
	100	100	100	100	100	100	100	100
n =	397	193	390	383	371	388	357	403

Quelle: Allensbacher Archiv, IfD-Umfragen 253, 2029, 2123, 3018, 3056, 4051, 4059, 4067.

Tabelle 13

Bundesrepublik mit West-Berlin,
USA, Schweden
Berufstätige Bevölkerung

Arbeitsethik in drei Ländern

Frage:
„Hier unterhalten sich vier Leute über die Arbeit und warum man arbeitet.
Welcher der vier sagt am ehesten das, was auch Sie denken?"
(Vorlage eines Bildblatts)

	Berufstätige		
	USA	Schweden	Bundesrepublik Deutschland
	%	%	%
„Ich möchte immer mein Bestes geben, so gut ich kann, unabhängig davon, wieviel ich verdiene"	50	45	25
„Ich finde meine Arbeit interessant, aber ich lasse es nicht so weit kommen, daß sie mein übriges Leben stört"	20	39	44
„Ich sehe die Arbeit wie ein Geschäft. Je besser ich bezahlt werde, desto mehr tue ich; je schlechter ich bezahlt werde, desto weniger tue ich"	9	5	11
„Arbeiten, um zu leben, ist eine unangenehme Lebensnotwendigkeit. Wenn ich nicht müßte, würde ich gar nicht arbeiten"	17	7	15
Unentschieden	4	4	5
	100	100	100
n =	845	1128	741

Quelle: Internationale Umfrage „Jobs in the 80s" 1982. Vgl. auch Noelle-Neumann, Elisabeth/Burkhard Strümpel: Macht Arbeit krank? Macht Arbeit glücklich? Eine aktuelle Kontroverse. München: Piper 1984, S. 62.

nicht noch weiter bestimmte, die Liebe zur Präzision, zur Perfektion. Aber Arbeitsmoral als Einstellung, die Normen wirkten wie abgeräumt, wenn man die Antworten der Deutschen mit denen der Schweden, der Engländer, der Amerikaner, der Israelis verglich.[26]
Da wirtschaftliche und technologische Faktoren das Arbeitsleben in anderen europäischen Ländern und in den USA sicher nicht weniger prägten als in Deutschland, so war die „Anpassungsthese" schwer aufrechtzuerhalten.
Das auffallendste war sicher das Ergebnis aus der internationalen

Wertestudie, nach dem die Deutschen so viel weniger Stolz auf ihre
Arbeit bekunden als die Menschen in anderen Ländern (vgl. Tabellen A 19 und A 20).
Die in jedem Land starke Verknüpfung von Stolz auf die eigene
Nationalität und Stolz auf die Arbeit (vgl. Tabelle A 7) hätte eigentlich nahegelegt, die Fragen von Arbeitsmoral und Stolz nicht isoliert
zu betrachten, sondern als Symptom in größerem Zusammenhang.
Aber dazu war das Thema zu ideologisiert, das heißt, je nach linker
oder rechter politischer Orientierung wurde die Situation, der Wandel der Arbeitseinstellungen und der Kontrast zu anderen Ländern,
verschieden erklärt, verschieden bewertet.

Tabelle 14
Bundesrepublik mit West-Berlin,
USA, Schweden, Großbritannien
Berufstätige Bevölkerung

Einstellungen zur Arbeit

Frage:
„Hier unterhalten sich zwei über ihre Arbeit. Welcher von beiden sagt eher das, was Sie denken?"
(Vorlage eines Bildblatts)

	USA	Schweden	Berufstätige Groß- britannien	Bundesrepublik Deutschland
	%	%	%	%
„Ich setze mich in meinem Beruf ganz ein und tue oft mehr, als von mir verlangt wird. Der Beruf ist mir so wichtig, daß ich ihm vieles opfere"	68	56	66	42
„Ich tue bei meiner Arbeit das, was von mir verlangt wird, da kann mir niemand etwas vorwerfen. Aber daß ich mich darüber hinaus noch besonders anstrengen soll, sehe ich nicht ein. So wichtig ist mir der Beruf nun auch wieder nicht"	24	36	30	41
Unentschieden	8	8	4	17
	100	100	100	100
n =	845	1128	825	741

Quelle: Internationale Umfrage „Jobs in the 80s" 1982. Vgl. auch Noelle-Neumann, Elisa-
beth/Burkhard Strümpel: Macht Arbeit krank? Macht Arbeit glücklich? A. a. O., S. 186.

Tabelle 15
Bundesrepublik mit West-Berlin,
Schweden
Arbeitnehmer

Verbundenheit mit dem Betrieb

| | Arbeitnehmer | |
| | Schweden | Bundesrepublik Deutschland |
	%	%
„Ich fühle mich meiner Arbeit sehr verbunden und empfinde mich als nützlicher Mitarbeiter einer wichtigen Firma oder Dienststelle"	81	56
„Im Grunde interessiert mich nur das, was ich selbst tue und leiste. Meinem Arbeitgeber oder meiner Firma fühle ich mich nicht besonders verbunden"	14	32
Unentschieden	5	12
	100	100
n =	998	669

Quelle: Internationale Umfrage „Jobs in the 80s" 1982. Vgl. auch Noelle-Neumann, Elisabeth/Burkhard Strümpel: Macht Arbeit krank? Macht Arbeit glücklich? A. a. O., S. 186.

Die wissenschaftliche und politische Gepflogenheit, Bereiche wie Arbeit, Familie, Nationalgefühl, Gesundheit, Glück mit getrennter Zuständigkeit zu behandeln, verträgt sich nicht mit der Realität, wie sie die internationale Wertestudie zeigt. In der Realität sind alle diese Bereiche eng miteinander verflochten. Die Erschöpfung der Deutschen, deren Symptom man an vielen Stellen der Wertestudie findet, begünstigt den Wertewandel; an die Stelle von Werten, die Aktivität, die Anstrengung fordern, werden Werte geschoben, die das Leben leichtermachen.

Als die deutschen Arbeitnehmer in der internationalen Studie „Arbeitsplätze der achtziger Jahre" gefragt wurden, ob es an ihrem Arbeitsplatz in den letzten zehn Jahren technische Veränderungen gegeben habe, und, falls ja, wie die sich ausgewirkt hätten, da berichteten sie im stärksten Anteil über technische Veränderungen. Das überraschende war aber erst, daß die technischen Veränderungen in Deutschland vor allem dazu dienten, die Arbeit leichterzumachen, während in anderen großen Industrieländern wie USA und Japan obenan stand, daß die Arbeit dadurch schwieriger, belastender und verantwortungsvoller geworden sei (vgl. Tabelle A 21).

Aus Japan stammt eine Tabelle über den Wertewandel, 1978 aufgestellt. Der Japaner A. Fukushima vergleicht die Orientierungen der älteren und der jungen japanischen Generation.[27] Eigentümlich vertraut kommt uns diese Tabelle vor. Eine ältere Generation, auf Überwindung von Schwierigkeiten und Verzicht eingestellt, eine junge Generation, spielerisch gestimmt. So verschieden die Fakten der Lebensweisen der Generationen in Japan und Deutschland heute sein mögen, es ist wie eine ähnliche Melodie.

Es klang überzeugend, als der Wertewandel in Deutschland seit Mitte der siebziger Jahre als eine sinnvolle Anpassung an den wirtschaftlich-technologischen Wandel in den Industrieländern erklärt wurde. Es gab auch bald das Stichwort dazu, es sei der Übergang zu postmateriellen Werten. Aber dann suchte man ganz vergeblich, den deutschen Wertewandel auch in England oder Schweden oder USA zu finden. Die gesuchten Parallelen gibt es, doch ganz anders als von den Soziologen erwartet. Zwei Völker, die Niederlagen erlebten, die Deutschen und die Japaner, ähneln sich im Wertewandel. Vielleicht in der Verletztheit.

Tabelle 16
Japan

Bewußtsein und Handlungen der älteren und der neuen japanischen Generation

Bereich	Ältere Generation	Neue Generation
Denkungsart	Logisch, bewußt	Intuitiv, vor-bewußt (analogisch)
Wert	Realitätsprinzip (fleißig, sparsam, gewissenhaft, asketisch, altruistisch, Scham, Ehre)	Hedonistisches Prinzip (Empfindungen, die selbstzentriert, stilvoll, spielerisch sind)
Dominierendes Prinzip	Paternalistisch (Autonomie)	Maternalistisch (abhängig)
Einstellung	Aktiv (realistisch, kooperativ)	Passiv (illusionär, subjektiv)
Mängel	Realismus (sozialfeindlich)	Illusionär, konsumbezogen (asozial, sozialfremd)

Quelle: A. Fukushima: Gendai Seinen Shinri Noto (Note to Psychology of Contemporary Youth) 1978. Zitiert nach: Kazuto Kojima: Generational Change and Journalism. Methodology and Tentative Analysis. In: Studies of Broadcasting, No. 22, 1986, S. 79–105, hier S. 85, Tabelle 1.

Aber die Japaner kämpfen um die Darstellung ihrer Geschichte, die zum Zusammenbruch von 1945 führte, um das Nationalgefühl nicht zu tief zu verletzen. Sie verteidigen in langen Verhandlungen mit Korea und China, wie die Geschehnisse der dreißiger und vierziger Jahre in den japanischen Schulbüchern dargestellt werden.

In Deutschland wird einmal wieder ein Extrem, das Extrem der Selbst-Demütigung, gesucht. Es wird der Bevölkerung verwehrt, genau zu wissen, daß nie eine Mehrheit in einer freien Wahl für Hitler gestimmt hat. Und wer würde erwarten, daß eine im Käfig der Propaganda lebende Bevölkerung ein richtiges Urteil über die Regierung, die diese Propaganda inszeniert, haben kann?

Im Übereifer wird das Bild noch verzeichnet. Diejenigen Deutschen, die vor 1932 geboren sind und 1985 noch lebten, wurden im Frühjahr 1985 gefragt, ob sie irgendwann an den Nationalsozialismus glaubten, Hitler bewunderten. 56 Prozent sagten, sie hätten an den Nationalsozialismus geglaubt, 41 Prozent sagten, sie hätten Hitler bewundert.[28] Aber wer hat die Darstellung erfunden, die Deutschen seien 1939 beim Kriegsausbruch begeistert gewesen? „Wie war Ihre eigene Stimmung in diesen Tagen bei Kriegsausbruch: eher begeistert oder eher bedrückt?" wurden im September 1985 die vor 1933 Geborenen gefragt. 64 Prozent sagten „Ich war eher bedrückt", 15 Prozent „Ich war eher begeistert".[29]

Viele der vor 1933 Geborenen und heute noch Lebenden haben schon vor vielen Jahren angefangen, lieber stumm zu bleiben als zu erklären, wo es kein Bedürfnis nach Verstehen gibt.

So ist allmählich ein Zeitgemälde der jüngeren deutschen Vergangenheit entstanden ohne störende Eingriffe, Korrekturversuche, wenigstens hier war so etwas wie Konsensus zu erfahren. Ein deutscher Historiker schlug vor, da sich ein deutsches Nationalgefühl nicht über großen geschichtlichen Erinnerungen bilden könne, so möge es sich über den Verbrechen der Deutschen bilden: „Nicht tausend Jahre heiler, sondern zwölf Jahre unheilvoller deutscher Geschichte vermögen uns vielleicht zu dem zu verhelfen, was man ein ‚gesundes' Nationalgefühl nennt."[30] Es wären wohl viele Deutsche geneigt, ihm zuzustimmen.

Dieses Kapitel hat keinen Schlußpunkt. Es bildet den Anfang einer Expedition durch die internationale Wertestudie, die uns helfen soll, die deutsche Wirklichkeit zu verstehen.

	Tabelle A 1
	Europa
	Bevölkerung ab 18 Jahre

Die Inglehart-Skala: Ergebnisse für die einzelnen Aussagen

- Die Länder im Vergleich -

FRAGEN: "Es wird ja viel darüber gesprochen, welche Ziele ..... (Land) in den nächsten zehn Jahren vor allem verfolgen soll. Auf dieser Liste hier stehen vier Ziele, die verschiedene Leute für besonders wichtig halten. Welches davon halten Sie für das wichtigste?"

"Und welches von diesen vier halten Sie für das zweitwichtigste?"

	Europa insgesamt	Bundes- republik Deutsch- land	Schweden	Dänemark	Großbri- tannien	Nord- Irland	Republik Irland	Holland	Belgien	Frank- reich	Spanien	Italien
Folgende Ziele halten für am wichtigsten:	%	%	%	%	%	%	%	%	%	%	%	%
Recht und Ordnung aufrechterhalten ...	41	49	38	38	32	55	40	37	25	31	58	46
Verhindern, daß die Preise steigen ...	23	14	15	9	25	25	29	19	33	32	17	26
Mehr Mitbestimmung des Bürgers in wichtigen Entscheidungen der Regierung ...	19	20	32	35	26	16	23	17	18	17	14	17
Die Meinungsfreiheit erhalten	14	15	11	12	16	4	8	23	13	18	6	9
Weiß nicht	3	2	4	6	1	x	x	4	11	2	5	2
	100	100	100	100	100	100	100	100	100	100	100	100
Folgende Ziele setzen an den ersten oder zweiten Platz der Wichtigkeit:												
Recht und Ordnung aufrechterhalten ...	62	69	60	58	56	77	63	59	45	52	74	69
Verhindern, daß die Preise steigen ...	54	39	46	24	54	64	66	39	58	60	59	65
Mehr Mitbestimmung des Bürgers in wichtigen Entscheidungen der Regierung ...	38	40	53	56	47	37	44	36	35	34	33	34
Die Meinungsfreiheit erhalten	38	47	31	46	40	20	24	51	34	46	21	26

/ ...

Quelle: Internationale Wertestudie 1981/82

In der Inglehart-Skala werden die Wahl von "Recht und Ordnung aufrechterhalten" und "Verhindern, daß die Preise steigen" für Platz 1 und 2 der Dringlichkeit als "materielle Werteorientierung" interpretiert und "Mehr Mitbestimmung des Bürgers in wichtigen Entscheidungen der Regierung" und "Die Meinungsfreiheit erhalten" als "postmaterielle Werteorientierung".

... /

	Europa insgesamt	Bundes- republik Deutsch- land	Schweden	Dänemark	Großbri- tannien	Nord- Irland	Republik Irland	Holland	Belgien	Frank- reich	Spanien	Italien
Es setzen an den ersten und zweiten Platz der Wichtigkeit:	%	%	%	%	%	%	%	%	%	%	%	%
Materielle Werte	31	24	22	13	24	45	39	22	26	32	46	45
Postmaterielle Werte	14	16	12	24	13	4	9	17	10	17	9	8
Eine Mischung beider Werte genannt	50	56	59	52	61	49	49	49	48	46	37	42
Weiß nicht	5	4	7	11	2	2	3	12	16	5	8	5
	100	100	100	100	100	100	100	100	100	100	100	100

Quelle: Internationale Wertestudie 1981/82

Tabelle A 2
USA, Europa
Bevölkerung ab 18 Jahre

FRAGE: "Sind Sie stolz, ... (Nationalität) zu sein? Würden Sie sagen: Sehr stolz, ziemlich stolz, nicht sehr stolz, überhaupt nicht stolz?"

	USA	Europa insgesamt	Bundes- republik Deutsch- land	Schweden	Dänemark	Großbri- tannien	Nord- Irland	Republik Irland	Holland	Belgien	Frank- reich	Spanien	Italien
Auf ihre Nationalität sind –	%	%	%	%	%	%	%	%	%	%	%	%	%
"sehr stolz"	79	38	21	28	30	55	46	66	19	27	33	49	41
"ziemlich stolz"	17	38	38	41	41	31	33	25	41	44	43	34	39
"nicht sehr stolz"	2	12	18	22	18	8	9	5	21	12	8	8	11
"überhaupt nicht stolz"	1	7	11	4	4	3	4	1	10	7	9	4	6
Unentschieden	1	5	12	5	7	3	8	3	9	10	7	5	3
	100	100	100	100	100	100	100	100	100	100	100	100	100

Quelle: Internationale Wertestudie 1981/82

Nähe und Ferne der Wertvorstellungen von Eltern und erwachsenen Kindern

FRAGE: "In welchen Bereichen haben/hatten Sie und Ihre Eltern ähnliche Ansichten?"
(Vorlage einer Liste)

	USA	Europa insgesamt	Bundesrepublik Deutschland	Schweden	Dänemark	Großbritannien	Nord-Irland	Republik Irland	Holland	Belgien	Frank-reich	Spanien	Italien
	%	%	%	%	%	%	%	%	%	%	%	%	%
Moralvorstellungen	84	63	49	65	55	76	69	64	54	63	64	57	68
Einstellungen zur Religion	74	56	47	63	53	58	68	70	53	61	56	53	64
Einstellungen gegenüber anderen Menschen	70	55	44	55	50	62	59	55	55	55	55	50	61
Politische Ansichten ..	48	36	28	50	36	47	48	36	40	36	35	26	41
Ansichten zur Sexualität	41	23	13	23	24	35	30	27	24	25	20	17	28
	317	233	181	256	218	278	274	252	226	240	230	203	262
In nichts davon	x	10	9	6	10	8	6	8	8	6	10	14	12
Weiß nicht	9	11	14	9	16	5	11	11	14	16	13	13	8

Quelle: Internationale Wertestudie 1981/82

Das vierte Gebot

Je größer der Abstand in den Wertvorstellungen zu den
Eltern, desto geringer die Bereitschaft, die Eltern
zu ehren und zu lieben

FRAGE: "Hier stehen zwei Meinungen.
Welcher von beiden würden
Sie eher zustimmen?"
(Vorlage einer Liste)

Nach den Antworten auf die Frage, in
welchen fünf Bereichen - Religion, Moral,
Einstellung gegenüber anderen Menschen,
Politik, Sexualität - man ähnliche Ansichten
hat wie die Eltern, wird die Nähe oder Ferne
zu den Eltern bestimmt.

Übereinstimmung mit den Eltern bei -

Bevölkerung ab 18 Jahre	keinem dieser Bereiche	1	2	3	4 oder 5 Bereichen
	%	%	%	%	%
"Ganz egal, welche Vorzüge und Fehler die Eltern haben, man muß sie immer lieben und ehren."	37	46	45	54	65
"Man muß seine Eltern nicht achten, wenn sie es nicht durch ihr Verhalten und ihre Einstellungen verdient haben."	34	39	30	27	25
Unentschieden	29	15	25	19	10
	100	100	100	100	100

Unter-30jährige

	keinem dieser Bereiche	1	2	3	4 oder 5 Bereichen
"Ganz egal, welche Vorzüge und Fehler die Eltern haben, man muß sie immer lieben und ehren."	22	29	30	30	57
"Man muß seine Eltern nicht achten, wenn sie es nicht durch ihr Verhalten und ihre Einstellungen verdient haben."	51	54	47	49	36
Unentschieden	27	17	23	21	7
	100	100	100	100	100

HINWEIS: Eine weitere Tabelle über die Auswirkungen der Nähe oder Ferne in den Wertvorstellungen zu den Eltern findet sich auf S. 21 (Tabelle 2).

Quelle: Internationale Wertestudie 1981/82

Tabelle A 5
USA, Europa
Bevölkerung ab 18 Jahre

Zufriedenheit mit dem häuslichen Leben im Ländervergleich

Angaben nach einer 10stufigen Leiter, bei der 10 die größte und 1 die geringste Zufriedenheit bedeutet.

	USA	Europa insgesamt	Bundes-republik Deutsch-land	Schweden	Dänemark	Großbri-tannien	Nord-Irland	Republik Irland	Holland	Belgien	Frank-reich	Spanien	Italien
	%	%	%	%	%	%	%	%	%	%	%	%	%
Sehr zufrieden mit dem häuslichen Leben (Stufen 9, 10)	52	41	36	54	63	57	54	54	40	34	36	31	34
Mittel (7, 8)	33	37	38	33	27	30	31	31	47	45	40	41	34
Weniger zufrieden (1-6)	14	22	25	13	10	12	14	15	11	16	23	28	30
Weiß nicht, keine Angabe	1	x	1	x	x	1	1	x	2	5	1	x	2
	100	100	100	100	100	100	100	100	100	100	100	100	100
Im Durchschnitt	8,3	7,8	7,6	8,3	8,7	8,4	8,3	8,3	8,1	7,8	7,7	7,4	8,3

HINWEIS: Siehe auch Tabelle 2, Seite 21, die den Zusammenhang zeigt zwischen Nähe der Wertvorstellungen von Eltern und Kindern und der Zufriedenheit mit dem häuslichen Leben, und Tabelle A 9, die den Zusammenhang zwischen Nationalstolz und Zufriedenheit mit dem häuslichen Leben zeigt.

Quelle: Internationale Wertestudie 1981/82

FRAGE: "Sind Sie eigentlich stolz auf Ihre Familie? Würden Sie sagen: Sehr stolz,
ziemlich stolz, etwas stolz, eigentlich nicht stolz?"

Bevölkerung ab 16 Jahre	Insgesamt	Personen, die auf die Frage, ob sie stolz darauf sind, Deutscher zu sein, antworten:		
		"Unbedingt"	"Überwiegend"	"Eher nicht, gar nicht"
Auf ihre Familie sind –	%	%	%	%
"sehr stolz"	47	67	45	23
"ziemlich stolz"	30	20	37	32
"etwas stolz"	9	3	8	19
"eigentlich nicht"	5	1	3	17
Unentschieden	3	2	2	5
Habe keine Familie	5	6	4	4
Keine konkrete Angabe	1	1	1	x
	100	100	100	100

FRAGE: "Sind Sie eigentlich stolz auf Ihr Kind/Ihre Kinder? Würden Sie sagen:
Unbedingt stolz, überwiegend stolz, eher nicht stolz, gar nicht stolz?"

Personen, die Kinder haben

Auf ihre Kinder sind –				
"unbedingt stolz"	61	74	61	41
"überwiegend stolz"	35	25	36	51
"eher nicht stolz"	2	x	2	4
"gar nicht stolz"	x	x	x	x
Unentschieden	2	1	1	4
	100	100	100	100

HINWEIS: Den Zusammenhang zwischen Nationalstolz und anderen Bereichen zeigen außerdem
die Tabellen 6, A 7, A 8, A 9, A 11, A 12, A 13, A 14

Quelle: Allensbacher Archiv, IfD-Umfrage 4062, September 1985

		Tabelle A 7
Zusammenhang zwischen Nationalstolz und Stolz auf die eigene Arbeit zeigt sich in jedem europäischen Land		Europa
		Berufstätige ab 18 Jahre

FRAGE: "Sind Sie stolz auf Ihre Arbeit, Ihren Beruf? Würden Sie sagen: Sehr stolz, ziemlich stolz, etwas stolz, überhaupt nicht stolz?"

	insgesamt	Berufstätige, – die auf die Frage, ob sie stolz auf ihre Nationalität sind, antworten:		
Bundesrepublik Deutschland		"Sehr stolz"	"Ziemlich stolz"	"nicht sehr, überhaupt nicht stolz"
Auf ihre Arbeit sind –	%	%	%	%
"sehr stolz"	14	34 .... 12 8		
"ziemlich stolz"	39	38 .... 50 33		
"etwas stolz"	31	20 .... 26 37		
"überhaupt nicht stolz"	12	5 .... 8 18		
Unentschieden	4	3 .... 4 4		
	100	100 100 100		

Schweden

Auf ihre Arbeit sind –				
"sehr stolz"	53	65 .... 52 42		
"ziemlich stolz"	29	22 .... 32 36		
"etwas stolz"	9	8 .... 9 9		
"überhaupt nicht stolz"	6	4 .... 4 8		
Unentschieden	3	1 .... 3 5		
	100	100 100 100		

Dänemark

Auf ihre Arbeit sind –				
"sehr stolz"	35	58 .... 27 27		
"ziemlich stolz"	36	29 .... 45 31		
"etwas stolz"	11	7 .... 13 16		
"überhaupt nicht stolz"	9	3 .... 8 19		
Unentschieden	9	3 .... 7 7		
	100	100 100 100		

/ ...

	insgesamt	Berufstätige, - die auf die Frage, ob sie stolz auf ihre Nationalität sind, antworten:		
		"Sehr stolz"	"Ziemlich stolz"	"nicht sehr, überhaupt nicht stolz"
Großbritannien				
Auf ihre Arbeit sind -	%	%	%	%
"sehr stolz"	79	86 .... 72 67		
"ziemlich stolz"	18	12 .... 24 23		
"etwas stolz"	2	1 .... 3 7		
"überhaupt nicht stolz"	1	1 .... 1 2		
Unentschieden	x	x .... x 1		
	100	100	100	100
Republik Irland				
Auf ihre Arbeit sind -				
"sehr stolz"	71	77 .... 69 72		
"ziemlich stolz"	21	20 .... 24 24		
"etwas stolz"	3	2 .... 6 x		
"überhaupt nicht stolz"	1	1 .... 1 2		
Unentschieden	4	x .... x 2		
	100	100	100	100
Holland				
Auf ihre Arbeit sind -				
"sehr stolz"	19	36 .... 20 10		
"ziemlich stolz"	55	50 .... 60 55		
"etwas stolz"	15	5 .... 13 21		
"überhaupt nicht stolz"	4	2 .... 3 5		
Unentschieden	7	7 .... 4 9		
	100	100	100	100

/ ...

	insgesamt	Berufstätige, - die auf die Frage, ob sie stolz auf ihre Nationalität sind, antworten:		
		"Sehr stolz"	"Ziemlich stolz"	"nicht sehr, überhaupt nicht stolz"
Belgien				
Auf ihre Arbeit sind -	%	%	%	%
"sehr stolz"	30	50 .... 26 14		
"ziemlich stolz"	47	35 .... 54 54		
"etwas stolz"	11	8 .... 11 12		
"überhaupt nicht stolz"	6	3 .... 4 10		
Unentschieden	6	4 .... 5 10		
	100	100 100 100		
Frankreich				
Auf ihre Arbeit sind -				
"sehr stolz"	13	27 .... 10 10		
"ziemlich stolz"	46	47 .... 54 43		
"etwas stolz"	16	15 .... 18 18		
"überhaupt nicht stolz"	17	8 .... 17 29		
Unentschieden	8	3 .... 1 x		
	100	100 100 100		
Spanien				
Auf ihre Arbeit sind -				
"sehr stolz"	42	55 .... 29 28		
"ziemlich stolz"	41	32 .... 50 49		
"etwas stolz"	12	9 .... 15 17		
"überhaupt nicht stolz"	2	2 .... 3 4		
Unentschieden	3	2 .... 3 2		
	100	100 100 100		
Italien				
Auf ihre Arbeit sind -				
"sehr stolz"	29	44 .... 23 19		
"ziemlich stolz"	43	38 .... 52 36		
"etwas stolz"	14	12 .... 13 20		
"überhaupt nicht stolz"	12	4 .... 11 24		
Unentschieden	2	2 .... 1 1		
	100	100 100 100		

Quelle: Internationale Wertestudie 1981/82

Nationalstolz und Zufriedenheit mit dem Leben hängen zusammen:
das zeigt sich bei der Bevölkerung der europäischen Länder
insgesamt und auch bei den jungen Europäern

FRAGE: "Wenn Sie einmal alles in allem nehmen, wie zufrieden sind Sie insgesamt zur Zeit
mit Ihrem Leben? Sagen Sie es mir doch bitte wieder nach dieser Leiter hier.
1 bedeutet 'Überhaupt nicht zufrieden' und 10: 'völlig zufrieden'."
(Vorlage eines Bildblattes)

	Insgesamt	Personen, die auf die Frage, ob sie stolz auf ihre Nationalität sind, antworten:		
Europäer ab 18 Jahre		"Sehr stolz"	"Ziemlich stolz"	"Nicht sehr, überhaupt nicht stolz"
	%	%	%	%
Mit dem Leben -				
völlig zufrieden (Stufen 9, 10)	24	32	22	17
mittel (Stufe 8)	26	25	27	24
weniger (Stufen 6, 7)	27	23	29	28
nicht zufrieden (Stufen 1-5)	22	19	21	30
Unentschieden	1	1	1	1
	100	100	100	100

Unter-30jährige

Mit dem Leben -				
völlig zufrieden (Stufen 9, 10)	22	31	21	15
mittel (Stufe 8)	26	26	29	23
weniger (Stufen 6, 7)	28	25	30	30
nicht zufrieden (Stufen 1-5)	23	17	20	31
Unentschieden	1	1	x	1
	100	100	100	100

Quelle: Internationale Wertestudie 1981/82

Nationalstolz und Zufriedenheit mit dem häuslichen Leben
hängen zusammen

FRAGE: "Alles in allem: Wie zufrieden oder unzufrieden sind Sie mit Ihrem häuslichen Leben?
1 würde bedeuten, sehr unzufrieden, und 10: völlig zufrieden."
(Vorlage eines Bildblattes)

	Insgesamt	Personen, die auf die Frage, ob sie stolz auf ihre Nationalität sind, antworten:		
Bevölkerung ab 18 Jahre		"Sehr stolz"	"Ziemlich stolz"	"Nicht sehr, überhaupt nicht stolz"
	%	%	%	%
Sehr zufrieden mit dem häuslichen Leben (Stufen 9, 10)	36	50	36	27
Mittel (7, 8)	38	31	42	37
Weniger zufrieden (1-6)	25	19	22	35
Weiß nicht, keine Angabe	1	x	x	1
	100	100	100	100
Im Durchschnitt	7,6	8,1	7,7	7,0

Unter-30jährige

Sehr zufrieden mit dem häuslichen Leben (Stufen 9, 10)	25	35	28	19
Mittel (7, 8)	40	37	43	36
Weniger zufrieden (1-6)	34	28	29	43
Weiß nicht, keine Angabe	1	x	x	2
	100	100	100	100
Im Durchschnitt	7,1	7,8	7,4	6,4

Quelle: Internationale Wertestudie 1981/82

FRAGE: "Wir möchten gerne einmal wissen, worauf man als Deutscher alles stolz sein kann. Hier auf diesen Karten steht einiges aufgeschrieben. Könnten Sie die bitte einmal durchsehen und mir alles herauslegen, von dem Sie meinen, daß man darauf als Deutscher stolz sein kann."
(Vorlage eines Kartenspiels)

September/Oktober
1984

%

Goethe, Schiller und andere große Dichter	71
Die schönen Landschaften	71
Beethoven, Bach und andere klassische deutsche Komponisten	63
Technische Hochleistungen der deutschen Industrie	59
Deutsche Wissenschaft und Forschung	59
Die mittelalterlichen Städte	57
Kölner Dom, deutsche Dome und Münster	57
Unsere sozialen Leistungen, soziale Sicherheit	55
Der Fleiß und die Arbeitsfreude der Deutschen	52
Die deutschen Philosophen	47
Der Wiederaufbau nach dem Krieg	47
Das Ansehen Deutschlands in der Welt	46
Autos aus der Bundesrepublik	42
Die Treue und Zuverlässigkeit der Deutschen	41
Friedrich der Große, Bismarck und andere Staatsmänner	33
Die Tapferkeit deutscher Soldaten	33
Der deutsche Widerstand	30
Die Kultur der Germanen	24
Die Leistungen im Fußball	20
Preußen	18
Das Deutsche Reich im Mittelalter, die Kaiser der Hohenstaufen	17
Unmöglich zu sagen	6
	948

n =   2.206

Quelle: Allensbacher Archiv, IfD-Umfrage 4049

Tabelle A 11
USA, Europa
Bevölkerung ab 18 Jahre

FRAGE: "Wir hoffen natürlich alle, daß es nie mehr einen Krieg gibt. Aber wenn es
dazu käme, wären Sie dann bereit, für Ihr Land zu kämpfen?"

Es sind bereit, für ihr Land zu kämpfen in –	Ja %	Nein %	Unentschieden %		%
USA	69	21	10	=	100
Europa insgesamt	43	40	17	=	100
der Bundesrepublik Deutschland	35	41	24	=	100
Schweden	78	11	11	=	100
Dänemark	59	22	19	=	100
Großbritannien	62	27	11	=	100
Nordirland	45	33	22	=	100
der Republik Irland	49	31	20	=	100
Holland	44	35	21	=	100
Belgien	25	49	26	=	100
Frankreich	42	46	12	=	100
Spanien	53	27	20	=	100
Italien	28	57	15	=	100

Es sind bereit, für ihr Land zu kämpfen in –	Bevölkerung ab 18 Jahre insgesamt %	Personen, die auf die Frage, ob sie stolz auf ihre Nationalität sind, antworten:		
		"Sehr stolz" %	"Ziemlich stolz" %	"Nicht sehr, überhaupt nicht stolz" %
USA	69	75	54	39
Europa insgesamt	43	57	44	26
der Bundesrepublik Deutschland	35	52	38	22
Schweden	78	84	78	74
Dänemark	59	69	60	48
Großbritannien	62	69	60	39
Nordirland	45	53	43	37
der Republik Irland	49	57	36	25
Holland	44	49	51	34
Belgien	25	36	23	19
Frankreich	42	58	43	18
Spanien	53	62	50	31
Italien	28	35	26	19

Quelle: Internationale Wertestudie 1981/82

		Tabelle A 12

Der Zusammenhang zwischen Nationalstolz und dem Wunsch auszuwandern

FRAGE: "Würden Sie selbst gern auswandern?"

	Insgesamt	Personen, die auf die Frage, ob sie stolz darauf sind, Deutscher zu sein, antworten:		
Bevölkerung ab 16 Jahre		"Unbedingt"	"Überwiegend"	"Eher nicht, gar nicht"
	%	%	%	%
Ja	21	11	19	44
Nein	67	82	67	39
Unentschieden	12	7	14	17
	100	100	100	100
n =	1.053	378	413	145

Unter-30jährige

Ja	35	26	30	49
Nein	45	59	50	33
Unentschieden	20	15	20	18
	100	100	100	100
n =	286	55	106	71

Quelle: Allensbacher Archiv, IfD-Umfrage 4002, November 1981

	Tabelle A 13
Der Zusammenhang zwischen Nationalstolz und dem Vertrauen in die Institutionen	Bundesrepublik mit West-Berlin Unter-30jährige

FRAGE: "Könnten Sie mir bitte zu jedem Punkt auf dieser Liste sagen, wieviel Vertrauen Sie in jeden haben, ob sehr viel Vertrauen, ziemlich viel, wenig oder überhaupt kein Vertrauen."
(Vorlage einer Liste)

Unter-30jährige -

Es haben großes Vertrauen in -	insgesamt	die auf die Frage, ob sie stolz darauf sind, Deutscher zu sein, antworten:		
		"Sehr stolz"	"Ziemlich stolz"	"Nicht sehr, überhaupt nicht stolz"
	%	%	%	%
- die Gesetze	60	77 .... 72 50		
- die Polizei	59	86 .... 75 37		
- die Gewerkschaften	44	38 .... 41 53		
- den Bundestag	42	60 .... 53 34		
- das Erziehungswesen	42	61 .... 55 33		
- die Bundeswehr	37	72 .... 52 15		
- die Kirche	28	47 .... 31 19		
- die großen Wirtschafts- unternehmen	28	44 .... 28 22		
- die Verwaltung	23	30 .... 29 14		
- die Zeitungen	23	23 .... 28 21		

Quelle: Internationale Wertestudie 1981/82

Tabelle A 14
Bundesrepublik mit West-Berlin
Bevölkerung ab 18 Jahre

FRAGE: "Eine Frage zur Erziehung. Wir haben einmal Karten zusammengestellt mit den verschiedenen Forderungen, was man Kindern für ihr späteres Leben alles mit auf den
Weg geben soll, was Kinder im Elternhaus lernen sollen. Was davon halten Sie für
besonders wichtig? Wenn Sie mir die Karten herauslegen, aber bitte nicht mehr als
fünf davon."
(Vorlage eines Kartenspiels)

- Auszug aus den Angaben -

	Insgesamt	Personen, die auf die Frage, ob sie stolz auf ihre Nationalität sind, antworten:		
Bevölkerung ab 18 Jahre		"Sehr stolz"	"Ziemlich stolz"	"Nicht sehr, überhaupt nicht stolz"
	%	%	%	%
Gute Manieren	42	51	45	31
Sparsamkeit	31	40	36	19
Höflichkeit	29	36	31	21
Treue, Loyalität	22	24	22	18
Hart arbeiten, etwas leisten wollen	21	32	23	14
Festen Glauben, feste religiöse Bindung ...	18	24	17	13
Gehorsam	16	25	16	9
Verantwortungsgefühl	61	58	63	65
Unabhängigkeit, Selbständigkeit	47	34	42	57
Andersdenkende achten, tolerant sein	42	31	35	58
Phantasie	13	10	10	21

Unter-30jährige

	Insgesamt	"Sehr stolz"	"Ziemlich stolz"	"Nicht sehr, überhaupt nicht stolz"
Gute Manieren	34	52	40	22
Sparsamkeit	19	37	22	13
Höflichkeit	24	35	27	20
Treue, Loyalität	20	25	20	17
Hart arbeiten, etwas leisten wollen	16	25	19	13
Festen Glauben, feste religiöse Bindung ...	10	8	9	7
Gehorsam	9	19	9	6
Verantwortungsgefühl	61	61	60	57
Unabhängigkeit, Selbständigkeit	65	62	61	68
Andersdenkende achten, tolerant sein	49	30	42	60
Phantasie	23	21	20	28

Quelle: Internationale Wertestudie 1981/82

Skepsis der Deutschen gegenüber ihrem Erziehungswesen

FRAGE: "Wieviel Vertrauen haben Sie in das Erziehungswesen?"

	USA	Europa insgesamt	Bundes- republik Deutsch- land	Schweden	Dänemark	Großbri- tannien	Nord- Irland	Republik Irland	Holland	Belgien	Frank- reich	Spanien	Italien
	%	%	%	%	%	%	%	%	%	%	%	%	%
Sehr viel Vertrauen	26	12	6	7	13	14	25	21	13	19	8	12	15
Ziemlich viel Vertrauen	39	43	37	52	51	46	49	46	58	55	47	38	40
(zusammen)	65	55	43	59	64	60	74	67	71	74	55	50	55
Wenig Vertrauen	32	36	49	33	31	35	25	28	23	16	32	37	34
Überhaupt kein Vertrauen	3	7	8	8	4	3	1	4	3	4	8	11	11
(zusammen)	35	43	57	41	35	38	26	32	26	20	40	48	45
Keine Angabe	x	2	x	x	1	2	x	1	3	6	5	2	x
	100	100	100	100	100	100	100	100	100	100	100	100	100

Quelle: Internationale Wertestudie 1981/82

Die Neigung, in den Tag zu leben: Nationale Temperamente im Vergleich

FRAGE: "Würden Sie der folgenden Aussage eher zustimmen oder nicht zustimmen?
'Die Zukunft ist so unsicher, da ist es das beste, von einem Tag auf den nächsten zu leben.'"

	USA	Europa insgesamt	Bundes- republik Deutsch- land	Schweden	Dänemark	Großbri- tannien	Nord- Irland	Republik Irland	Holland	Belgien	Frank- reich	Spanien	Italien
	%	%	%	%	%	%	%	%	%	%	%	%	%
Eher zustimmen	53	49	26	30	44	67	70	67	44	43	47	43	61
Nicht zustimmen	43	43	54	64	44	30	29	27	48	46	47	49	34
Unentschieden	4	8	20	6	12	3	1	6	8	11	6	8	5
	100	100	100	100	100	100	100	100	100	100	100	100	100

Quelle: Internationale Wertestudie 1981/82

Tabelle A 17

Bundesgebiet mit West-Berlin
Unter-30jährige Arbeitnehmer

Trendanalyse über 25 Jahre:
Die Befriedigung junger Deutscher an der Arbeit läßt nach

FRAGE: "Würden Sie sagen, daß Sie Ihre jetzige Arbeit voll und ganz befriedigt oder nur zum Teil oder überhaupt nicht?"

Unter-30jährige Arbeitnehmer

	1961	1962	1964	1967	1969	1973	1974	1977	1978	1979	1981	1982	1983	1986
	%	%	%	%	%	%	%	%	%	%	%	%	%	%
Voll und ganz	47	42	55	58	54	45	43	40	46	44	38	40	46	38
Nur zum Teil	45	51	37	35	39	46	44	49	45	49	51	51	49	55
Überhaupt nicht, keine konkrete Angabe	8	7	8	7	7	9	13	11	9	7	11	9	5	7
	100	100	100	100	100	100	100	100	100	100	100	100	100	100
n =	350	397	396	348	380	401	210	362	347	355	369	393	406	403

Quelle: Allensbacher Archiv, IfD-Umfragen 1058, 253, 1091, 2030, 2048, 2098, 3001, 3039, 3063, 3070, 4000, 4014, 4035, 4067

FRAGE: "Hier unterhalten sich zwei über ihren Beruf. Welcher von den beiden sagt das,
was auch Sie darüber denken?"
(Vorlage eines Bildblattes)

	Unter-30jährige Arbeitnehmer	
	1967	1982
	%	%
"Ich setze mich in meinem Beruf ganz ein und tue oft mehr, als von mir verlangt wird. Der Beruf ist mir so wichtig, daß ich manches Opfer bringe."	45	30
"Ich tue bei meiner Arbeit das, was von mir verlangt wird, da kann mir niemand etwas vorwerfen. Aber daß ich mich darüber hinaus noch besonders anstrengen soll, sehe ich nicht ein. So wichtig ist mir der Beruf nun auch wieder nicht."	40	53
Unentschieden	15	17
	100	100
n =	402	252

Quelle: Allensbacher Archiv, IfD-Umfragen 2029, 2223; vgl. auch Noelle-Neumann, Elisabeth/
Burkhard Strümpel: Macht Arbeit krank? Macht Arbeit glücklich? Eine aktuelle
Kontroverse. München: Piper 1984, S. 190

Stolz auf die Arbeit im Ländervergleich: Was ist los mit den Deutschen?

FRAGE: "Sind Sie stolz auf Ihre Arbeit, Ihren Beruf? Würden Sie sagen: Sehr stolz, ziemlich stolz, etwas stolz, überhaupt nicht stolz?"

Berufstätige in –

	USA	Europa insgesamt	Bundes- republik Deutsch- land	Schweden	Dänemark	Großbri- tannien	Nord- Irland	Republik Irland	Holland	Belgien	Frank- reich	Spanien	Italien
	%	%	%	%	%	%	%	%	%	%	%	%	%
Auf ihre Arbeit sind –													
"sehr stolz"	83	36	15	53	35	79	70	71	19	30	13	42	29
"ziemlich stolz"	13	37	38	29	36	18	26	21	55	47	46	41	43
"etwas stolz"	2	15	29	9	11	2	3	3	15	11	16	12	14
"überhaupt nicht stolz"	1	9	11	6	9	1	1	1	4	6	17	2	12
Unentschieden	1	3	7	3	9	x	x	4	7	6	8	3	2
	100	100	100	100	100	100	100	100	100	100	100	100	100

Quelle: Internationale Wertestudie 1981/82

Arbeitsfreude im Ländervergleich

FRAGE: "Wenn das Wochenende vorbei ist, freuen Sie sich dann richtig wieder auf Ihre Arbeit, oder tut es Ihnen eher leid,
daß das Wochenende vorbei und das nächste so weit weg ist?"

	USA	Europa insgesamt	Bundes- republik Deutsch- land	Schweden	Dänemark	Großbri- tannien	Nord- Irland	Republik Irland	Holland	Belgien	Frank- reich	Spanien	Italien
	%	%	%	%	%	%	%	%	%	%	%	%	%
Freue mich auf die Arbeit	44	27	18	37	55	33	24	33	36	17	23	22	31
Tut mir leid	27	33	30	13	12	27	27	22	23	28	38	43	40
Habe beides gern: Arbeit und Wochenende	27	33	39	49	28	39	49	39	36	50	29	29	24
Unentschieden	2	7	13	1	5	1	x	6	5	5	10	6	5
	100	100	100	100	100	100	100	100	100	100	100	100	100

Berufstätige in –

Quelle: Internationale Wertestudie 1981/82

Auswirkungen technischer Veränderungen am Arbeitsplatz in drei Industrieländern	Tabelle A 21 Deutschland, USA, Japan Berufstätige, die innerhalb der letzten 10 Jahre technische Veränderungen am Arbeitsplatz erlebt haben

FRAGEN an Berufstätige, die innerhalb der letzten zehn Jahre
technische Veränderungen am Arbeitsplatz erlebt haben:

	Bundesrepublik Deutschland	USA	Japan
"Ist Ihre Arbeit dadurch körperlich leichter geworden?"	%	%	%
Ja, körperlich leichter	59	35	42
Nein	35	63	46
Kein Urteil, war noch nicht an diesem Arbeitsplatz	6	2	12
	100	100	100

"Ist Ihre Verantwortung dadurch größer geworden?"			
Ja, Arbeit wurde verantwortlicher	57	-	74
Nein	36	-	17
Kein Urteil, war noch nicht an diesem Arbeitsplatz	7	-	9
	100		100

"Ist die geistige oder psychische Belastung dadurch größer geworden?"			
Ja, geistige, psychische Belastung größer	35	-	62
Nein	58	-	28
Kein Urteil, war noch nicht an diesem Arbeitsplatz	7	-	10
	100		100

"Ist die Arbeit dadurch schwieriger geworden?"			
Ja, schwieriger	47	38	69
Nein	48	60	22
Kein Urteil, war noch nicht an diesem Arbeitsplatz	5	2	9
	100	100	100
n =	675	459	411

Quelle: Internationale Umfrage "Jobs of the 80s" 1982/83

Elisabeth Noelle-Neumann

Methodenexkurs
zur Frage der Vergleichbarkeit von Ergebnissen bei internationalen Umfragen

Jede international vergleichende Sozialforschung arbeitet mit einem Handikap, das nicht zu beseitigen ist, der Verschiedenheit der Sprachen. Nicht nur der Sinnkern der Worte läßt sich oft nicht genau bei den Übersetzungen treffen, auch die Aura, die Assoziationen, die Werteladungen unterscheiden sich.

Mehrere Maßnahmen können das Handikap wenigstens mildern.

1. Die Übersetzungen müssen durch das Zwei-Schritt-Verfahren von Übersetzung und Rückübersetzung durch verschiedene Personen überprüft werden; verschiedene Übersetzer, die in beiden Sprachen zu Hause sind und von denen der eine möglichst die eine, der andere die andere Sprache als Muttersprache spricht.

2. Wichtige Themen müssen durch mehrere Fragen behandelt werden, also mehrere Fragen zur Religiosität oder zum Nationalstolz, mehrere Fragen zum Familienleben oder zur Arbeitsmoral. Dadurch wird verhindert, daß das Ergebnis nationaler Besonderheit an der Bedeutung eines einzigen Wortes hängt, beispielsweise an dem italienischen „solo" als Übersetzung des englischen „lonely".

3. Abstrakte Begriffe, wie Ehrlichkeit oder Autorität müssen in konkrete, möglichst dem alltäglichen Leben entlehnte Indikatoren umgesetzt werden. Je abstrakter eine Frage, desto größer ist die Gefahr, daß in dem einen Land andere Assoziationen damit verbunden werden als in einem anderen. Daher wurde der abstrakte Wert Ehrlichkeit umgesetzt in Beispiele: die Haltung zu Steuerhinterziehung; Geld behalten, das man gefunden hat; Sozialleistungen in Anspruch nehmen, auf die man kein Anrecht hat; die Beurteilung der Lüge.

4. Eine Untersuchung von Schlüsselbegriffen mit der Methode des

Polaritätenprofils deckt Unterschiede in der Aura, den Bedeutungen der Worte auf. Dieses Verfahren hat schon vor 30 Jahren Peter R. Hofstätter am Beispiel des englischen „lonesomeness" und des deutschen „Einsamkeit" vorgeführt.[1]

5. An vielen Beispielen wird im vorliegenden Band gezeigt, wie sich mit Korrelationsanalysen die Wahrscheinlichkeit verstärken läßt, daß bestimmte Begriffe in verschiedenen Sprachen eine weitgehend übereinstimmende Bedeutung haben.

Als Beispiel ist zu erwähnen der Begriff „Stolz". Die Analyse zeigt, daß in allen Ländern, in denen eine Untersuchung möglich war, der gleiche Zusammenhang zwischen Nationalstolz und Stolz auf die eigene Familie, die eigenen Kinder, die eigene Arbeit besteht, aber auch der Zusammenhang mit mehr Lebenszufriedenheit, mit größerem Vertrauen in die staatlichen Institutionen, mit der Bereitschaft, das eigene Land zu verteidigen (vgl. Tabellen A 6 bis A 9, A 11 und A 13. Weitere Belege dazu im Allensbacher Archiv).

Renate Köcher

Familie und Gesellschaft

1947 publizierte Carle Zimmerman eine systematische Analyse der Parallelen von Form und Stabilität der Familie und dem kulturellen Niveau und der Stabilität der gesamten Gesellschaft. Er fand ein durchgehendes Muster: immer habe sich der Niedergang von abendländischen Kulturen in bestimmten Erscheinungsformen der Familie angekündigt; stets sei die Schwächung der Familie durch die Verkleinerung des Familienverbandes, innere Spannungen und Individualisierung von Lebenszielen und -stilen dem Verfall der nationalen Kultur und Bedeutung vorausgegangen.[1]

Wäre es zulässig, historische Gesetzlichkeiten zu Prognosen zu extrapolieren, müßte man aus der Entwicklung der modernen Familie auf einen Niedergang der europäischen und insbesondere der deutschen Kultur schließen; alle von Zimmerman für die Schwächung der Familie angeführten Symptome sind gegeben. Die Verkleinerung des Familienverbandes: Allein in den letzten 35 Jahren haben sich die Haushaltsgrößen einschneidend verringert; 1950 lebten 20 Prozent der erwachsenen Bevölkerung der Bundesrepublik in Einpersonen-Haushalten, heute 31 Prozent; umgekehrt sank der Anteil der Personen aus Haushalten mit vier und mehr Mitgliedern von 32 auf 22 Prozent. Die Geburtenrate ging seit 1965 kontinuierlich zurück; heute hat die Bundesrepublik die niedrigste Geburtenrate der Welt. Die Verkleinerung der Haushalte ist mehr als eine statistische Größe; sie steht für eine Veränderung der zeitübergreifenden sozialen Kommunikation, für eine Erschwerung von Tradierung; immer weniger Familien sind Stätten der Begegnung und des Erfahrungsaustauschs zwischen mehreren Generationen. Parallel zu der Verkleinerung der Familie hat sich ihre Labilität erhöht:

zwischen dem Beginn der sechziger und Mitte der siebziger Jahre hat sich die Scheidungsrate in der Bundesrepublik verdoppelt und steigt seither beschleunigt weiter an; auf drei Eheschließungen kommt heute eine Scheidung. Normen, die auf die Stabilisierung des Familienverbandes abzielen, wie die Ablehnung von Ehebruch oder ein Verständnis von Ehe als lebenslanger Bindung, verloren in den letzten Jahrzehnten erheblich an Unterstützung.

Die Zahl der Paare, die informell wie auf Widerruf zusammenleben, ist seit Ende der sechziger Jahre rapide angestiegen; heute leben rund drei Millionen Deutsche unverheiratet zusammen. Auch eine andere Bewertung von individuellen und Gruppenzielen trägt zur Labilisierung der Familie bei; altruistische Lebensentwürfe haben in den letzten Jahrzehnten an Unterstützung verloren, hedonistische Ziele gewonnen; die Familie leidet, wie Helge Pross formulierte, an einer „Individualisierung von Glücksansprüchen".[2] In der Bundesrepublik kommt eine ungewöhnliche Fremdheit zwischen den Generationen erschwerend hinzu, ein Dissens im Weltanschaulichen, der zugleich Verstärker und Ergebnis der Schwächung der Familie ist: Dieser Dissens schwächt die Familie durch Entfremdung und die Erschwerung der Verständigung; zugleich ist die Kluft im Weltanschaulichen jedoch nicht erklärlich ohne eine vorangehende Schwächung der Familie als Sozialisationsinstanz.

Trotz dieser sichtbaren Destabilisierungstendenzen der herkömmlichen bürgerlichen Familie sind die Symptome jedoch keineswegs eindeutig. Zu Recht beklagte Schelsky die Konzentration der Aufmerksamkeit auf die Destabilisierungstendenzen der Familie und wies auf die Stabilität der Mehrzahl der Familienverbände hin, die ihm vor dem Hintergrund des raschen ökonomischen und technischen Wandels um so bemerkenswerter war. Nach seiner Überzeugung bildete die Familie nicht nur einen „Stabilitätsrest in unserer Gesellschaftskrise", sondern zugleich den Schrittmacher der gesamtgesellschaftlichen Stabilisierung.[3] Situation und Entwicklung der Familie dürfen nicht isoliert, sondern nur in ihren Bezügen zu der ökonomischen und sozialen Entwicklung analysiert werden. Es muß die Möglichkeit in Betracht gezogen werden, daß die zunächst wie Verfallserscheinungen wirkenden Veränderungen der Familie notwendige und tragfähige Anpassungen an ein verändertes Umfeld, an andere Funktionen und Grenzen der Familie sind. Die moderne

Familie ist in einen sozialen Kontext eingebunden, der so noch nie existierte und Form und Aufgaben der Familie tiefgreifend beeinflußt. Die Veränderungen der ökonomischen Struktur, die Möglichkeiten zur Steuerung des generativen Verhaltens, die Situation und das Selbstverständnis der Frauen, die Entwicklung des modernen Wohlfahrtsstaates und die Existenz und heutige Bedeutung der Massenmedien haben die Rahmenbedingungen der Familie derart verändert, daß sich die Übertragung historischer Parallelen verbietet.

Die Entwicklung zur hochindustrialisierten, arbeitsteiligen Wirtschaft hat den Familienhaushalt als Produktionsstätte weitgehend abgelöst. Die Bedeutung dieses Prozesses liegt vor allem in der Auflösung gemeinsamer Erfahrungsbereiche, in der Ausgliederung der Realität beruflicher Tätigkeit und Produktion aus der Familie, die dadurch selbst spezialisiert wurde, einen Part in der gesellschaftlichen Aufgabenteilung übernahm. Diese Ausgliederung beruflicher Tätigkeit steht für eine doppelte Entfremdung: Arbeit und Produktion wurden von einer Kindern anschaulich vermittelten Primärerfahrung zu abstraktem Wissen aus zweiter Hand; doch nicht nur die Realität der beruflichen Tätigkeit, sondern auch die Identität des beruflich Tätigen wurden verschwommen, schwerer faßbar. Was einmal durch gemeinsame Erfahrung die Familie zusammenführte und beitrug, die Identität und Bedeutung insbesondere des Vaters anschaulich zu vermitteln, führt heute die Familie auseinander in meist scharf geschiedene Erfahrungswelten. Den Auswirkungen dieser Entwicklung auf die Rolle des Vaters, seine Vorbildfunktion und familiäre Integration, ist viel Aufmerksamkeit geschenkt worden, ebenso den erweiterten Möglichkeiten für die Entfaltung einer spezifischen Familienethik, die die rationalen Mechanismen und Zwänge ökonomischer Produktion weitgehend leugnen kann; überraschend wenig Aufmerksamkeit fanden dagegen bisher die Folgen für alle Beruf und Leistung betreffenden Werte und Verhaltensweisen. Sofern sie diskutiert wurden, so unter der Annahme, das Kontrasterlebnis Beruf – Freizeit lasse zwangsläufig den beruflichen Bereich als Sphäre des Zwangs und der Entfremdung erscheinen; ein erfülltes und intensives Privatleben begünstigt in diesem Denkmodell die innere Abkehr von Arbeit und Leistung. Vieles spricht dafür, daß hier falsche Gegensätze konstruiert wurden und die Realität verdeckten; eine Konzentration auf negative Aspekte und Erklärungsansätze auch hier, während eine naheliegende Frage merkwürdig ausgeblendet blieb: die Frage, ob die Familie nicht generell wertestabilisierend wirkt und nur durch die Ausgliederung von Arbeit und Beruf aus ihrem unmittelbaren Geltungsbereich diesen Einfluß nicht mehr ungestört geltend machen kann, während die Einflußmöglichkeiten konkurrierender meinungsbildender Instanzen gewachsen sind und die Arbeitsethik für Veränderungen anfälliger machten. Allgemein wird Wertewandel bisher kaum als Ergebnis der Stärke und Konkurrenz verschiedener Sozialisationsinstanzen analysiert. Für die festgestellten Veränderungen der Einstellungen in den westlichen Industrienationen werden die Umstrukturierungen des ökonomischen Systems von der Produktions- zur Dienstleistungsgesellschaft verantwortlich gemacht, die weitgehende Befriedigung materieller Bedürfnisse, das gestiegene Bildungsniveau, die unübersehbar gewordenen negativen Begleiterscheinungen einer hochindustrialisierten Gesellschaft in Form von Umweltbelastungen, die gewachsene Komplexität von Wirtschaft und Gesellschaft.[4] Die Veränderungen der Bedingungen, unter denen Sozialisation und Tradierung stattfinden, werden dagegen, wenn überhaupt, nur am Rande erwähnt. Die partielle Ablösung des Einflusses der Elternhäuser durch Schulen, peer groups und Massenmedien wird meist wie ein harmloser Substitutionsprozeß beschrieben. Vergegenwärtigt man sich jedoch die Bedeutung eines Einflusses auf die Meinungsbildung der heranwachsenden Generation, muß von einem latenten Spannungsverhältnis der Sozialisationsinstanzen ausgegangen werden, das in bestimmten Konstellationen in scharfe Konkurrenz, ja in erbitterten Kampf mündet. Die teilweise erstaunlichen Diskrepanzen zwischen der gesellschaftlichen und der individuellen Bewertung der Familie, der Grad an Widersprüchlichkeit in Fragen der Familien- und Sexualmoral, die in den einzelnen Ländern sehr unterschiedlich ausgeprägte Generationenkluft bleiben in vielen Fällen ohne die Berücksichtigung der Konkurrenz der Sozialisationsinstanzen unerklärlich. Die Familie ist – wie an späterer Stelle ausführlich dokumentiert wird (vgl. S. 101f.) – in ein ideologisches Spannungsfeld eingebettet und wird zwangsläufig in Zeiten ideologischer Auseinandersetzungen von auf Veränderung drängenden Kräften attakkiert. Die Verbreitung der modernen Massenmedien hat dieser Konkurrenz der Sozialisationsinstanzen eine neue, für die Familie prekäre Dimension verliehen. Die Massenmedien treten zwangsläufig, schon allein durch ihre Aufgabe der Informationsvermittlung, in Konkurrenz zu den Eltern bei der Vermittlung von Weltbildern im eigentlichen, umfassenden Sinn. Ihr nahezu unbegrenzter Erfahrungsradius stattet sie dabei mit einer Überlegenheit aus, die durch die Abhängigkeit der Eltern von den Medien, ihren Rekurs auf Medieninhalte zur Darstellung und Legitimierung eigener Positionen weiter verstärkt wird. Dieser Prozeß muß elterliche Autorität unterminieren, zumindest relativieren. Die Frage drängt sich auf, wie hoch der Wert der Familie als Sozialisationsinstanz in einer von Massenmedien geprägten Zeit noch zu veranschlagen ist, besonders, ob sie Erziehungsinhalte vermitteln und Erziehungskonzepte durchhalten kann, die von den Medien kaum unterstützt oder sogar scharf attackiert werden.

Generell kennzeichnet die moderne Familie ein umfassender Funktionsverlust, der sich nicht in der Abkoppelung von der Produktionssphäre und ihrem sinkenden Einfluß in der Kindererziehung erschöpft. In dem modernen Wohlfahrtsstaat haben der Staat und organisierte Solidargemeinschaften viele Aufgaben übernommen, die ursprünglich in der Familie angesiedelt waren. Die Angewiesenheit des einzelnen auf die Leistungsfähigkeit und Leistungsbereitschaft des Familienverbandes verringerte sich; umgekehrt sanken damit zwangsläufig auch die Anforderungen an die Struktur und Stabilität der Familie: Die Verkleinerung der Familien und ihre erhöhte Labilität spiegeln teilweise lediglich die Entlastung von Aufgaben, deren befriedigende Erfüllung zwingend große und stabile Familien erforderte. Die Tendenz des modernen Versorgungsstaates, die eigene Zuständigkeit auszudehnen, eine umfassende Absicherung aller zu garantieren und die Familien von diesen Aufgaben zu entlasten, trägt damit – oft unter dem erklärten Ziel der Familienförderung – wesentlich zur Schwächung der Familie bei. Je mehr die Zuständigkeit der Familie begrenzt wird, desto enger, spezialisierter werden ihr Nutzen wie ihre Verpflichtungen für den einzelnen.

Auch die Auflösung traditioneller Rollenmuster, das veränderte Selbstverständnis von Frauen, hängen unauflöslich mit dem Funktionsverlust der Familie zusammen. Wenn viele die Emanzipation der Frauen für die Schwächung der Familie verantwortlich machen, so werden hier Ursache und Wirkung verwechselt; erst die Schwächung der Familie bereitete den Boden für eine neue Definition der Rolle der Frau. Frauen traten allmählich aus einer Familie heraus, deren Wirkungsradius und Anforderungen beträchtlich reduziert worden waren. Die zunehmend in ihrer Kompetenz eingeengte, auf die Befriedigung emotionaler Bedürfnisse spezialisierte Familie konnte auf Dauer nicht mehr einen absoluten Anspruch durchhalten, Frauenberuf und Frauenschicksal zu sein. Der Funktionsverlust der Familie steht damit am Anfang des stärkeren Strebens von Frauen nach beruflichen und öffentlichen Wirkungsmöglichkeiten. Erst in der zweiten Phase, nach dem Eintritt in Beruf und öffentliches Leben, wirkt dieser Prozeß wieder zurück auf die Familie und trägt ohne Zweifel dazu bei, sie anfälliger, zerbrechlicher zu machen, allerdings nicht – wie häufig postuliert – durch Unvereinbarkeit, Spannungen zwischen Beruf und Familie oder die Geringschätzung von Ehefrauen- und Mutterrolle, sondern durch die Verringerung von Abhängigkeit. Die Autonomie, der Entscheidungsspielraum der Familienmitglieder und besonders der Frauen ist außerordentlich gewachsen; materielle und gesellschaftliche Zwänge, Verbindungen aufrechtzuerhalten, die als unbefriedigend empfunden werden, sind entfallen oder nur noch abgeschwächt wirksam. Wenn äußere Zwänge aufgelöst und Abhängigkeiten verringert werden, entfallen Stützen der Familie, deren Stabilität zunehmend auf der Zuneigung und der Bindungsfähigkeit ihrer Mitglieder beruht; die Grundlage der Familie verlagert sich „in die Harmonie der persönlichen Beziehungen und Gefühle, in ein Zusammenstimmen von freier und selbständiger gewordenen Individualitäten, eine Grundlage, die Familie und Ehe natürlich um vieles gebrechlicher werden läßt und die Chance eines Mißerfolges des familiären und ehelichen Zusammenlebens erhöht gegenüber einer durch ihre institutionellen Funktionen mit anderen Lebensbereichen der Gesellschaft eng verknüpften und damit sozusagen von außen mitgetragenen Familie."[5]

In dieser Verlagerung oder Spezialisierung auf die Befriedigung emotionaler Bedürfnisse liegen für die Familie nicht nur Gefahren, sondern auch Chancen. Der umfassende Funktionsverlust der Familie gilt vielen als „Säkularisierungsprozeß", der zwar die institutionelle und materielle Bedeutung der Familie schwächt, sie jedoch zugleich für eine Konzentration auf ihre eigentlichen Aufgaben freisetzt, die Befriedigung emotionaler Bedürfnisse und den „Aufbau der sozial-kulturellen Person des Menschen".[6] Durch die zunehmende Komplexität von Wirtschaft und Gesellschaft wächst der Überschaubarkeit und Intimität der Kleingruppe Familie zudem eine neuartige Qualität zu, die sie manchen sogar suspekt macht; Befürchtungen werden laut, der Stellenwert und die Anziehungskraft der Familie nehme ein ungesundes, sozial desintegratives Ausmaß an und verleite zur Flucht aus beruflichem und öffentlichem Engagement in die intime Kleingruppe.[7]

Die teilweise widersprüchlichen, auch unsicheren Bewertungen von Situation und Zukunft der Familie spiegeln die Schwierigkeiten der Familienforschung, die den tiefgreifenden sozialen Wandel einbeziehen und auch prognostisch arbeiten muß. Leicht wird als Verfall oder schädlich klassifiziert, was lediglich Anpassung an ein verändertes Umfeld ist; warnend weist Schelsky auf die Zeit- und Kulturgebundenheit der Sozialforschung hin, die Gefahr läuft, sich durch die (oft unbewußte) Orientierung an einem überkommenen Familienideal Erkenntnismöglichkeiten zu verstellen. Umgekehrt kann auch die optimistische Unterstellung einer kaum begrenzten Anpassungsfähigkeit der Familie an veränderte Bedingungen zu Fehlschlüssen führen. Wenn die Entlastung der Familie von vielen institutionellen Funktionen zu einer De-Institutionalisierung ihrer Organisation, zu lockeren und unverbindlicheren Formen des Zusammenlebens führt, folgt daraus nicht zwangsläufig eine befriedigendere Erfüllung ihrer „eigentlichen" Aufgaben der Sozialisation und emotionalen Beheimatung, sondern unter Umständen Verunsicherung und eine Störung gerade dieser Aufgaben.

Die Wertschätzung der Familie ist ungebrochen. Die wachsende Zahl von Einpersonen-Haushalten, die rapide steigenden Scheidungsraten sind keine Signale einer bewußten Abkehr von der Familie in die Vereinzelung oder in neue Formen des Zusammenlebens. Eine glückliche Ehe zu führen, Kinder zu haben, zählt die überwältigende Mehrheit der Bevölkerung zu den wichtigsten Lebensinhalten, die erst eine sinnvolle Existenz begründen.[8] Während religiöse Überzeugungen und moralische Normen in den letzten Jahrzehnten an Bedeutung verloren, blieb der Stellenwert der Familie nahezu unangetastet. Zu Beginn der fünfziger Jahre hielten 77 Prozent der Frauen, 80 Prozent der Männer die Zugehörigkeit zu einer Familie für die Grundvoraussetzung von Lebensglück. Ende der siebziger Jahre, eine Generation später, räumen nahezu drei Viertel der Bevölkerung der Familie denselben hohen Stellenwert ein. Zwar haben sich auch hier, wie in vielen anderen Fragen, unter der Oberfläche scheinbarer Stabilität die Generationen auseinanderentwikkelt, doch weitet sich die Kluft nicht so unüberbrückbar wie bei moralischen und religiösen Einstellungen. Auch die Mehrheit der unter 30jährigen Männer, zwei Drittel der gleichaltrigen Frauen sehen in der Familie eine Voraussetzung eines glücklichen Lebens (vgl. Tabellen A 22 und A 23).

Die überwältigende Mehrheit der deutschen wie der gesamteuropäischen und amerikanischen Bevölkerung wünscht keine Schwächung, sondern im Gegenteil eine Stärkung der Familie. 85 Prozent der deutschen, 94 Prozent der amerikanischen Bevölkerung halten eine Höherbewertung und Intensivierung des Familienlebens für erstrebenswert, eine Auffassung, der auch die große Mehrheit der jungen Generation vorbehaltlos zustimmt (vgl. Tabelle A 24). Dieser Konsens und diese Stabilität verleihen der Familie tatsächlich die Aura eines „Stabilitätsrests" (Schelsky), einer feststehenden, zeitresistenten Säule traditioneller Werte.[9]

Während die Familie unverändert hohe Wertschätzung genießt, baut die Gesellschaft jedoch kontinuierlich die Sicherheitsstreben aus institutioneller Absicherung und moralischen Normen ab, die der Familie über die Beständigkeit emotionaler Beziehungen hinaus Stabilität garantieren können. Nicht die Familie, wohl aber die Institution Ehe, gilt heute als weniger wertvoll und weniger schutzbedürftig als noch in den fünfziger und sechziger Jahren. Zwar lehnen nur 13 Prozent der deutschen und 19 Prozent der europäischen Bevölkerung die Ehe radikal als überholte Einrichtung ab; weitere 11 Prozent der Bevölkerung sind jedoch unschlüssig, ob die Ehe noch zeitgemäß ist, so daß immerhin rund ein Viertel der deutschen Bevölkerung an der Existenzberechtigung einer Institution zweifelt, die annähernd 90 Prozent im Laufe ihres Lebens eingehen (Tabelle 17; vgl. auch Tabelle A 25).

Eine zugespitztere Formulierung, die die Entscheidung fordert, ob die Ehe eine *notwendige* Einrichtung sei oder überholt, läßt die Verunsicherung noch schärfer hervortreten. Nur 60 Prozent der Bevölkerung, Männer wie Frauen, sind von der gesellschaftlichen

Tabelle 17
USA, Europa
Bevölkerung ab 18 Jahre

Ehe – eine überholte Einrichtung?

Frage:
„Wenn jemand sagt: Die Ehe ist eine überholte Einrichtung, nicht mehr zeitgemäß.
Würden Sie da eher zustimmen oder eher nicht zustimmen?"

	USA	Europa insgesamt	Bundesrepublik Deutschland
	%	%	%
Eher zustimmen	7	19	13
Eher nicht zustimmen	90	74	76
Unentschieden	3	7	11
	100	100	100

Quelle: Internationale Wertestudie 1981/82.

Notwendigkeit der Ehe überzeugt, mehr als jeder fünfte ist unentschieden. Noch in den frühen sechziger Jahren hielten 92 Prozent der Frauen und 86 Prozent der Männer die Ehe für eine unverzichtbare Institution, ein selten breiter Konsens, der die außerordentliche Verunsicherung nicht einmal ahnen läßt, die die demoskopischen Instrumente nur 15 Jahre später messen. An der Bewertung der Institution scheiden sich auch wieder die Generationen, die in der Grundhaltung zu Familie und Familienleben weitgehend konform gehen. Einmal mehr dokumentiert die Trendbeobachtung, daß dieser weltanschauliche Dissens zwischen den Generationen in der Bundesrepublik nicht „natürlich", bloße Reproduktion der immer aktuellen Spannung zwischen verschiedenen Generationen ist. 1963 urteilte die junge Generation nicht anders als ihre Eltern; erst danach, in der zweiten Hälfte der sechziger und zu Beginn der siebziger Jahre rissen die Gräben auf. Ende der siebziger Jahre erinnert nur noch die Einstellung der sechzigjährigen und älteren an die 1963 noch von der gesamten Gesellschaft getragene vorbehaltlose Unterstützung der Ehe, während von den unter 25jährigen Frauen nur noch 38 Prozent, von den gleichaltrigen Männern 30 Prozent der Ehe den Rang einer gesellschaftlich notwendigen Institution zusprechen (vgl. Tabellen A 26 und A 27).

Die Abwertung der Ehe beschränkt sich nicht auf ihre gesellschaftliche Bedeutung; auch ihr Stellenwert für das individuelle Lebensglück wird zunehmend geringer veranschlagt. Der Anteil junger Männer und Frauen, die der Ehe keine entscheidende Bedeutung für das Gelingen eines Lebens beimessen, hat sich zwischen 1963 und dem Ende der siebziger Jahre von 39 auf über 82 Prozent verdoppelt; allmählich schwenken auch die Älteren, zumindest die älteren Männer, auf diese Linie ein – aus Generationendissens wächst sozialer Wandel (vgl. dazu Tabellen A 28 und A 29).

Merkwürdig, wie wenig das Verhalten die wachsende Geringschätzung für die Ehe widerspiegelt. Gewiß, die Eheschließungen gingen zurück, die Scheidungsraten steigen rapide an; doch zu Recht wies Helge Pross darauf hin, daß die Scheidung meist keine grundsätzliche und endgültige Absage an die Ehe bedeutet, vielmehr Geschiedene häufig eine neue Ehe eingehen.[10] Es liegt nahe, die Diskrepanz zwischen Meinung und Verhalten auf eine zeitliche Verzögerung zurückzuführen: die Veränderungen der Einstellungen zur Ehe gehen den Verhaltensänderungen voraus, der Wertewandel hat das Bewußtsein, aber noch nicht oder nur abgeschwächt das Verhalten erreicht. Diese Erklärung kann nicht völlig befriedigen; zu stabil ist das Verhalten angesichts der erdrutschartigen Veränderung der Meinungen über die Ehe; die entscheidenden subjektiven Einstellungsänderungen vollzogen sich Ende der sechziger, Anfang der siebziger Jahre, vor über einem Jahrzehnt; die objektiven Daten, der Anteil Verheirateter in der erwachsenen Bevölkerung, haben sich dagegen seit Beginn der fünfziger Jahre bis heute nur wenig verändert.[11]

Wenn Meinung und Verhalten sich so auseinanderentwickeln, ohne daß Indizien auf eine Übergangsphase deuten, die der Anpassung des Verhaltens folgt, liegt der Verdacht nahe, daß erlebte Wirklichkeit und Vorstellungen von Wirklichkeit eklatant auseinanderfallen. Viele mißtrauen den eigenen Erfahrungen und Werten und halten sie für nicht verallgemeinerungsfähig, obwohl sie nachweislich von der Mehrheit geteilt werden. Solche Konstellationen weisen im allgemeinen auf einen starken Medieneinfluß hin, der neben der Primärerfahrung wichtigsten Quelle von Realitätsvorstellungen.[12]

Auch andere Indizien sprechen dafür, daß die Institution Ehe in ein „doppeltes Meinungsklima" eingebettet ist, in ein negativ bestimmtes gesellschaftliches Klima und in die davon deutlich abweichenden persönlichen Erfahrungen und Meinungen. Nur 32 Prozent der Männer, 27 Prozent der Frauen hielten Ende der siebziger Jahre die meisten Ehen für glücklich; nach Einschätzung der Mehrheit verlaufen die meisten Ehen gleichgültig oder unglücklich (vgl. Tabelle A 30). Die Beschreibung der eigenen Ehe kontrastiert auffällig mit diesem negativen Stereotyp. Die überwältigende Mehrheit verheirateter Männer wie Frauen äußert sich über die eigene Ehe zufrieden (vgl. Tabelle A 31). Verheiratete beurteilen ihr häusliches Leben deutlich günstiger als Alleinlebende; gebeten, ihre Zufriedenheit mit der häuslichen Situation anhand einer zehnstufigen Skala von 1 (sehr unzufrieden) bis 10 (sehr zufrieden) zu beschreiben, wählen Verheiratete im Durchschnitt die hohe, große Zufriedenheit spiegelnde Stufe 8,21. 53 Prozent der Verheirateten geben an, sich zu Hause „oft" glücklich zu fühlen, auch dies ein weit überdurchschnittlicher Wert (vgl. Tabellen A 32, A 33). Welcher Indikator für die Beschreibung der eigenen Ehe auch gewählt wird, keiner erklärt oder bestätigt die allgemeinen pessimistischen Annahmen über den Zustand dieser Institution.

Der Vergleich von Verheirateten mit geschiedenen und getrennt lebenden Paaren läßt die Zufriedenheit der ersteren wie die Unzufriedenheit und Bedrücktheit nach gescheiterter Ehe besonders kraß hervortreten. Pauschaloptimistische Bewertungen, die aus steigenden Scheidungsraten die Befreiung von unglücklichen, von gegenseitiger Entfremdung gekennzeichneten Beziehungen ablesen[13], sind angesichts der offensichtlichen Niedergeschlagenheit derjenigen, die diese „Befreiung" vollzogen haben, kaum zu rechtfertigen. Die Befindlichkeit der Geschiedenen oder getrennt Lebenden ähnelt in Europa insgesamt in auffälliger Weise der Verwitweter; in der Bundesrepublik ziehen Geschiedene die mit Abstand negativste Bilanz ihrer häuslichen Situation. 53 Prozent der Verheirateten, aber nur 22 Prozent der Geschiedenen oder getrennt Lebenden fühlen sich zu Hause oft glücklich, nur 36 Prozent geborgen und sicher, gegenüber 69 Prozent der Verheirateten und 53 Prozent der unverheiratet Zusammenlebenden (vgl. Tabelle A 33). Nur 26 Prozent der Verheirateten, 37 Prozent der Ledigen, aber 57 Prozent der Geschiedenen leiden häufiger unter dem Gefühl der Einsamkeit. Keine andere Gruppe, auch nicht Verwitwete, zeigt derart ausgeprägt Zeichen von Niedergeschlagenheit:

Tabelle 18
Bundesrepublik mit West-Berlin
Bevölkerung ab 18 Jahre

Frage:
*„Wir möchten herausfinden, wie sich die Menschen heute so im allgemeinen fühlen
– wie ging es Ihnen in der letzten Zeit – zum Beispiel: Haben Sie sich mal sehr
einsam gefühlt oder so, als ob die anderen Menschen ganz weit weg von Ihnen seien? –
Und daß Sie sich sehr niedergeschlagen, sehr unglücklich gefühlt haben?"*

			Familienstand		
	Ledig	Mit jemand zusammen- lebend	Verheiratet	Geschieden, getrennt lebend	Verwitwet
– Auszug –	%	%	%	%	%
In der letzten Zeit haben sich –					
– „mal sehr einsam gefühlt, so, als ob die anderen Menschen ganz weit weg von ihnen seien"	37	35	26	57	55
– „sehr niedergeschlagen, sehr unglücklich gefühlt"	45	56	41	75	63

Quelle: Internationale Wertestudie 1981/82.

Wenn das Scheitern einer Ehe so offensichtlich in vielen Fällen eine
Lebenskrise ist, zumindest einen der Partner in seiner Lebenskraft,
in seinem Selbstvertrauen beschädigt, ist eine gesellschaftliche Baga-
tellisierung der Scheidung als alltägliche Selbstverständlichkeit
bedrohlich. Seit Anfang der fünfziger Jahre hat die Forderung, Ehe-
scheidungen sollten so leicht und unkompliziert wie möglich sein,
kontinuierlich an Unterstützung gewonnen. 1953 vertraten 16 Prozent der Männer und 12 Prozent der Frauen diese Forderung, Ende
der siebziger Jahre 34 Prozent der Männer und 24 Prozent der
Frauen. Die nach Altersgruppen trennende Analyse zeigt, daß der
Wandel in der Bewertung der Scheidung noch in vollem Gange ist
und die Forderung nach einem möglichst leichten, unkomplizierten
Verfahren Chancen hat, Mehrheitsmeinung zu werden. Unter 30jäh-
rige Männer, zu Beginn der fünfziger Jahre im Konsens mit der
gesamten Bevölkerung für eine prohibitive Handhabung der Scheidung, votieren heute mehrheitlich für ihre Erleichterung. Junge

85

Frauen urteilen zurückhaltender; während sich die Geschlechter in den meisten Einstellungen über die letzten Jahrzehnte hinweg einander angenähert haben, wächst hier, in dem Votum für eine möglichst unkomplizierte Scheidung, eine Kluft zwischen Männern und Frauen; doch ist der Trend zur Unterstützung von unkomplizierten Scheidungen, ohne Barrieren und Verzögerungen, auch in den Einstellungen junger Frauen unübersehbar, ein Anstieg von 14 auf 43 Prozent (vgl. Tabellen A 34 und A 35).

Forderungen nach Unlösbarkeit der Ehe finden heute in der Gesellschaft kaum noch Widerhall; kein Anzeichen deutet darauf hin, daß die rigide Position der katholischen Kirche hier verlorenes Terrain zurückgewinnen könnte. Die gesellschaftliche Diskussion ist über die grundsätzliche Frage der Akzeptanz der Scheidung hinweg; heute geht es darum, ob die Gesellschaft sich noch vorbehält, die Ehe mit gesetzlichen Regelungen gegen rasche Scheidungen abzustützen oder die staatliche Funktion auf die reibungslose Abwicklung der Trennung und juristische Klärung der Folgen beschränkt. Der wachsende Druck der öffentlichen Meinung, Scheidungen zu einer rein individuellen, von juristisch fixierten gesellschaftlichen Stabilisierungsbemühungen nicht mehr behinderten Entscheidung zu machen, ist – da hier die faktische Entwicklung mit dem Einstellungswandel konform geht – der schwerwiegendste und folgenreichste Angriff auf die Stabilität von Ehe und Familie neben der zunehmenden Toleranz gegenüber Ehebruch. Immer weniger können individuelle Bemühungen zur Erhaltung einer gefährdeten Ehe darauf rechnen, in der öffentlichen Meinung, in gesellschaftlichen Normen Rückhalt zu finden.

Warum entzieht die Gesellschaft ihre Unterstützung, warum setzt die öffentliche Meinung zum Angriff auf Normen und Sicherungen an, die Ehe und Familie auch über Krisen hinweg Dauer garantieren? Eine Minderbewertung der Familie scheidet als Ursache aus – zu eindeutig ist der hohe Rang der Familie in der öffentlichen Meinung, zu stabil auch ihre Wertschätzung, während sich die sie unmittelbar betreffenden Normen so radikal verändern. Für die so offensichtliche Diskrepanz zwischen hoher gesellschaftlicher Wertschätzung der Familie und der sinkenden Bereitschaft, sie zu stabilisieren, wird allgemein der Funktionsverlust und -wandel der Familie verantwortlich gemacht, der Verlust an exklusiv zu bewältigenden langfristigen Aufgaben, das Zurücktreten der institutionellen Funktionen zugunsten der Personalitätsfunktionen (Ogburn)[14]; die Spezialisierung der Familie auf die Befriedigung emotionaler Bedürfnisse[15] wandle ihre Natur – so die These – zwangsläufig, mache sie störanfälliger und zerbrechlicher[16], nicht ihre Minderbewertung, sondern gerade die hohen individuellen Glückserwartungen an Ehe und Familie tragen zu ihrer Destabilisierung bei, durch die emotionale Überforderung der Familie (Schelsky) und die sinkende Bereitschaft, emotional unbefriedigende Verbindungen aufrechtzuerhalten: verworfen wird „nicht die Ehe schlechthin, sondern die unbefriedigende Ehe" (Pross).[17]

Die Dominanz der Personalitätsfunktionen tritt sowohl in den Gründen eindeutig hervor, die die europäische wie die amerikanische Bevölkerung als Anlaß für eine Scheidung akzeptiert, als auch in den Bedingungen, von denen nach allgemeiner Vorstellung das Gelingen einer Ehe abhängt. Die Qualität einer Ehe wird in erster Linie an der Qualität der persönlichen Beziehungen gemessen. Als Grundbedingungen für eine gute Ehe gelten gegenseitiges Verstehen und Toleranz, Respekt und Anerkennung des Partners, Treue, glückliche sexuelle Beziehungen, gemeinsame Interessen. Weltanschauliche Übereinstimmung, materielle Gesichtspunkte, soziale Herkunft und Rollenverständnis werden ungleich niedriger veranschlagt. In der Bundesrepublik liegt das Gewicht noch einseitiger als in anderen Ländern auf der Qualität der persönlichen Beziehungen, da die Bedeutung von Einkommen und sozialer Herkunft, von religiösem Konsens, von partnerschaftlicher Aufgabenteilung und die Existenz von Kindern für das Eheglück deutlich geringer veranschlagt werden als in Europa insgesamt oder in den Vereinigten Staaten (vgl. Tabellen A 36 und A 37).

Entsprechend den Kriterien, die nach allgemeiner Überzeugung über das Gelingen einer Ehe entscheiden, erkennt die Bevölkerung als Begründung für die Scheidung einer Ehe nahezu ausschließlich ein Scheitern der persönlichen Beziehungen an, sei es durch Unverträglichkeit der Charaktere, sei es durch das kontinuierliche Fehlverhalten eines Partners oder durch das Absterben der Zuneigung. Materielle Begründungen, dauerhafte Krankheit eines Partners, Unfruchtbarkeit rechtfertigen nach Ansicht der überwältigenden Mehrheit der Bevölkerung in der Bundesrepublik wie in Europa und den Vereinigten Staaten dagegen die Auflösung einer Ehe nicht (vgl. Tabelle A 38).

Auch Langzeituntersuchungen aus den Vereinigten Staaten, die sich über mehr als 50 Jahre erstrecken, belegen die große und wachsende Bedeutung der Personalitätsfunktionen der Familie.[18] Diese Entwicklung begünstigt zweifellos die beobachteten Veränderungen, die zunehmende Toleranz gegenüber Scheidungen, den Verzicht auf die generelle Abstützung der Ehe durch rigide moralische Normen. Doch diese Erklärung allein kann nicht befriedigen; mehrere Indizien deuten vielmehr darauf hin, daß die Bedeutung des Funktionswandels für die Destabilisierung der Familie überschätzt wird und dieser Ansatz teilweise sogar in die Irre führt, das Verständnis für die aktuelle Situation der Familie verstellt, statt es zu fördern. Die Kausalkette: Verlagerung von den institutionellen zu den Personalitätsfunktionen der Familie – hohe individuelle Erwartungen an die emotionalen Belohnungen der Familie –, Anpassung der gesellschaftlichen Moral und des Verständnisses von Ehe an die neuen Leitbilder, die von der Wandelbarkeit der Gefühle ausgehen – diese Gedankenführung suggeriert, hier werde ein neues Gleichgewicht erreicht, nach einer gleichgerichteten Entwicklung von objektiven Faktoren, subjektiven Zielen und gesellschaftlichen Normen.

Tatsächlich ist jedoch ein neues Ungleichgewicht festzustellen, eine Orientierungsstörung, eine Fülle falscher Annahmen und Widersprüche. Die Bevölkerung täuscht sich nicht nur über die Qualität der meisten Ehen, die Bedeutung der Ehe, über die Tragweite von Scheidungen, sondern sie täuscht sich auch über die Faktoren, die den Erfolg einer Ehe sichern, widerspricht sich in der gleichzeitigen Betonung ehelicher Treue und der Toleranz gegenüber Ehebruch. In den Vorstellungen und Meinungen dominiert die Personalitätsfunktion, die emotionale Komponente der Familie; de facto kommt ihren institutionellen Funktionen, materiellen Aspekten, ihren Sozialisationsaufgaben eine große Bedeutung zu, die zur Zeit offensichtlich teilweise aus dem Bewußtsein verdrängt wird.

Die Spezialisierung der Familie auf die Befriedigung emotionaler Bedürfnisse wird im Bewußtsein der Gesellschaft zur Zeit in einem der Realität nicht entsprechenden Maße überbetont, als gälte es, die Familie abzudrängen, ihre materielle, soziale und politische Bedeutung zu leugnen. Es ist spekulativ, doch naheliegend, zu vermuten, daß in einer von funktionaler Differenzierung geprägten Gesellschaft Kräfte auf das Bewußtsein der Bevölkerung einwirken in dem Bemühen, die Familie auf eine bereichsspezifische Kompetenz zu begrenzen. Wer vermag zu sagen, ob die Fürsorglichkeit des Staates das Bewußtsein nicht unmerklich infiltriert und einen Vertrauensschwund in eigene Kräfte, auch in die Kompetenz der privaten Kleingruppe fördert? Und suggerieren die konkurrierenden Sozialisationsinstanzen, die organisierte Informationsvermittlung – Schulen und Medien – nicht Unterlegenheit, Inkompetenz der Familie bei der Vermittlung von Weltbildern und Welterfahrung?

Die Bedeutung und die Facetten der Familie sind nicht so begrenzt, wie die gesellschaftlichen Vorstellungen glauben machen. Die in den Vereinigten Staaten durchgeführten Langzeitanalysen zum Funktionswandel der Familie belegen zwar die wachsende Bedeutung der emotionalen Beheimatung, jedoch keineswegs durchgängig einschneidende Veränderungen bei den Aufgaben materieller Absicherung.[19] Andere Studien demonstrieren die Bedeutung einer befriedigenden materiellen Situation und einer ähnlichen sozialen Herkunft der Ehepartner für die Stabilität der Familie[20], Faktoren, deren Bedeutung von der Gesellschaft offensichtlich weit unterschätzt wird.

Auch die geringe Bedeutung, die gerade in der Bundesrepublik der Ehe als „Gesinnungsgemeinschaft" beigemessen wird, dem weltanschaulichen Konsens der Ehepartner, deckt sich nicht mit der Realität. Konsens in weltanschaulichen, in religiösen, politischen und moralischen Fragen hängt eng mit der Qualität und entsprechend der Stabilität des Familienlebens zusammen. Von Personen, die sich über ihre familiäre Situation sehr unzufrieden äußern, teilen 43 Prozent die religiösen Ansichten ihres Partners, 41 Prozent seine Moralvorstellungen, 28 Prozent die politischen Anschauungen; von überdurchschnittlich Zufriedenen teilen 62 Prozent die religiösen Ansichten des Partners, 74 Prozent die Moralvorstellungen, 59 Prozent die politischen Anschauungen. Auf europäischer Ebene zeigt sich der gleiche enge Zusammenhang zwischen weltanschaulichem Konsens und Qualität des Familienlebens (Tabelle 19; vgl. Tabelle A 39).

Angesichts des engen Zusammenhangs zwischen weltanschaulichem Konsens und der Qualität des Familienlebens ist der in der Bundesrepublik deutlich unterdurchschnittliche Konsens zwischen Ehepartnern und unverheiratet Zusammenlebenden ein Indikator für unge-

Tabelle 19
Bundesrepublik mit West-Berlin
Personen mit Partner

Bedeutung eines weltanschaulichen Konsensus für die familiale Atmosphäre

Frage:
„Haben/hatten Sie und Ihr Partner irgend etwas von dem auf der Liste hier gemeinsam?"
(Vorlage einer Liste)

| | Zufriedenheit mit häuslicher Situation – | | | | |
| | sehr gering | gering | mittel | groß | sehr groß |
	%	%	%	%	%
Einstellungen zur Religion	43	43	47	55	62
Moralvorstellungen	41	65	53	72	74
Einstellungen gegenüber anderen Menschen	47	56	43	61	64
Politische Ansichten	28	42	40	46	59
Einstellung zur Sexualität	33	49	36	55	67
	192	255	219	289	326
Nichts davon	15	10	9	3	2
Weiß nicht	9	4	8	3	2

Quelle: Internationale Wertestudie 1981/82.

wöhnliche Friktionen, atmosphärische Störungen in der Familie. Nicht nur die Generationen, sondern auch Lebenspartner stimmen in der Bundesrepublik in grundlegenden Fragen weniger überein als in anderen Ländern. Gleichgültig, ob politische, religiöse oder moralische Fragen angesprochen werden: In allen Bereichen fühlen sich Deutsche weniger einig mit ihren Lebenspartnern als andere Europäer oder Amerikaner. So teilen 76 Prozent der Amerikaner, zwei Drittel der Europäer, aber nur 56 Prozent der verheiratet oder unverheiratet zusammenlebenden Deutschen die religiösen Überzeugungen ihres Partners; ein Befund, der auch durch die im internationalen Vergleich ungewöhnlich große Distanz zwischen den Geschlechtern in religiösen Fragen bestätigt wird*. 88 Prozent der Amerikaner, 79 Prozent der Europäer, aber nur 68 Prozent der Deutschen fühlen sich mit ihrem Partner einig in moralischen Überzeugungen, 60 Prozent der Amerikaner, 50 Prozent der Deutschen in politischen Fragen. In keinem anderen europäischen Land ist das

---

* Vgl. dazu „Religiös in einer säkularisierten Welt", S. 164ff.

Gefühl einer Übereinstimmung in religiösen, moralischen und sexuellen Fragen wie in der Haltung gegenüber der sozialen Umwelt so gering wie in der Bundesrepublik (vgl. Tabellen A 40 und A 41). Während die deutsche Familie im Weltanschaulichen innerhalb einer Generation wie zwischen den Generationen eine ungewöhnliche Heterogenität aufweist, sind Familie und Ehe gleichzeitig in ein ideologisches Spannungsfeld eingebettet, selbst Gegenstand von ideologischen Auseinandersetzungen. Die Bewertung der Institution Ehe ist nicht nur eng mit der religiösen, sondern auch mit der Grundhaltung zu dem existierenden Staatswesen verbunden. In der Bundesrepublik halten 9 Prozent derjenigen, die die bestehende Gesellschaftsordnung unbedingt verteidigen möchten, die Ehe für eine überholte Einrichtung; 16 Prozent derjenigen, die das System durch Reformen ändern möchten, teilen diese Ansicht, aber 42 Prozent derjenigen, die auf eine radikale Änderung der Gesellschaftsordnung drängen (vgl. Tabellen A 42 und A 43).

Der Ideologisierungsgrad vieler Ehe und Familie betreffenden Fragen, der besonders bei der Beurteilung der institutionellen Sicherungen, der Sexualmoral und den Normen für das Generationsverhältnis festzustellen ist, signalisiert ebenfalls, daß die veränderten Einstellungen keineswegs nur eine Anpassung des Bewußtseins an objektiv veränderte Funktionen und Umfeldbedingungen sind. Dagegen spricht auch, daß der Wandel der Funktionen und Umfeldbedingungen ein langfristiger Prozeß ist, die wesentlichen Veränderungen der Einstellungen sich jedoch in geradezu atemberaubend kurzer Zeit vollzogen, in der kurzen Spanne zwischen dem Ende der sechziger und dem Beginn der siebziger Jahre. Es waren die Jahre, in denen die Bundesrepublik unter dem Eindruck der Ereignisse stand, die fälschlicherweise verharmlost als Studentenrevolte oder akademische Endsechzigerbewegung in die Annalen eingingen. Während die spektakulären politischen Kontroversen die Aufmerksamkeit fesselten, vollzog sich gleichzeitig im Bereich der privaten bürgerlichen Moral eine wahrhaft dramatische Revolution, die Auflösung vieler, bis dato unangetastet gültiger religiöser und moralischer Überzeugungen*.

* Vgl. dazu „Religiös in einer säkularisierten Welt", S. 164 ff., und „Freiheit, Gleichheit, Autorität und Norm – ungeklärte Verhältnisse", S. 282 ff.

Wenn so rasch wesentliche Grundsätze und Normen zur Disposition gestellt werden, sind Brüche, Widersprüchlichkeiten in dem gesellschaftlichen Wertesystem unvermeidlich. Diese Konsequenz kennzeichnet die heutige Familien- und Sexualmoral. Voten für die ungehinderte Entfaltung sexueller Bedürfnisse erfolgen in einem Atemzug mit Forderungen nach festen, von allen anerkannten Regeln für den moralischen und sexuellen Bereich; eine unvermindert hohe Bewertung ehelicher Treue geht mit wachsendem Verständnis für Ehebruch einher; allgemein wird die Überzeugung geteilt, ein Kind brauche eine vollständige Familie, brauche Vater und Mutter, um sich gut zu entwickeln, und gleichzeitig billigen viele die bewußte Entscheidung einer alleinstehenden Frau, ein Kind zu bekommen. Diese Widersprüche, die bereits ausführlich dokumentiert wurden, zeigen den Widerstreit von traditionellen Vorstellungen, Lebenserfahrung und neuer Moral, die unverbunden und oft unvereinbar nebeneinanderstehen.

Dieses Stadium der Widersprüche und der Koexistenz von traditioneller und neuer Moral ist kein stabiler Zustand, da ein derart heterogenes Werteinventar die Aufgaben der Entscheidungserleichterung und Handlungsorientierung nicht leisten kann. Der in der Bundesrepublik besonders hohe Anteil von Personen, die in vielen Ehe und Familie betreffenden Fragen nicht urteilsbereit sind, dokumentiert die Verunsicherung und weist die Bundesrepublik erneut als das Land aus, das sich zur Zeit stärker als andere in einem Schwebezustand, in einer Orientierungskrise befindet. Die Ehe- und Familienmoral durchläuft eine Übergangsphase, in der ein Normen, Institutionen und die Ansprüche der Umwelt attackierender Individualismus mit dem unverminderten Wunsch konfligiert, in der Geborgenheit einer Gruppe zu leben. Dieser Konflikt nimmt in der Bundesrepublik eine besondere Schärfe an, da eine ausgeprägte Familienorientierung auf eine ungewöhnliche Scheu vor Bindung, Verpflichtung und Identifikation trifft.

Neuere Untersuchungen unter deutschen Jugendlichen betonen die ausgeprägte Familienorientierung der jungen Generation und werten dies als Beweis für ein intaktes Generationenverhältnis.[21] Kein Zweifel: das Klima in deutschen Familien ist freundlich, von der Bejahung aller Mitglieder zu dieser Form des Zusammenlebens getragen. Nicht nur 87 Prozent der gesamten Bevölkerung, auch 74

Prozent der 18- bis 24jährigen wünschen dem Familienleben Bestand und Intensivierung; die Mehrheit der Bevölkerung verbringt die Freizeit am liebsten in der Familie; die Bilanz der häuslichen Situation fällt bei der überwältigenden Mehrheit, auch der jungen Generation, ausgesprochen positiv aus: 63 Prozent der in einer Familie Lebenden insgesamt, 52 Prozent der 18- bis 24jährigen in einer Familie Lebenden beschreiben ihre Zufriedenheit mit der häuslichen Situation anhand einer Skala von 1 (völlig unzufrieden) bis 10 (völlig zufrieden) mit den positiven Extremwerten 8 bis 10; die eigenen Empfindungen im Kreis der Familie werden mit Glück, Geborgenheit, Entspanntheit beschrieben, nur von einer Minderheit negativ mit Ängsten oder Verärgerung. Die internationale Perspektive läßt allerdings erkennen, daß die emotionalen Belohnungen der Familie für ihre Mitglieder in der Bundesrepublik teilweise herabgesetzt sind, obwohl sie keineswegs weniger angestrebt werden; 75 Prozent der Amerikaner, 65 Prozent der Europäer insgesamt, 61 Prozent der deutschen Bevölkerung äußern sich über ihre häusliche Situation sehr zufrieden (Stufen 8 bis 10); 72 Prozent der Amerikaner, 64 Prozent der Europäer, 58 Prozent der deutschen Bevölkerung fühlen sich zu Hause oft unbelastet, entspannt; 72 Prozent der Amerikaner, 55 Prozent der Europäer, aber nur 46 Prozent der Deutschen fühlen sich zu Hause „oft glücklich" (vgl. Tabellen A 44 bis A 48).
Doch darf diese im internationalen Vergleich herabgesetzte Befriedigung individueller Erwartungen an die Familie nicht den Blick darauf verstellen, daß auch in der Bundesrepublik die Mehrheit der Familien harmonisch zusammenlebt, trotz der außergewöhnlichen Kluft im Weltanschaulichen. Dies ist kein Widerspruch. Tenbruck weist darauf hin, daß Generationenkluft und Generationenkonflikt sorgfältig geschieden werden müssen, eine wachsende Kluft sich keineswegs in vermehrten Konflikten äußern muß: „... die ... Familie verlor die Kontrolle über die in die Gesellschaft hineingestellten Kinder. Trotz dieses Auseinanderdriftens der Generationen kam es zu einer Entdramatisierung der älteren Generationenkonflikte, weil die Personalisierung der Beziehungen das Anspruchsniveau grundsätzlichen Einverständnisses drückte."[22]
Die harmonische Koexistenz der Generationen in deutschen Familien ist ein Faktum, doch sie ist nicht der einzige, hinreichende Indikator für die Beurteilung der Situation der Familie, und sie widerlegt

Tabelle 20
USA, Europa
Bevölkerung ab 18 Jahre

Mutterbindung

Frage:
„Wie stark war Ihre Bindung, Ihre Beziehung zur Mutter in Ihrer Kindheit?"

	USA	Europa insgesamt	Bundesrepublik Deutschland
	%	%	%
Sehr eng	55	52	44
Ziemlich eng	30	33	37
Nicht so eng	10	10	16
Gar nicht eng	3	3 ·	2
Weiß nicht	2	2	1
	100	100	100

Quelle: Internationale Wertestudie 1981/82.

nicht die weltanschauliche Kluft, die die Mitglieder verschiedener wie derselben Generation trennt.

An Indikatoren, die nicht auf die Freundlichkeit des gegenseitigen Umgangs, das familiale Klima abstellen, sondern auf Nähe, auf Bindung und Verpflichtung, tritt Distanzierung, eine ungewöhnliche Bindungsschwäche in deutschen Familien zutage. Die subjektiv empfundene Bindung an die Mutter: 55 Prozent der Amerikaner, 52 Prozent der Europäer, aber nur 44 Prozent der deutschen Bevölkerung beschreiben diese Beziehung als „sehr eng" (Tabelle 20).

Noch krasser sind die Unterschiede bei der Beschreibung der Beziehung zum Vater: 40 Prozent der Amerikaner, 41 Prozent der Europäer, aber nur 27 Prozent der deutschen Bevölkerung hatten in ihrer Kindheit zum Vater eine sehr gute Beziehung; jeder dritte Deutsche beschreibt sein Verhältnis zum Vater äußerst distanziert. Die naheliegende Vermutung, hier präge die in den Jahren vor und während des Kriegs geborene Generation das Bild, die oft durch Abwesenheit des Vaters keine Beziehung aufbauen konnte, hält der empirischen Überprüfung nicht stand. Es ist gerade auch die Nachkriegsgeneration, die ihre Beziehung zum Vater so ungewöhnlich distanziert beschreibt (vgl. Tabellen A 49 bis A 52). Diese ungewöhnliche Vater-Distanzierung der unter 45jährigen Deutschen stützt Gehlens

These, der Nationalsozialismus und die durch ihn verursachte Kata-
strophe habe primär die männlichen Domänen diskreditiert, die
Familie und damit die traditionell weibliche Domäne jedoch weitgehend unbeschadet gelassen und damit die Position der Frau in der
Familie wie in der Gesellschaft insgesamt gestärkt.[23]
Eine sehr enge Beziehung zu beiden Eltern hatten nur 18 Prozent
der deutschen Bevölkerung. Nur in einem weiteren Land in Europa
liegt dieser Anteil ebenso niedrig, in den Niederlanden, wo jedoch
die außerordentliche Asymmetrie in den Beziehungen zu Vater und
Mutter nicht festzustellen ist. Durch diese in der Bundesrepublik
besonders ausgeprägte Asymmetrie verfügt ein weit überdurchschnittlicher Anteil der deutschen Bevölkerung – 24 Prozent – über
eine intensive Mutterbindung ohne eine entsprechend intensive
Vaterbindung (vgl. Tabelle A 53).
Dem Befund, daß in der Bundesrepublik nicht nur die Generationen, sondern auch die Ehepartner weniger durch einen Konsens in
grundsätzlichen Fragen verbunden sind als in anderen Ländern, ent-
sprechen auf der subjektiv-emotionalen Ebene die Eindrücke von
der Beziehung zwischen den Eltern. Auch sie sprechen von Distanz

Tabelle 21
USA, Europa
Bevölkerung ab 18 Jahre

Beziehung der Eltern zueinander

Frage:
*„Wenn Sie einmal an Ihre Kindheit zurückdenken: Würden Sie sagen, daß Ihre Eltern in dieser
Zeit eine sehr enge Beziehung zueinander hatten, eine ziemlich enge, nicht so enge oder
überhaupt keine enge Beziehung?"*

	USA	Europa insgesamt	Bundesrepublik Deutschland
	%	%	%
Sehr eng	47	45	29
Ziemlich eng	28	33	39
Nicht so eng	13	11	19
Gar nicht eng	7	5	6
Weiß nicht	5	6	7
	100	100	100

Quelle: Internationale Wertestudie 1981/82.

und Reserviertheit. Fast jeder zweite Amerikaner, 45 Prozent der Europäer insgesamt beschreiben die Beziehung zwischen ihren Eltern als „sehr eng", jedoch nur 29 Prozent der deutschen Bevölkerung. Jeder vierte Deutsche empfand das Elternpaar nicht als Einheit, sondern als einander eher fremde, eher nebeneinander als miteinander lebende Partner; ein hoher Anteil, wie er in keinem anderen der untersuchten europäischen Länder erreicht wird (Tabelle 21; vgl. auch Tabelle A 54).

Die Distanziertheit zwischen den Generationen führt offensichtlich keineswegs zum Zusammenrücken innerhalb einer Generation, sondern zeigt ein Gesamtklima der Reserviertheit an. Die Überprüfung des Zusammenhangs zwischen der eigenen Nähe zu den Eltern und der Beziehung der Eltern untereinander zeigt, daß nur in Ausnahmefällen die Beziehungen zwischen den Generationen einer Familie reserviert, innerhalb einer Generation aber sehr eng sind oder umgekehrt: vielmehr kristallisieren sich Familien mit intensiver Verbindung *aller* Mitglieder heraus, reservierte und – als dritter Typus – einander weitgehend entfremdete Familien. 75 Prozent der mit beiden Elternteilen eng Verbundenen berichten auch von einer sehr engen Beziehung der Eltern untereinander, dagegen nur 4 Prozent der beiden Eltern reserviert Gegenüberstehenden (vgl. Tabelle A 55). Insgesamt 14 Prozent der deutschen Bevölkerung stammen aus Familien mit sehr intensiven Beziehungen aller Mitglieder, 7 Prozent aus einander völlig entfremdeten Familien. Diese Daten trennen die Bundesrepublik von ihren europäischen Nachbarn; im europäischen Durchschnitt beschreiben 27 Prozent die Beziehungen ihrer Familie als sehr intensiv, 4 Prozent als distanziert und entfremdet (vgl. Tabelle A 56).

Die nach Altersgruppen trennende Analyse läßt den Schluß zu, daß die besondere emotionale Reserviertheit in deutschen Familien kein neues Phänomen ist; auch die Älteren beschreiben die eigene Beziehung zu den Eltern wie deren Verhältnis untereinander distanzierter als vergleichbare Alterskohorten in anderen Ländern. Nur spekulativ können wir uns den Ursachen dieser Reserviertheit nähern. Wir teilen die Auffassung von Helge Pross, daß historische Erfahrungen „im psychischen Untergrund einer Nation" weiterwirken.[24] Kein anderes europäisches Land hat in den letzten hundert Jahren mehrfach derart radikal mit der eigenen Vergangenheit brechen müssen.

Welche Belastungsprobe dies für die Institution bedeutet, die Kontinuität und das Gespräch zwischen den Generationen sichert, die Familie, ist bisher völlig unaufgearbeitet.

Wenn die ausgeprägte emotionale Distanziertheit in deutschen Familien offensichtlich kein neues, erst nach dem Zweiten Weltkrieg aufgetretenes Phänomen ist, so hat sich das Klima in den letzten Jahrzehnten doch noch einmal spürbar gewandelt und bestimmte Formen der Entfremdung gefördert. Dies gilt nicht nur für die Auseinanderentwicklung in den religiösen, moralischen und politischen Anschauungen, sondern auch für die Definition des Verhältnisses Gruppe-Individuum und die für den einzelnen aus dem Zusammenleben in der Familie entstehenden Verpflichtungen. Die Pflichten der Eltern zur Fürsorge für ihre Kinder, die Verpflichtung der Kinder zu Liebe und Achtung gegenüber ihren Eltern werden in keinem Land so eng definiert wie in der Bundesrepublik*. Die emotionale Distanziertheit begünstigt die enge Auslegung gegenseitiger Verpflichtungen, ist jedoch keineswegs der einzige, nicht einmal der entscheidende Auslöser. Die Prüfung des Zusammenhangs zwischen der Nähe zu den eigenen Eltern und der Definition der Verpflichtungen zwischen den Generationen enthüllt ein merkwürdiges Phänomen: der Einfluß eigener Erfahrungen auf die Ansichten über die Verpflichtung zwischen den Generationen sinkt. Während bei den über 30jährigen enge Bindungen an die eigenen Eltern die Akzeptanz gegenseitiger Verpflichtungen deutlich begünstigen, zeigt bei den unter 30jährigen auch bei enger Bindung an die Eltern nur eine Minderheit die Bereitschaft, aus dem familiären Zusammenleben Verpflichtungen abzuleiten (vgl. Tabelle A 57). Was hier zutage tritt, ist der sinkende Einfluß von eigenen Erfahrungen auf Werte und Weltbilder. Die Ehe- und Familienmoral, die Definition der Verpflichtungen der Familienmitglieder ist heute in hohem Maße Außeneinflüssen ausgesetzt, Meinungsbildungsprozessen, die außerhalb der Familie in Gang kommen.

Mehrere Indikatoren belegen, daß diese Einflüsse in der Bundesrepublik auf eine verstärkte Distanzierung und Herauslösung aus der Familie hinwirken. Das extreme Generationengefälle in der Definition gegenseitiger Verpflichtungen von Eltern und Kindern ist nicht

---

* Vgl. „Religiös in einer säkularisierten Welt", S. 164 ff.

„natürlich", sondern nur in wenigen Staaten, neben der Bundesrepublik in Holland, Schweden und Dänemark, anzutreffen. Von den 18- bis 24jährigen Deutschen verlangen nur 34 Prozent von der Elterngeneration Opfer zugunsten der Kinder, aber 46 Prozent der gesamten Bevölkerung; umgekehrt halten nur 28 Prozent der jungen Generation, aber 48 Prozent der gesamten Bevölkerung Kinder gegenüber ihren Eltern zu Liebe und Achtung verpflichtet (vgl. Tabelle A 58). In dieselbe Richtung weist die Präferenz für das Erziehungsziel „Unabhängigkeit". 67 Prozent der 18- bis 24jährigen Deutschen, aber nur jeder vierte Deutsche über 65 Jahre, zählen Unabhängigkeit und Selbständigkeit zu den wichtigsten Erziehungszielen. In ihrer ausgeprägten Favorisierung dieses Erziehungsziels stehen junge Deutsche nahezu allein; nur in Dänemark mißt die junge Generation der Unabhängigkeit einen ähnlich hohen Stellenwert zu; wenn der Wert der Erziehung zu Unabhängigkeit auch in anderen Ländern von der jungen Generation höher veranschlagt wird als von der älteren, zählen nur Minderheiten der 18- bis 24jährigen in anderen Ländern dies zu den wichtigsten, unbedingt zu vermittelnden Eigenschaften (vgl. Tabelle A 59).

Was bedeutet die emotionale Reserviertheit in deutschen Familien, was das Empfinden, das Zusammenleben in der Familie dürfe nicht verpflichten, was das betonte Streben der jungen deutschen Generation nach Unabhängigkeit? Die Mahnung Schelskys, bei der Analyse der Situation der Familie offen für neue Entwicklungen zu sein, nicht Veränderung mit Verschlechterung gleichzusetzen, auch zu prüfen, ob hier nicht notwendige Anpassungen vollzogen werden, warnt vor raschen eigenen Wertungen. Doch die Daten werten selbst. Sie zeigen, daß Zukunftsvertrauen, Zufriedenheit und Selbstsicherheit beeinträchtigt werden, wenn das Klima in den Familien von wachsender Distanz und einer engen Auslegung der gegenseitigen Verpflichtungen geprägt ist. Je schwächer die Bindung an die eigenen Eltern beschrieben wird, desto geringer ist die Zufriedenheit mit dem heutigen familiären Klima wie mit dem eigenen Leben insgesamt, desto geringer auch das Zukunftsvertrauen. 23 Prozent derjenigen, die in enger Bindung an beide Elternteile aufgewachsen sind, aber 38 Prozent derjenigen ohne enge Bindung an die Eltern, stimmen der Ansicht zu, die Zukunft sei so unsicher, daß man nur von einem Tag auf den nächsten leben könne (Tabelle 22; vgl. auch

Tabelle 22

Bundesrepublik mit West-Berlin
Bevölkerung ab 18 Jahre

Elternbindung und Zukunftsvertrauen

Frage:
„Würden Sie der folgenden Aussage eher zustimmen oder nicht zustimmen?
,Die Zukunft ist so unsicher, da ist es das beste, von einem Tag auf den
nächsten zu leben.'"

	Personen mit sehr enger Beziehung zu Vater und Mutter	Personen mit enger Beziehung zur Mutter, aber nicht zum Vater	Personen mit enger Beziehung zum Vater, aber nicht zur Mutter	Personen ohne enge Beziehung zu Vater und Mutter
	%	%	%	%
Eher zustimmen	23	30	25	38
Nicht zustimmen	59	50	50	41
Unentschieden	18	20	25	21
	100	100	100	100

Quelle: Internationale Wertestudie 1981/82.

Tabelle A 60). Diejenigen, die die Verpflichtungen zwischen den Generationen weit auslegen und betonen, sind weitaus weniger von Lebenskrisen gezeichnet als Personen, die die gegenseitigen Verpflichtungen eng definieren: 50 Prozent der Befürworter gegenseitiger Verpflichtung, aber nur 38 Prozent derjenigen, die Verpflichtungen zwischen den Generationen eng beschränken möchten, kennen das Gefühl völliger Verzweiflung, Sinnlosigkeit des Lebens nicht (vgl. Tabelle A 61).

Die nur vorsichtig, zweifelnd geäußerte Frage von Helge Pross, ob nicht in einer Bindungsschwäche der deutschen Bevölkerung eine wesentliche Ursache der ungewöhnlich niedrigen Geburtenrate liege, erhält vor dem Hintergrund dieser Daten ein anderes Gewicht. Überzeugende Belege für eine Höherbewertung materieller Ziele oder für eine geringere Wertschätzung von Kindern in der Bundesrepublik sind im internationalen Vergleich nicht zu erkennen. Zwar werden Kinder unterdurchschnittlich als notwendige Bedingung für das Gelingen einer Ehe genannt; doch die ideale Kinderzahl wird in der Bundesrepublik nicht niedriger angesetzt als in anderen Ländern, die Bedeutung von Kindern für das Lebensglück einer Frau höher veranschlagt als in manchen anderen europäischen Ländern, wie Schweden, Großbritannien, Irland und Holland (vgl. Tabellen A 62 bis A 64). Die von Pross vermutete Distanziertheit, Bindungsschwäche sind dagegen ein Faktum; sie beeinträchtigen das Lebensgefühl und das Zukunftsvertrauen, sogar den Wunsch nach Kindern.[25]

Die andere Konsequenz distanzierter familiärer Beziehungen betrifft die Chancen für die Weitergabe von Werten. Die Familie ist einer der wichtigsten Träger des gesellschaftlichen Wertesystems. Wenn sich die Intensität der Beziehungen, das Gefühl der Verbundenheit zwischen den Generationen innerhalb der Familie verringert, wird eine Gesellschaft offener für sozialen Wandel. Personen mit enger emotionaler Bindung an beide Eltern teilen weit überdurchschnittlich deren weltanschauliche Positionen und Wertvorstellungen, während emotional von beiden Elternteilen distante Personen sich auch von der Weltanschauung der Eltern entschieden distanzieren. So teilen 63 Prozent der beiden Eltern emotional Verbundenen die religiösen Anschauungen der Eltern, aber nur 32 Prozent derjenigen, die weder zu ihrem Vater noch zu ihrer Mutter eine enge emotionale Bindung haben; noch krasser verfällt der moralische Konsens zwischen den Generationen, wenn die emotionalen Bindungen nicht intakt sind. Die politischen Ansichten der Eltern teilen 35 Prozent der beiden Elternteilen eng Verbundenen, 22 Prozent der von beiden Eltern Distanzierten (vgl. Tabelle A 65).

Damit kommt den im internationalen Vergleich ungewöhnlich distanzierten familiären Beziehungen in der Bundesrepublik eine eminente politische Bedeutung zu. Die Bundesrepublik ist wie kein anderes Land offen für neue Werte und Einflüsse. Der weitaus geringere weltanschauliche Konsens zwischen den Generationen, die radikale Verabschiedung religiöser, moralischer und politischer Überzeugungen in der kurzen Spanne zwischen dem Ende der sechziger und dem Anfang der siebziger Jahre sind nur vor diesem Hintergrund verständlich (Tabelle 23).

Von besonderer Bedeutung für den Wertetransfer ist die ausgeprägte deutsche Distanz zum Vater. Bei Personen mit enger Vaterbindung ohne gleichzeitige enge Bindung an die Mutter ist der weltanschauliche Konsens gegenüber Personen mit enger Bindung an *beide* Eltern zwar deutlich vermindert, doch nicht annähernd in dem

Tabelle 23
USA, Europa
Bevölkerung ab 18 Jahre

Weltanschauliche Übereinstimmung zwischen den Generationen

Frage:
„In welchen Bereichen haben/hatten Sie und Ihre Eltern ähnliche Ansichten?"
(Vorlage einer Liste)

	USA	Europa insgesamt	Bundesrepublik Deutschland
	%	%	%
Moralvorstellungen	84	63	49
Einstellungen zur Religion	74	56	47
Einstellungen gegenüber anderen Menschen	70	55	44
Politische Ansichten	48	36	28
Einstellung zur Sexualität	41	23	13
	317	233	181
In nichts davon	x	10	9
Weiß nicht	9	11	14

Quelle: Internationale Wertestudie 1981/82.

Maße wie bei Personen mit ausschließlicher enger Bindung an die Mutter oder ohne Bindung an beide Elternteile. 52 Prozent der ausschließlich dem Vater emotional eng Verbundenen teilen die religiösen Anschauungen der Eltern, 41 Prozent der ausschließlich der Mutter eng Verbundenen. Bei Moralvorstellungen und den Kriterien für die Bewertung anderer Menschen ist dagegen der Konsens nicht davon abhängig, zu welchem Elternteil enge Bindungen bestehen, wohl aber bei den politischen Anschauungen, bei denen wiederum eine enge Bindung an den Vater der bessere Garant für einen störungsfreien Wertetransfer ist. Eine Überprüfung an verschiedenen Indikatoren für Religiosität bestätigt, daß eine enge Vaterbindung die religiöse Sozialisation weitaus besser sichert als eine enge Mutterbindung. 55 Prozent der mit beiden Eltern eng Verbundenen ziehen aus dem Glauben Trost und Kraft, 50 Prozent der ausschließlich mit dem Vater eng Verbundenen, aber nur 35 Prozent der ausschließlich mit der Mutter eng Verbundenen (vgl. Tabellen A 66 bis A 68).

Der Vater ist bis heute in weitaus stärkerem Maße als die Mutter

Träger von Weltanschauungen. Dies läßt erwarten, daß die Beziehung zu den Vätern bei Umbrüchen im politischen System oder einem ausgeprägten weltanschaulichen Dissens zwischen den Generationen verstärkt ideologischen Spannungen ausgesetzt ist. Tatsächlich erweist sich die Bindung an den Vater in der Bundesrepublik als hoch-ideologisiert: je weiter links die Selbsteinstufung im politischen Spektrum erfolgt, desto ausgeprägter ist die emotionale Distanz zum Vater. 26 Prozent der sich extrem rechts Einstufenden haben keine enge emotionale Beziehung zu ihrem Vater, 32 Prozent der sich in der Mitte Einordnenden, aber 50 Prozent der Vertreter extrem linker Positionen. Auch in anderen europäischen Ländern und in den Vereinigten Staaten ist eine Präferenz für extrem linke Positionen mit überdurchschnittlicher Distanz zu den Vätern gekoppelt; nur in einem weiteren Land distanziert sich ein derart hoher Anteil der politischen Linken von den Vätern, in Spanien. Die Beziehung zu den Müttern ist nicht annähernd so ideologisiert wie die Vaterbindung (vgl. Tabellen A 69 und A 70).

Auch die Definition der Verpflichtung zwischen den Generationen belegt, daß die Familie in der Bundesrepublik in ein ideologisches Spannungsfeld eingebettet ist. 58 Prozent derjenigen, die die bestehende Gesellschaftsordnung entschlossen verteidigen möchten, aber nur 36 Prozent derjenigen, die für eine radikale Änderung des Systems plädieren, und auch nur 40 Prozent der Befürworter von Reformen möchten Kinder gegenüber ihren Eltern grundsätzlich zu Liebe und Achtung verpflichten. Ähnlich scharf trennen sich in dieser Frage die ideologischen Lager, konservative und progressive Kräfte, nur in Holland und Dänemark; in anderen Ländern ist die Sicht gegenseitiger Verpflichtungen zwischen den Generationen ideologisch spannungsfrei (Großbritannien und Belgien) oder nur schwach ideologisiert (Frankreich und die Vereinigten Staaten); (vgl. Tabellen A 71 und A 72).

Der – gemessen an anderen Ländern – schwächere Wertetransfer zwischen den Generationen in der Bundesrepublik betrifft und verändert alle Bereiche, Religion, Arbeit, Politik, auch die Familie selbst. Die Beeinträchtigung des Religiösen durch die Schwächung der Familie wurde bereits dokumentiert. Die Richtung der Veränderungen im Arbeitsbereich, in der Familie und im politischen Bereich soll nur an einigen Indikatoren exemplarisch vorgeführt werden. Ein schwacher Wertetransfer geht mit verringerter Familienorientierung einher, mit einem kritischeren Verhältnis gegenüber jeglicher Autorität, mit verstärkter Distanz zum Arbeitsbereich und deutlich vermindertem Vertrauen in gesellschaftliche Institutionen. Von 18- bis 24jährigen Deutschen, die ein breiter weltanschaulicher Konsens mit den Eltern verbindet, wünschen 89 Prozent eine stärkere Position der Familie in der Gesellschaft, von Gleichaltrigen, die die Weltanschauungen der Eltern nicht oder nur begrenzt teilen, 61 Prozent. Mehr Achtung vor Autorität wünschen 31 Prozent der ihren Eltern weltanschaulich verbundenen jungen Deutschen, 16 Prozent der distanzierten. Dagegen halten es 49 Prozent der von ihren Eltern Distanzierten für erstrebenswert, die Arbeit weniger wichtig zu nehmen, gegenüber 37 Prozent der eltern-nahen Gleichaltrigen. Der Stolz auf die eigene Arbeit ist deutlich vermindert, wenn die Verpflichtungen zwischen den Generationen eng ausgelegt werden (vgl. Tabellen A 73 bis A 77).

Das Verhältnis zu den gesellschaftlichen Institutionen hängt in hohem Maße von intakten Familien ab. Dies gilt vor allem für die Haltung zu Kirche, Parlament, den Sicherheitskräften und besonders in der jungen Generation auch für die Einstellung zu Gesetzen, Verwaltung und Erziehungswesen. Von den 18- bis 24jährigen Deutschen, die sich ihren Eltern weltanschaulich verbunden fühlen, haben 53 Prozent großes Vertrauen in die Kirche, 67 Prozent in das Parlament, 74 Prozent in die Gesetze; von den Gleichaltrigen weltanschaulich von ihren Eltern Entfernten bekunden nur 19 Prozent Vertrauen in die Kirche, 33 Prozent in das Parlament, 40 Prozent in die Gesetze. Dieser enge Zusammenhang zwischen einem intakten Wertetransfer zwischen den Generationen einer Familie und dem Vertrauen in Institutionen ist auf gesamteuropäischer Ebene genauso festzustellen wie in der Bundesrepublik (vgl. Tabellen A 78 und A 79).

Eine Schwächung der Bindungen und des Wertetransfers innerhalb der Familie richtet sich direkt gegen den Staat und die ihn und seine ethisch-moralischen Grundlagen repräsentierenden Institutionen. Umgekehrt ist die Familie kein Refugium vor gesellschaftspolitischen Kontroversen und Umbrüchen; vielmehr setzt ein konfliktträchtiges, ideologisch aufgeladenes gesellschaftliches Klima die Familie besonderen Spannungen und Belastungen aus; sie wird zum einen durch ihre Bedeutung für die Wahrung von Kontinuität zum natürlichen Feind von auf Veränderung zielenden Kräften und zum anderen zerrissen von inneren Spannungen durch das Aufeinanderprallen von unterschiedlichen Weltanschauungen der Generationen, der Ehepartner. Eine polarisierende Betrachtung des Verhältnisses von Familie und Staat – hier der private, dort der öffentliche Bereich – konstruiert falsche Gegensätze und verkennt die politische Dimension der Familie.

Tabelle A 22
Bundesrepublik mit West-Berlin*)
Frauen

FRAGE: "Eine ganz andere Frage - glauben Sie, daß man eine Familie braucht, um wirklich glücklich zu sein - oder glauben Sie, man kann allein genauso glücklich leben?"

1 9 5 3
- Frauen -

	insgesamt	im Alter von -			
		unter 30 Jahren	30-44 Jahren	45-59 Jahren	60 Jahren und älter
	%	%	%	%	%
Braucht Familie	77	75	76	79	76
Allein genauso glücklich	16	18	17	13	14
Allein glücklicher	1	1	1	1	3
Unentschieden, keine Antwort	6	6	6	7	7
	100	100	100	100	100

1 9 7 9
- Frauen -

	insgesamt	im Alter von -			
		unter 30 Jahren	30-44 Jahren	45-59 Jahren	60 Jahren und älter
	%	%	%	%	%
Braucht Familie	73	67	71	73	77
Allein genauso glücklich	17	22	20	15	12
Allein glücklicher	x	x	x	x	1
Unentschieden, keine Antwort	10	11	9	12	10
	100	100	100	100	100

*) 1953 ohne Saarland und West-Berlin

Quelle: 1953: Allensbacher Archiv, IfD-Umfrage 225
1979: Allensbacher Archiv, IfD-Umfrage 1287

105

FRAGE: "Eine ganz andere Frage - glauben Sie, daß man eine Familie braucht, um wirklich glücklich zu sein - oder glauben Sie, man kann allein genauso glücklich
leben?"

1 9 5 3

- Männer -

	insgesamt	im Alter von -			
		unter 30 Jahren	30-44 Jahren	45-59 Jahren	60 Jahren und älter
	%	%	%	%	%
Braucht Familie	80	69	85	84	84
Allein genauso glücklich	11	17	7	10	7
Allein glücklicher	1	1	2	x	2
Unentschieden, keine Antwort	8	13	6	6	7
	100	100	100	100	100

1 9 7 9

- Männer -

	insgesamt	im Alter von -			
		unter 30 Jahren	30-44 Jahren	45-59 Jahren	60 Jahren und älter
	%	%	%	%	%
Braucht Familie	72	53	71	83	85
Allein genauso glücklich	16	27	18	9	9
Allein glücklicher	2	3	1	x	1
Unentschieden, keine Antwort	10	17	10	8	5
	100	100	100	100	100

*) 1953 ohne Saarland und West-Berlin

Quelle: 1953: Allensbacher Archiv, IfD-Umfrage 225
         1979: Allensbacher Archiv, IfD-Umfrage 1287

Tabelle A 24
USA, Europa
Bevölkerung ab 18 Jahre

FRAGE: "Hier auf dieser Liste steht verschiedenes, was sich in Zukunft in unserer Gesellschaft
verändern kann. Könnten Sie mir zu jedem Punkt sagen, ob Sie eine solche Entwicklung
begrüßen oder ablehnen würden, oder ob Ihnen das egal ist?"
(Vorlage einer Liste)

- Auszug -

Es halten für wünschenswert:

"Mehr Wert auf Familienleben legen"

	Bevölkerung ab 18 Jahre insgesamt	Altersgruppen						
		18-24 Jahre	25-34 Jahre	35-44 Jahre	45-54 Jahre	55-64 Jahre	65-74 Jahre	75 Jahre und älter
	%	%	%	%	%	%	%	%
Europa	85	75	81	85	89	91	91	91
Bundesrepublik Deutschland ..	85	73	80	83	92	89	89	91
Schweden	83	82	81	77	84	88	87	86
Dänemark	89	79	85	91	92	96	90	96
Großbritannien	84	71	85	87	78	91	92	91
Republik Irland	91	86	90	92	93	95	93	87
Holland	67	60	57	62	71	72	82	91
Belgien	83	77	83	85	85	79	84	83
Frankreich	88	77	81	91	92	95	97	92
Spanien	84	74	79	86	88	88	86	90
Italien	89	83	84	88	92	94	92	100

	Bevölkerung ab 18 Jahre insgesamt	Altersgruppen			
		18-24 Jahre	25-39 Jahre	40-59 Jahre	60 Jahre und älter
	%	%	%	%	%
USA	94	93	94	96	93

Quelle: Internationale Wertestudie 1981/82

107

Bewertung der Institution Ehe

FRAGE: "Wenn jemand sagt: Die Ehe ist eine überholte Einrichtung, nicht mehr zeitgemäß. Würden Sie da eher zustimmen oder eher nicht zustimmen?"

	Europa insgesamt	Bundes- republik Deutsch- land	Schweden	Dänemark	Großbri- tannien	Nord- Irland	Republik Irland	Holland	Belgien	Frank- reich	Spanien	Italien
	%	%	%	%	%	%	%	%	%	%	%	%
Eher zustimmen	19	13	14	16	14	14	12	14	16	29	23	21
Eher nicht zustimmen	74	76	82	74	84	82	83	78	74	65	71	73
Unentschieden	7	11	4	10	2	4	5	8	10	6	6	6
	100	100	100	100	100	100	100	100	100	100	100	100

Quelle: Internationale Wertestudie 1981/82

FRAGE: "Halten Sie die Einrichtung der Ehe grundsätzlich für notwendig oder für überlebt?"

1 9 6 3

	insgesamt	Frauen – im Alter von –			
		unter 25 Jahren	25-44 Jahren	45-59 Jahren	60 Jahren und älter
	%	%	%	%	%
Notwendig	92	86	92	91	96
Überlebt	2	x	2	3	x
Unentschieden	6	14	6	6	4
	100	100	100	100	100

1 9 7 8

	insgesamt	Frauen – im Alter von –			
		unter 25 Jahren	25-44 Jahren	45-59 Jahren	60 Jahren und älter
	%	%	%	%	%
Notwendig	61	38	50	67	85
Überlebt	17	37	19	12	5
Unentschieden	22	25	31	21	10
	100	100	100	100	100

Quelle: 1963: Allensbacher Archiv, IfD-Umfrage 256,
        Bevölkerung ab 20 Jahre

        1978: Allensbacher Archiv, IfD-Umfrage 3059,
        Bevölkerung ab 16 Jahre (Halbgruppe)

FRAGE: "Halten Sie die Einrichtung der Ehe grundsätzlich für notwendig oder für
überlebt?"

1 9 6 3

Männer -

	insgesamt	im Alter von -			
		unter 25 Jahren	25-44 Jahren	45-59 Jahren	60 Jahren und älter
	%	%	%	%	%
Notwendig	86	81	90	84	88
Überlebt	4	5	3	6	4
Unentschieden	10	14	7	10	8
	100	100	100	100	100

1 9 7 8

Männer -

	insgesamt	im Alter von -			
		unter 25 Jahren	25-44 Jahren	45-59 Jahren	60 Jahren und älter
	%	%	%	%	%
Notwendig	60	30	59	71	81
Überlebt	17	30	19	11	6
Unentschieden	23	40	22	18	13
	100	100	100	100	100

Quelle: 1963: Allensbacher Archiv, IfD-Umfrage 256,
Bevölkerung ab 20 Jahre

1978: Allensbacher Archiv, IfD-Umfrage 3059,
Bevölkerung ab 16 Jahre

Trägt die Ehe entscheidend zum Lebensglück
einer Frau bei?

FRAGE: "Glauben Sie, daß eine Frau verheiratet sein muß, um wirklich glücklich
zu leben, oder halten Sie das nicht für so wichtig?"

1 9 6 3

Frauen -

	insgesamt	im Alter von -			
		unter 25 Jahren	25-44 Jahren	45-59 Jahren	60 Jahren und älter
	%	%	%	%	%
Nicht so wichtig	46	39	44	53	43
Verheiratet	40	39	40	37	47
Unentschieden	14	22	16	10	10
	100	100	100	100	100

1 9 7 8

Frauen -

	insgesamt	im Alter von -			
		unter 25 Jahren	25-44 Jahren	45-59 Jahren	60 Jahren und älter
	%	%	%	%	%
Nicht so wichtig	60	82	64	60	40
Verheiratet	27	12	21	28	45
Unentschieden	13	6	15	12	15
	100	100	100	100	100

Quelle: 1963: Allensbacher Archiv, IfD-Umfrage 256,
Bevölkerung ab 20 Jahre

1978: Allensbacher Archiv, IfD-Umfrage 3059,
Bevölkerung ab 16 Jahre

	Tabelle A 29
Trägt die Ehe entscheidend zum Lebensglück eines Mannes bei?	Bundesrepublik mit West-Berlin Männer

FRAGE: "Glauben Sie, daß ein Mann verheiratet sein muß, um wirklich glücklich zu leben, oder halten Sie das nicht für so wichtig?"

1 9 6 3

Männer -

	insgesamt	im Alter von -			
		unter 25 Jahren	25-44 Jahren	45-59 Jahren	60 Jahren und älter
	%	%	%	%	%
Nicht so wichtig	35	39	41	32	20
Verheiratet	49	34	42	56	67
Unentschieden	16	27	17	12	13
	100	100	100	100	100

1 9 7 8

Männer -

	insgesamt	im Alter von -			
		unter 25 Jahren	25-44 Jahren	45-59 Jahren	60 Jahren und älter
	%	%	%	%	%
Nicht so wichtig	63	83	67	51	45
Verheiratet	26	10	24	35	40
Unentschieden	11	7	9	14	15
	100	100	100	100	100

Quelle: 1963: Allensbacher Archiv, IfD-Umfrage 256, Bevölkerung ab 20 Jahre

1978: Allensbacher Archiv, IfD-Umfrage 3059, Bevölkerung ab 16 Jahre

112

FRAGE: "Glauben Sie, daß die meisten Ehen heute in Deutschland glücklich,
gleichgültig oder unglücklich verlaufen?"

	August 1978		
	Bevölkerung ab 16 Jahre insgesamt	Männer	Frauen
	%	%	%
Gleichgültig	42	39 45	
Glücklich	29	32 27	
Unglücklich	9	9 10	
Keine Meinung	20	20 18	
	100	100	100

Quelle: Allensbacher Archiv, IfD-Umfrage 3059

FRAGE: "Darf ich Ihnen hier eine Liste zeigen? - Wenn Sie bitte heraussuchen,
was für Sie zutrifft und mir die Nummer angeben."
(Vorlage einer Liste)

	Männer		Frauen	
	1957	1978	1957	1978
	%	%	%	%
Meine Ehe ist ganz besonders glücklich. Noch nie hat es auch nur die kleinsten Auseinandersetzungen gegeben	8	4	10	4
Unsere Ehe ist bis jetzt glücklich gewesen. Wir verstehen uns in allem ausgezeichnet. Eine ernsthafte Krise hat es nie gegeben ...	33	34	29	35
Wenn es in unserer Ehe auch manchmal Schwierigkeiten gibt, so verstehen wir uns doch im großen und ganzen sehr gut	43	56	43	50
Wenn man einmal verheiratet ist, dann muß man sich mit vielem abfinden. Aber es gibt in meiner Ehe doch Schwierigkeiten, über die ich sehr unglücklich bin	6	7	8	10
Meine Ehe ist ziemlich unglücklich. Manchmal denke ich, es wäre besser, wenn wir uns scheiden ließen	1	1	1	2
Keine Entscheidung	9	3	9	4
	100	105	100	105

Quelle: 1957: Allensbacher Archiv, IfD-Umfrage 1013
1978: Allensbacher Archiv, IfD-Umfrage 3059

Bedrückte Stimmung Geschiedener	Tabelle A 32
	Bundesrepublik mit West-Berlin
	Bevölkerung ab 18 Jahre

FRAGE: "Alles in allem: Wie zufrieden oder unzufrieden sind Sie mit Ihrem häuslichen
Leben? 1 würde bedeuten, sehr unzufrieden, und 10: völlig zufrieden."
(Vorlage eines Bildblattes)

	Familienstand				
	Ledig	Verheiratet	Mit jemandem zusammenle-bend	Geschieden/ getrennt lebend	Verwitwet
Im Durchschnitt ...	7,42	8,21	7,97	6,92	7,48

	Europa
	Bevölkerung ab 18 Jahre

FRAGE: "Alles in allem: Wie zufrieden oder unzufrieden sind Sie mit Ihrem häuslichen
Leben? 1 würde bedeuten, sehr unzufrieden, und 10: völlig zufrieden."
(Vorlage eines Bildblattes)

	Familienstand				
	Ledig	Verheiratet	Mit jemandem zusammenle-bend	Geschieden/ getrennt lebend	Verwitwet
Im Durchschnitt ...	7,26	8,06	7,47	6,62	7,35

Quelle: Internationale Wertestudie 1981/82

Tabelle A 33
Bundesrepublik mit West-Berlin
Bevölkerung ab 18 Jahre

FRAGE: "Ich möchte Ihnen jetzt einige Empfindungen, Stimmungen vorlesen. Könnten Sie mir zu jedem
Wort sagen, ob Sie sich zu Hause oft, manchmal, selten oder nie so fühlen?"

	Deutsche Bevölkerung ab 18 Jahre insgesamt	Familienstand				
		Ledig	Verheiratet	Mit jemandem zusammenlebend	Geschieden/ getrennt lebend	Verwitwet
Es fühlen sich zu Hause oft:	%	%	%	%	%	%
Entspannt	58	49 .... 59 .... 58 .... 42 70
Geborgen, sicher	63	48 .... 69 .... 53 .... 36 67
Glücklich	46	37 .... 53 .... 48 .... 22 35
Ängstlich	5	5 .... 5 .... 5 .... 12 4
Gereizt	14	13 .... 15 .... 18 .... 26 6

Europa
Bevölkerung ab 18 Jahre

FRAGE: "Ich möchte Ihnen jetzt einige Empfindungen, Stimmungen vorlesen. Könnten Sie mir zu jedem
Wort sagen, ob Sie sich zu Hause oft, manchmal, selten oder nie so fühlen?"

	Europäische Bevölkerung ab 18 Jahre insgesamt	Familienstand				
		Ledig	Verheiratet	Mit jemandem zusammenlebend	Geschieden/ getrennt lebend	Verwitwet
Es fühlen sich zu Hause oft:	%	%	%	%	%	%
Entspannt	64	61 .... 65 .... 67 .... 52 58
Geborgen, sicher	65	59 .... 69 .... 64 .... 47 54
Glücklich	55	46 .... 62 .... 58 .... 36 35
Ängstlich	14	11 .... 14 .... 12 .... 21 18
Gereizt	9	12 .... 9 .... 11 .... 15 4

Quelle: Internationale Wertestudie 1981/82

116

FRAGE: "Was sagen Sie: Soll die Ehescheidung möglichst leichtgemacht werden oder möglichst schwergemacht werden, oder sollten Ehen überhaupt unlösbar sein?"

1 9 5 3

Frauen –

	insgesamt	im Alter von –			
		unter 30 Jahren	30-44 Jahren	45-59 Jahren	60 Jahren und älter
	%	%	%	%	%
Möglichst leicht	12	14	13	12	9
Lassen wie es ist	14	16	17	13	6
Möglichst schwer	29	25	32	28	30
Unlösbar sein	34	35	31	35	38
Andere Antwort**)..............	–	–	–	–	–
Weiß nicht, bzw. keine Angabe	11	10	7	12	17
	100	100	100	100	100

**) 1953 nicht ermittelt

1 9 7 9

Frauen –

	insgesamt	im Alter von –			
		unter 30 Jahren	30-44 Jahren	45-59 Jahren	60 Jahren und älter
	%	%	%	%	%
Möglichst leicht	24	43	28	19	11
Lassen wie es ist	19	21	28	17	13
Möglichst schwer	30	18	24	38	39
Unlösbar sein	10	3	4	10	19
Andere Antwort	1	1	1	x	x
Weiß nicht, bzw. keine Angabe	16	14	15	16	18
	100	100	100	100	100

*) 1953 ohne Saarland und West-Berlin

Quelle: 1953: Allensbacher Archiv, IfD-Umfrage 225
         1979: Allensbacher Archiv, IfD-Umfrage 1287

FRAGE: "Was sagen Sie: Soll die Ehescheidung möglichst leichtgemacht werden oder möglichst schwergemacht werden, oder sollten Ehen überhaupt unlösbar sein?"

1 9 5 3

Männer –

	insgesamt	im Alter von –			
		unter 30 Jahren	30-44 Jahren	45-59 Jahren	60 Jahren und älter
	%	%	%	%	%
Möglichst leicht	16	15	17	17	13
Lassen wie es ist	18	15	19	19	16
Möglichst schwer	29	32	31	26	28
Unlösbar sein	28	27	24	30	33
Andere Antwort**)..............	–	–	–	–	–
Weiß nicht, bzw. keine Angabe	9	11	9	8	10
**) 1953 nicht ermittelt	100	100	100	100	100

1 9 7 9

Männer –

	insgesamt	im Alter von –			
		unter 30 Jahren	30-44 Jahren	45-59 Jahren	60 Jahren und älter
	%	%	%	%	%
Möglichst leicht	34	55	40	19	17
Lassen wie es ist	20	19	22	20	15
Möglichst schwer	26	14	23	35	35
Unlösbar sein	6	1	3	9	15
Andere Antwort	1	x	1	1	1
Weiß nicht, bzw. keine Angabe	13	11	11	16	17
	100	100	100	100	100

*) 1953 ohne Saarland und West-Berlin

Quelle: 1953: Allensbacher Archiv, IfD-Umfr.age 225
1979: Allensbacher Archiv, IfD-Umfrage 1287

		Tabelle A 36
Bedingungen für eine 'gute' Ehe		USA, Europa
		Bevölkerung ab 18 Jahre

FRAGE: "Könnten Sie die Karten bitte auf diese Liste hier verteilen, je nachdem,
ob Sie meinen, daß das für eine gute Ehe sehr wichtig, ziemlich wichtig
oder nicht besonders wichtig ist."
(Vorlage eines Kartenspiels und einer Liste)

	USA	Europa insgesamt	Bundesrepublik Deutschland
Es halten für eine gute Ehe für sehr wichtig:	%	%	%
Treue	93	81	79
Gegenseitiger Respekt und Anerkennung ..	91	83	78
Gegenseitiges Verstehen und Toleranz ...	86	78	77
Glückliche sexuelle Beziehungen	76	65	52
Gemeinsame Interessen	52	46	52
Kinder	59	55	41
Von den Schwiegereltern getrennt leben .	48	50	36
Angemessenes Einkommen	41	39	33
Gute Wohnverhältnisse	37	37	31
Gemeinsame religiöse Überzeugungen	41	23	19
Den Haushalt gemeinsam machen	43	30	19
Gleiche soziale Herkunft	25	22	15
Übereinstimmung in politischen Fragen ..	10	10	8
	702	619	540

Quelle: Internationale Wertestudie 1981/82

Bedingungen für eine 'gute' Ehe

Tabelle A 37
Europa
Bevölkerung ab 18 Jahre

FRAGE: "Könnten Sie die Karten bitte auf diese Liste hier verteilen, je nachdem, ob Sie meinen, daß das für eine gute Ehe sehr wichtig, ziemlich wichtig, oder nicht besonders wichtig ist."
(Vorlage eines Kartenspiels und einer Liste)

Es halten für eine gute Ehe für sehr wichtig:	Europa insgesamt	Bundes- republik Deutsch- land	Schweden	Dänemark	Großbri- tannien	Nord- Irland	Republik Irland	Holland	Belgien	Frank- reich	Spanien	Italien
	%	%	%	%	%	%	%	%	%	%	%	%
Treue	81	79	80	75	88	90	89	84	86	72	78	83
Gegenseitiger Respekt und Anerkennung	83	78	80	76	87	77	79	88	80	86	73	90
Gegenseitiges Verstehen und Toleranz	78	77	80	77	85	84	77	87	71	73	69	82
Glückliche sexuelle Beziehungen	65	52	59	58	73	69	67	67	62	70	56	70
Gemeinsame Interessen	46	52	29	23	51	51	39	32	41	40	45	45
Kinder	55	41	47	36	58	63	53	49	45	65	67	54
Von den Schwiegereltern getrennt leben	50	36	12	57	61	49	46	56	51	70	33	45
Angemessenes Einkommen	39	33	24	13	47	42	55	36	39	41	37	41
Gute Wohnverhältnisse	37	31	36	38	49	39	53	48	34	44	30	26
Gemeinsame religiöse Überzeugungen	23	19	18	18	21	41	40	24	27	19	30	25
Den Haushalt gemeinsam machen	30	19	34	44	42	25	31	29	32	33	26	30
Gleiche soziale Herkunft	22	15	13	16	24	20	30	27	25	26	27	18
Übereinstimmung in politischen Fragen	10	8	14	7	8	11	6	12	11	9	18	11
	619	540	526	538	694	661	665	639	604	648	589	620

Quelle: Internationale Wertestudie 1981/82

FRAGE: "Man kann ja unterschiedlicher Meinung sein, wann eine Ehe geschieden werden
sollte. Was von dieser Liste hier halten Sie für einen ausreichenden
Scheidungsgrund? Wenn Sie mir einfach die Nummern nennen."
(Vorlage einer Liste)

	USA	Europa insgesamt	Bundesrepublik Deutschland
	%	%	%
Wenn ein Partner gewalttätig ist	77	77	82
Wenn ein Ehepartner ständig untreu ist ..	86	72	77
Wenn ein Partner für den anderen nichts mehr empfindet	65	58	57
Wenn ein Partner ständig zuviel trinkt ..	52	54	61
Wenn sie nicht zueinander passen, ihre Charaktere zu verschieden sind	22	46	57
Wenn die sexuellen Beziehungen nicht befriedigend sind	21	23	18
Wenn sie keine Kinder bekommen können ...	3	7	5
Wenn die finanziellen Verhältnisse zerrüttet sind	4	4	8
Wenn ein Ehepartner lange krank ist	3	3	2
Wenn sie mit den Verwandten des Partners nicht auskommen	5	3	2
	338	347	369
Nichts davon	5	8	4

Quelle: Internationale Wertestudie 1981/82

	Tabelle A 39
Bedeutung eines weltanschaulichen Konsensus	Europa
für die familiale Atmosphäre	Personen mit Partner

FRAGE: "Haben/hatten Sie und Ihr Partner irgend etwas von dem auf der Liste
         hier gemeinsam?"
         (Vorlage einer Liste)

	Zufriedenheit mit häuslicher Situation -				
	sehr gering	gering	mittel	groß	sehr groß
	%	%	%	%	%
Einstellungen zur Religion	49	57	56	64	70
Moralvorstellungen ...	55	68	69	79	85
Einstellungen gegen- über anderen Menschen	48	63	61	71	78
Politische Ansichten .	31	49	49	52	60
Einstellung zur Sexualität	40	56	56	69	79
	223	293	291	335	372
Nichts davon	14	9	7	3	2
Weiß nicht	8	5	6	3	2

Quelle: Internationale Wertestudie 1981/82

Weltanschauliche Übereinstimmung

mit dem Lebenspartner

FRAGE: "Haben / hatten Sie und Ihr Partner irgend etwas von dem auf der Liste hier gemeinsam?"
(Vorlage einer Liste)

	Personen mit Partner		
	USA	Europa insgesamt	Bundesrepublik Deutschland
Gemeinsamkeiten mit dem Partner –	%	%	%
Einstellungen zur Religion	76	65	56
Moralvorstellungen	88	79	68
Einstellungen gegenüber anderen Menschen	79	72	59
Politische Ansichten	60	54	50
Einstellung zur Sexualität	79	69	56
	382	339	289
Nichts davon	x	4	4
Weiß nicht	6	4	4

Quelle: Internationale Wertestudie 1981/82

123

Weltanschauliche Übereinstimmung mit dem Lebenspartner

Tabelle A 41
Europa
Personen mit Partner

FRAGE: "Haben / hatten Sie und Ihr Partner irgend etwas von dem auf der Liste hier gemeinsam?"
(Vorlage einer Liste)

Personen mit Partner

Gemeinsamkeiten mit dem Partner -	Europa insgesamt	Bundes- republik Deutsch- land	Schweden	Dänemark	Großbri- tannien	Nord- Irland	Republik Irland	Holland	Belgien	Frank- reich	Spanien	Italien
	%	%	%	%	%	%	%	%	%	%	%	%
Einstellungen zur Religion	65	56	73	63	61	83	85	66	67	68	69	72
Moralvorstellungen	79	68	83	74	88	91	82	71	74	84	77	83
Einstellungen gegenüber anderen Menschen	72	59	73	70	77	74	75	67	70	75	71	78
Politische Ansichten	54	50	71	52	57	65	46	51	46	57	50	60
Einstellung zur Sexualität	69	56	80	69	78	80	75	67	65	75	67	72
	339	289	380	328	361	393	363	322	322	359	334	365
Nichts davon	4	4	2	3	4	2	4	3	5	3	5	4
Weiß nicht	4	4	3	6	2	x	3	8	7	4	5	3

Quelle: Internationale Wertestudie 1981/82

FRAGE: "Wenn jemand sagt: 'Die Ehe ist eine überholte Einrichtung, nicht mehr zeitgemäß.'
Würden Sie da eher zustimmen oder eher nicht zustimmen?"

Es halten die Ehe für überholt -

	Personen, die die Gesellschaftsordnung -		
	radikal verändern möchten	reformieren möchten	verteidigen möchten
	%	%	%
USA	11	7	7
Europa	47	20	15
Bundesrepublik Deutschland	42	16	9
Schweden	24	14	13
Dänemark	42	17	9
Großbritannien	24	13	16
Republik Irland	23	11	12
Holland	47	15	8
Belgien	26	16	14
Frankreich	58	28	21
Spanien	47	21	19
Italien	44	19	21

Quelle: Internationale Wertestudie 1981/82

FRAGE: "Wenn jemand sagt: 'Die Ehe ist eine überholte Einrichtung, nicht mehr zeitgemäß. Würden Sie da eher zustimmen oder eher nicht zustimmen?"

Es halten die Ehe für überholt –

Personen, die sich bezeichnen als –

	religiös %	nicht religiös %	überzeugte Atheisten %
USA	6	12	14
Europa	14	28	50
Bundesrepublik Deutschland	9	21	53
Schweden	11	15	31
Dänemark	11	21	53
Großbritannien	11	16	30
Republik Irland	8	19	48
Holland	10	20	37
Belgien	13	21	33
Frankreich	19	41	49
Spanien	14	34	69
Italien	17	39	63

Quelle: Internationale Wertestudie 1981/82

Tabelle A 44
Bundesrepublik mit West-Berlin
Personen aus Mehrpersonen-Haushalten

	Personen aus Mehrpersonen-Haushalten –	
	insgesamt	18- bis 24jährige
	%	%
Es wünschen, daß mehr Wert auf das Familienleben gelegt wird	87	74
Es beschreiben ihre häusliche Situation mit den positiven Noten 8 bis 10	63	52
Es fühlen sich zu Hause oft –		
- geborgen, sicher	64	58
- entspannt	57	51
- glücklich	50	48
- gereizt	15	19
- ängstlich	5	4

Quelle: Internationale Wertestudie 1981/82

Freizeit am liebsten in der Familie	Tabelle A 45 USA, Europa Bevölkerung ab 18 Jahre

FRAGE: "Und sind Sie in Ihrer Freizeit am liebsten allein oder mit Ihrer Familie zusammen, mit Freunden, oder irgendwo, wo viel los ist und viele Leute sind?"

	USA %	Europa insgesamt %	Bundesrepublik Deutschland %
Allein	14	11	8
Mit meiner Familie	54	47	52
Mit Freunden	22	25	27
Wo viel los ist	5	8	5
Mag alles gern	10	13	14
Unentschieden	x	1	2
	105	105	108

Quelle: Internationale Wertestudie 1981/82

128

FRAGE: "Alles in allem: Wie zufrieden oder unzufrieden sind Sie mit Ihrem
häuslichen Leben? 1 würde bedeuten, sehr unzufrieden, und 10:
völlig zufrieden."
(Vorlage eines Bildblattes)

	USA %	Europa insgesamt %	Bundesrepublik Deutschland %
Stufe 10 (sehr zufrieden)	30	23	19
Stufe 9	22	18	17
Stufe 8	23	24	25
Stufe 7	10	13	13
Stufe 6	5	7	8
Stufe 5	5	8	8
Stufe 4	1	3	4
Stufe 3	1	2	2
Stufe 2	1	1	2
Stufe 1 (sehr unzufrieden)	1	1	1
Weiß nicht, keine Angabe	1	x	1
	100	100	100
Im Durchschnitt	8,30	7,76	7,56

Quelle: Internationale Wertestudie 1981/82

129

FRAGE: "Ich möchte Ihnen jetzt einige Empfindungen, Stimmungen vorlesen. Könnten Sie mir zu jedem Wort sagen, ob Sie sich zu Hause oft, manchmal, selten oder nie so fühlen?"

	USA	Europa insgesamt	Bundesrepublik Deutschland
Es fühlen sich zu Hause oft -	%	%	%
entspannt	72	64	58
ängstlich	16	14	5
glücklich	72	55	46
gereizt	18	9	14
geborgen, sicher	76	65	63
	254	207	186

Quelle: Internationale Wertestudie 1981/82

Beschreibung der häuslichen Atmosphäre

FRAGE: "Ich möchte Ihnen jetzt einige Empfindungen, Stimmungen vorlesen. Könnten Sie mir zu jedem Wort sagen, ob Sie sich zu Hause oft, manchmal, selten oder nie so fühlen?"

	Europa insgesamt	Bundes- republik Deutsch- land	Schweden	Dänemark	Großbri- tannien	Nord- Irland	Republik Irland	Holland	Belgien	Frank- reich	Spanien	Italien
	%	%	%	%	%	%	%	%	%	%	%	%
Es fühlen sich oft –												
entspannt	64	58	72	78	74	75	76	76	65	61	55	60
ängstlich	14	5	6	3	16	14	13	13	21	19	14	17
glücklich	55	46	53	63	74	76	75	72	62	57	55	35
gereizt	9	14	3	3	6	6	4	2	7	8	7	11
geborgen, sicher	65	63	72	81	77	69	72	75	59	66	56	55
	207	186	206	228	247	240	240	238	214	211	187	178

Quelle: Internationale Wertestudie 1981/82

FRAGE: "Und wie war Ihre Verbundenheit mit dem Vater, wie würden Sie Ihre Beziehung
zum Vater in Ihrer Kindheit einstufen?"

Es hatten eine sehr enge Beziehung zu ihrem Vater -

	Bevölkerung ab 18 Jahre insgesamt	Altersgruppen						
		18-24 Jahre	25-34 Jahre	35-44 Jahre	45-54 Jahre	55-64 Jahre	65-74 Jahre	75 Jahre und älter
	%	%	%	%	%	%	%	%
Europa	41	37	34	37	42	48	47	58
Bundesrepublik Deutschland	27	23	22	22	30	30	29	34
Schweden	50	41	50	47	47	57	59	53
Dänemark	42	37	38	36	45	46	49	53
Großbritannien	47	44	44	41	50	52	50	56
Republik Irland	48	44	50	43	53	49	57	49
Holland	27	26	19	22	29	29	36	53
Belgien	53	48	46	56	54	55	56	61
Frankreich	41	41	27	35	41	51	54	62
Spanien	39	29	30	37	43	47	45	57
Italien	53	45	45	51	50	60	59	79

	Bevölkerung ab 18 Jahre insgesamt	Altersgruppen			
		18-24 Jahre	25-39 Jahre	40-59 Jahre	60 Jahre und älter
	%	%	%	%	%
USA	40	37	36	43	44

Quelle: Internationale Wertestudie 1981/82

Mutterbindung

FRAGE: "Wie stark war Ihre Bindung, Ihre Beziehung zur Mutter in Ihrer Kindheit?"

	Europa insgesamt	Bundes- republik Deutsch- land	Schweden	Dänemark	Großbri- tannien	Nord- Irland	Republik Irland	Holland	Belgien	Frank- reich	Spanien	Italien
	%	%	%	%	%	%	%	%	%	%	%	%
Sehr eng	52	44	63	55	58	61	58	28	60	53	44	60
Ziemlich eng	33	37	29	30	30	33	30	56	31	27	36	29
Nicht so eng	10	16	4	10	7	5	8	5	4	11	14	6
Gar nicht eng	3	2	2	3	2	1	1	1	2	4	3	3
Weiß nicht	2	1	2	2	3	x	3	10	3	5	3	2
	100	100	100	100	100	100	100	100	100	100	100	100

Quelle: Internationale Wertestudie

		Tabelle A 51
Vaterbindung		USA, Europa
		Bevölkerung ab 18 Jahre

FRAGE: "Und wie war Ihre Verbundenheit mit dem Vater, wie würden Sie Ihre Beziehung zum Vater in Ihrer Kindheit einstufen?"

	USA %	Europa insgesamt %	Bundesrepublik Deutschland %
Sehr eng	40	41	27
Ziemlich eng	31	33	35
Nicht so eng	18	16	27
Gar nicht eng	8	6	7
Weiß nicht	3	4	4
	100	100	100

Quelle: Internationale Wertestudie 1981/82

Vaterbindung

FRAGE: "Und wie war Ihre Verbundenheit mit dem Vater, wie würden Sie Ihre Beziehung zum Vater in Ihrer Kindheit einstufen?"

	Europa insgesamt	Bundes-republik Deutsch-land	Schweden	Dänemark	Großbri-tannien	Nord-Irland	Republik Irland	Holland	Belgien	Frank-reich	Spanien	Italien
	%	%	%	%	%	%	%	%	%	%	%	%
Sehr eng	41	27	50	42	47	49	48	27	53	41	39	53
Ziemlich eng	33	35	30	34	30	37	32	53	30	31	32	30
Nicht so eng	16	27	10	14	14	6	12	9	9	13	20	9
Gar nicht eng	6	7	6	5	6	2	3	2	4	6	6	4
Weiß nicht	4	4	4	5	3	6	5	9	4	9	3	4
	100	100	100	100	100	100	100	100	100	100	100	100

Quelle: Internationale Wertestudie 1981/82

136

Bindung an die Eltern

	Europa	Bundes-republik Deutsch-land	Schweden	Däne-mark	Groß-britannien	Nord-Irland	Republik Irland	Holland	Belgien	Frank-reich	Spanien	Italien
In ihrer Kindheit hatten -	%	%	%	%	%	%	%	%	%	%	%	%
zu Vater und Mutter eine sehr enge Beziehung	32	18	43	32	37	42	40	18	47	34	33	45
zu beiden Eltern eine ziemlich enge Beziehung	20	17	17	18	17	22	18	43	21	17	22	19
zu einem Elternteil eine sehr enge, zum anderen eine weniger enge Beziehung	15	19	18	19	16	18	17	12	12	14	10	13
zur Mutter eine enge, zum Vater keine Beziehung	15	24	12	13	16	7	10	8	10	12	14	9
zum Vater eine enge, zur Mutter keine Beziehung	6	8	3	6	6	4	5	3	2	7	5	5
weder zum Vater noch zur Mutter eine enge Beziehung	6	9	3	6	4	2	5	2	3	7	12	4
Keine Aussage zur Beziehung zu Vater und Mutter	6	5	4	6	4	5	5	14	5	9	4	5
	100	100	100	100	100	100	100	100	100	100	100	100

Beziehung der Eltern zueinander

FRAGE: "Wenn Sie einmal an Ihre Kindheit zurückdenken: Würden Sie sagen, daß Ihre Eltern in dieser Zeit eine sehr enge Beziehung zueinander hatten, eine ziemlich enge, nicht so enge oder überhaupt keine enge Beziehung?"

	Europa insgesamt	Bundes- republik Deutsch- land	Schweden	Dänemark	Großbri- tannien	Nord- Irland	Republik Irland	Holland	Belgien	Frank- reich	Spanien	Italien
	%	%	%	%	%	%	%	%	%	%	%	%
Sehr eng	45	29	53	50	51	54	54	37	61	47	46	54
Ziemlich eng	33	39	32	29	30	32	30	51	26	29	33	32
Nicht so eng	11	19	7	10	9	6	9	6	6	9	13	7
Gar nicht eng	5	6	4	5	6	2	3	3	3	6	3	3
Weiß nicht	6	7	4	6	4	6	4	3	4	9	5	4
	100	100	100	100	100	100	100	100	100	100	100	100

Quelle: Internationale Wertestudie 1981/82

Elternbindung und Beziehung der Eltern
untereinander

FRAGE: "Wenn Sie einmal an Ihre Kindheit zurückdenken: Würden Sie sagen, daß Ihre Eltern
in dieser Zeit eine sehr enge Beziehung zueinander hatten, eine ziemlich enge,
nicht so enge oder überhaupt keine enge Beziehung?"

	Personen mit sehr enger Beziehung zu Vater und Mutter	Personen mit enger Beziehung zur Mutter, aber nicht zum Vater	Personen mit enger Beziehung zum Vater, aber nicht zur Mutter	Personen ohne enge Beziehung zu Vater und Mutter
	%	%	%	%
Sehr eng	75	12	14	4
Ziemlich eng	19	41	40	11
Nicht so eng	4	33	24	54
Gar nicht eng	1	9	16	20
Weiß nicht	1	5	6	11
	100	100	100	100

Quelle: Internationale Wertestudie 1981/82

138

Tabelle A 56
Europa
Bevölkerung ab 18 Jahre

Intensiv verbundene und entfremdete Familien

	Europa insgesamt	Bundesrepublik Deutschland	Schweden	Dänemark	Großbritannien	Nord-Irland	Republik Irland	Holland	Belgien	Frank-reich	Spanien	Italien
	%	%	%	%	%	%	%	%	%	%	%	%
Es haben eine sehr enge Beziehung zu Vater und Mutter und es beschreiben die Beziehung der Eltern als sehr eng	27	14	36	28	32	38	36	16	43	28	30	38
Es beschreiben ihre Beziehung zu Vater und Mutter als nicht so eng oder gar nicht eng und die Beziehung der Eltern ebenso	4	7	2	3	2	1	3	1	2	4	5	1

Quelle: Internationale Wertestudie 1981/82

Elternbindung und Definition der Generationenverpflichtung

FRAGE: "Hier stehen zwei Meinungen über die Verantwortung von Eltern gegenüber ihren Kindern.
Welche von beiden ist auch Ihre Ansicht?"
(Vorlage einer Liste)

	Personen, die –			
	ihrem Vater –		ihrer Mutter –	
	sehr nahe-standen	nicht besonders nahestanden	sehr nahe-standen	nicht besonders nahestanden
1. Meinung:	%	%	%	%
"Es ist die Pflicht der Eltern, das Beste für ihre Kinder zu tun, auch wenn sie selbst dafür zurück-stehen müssen"	55	35	51	31
2. Meinung:				
"Eltern haben ein Anrecht auf ihr eigenes Leben, und man sollte nicht von ihnen verlangen, daß sie sich für das Wohl ihrer Kinder aufopfern" .	25	34	26	36
Stimme beiden zu	17	26	21	28
Keine von beiden	3	5	2	5
	100	100	100	100

	Unter-30jährige, die –			
	ihrem Vater –		ihrer Mutter –	
	sehr nahe-standen	nicht besonders nahestanden	sehr nahe-standen	nicht besonders nahestanden
1. Meinung:	%	%	%	%
"Es ist die Pflicht der Eltern, das Beste für ihre Kinder zu tun, auch wenn sie selbst dafür zurück-stehen müssen"	43	29	39	30
2. Meinung:				
"Eltern haben ein Anrecht auf ihr eigenes Leben, und man sollte nicht von ihnen verlangen, daß sie sich für das Wohl ihrer Kinder aufopfern" .	32	41	40	43
Stimme beiden zu	18	23	18	19
Keine von beiden	7	7	3	8
	100	100	100	100 ... /

Elternbindung und Definition der Generationenverpflichtung	Tabelle A 57 Bundesrepublik mit West-Berlin Bevölkerung ab 18 Jahre

FRAGE: "Hier stehen zwei Meinungen. Welcher von beiden würden Sie eher zustimmen, der ersten oder der zweiten?"
(Vorlage einer Liste)

Personen, die -

/ ...	ihrer Vater -		ihrer Mutter -	
1. Meinung:	sehr nahe- standen	nicht besonders nahestanden	sehr nahe- standen	nicht besonders nahestanden
"Ganz egal, welche Vorzüge und Fehler die Eltern haben, man muß sie immer lieben und ehren"	62	36	57	38
2. Meinung:				
"Man muß seine Eltern nicht achten, wenn sie es nicht durch ihr Verhalten und ihre Einstellungen verdient haben."	22	41	27	36
Unentschieden	16	23	16	26
	100	100	100	100

Unter-30jährige, die -

	ihrem Vater -		ihrer Mutter -	
1. Meinung:	sehr nahe- standen	nicht besonders nahestanden	sehr nahe- standen	nicht besonders nahestanden
"Ganz egal, welche Vorzüge und Fehler die Eltern haben, man muß sie immer lieben und ehren"	42	19	38	26
2. Meinung:				
"Man muß seine Eltern nicht achten, wenn sie es nicht durch ihr Verhalten und ihre Einstellungen verdient haben."	39	61	44	51
Unentschieden	19	20	18	23
	100	100	100	100

Quelle: Internationale Wertestudie 1981/82

Die Generationen scheiden sich an elterlicher Autorität

FRAGE: "Hier stehen zwei Meinungen. Welcher von beiden würden Sie eher zustimmen,
der ersten oder der zweiten?"
(Vorlage einer Liste)

Es glauben, daß man seine Eltern immer
bedingungslos lieben und ehren soll -

	Bevölkerung ab 18 Jahre insgesamt	Altersgruppen						
		18-24 Jahre	25-34 Jahre	35-44 Jahre	45-54 Jahre	55-64 Jahre	65-74 Jahre	75 Jahre und älter
	%	%	%	%	%	%	%	%
Europa	63	53	55	60	66	71	73	74
Bundesrepublik Deutschland ..	48	28	36	43	48	59	67	66
Schweden	46	30	35	49	43	56	60	69
Dänemark	35	27	30	36	35	37	36	53
Großbritannien	56	54	52	52	53	65	60	60
Republik Irland	75	64	74	78	78	81	83	81
Holland	39	28	34	37	43	39	49	77
Belgien	72	62	65	73	78	77	72	85
Frankreich	75	70	65	75	80	81	88	80
Spanien	70	52	61	68	77	79	85	87
Italien	79	72	72	76	80	86	89	94

	Bevölkerung ab 18 Jahre insgesamt	Altersgruppen			
		18-24 Jahre	25-39 Jahre	40-59 Jahre	60 Jahre und älter
	%	%	%	%	%
USA	69	71	67	68	72

Quelle: Internationale Wertestudie 1981/82

142

Erziehungsziel 'Unabhängigkeit'

FRAGE: "Eine Frage zur Erziehung. Wir haben einmal Karten zusammengestellt mit den verschiedenen
Forderungen, was man Kindern für ihr späteres Leben alles mit auf den Weg geben soll,
was Kinder im Elternhaus lernen sollen. Was davon halten Sie für besonders wichtig?
Wenn Sie mir die Karten herauslegen, aber bitte nicht mehr als fünf davon."
(Vorlage eines Kartenspiels)

Es sind der Ansicht, Kinder sollten im
Elternhaus lernen, unabhängig und selbständig zu werden –

	Bevölkerung ab 18 Jahre insgesamt	Altersgruppen						
		18-24 Jahre	25-34 Jahre	35-44 Jahre	45-54 Jahre	55-64 Jahre	65-74 Jahre	75 Jahre und älter
	%	%	%	%	%	%	%	%
Europa	27	37	37	28	25	20	15	15
Bundesrepublik Deutschland ..	46	67	61	52	45	33	28	23
Schweden	18	22	20	24	21	14	7	8
Dänemark	55	63	63	60	58	44	45	36
Großbritannien	23	26	28	23	28	19	14	18
Republik Irland	29	37	35	39	27	16	13	13
Holland	27	31	39	27	22	23	17	9
Belgien	20	23	25	19	22	15	17	8
Frankreich	16	26	28	15	14	6	3	4
Spanien	24	38	36	21	16	19	14	9
Italien	22	29	37	24	18	14	9	15

	Bevölkerung ab 18 Jahre insgesamt	Altersgruppen			
		18-24 Jahre	25-39 Jahre	40-59 Jahre	60 Jahre und älter
	%	%	%	%	%
USA	31	34	40	29	22

Quelle: Internationale Wertestudie 1981/82

Tabelle A 60
Bundesrepublik mit West-Berlin
Bevölkerung ab 18 Jahre

FRAGE: "Alles in allem: Wie zufrieden oder unzufrieden sind Sie mit Ihrem häuslichen
Leben? 1 würde bedeuten, sehr unzufrieden, und 10, völlig zufrieden."
(Vorlage eines Bildblattes)

	Personen mit sehr enger Beziehung zu Vater und Mutter	Personen mit enger Beziehung zur Mutter, aber nicht zum Vater	Personen mit enger Beziehung zum Vater, aber nicht zur Mutter	Personen ohne enge Beziehung zu Vater und Mutter
Im Durchschnitt beschreiben ihre Zufriedenheit mit der häuslichen Situation	8,15	7,32	7,21	6,96

FRAGE: "Wenn Sie einmal alles in allem nehmen, wie zufrieden sind Sie insgesamt zur
Zeit mit Ihrem Leben? Sagen Sie es mir doch bitte wieder nach dieser Leiter
hier. 1 bedeutet 'überhaupt nicht zufrieden' und 10 'völlig zufrieden'."
(Vorlage eines Bildblattes)

	Personen mit sehr enger Beziehung zu Vater und Mutter	Personen mit enger Beziehung zur Mutter, aber nicht zum Vater	Personen mit enger Beziehung zum Vater, aber nicht zur Mutter	Personen ohne enge Beziehung zu Vater und Mutter
Durchschnittliche Lebenszufriedenheit	7,75	7,12	6,98	6,69

Quelle: Internationale Wertestudie 1981/82

Tabelle A 61
Bundesrepublik mit West-Berlin
Bevölkerung ab 18 Jahre

FRAGE: "Haben Sie manchmal oder öfter das Gefühl, daß das Leben eigentlich keinen Sinn
hat, oder kennen Sie dieses Gefühl nicht?"

	Personen, die die Verpflichtungen zwischen den Generationen –	
	betonen	ablehnen
	%	%
Habe ich öfter	9	7
Manchmal	17	22
Selten	23	32
Nie	50	38
Unentschieden, keine konkrete Angabe	1	1
	100	100

Europa
Bevölkerung ab 18 Jahre

FRAGE: "Haben Sie manchmal oder öfter das Gefühl, daß das Leben eigentlich keinen Sinn
hat, oder kennen Sie dieses Gefühl nicht?"

	Personen, die die Verpflichtungen zwischen den Generationen –	
	betonen	ablehnen
	%	%
Habe ich öfter	7	10
Manchmal	23	26
Selten	22	28
Nie	47	35
Unentschieden, keine konkrete Angabe	1	1
	100	100

Quelle: Internationale Wertestudie 1981/82

145

Ideale Kinderzahl	Tabelle A 62 USA, Europa Bevölkerung ab 18 Jahre		

FRAGE: "Was ist für Sie die ideale Größe einer Familie - Vater, Mutter und wieviel Kinder?"

	USA %	Europa insgesamt %	Bundesrepublik Deutschland %
1 Kind	3	4	6
2 Kinder	54	51	53
3 Kinder	19	26	19
4 Kinder	12	7	5
5 Kinder	3	1	1
6 Kinder	2	1	1
Mehr als 6 Kinder	x	x	x
Weiß nicht	7	10	15
	100	100	100

Quelle: Internationale Wertestudie 1981/82

146

Ideale Kinderzahl

FRAGE: "Was ist für Sie die ideale Größe einer Familie - Vater, Mutter und wieviel Kinder?"

	Europa insgesamt	Bundes- republik Deutsch- land	Schweden	Dänemark	Großbri- tannien	Nord- Irland	Republik Irland	Holland	Belgien	Frank- reich	Spanien	Italien
	%	%	%	%	%	%	%	%	%	%	%	%
1 Kind	4	6	3	2	2	1	x	3	7	2	2	6
2 Kinder	51	53	58	51	64	37	13	49	45	43	36	58
3 Kinder	26	19	24	24	19	20	15	22	20	42	30	26
4 Kinder	7	5	5	5	7	24	33	10	9	6	15	4
5 Kinder	1	1	1	1	1	4	8	1	4	1	4	1
6 Kinder	1	1	x	x	1	4	11	x	1	x	1	x
Mehr als 6 Kinder	x	x	x	x	x	x	4	x	2	x	1	x
Weiß nicht	10	15	9	17	6	10	16	15	12	6	11	5
	100	100	100	100	100	100	100	100	100	100	100	100

Quelle: Internationale Wertestudie 1981/82

147

Kinder als Glücksquelle

FRAGE: "Glauben Sie, daß eine Frau Kinder haben muß, um glücklich zu sein, oder ist das nicht nötig?"

	Europa insgesamt	Bundes- republik Deutsch- land	Schweden	Dänemark	Großbri- tannien	Nord- Irland	Republik Irland	Holland	Belgien	Frank- reich	Spanien	Italien
	%	%	%	%	%	%	%	%	%	%	%	%
Braucht Kinder	40	30	14	61	20	37	23	11	38	67	45	50
Nicht nötig	49	47	77	23	73	51	62	82	42	25	47	45
Unentschieden	11	23	9	16	7	12	15	7	20	8	8	5
	100	100	100	100	100	100	100	100	100	100	100	100

Quelle: Internationale Wertestudie 1981/82

FRAGE: "In welchen Bereichen haben/hatten Sie und Ihre Eltern ähnliche Ansichten?"
(Vorlage einer Liste)

	Personen mit sehr enger Beziehung zu Vater und Mutter	Personen mit enger Beziehung zur Mutter, aber nicht zum Vater	Personen mit enger Beziehung zum Vater, aber nicht zur Mutter	Personen ohne enge Beziehung zu Vater und Mutter
	%	%	%	%
Einstellungen zur Religion	63	41	52	32
Moralvorstellungen	63	43	40	23
Einstellungen gegenüber anderen Menschen	57	40	38	21
Politische Ansichten	35	23	30	22
Einstellung zur Sexualität	21	8	13	5
	239	155	173	103
In nichts davon	4	12	10	22
Weiß nicht	9	13	7	21

Quelle: Internationale Wertestudie 1981/82

149

	Tabelle A 66
Elternbindung und Religiosität	Bundesrepublik mit West-Berlin
	Bevölkerung ab 18 Jahre

FRAGE: "Einmal abgesehen davon, ob Sie in die Kirche gehen oder nicht - würden Sie
sagen, Sie sind ein religiöser Mensch, kein religiöser Mensch, ein Überzeugter Atheist?"

Es bezeichnen sich als -	Personen mit sehr enger Beziehung zu Vater und Mutter %	Personen mit enger Bezie-hung zur Mutter, aber nicht zum Vater %	Personen mit enger Bezie-hung zum Vater, aber nicht zur Mutter %	Personen ohne enge Beziehung zu Vater und Mutter %
"religiösen Menschen"	68	49	59	43
"nicht-religiösen Menschen"	15	27	22	32
"überzeugten Atheisten"	3	6	3	8
Unentschieden	14	18	16	17
	100	100	100	100

Quelle: Internationale Wertestudie 1981/82

150

FRAGE: "Ziehen Sie persönlich aus dem Glauben Trost und Kraft?"

	Personen mit sehr enger Beziehung zu Vater und Mutter	Personen mit enger Beziehung zur Mutter, aber nicht zum Vater	Personen mit enger Beziehung zum Vater, aber nicht zur Mutter	Personen ohne enge Beziehung zu Vater und Mutter
	%	%	%	%
Ja	55	35	50	29
Nein	33	46	34	56
Unentschieden	12	19	16	15
	100	100	100	100

Quelle: Internationale Wertestudie 1981/82

151

Tabelle A 68
Europa
Bevölkerung ab 18 Jahre

FRAGE: "Wie wichtig ist Gott in Ihrem Leben? Wenn Sie es mir wieder nach dieser Leiter
hier sagen: 1 bedeutet, überhaupt nicht wichtig, 10: sehr wichtig."
(Vorlage eines Bildblattes)

	Personen mit sehr enger Beziehung zu Vater und Mutter	Personen mit enger Beziehung zur Mutter, aber nicht zum Vater	Personen mit enger Beziehung zum Vater, aber nicht zur Mutter	Personen ohne enge Beziehung zu Vater und Mutter
Im Durchschnitt –	%	%	%	%
Europa	6,54	5,15	5,58	4,93
Bundesrepublik	6,25	5,09	5,66	4,84
Schweden	4,41	3,99	4,39	4,04
Spanien	7,22	5,80	5,83	5,40
Frankreich	5,30	3,93	4,71	4,02

Quelle: Internationale Wertestudie 1981/82

FRAGE: "Und wie war Ihre Verbundenheit mit dem Vater, wie würden Sie Ihre Beziehung
zum Vater in Ihrer Kindheit einstufen?"

Es hatten keine enge Beziehung zu ihrem Vater –

	Politische Selbsteinstufung –				
	Stufen 1, 2 (links)	Stufen 3, 4	Stufen 5, 6	Stufen 7, 8	Stufen 9, 10 (rechts)
	%	%	%	%	%
USA	30	28	26	29	16
Europa	26	25	20	22	15
Bundesrepublik Deutschland	50	39	32	29	26
Schweden	8	21	17	11	13
Dänemark	39	23	19	23	12
Großbritannien	23	27	18	23	17
Republik Irland	25	25	13	15	16
Holland	25	15	6	11	5
Belgien	18	16	15	13	3
Frankreich	24	20	19	21	15
Spanien	49	32	23	26	18
Italien	14	16	10	12	12

Quelle: Internationale Wertestudie 1981/82

153

FRAGE: "Wie stark war Ihre Bindung, Ihre Beziehung zur Mutter in Ihrer Kindheit?"

Es hatten keine enge Beziehung zu ihrer Mutter -

	Politische Selbsteinstufung -				
	Stufen 1, 2 (links)	Stufen 3, 4	Stufen 5, 6	Stufen 7, 8	Stufen 9, 10 (rechts)
	%	%	%	%	%
USA	17	19	14	11	15
Europa	17	15	11	12	9
Bundesrepublik Deutschland	26	20	16	15	17
Schweden	4	6	5	5	5
Dänemark	34	13	12	13	16
Großbritannien	9	14	8	8	5
Republik Irland	17	15	7	10	9
Holland	11	10	3	7	6
Belgien	7	3	6	7	2
Frankreich	15	12	15	19	11
Spanien	33	23	14	15	15
Italien	14	13	7	3	7

Quelle: Internationale Wertestudie 1981/82

FRAGE: "Hier stehen zwei Meinungen. Welcher von beiden würden Sie eher zustimmen,
der ersten oder der zweiten?"
(Vorlage einer Liste)

Es stimmen der Aussage zu:
"Ganz egal, welche Vorzüge und
Fehler die Eltern haben, man
muß sie immer lieben und ehren."

	Personen, die die Gesellschaftsordnung –		
	radikal verändern möchten	reformieren möchten	verteidigen möchten
	%	%	%
USA	65	67	78
Europa	54	60	66
Bundesrepublik Deutschland	36	40	58
Schweden	51	44	58
Dänemark	24	31	45
Großbritannien	63	52	65
Republik Irland	58	76	81
Holland	20	36	51
Belgien	73	75	76
Frankreich	63	77	78
Spanien	46	72	78
Italien	58	81	83

Quelle: Internationale Wertestudie 1981/82

155

FRAGE: "Hier stehen zwei Meinungen. Welcher von beiden würden Sie eher zustimmen,
der ersten oder der zweiten?"
(Vorlage einer Liste)

Es stimmen der Aussage zu:

"Es ist die Pflicht der Eltern, das Beste
für ihre Kinder zu tun, auch wenn sie
selbst dafür zurückstehen müssen."

	Personen, die die Gesellschaftsordnung –		
	radikal verändern möchten	reformieren möchten	verteidigen möchten
	%	%	%
USA	69	67	71
Europa	49	63	65
Bundesrepublik Deutschland	31	40	53
Schweden	51	67	69
Dänemark	35	43	55
Großbritannien	57	71	77
Republik Irland	57	76	80
Holland	38	57	62
Belgien	56	68	61
Frankreich	62	75	76
Spanien	46	78	82
Italien	46	66	73

Quelle: Internationale Wertestudie 1981/82

156

Distanz zu den Eltern verändert die Wertvorstellungen	Tabelle A 73 Bundesrepublik mit West-Berlin Bevölkerung ab 18 Jahre

FRAGE: "Hier auf dieser Liste steht verschiedenes, was sich in Zukunft in unserer
Gesellschaft verändern kann. Könnten Sie mir zu jedem Punkt sagen, ob Sie
eine solche Entwicklung begrüßen oder ablehnen würden, oder ob Ihnen das
egal ist."
(Vorlage einer Liste)

- Auszug -	Bevölkerung ab 18 Jahre insgesamt		18- bis 24jährige	
	Übereinstimmung mit den Eltern -		Übereinstimmung mit den Eltern -	
Es würden folgende Entwicklung begrüßen:	groß %	gering %	groß %	gering %
Mehr Wert auf Familien- leben legen	95	 80	89	 61
Mehr Achtung vor Autorität	54	 40	31	 16
Die Arbeit weniger wichtig nehmen	22	 35	37	 49

	Europa Bevölkerung ab 18 Jahre

FRAGE: "Hier auf dieser Liste steht verschiedenes, was sich in Zukunft in unserer
Gesellschaft verändern kann. Könnten Sie mir zu jedem Punkt sagen, ob Sie
eine solche Entwicklung begrüßen oder ablehnen würden, oder ob Ihnen das
egal ist."
(Vorlage einer Liste)

- Auszug -	Bevölkerung ab 18 Jahre insgesamt		18- bis 24jährige	
	Übereinstimmung mit den Eltern -		Übereinstimmung mit den Eltern -	
Es würden folgende Entwicklung begrüßen:	groß %	gering %	groß %	gering %
Mehr Wert auf Familien- leben legen	90	 76	85	 67
Mehr Achtung vor Autorität	69	 49	59	 40
Die Arbeit weniger wichtig nehmen	28	 39	34	 43

Quelle: Internationale Wertestudie 1981/82

157

Generationennähe und Einstellung zur Arbeit	Tabelle A 74 Bundesrepublik mit West-Berlin 18- bis 24jährige Berufstätige

FRAGE: "Sind Sie stolz auf Ihre Arbeit, Ihren Beruf?
Würden Sie sagen sehr stolz, ziemlich stolz,
etwas stolz, überhaupt nicht stolz?"

Personen, die die Verpflichtungen zwischen den
Generationen –

Es sind auf ihre Arbeit –	betonen %	ablehnen %
"sehr stolz"	20	11
"ziemlich"	42	37
"etwas"	33	39
"überhaupt nicht"	5	8
Unentschieden	x	5
	100	100

	Europa 18- bis 24jährige Berufstätige

FRAGE: "Sind Sie stolz auf Ihre Arbeit, Ihren Beruf?
Würden Sie sagen sehr stolz, ziemlich stolz,
etwas stolz, überhaupt nicht stolz?"

Personen, die die Verpflichtungen zwischen den
Generationen –

Es sind auf ihre Arbeit –	betonen %	ablehnen %
"sehr stolz"	30	25
"ziemlich"	41	31
"etwas"	16	27
"überhaupt nicht"	10	13
Unentschieden	3	4
	100	100

Quelle: Internationale Wertestudie 1981/82

Generationenverhältnis und Arbeitsstolz

FRAGE: "Sind Sie stolz auf Ihre Arbeit, Ihren.Beruf?
Würden Sie sagen sehr stolz, ziemlich stolz,
etwas stolz, überhaupt nicht stolz?"

	Personen, die die Verpflichtungen zwischen den Generationen -	
Es sind auf ihre Arbeit -	betonen %	ablehnen %
"sehr stolz"	16	11
"ziemlich"	41	38
"etwas"	29	34
"überhaupt nicht"	9	10
Unentschieden	5	7
	100	100

FRAGE: "Sind Sie stolz auf Ihre Arbeit, Ihren Beruf?
Würden Sie sagen sehr stolz, ziemlich stolz,
etwas stolz, überhaupt nicht stolz?"

	Personen, die die Verpflichtungen zwischen den Generationen -	
Es sind auf ihre Arbeit -	betonen %	ablehnen %
"sehr stolz"	38	26
"ziemlich"	39	37
"etwas"	12	22
"überhaupt nicht"	7	12
Unentschieden	4	3
	100	100

Quelle: Internationale Wertestudie 1981/82

159

FRAGE: "Wenn Sie das einmal lesen - welcher dieser beiden Meinungen würden Sie
zustimmen?"
(Vorlage einer Liste)

	Bevölkerung ab 18 Jahre insgesamt		18- bis 24jährige	
	Übereinstimmung mit den Eltern -		Übereinstimmung mit den Eltern -	
	groß	gering	groß	gering
	%	%	%	%
ANORDNUNGEN BEFOLGEN:				
Am Arbeitsplatz sollten Mitarbeiter die Anordnungen ihres Vorgesetzten grundsätzlich befolgen, auch wenn sie damit nicht völlig übereinstimmen	37	26	18	11
NUR WENN MAN ÜBERZEUGT WURDE:				
Kein Vorgesetzter sollte von seinen Mitarbeitern verlangen, daß sie seine Anordnungen befolgen, bevor er sie nicht von der Richtigkeit überzeugt hat	48	49	58	64
Kommt darauf an	13	19	24	18
Weiß nicht	2	6	x	7
	100	100	100	100

Quelle: Internationale Wertestudie 1981/82

Generationennähe und Autorität von Vorgesetzten	Tabelle A 77 Europa Bevölkerung ab 18 Jahre

FRAGE: "Wenn Sie das einmal lesen - welcher dieser beiden Meinungen würden Sie
zustimmen?"
(Vorlage einer Liste)

	Bevölkerung ab 18 Jahre insgesamt		18- bis 24jährige	
	Übereinstimmung mit den Eltern -		Übereinstimmung mit den Eltern -	
	groß	gering	groß	gering
ANORDNUNGEN BEFOLGEN:	%	%	%	%
Am Arbeitsplatz sollten Mitarbeiter die Anordnungen ihres Vorgesetzten grundsätzlich befolgen, auch wenn sie damit nicht völlig übereinstimmen	36	25	30	20
NUR WENN MAN ÜBERZEUGT WURDE:				
Kein Vorgesetzter sollte von seinen Mitarbeitern verlangen, daß sie seine Anordnungen befolgen, bevor er sie nicht von der Richtigkeit überzeugt hat	40	45	47	53
Kommt darauf an	21	22	21	21
Weiß nicht	3	8	2	6
	100	100	100	100

Quelle: Internationale Wertestudie 1981/82

161

Institutionen- und Generationenverhältnis	Tabelle A 78 Bundesrepublik mit West-Berlin Bevölkerung ab 18 Jahre

FRAGE: "Könnten Sie mir bitte zu jedem Punkt auf dieser Liste sagen, wieviel Vertrauen
Sie in jeden haben, ob sehr viel Vertrauen, ziemlich viel, wenig oder überhaupt
kein Vertrauen."
(Vorlage einer Liste)

Bundesrepublik mit West-Berlin	Bevölkerung ab 18 Jahre insgesamt		18- bis 24jährige	
	Übereinstimmung mit den Eltern –		Übereinstimmung mit den Eltern –	
	groß	gering	groß	gering
Es haben viel Vertrauen in:	%	%	%	%
Die Kirche	71	33	53	19
Die Bundeswehr	64	46	49	26
Das Erziehungswesen	44	37	52	28
Die Gesetze	69	58	74	40
Die Zeitungen	42	28	29	17
Die Gewerkschaften	35	35	40	50
Die Polizei	80	62	58	47
Den Bundestag	61	45	67	33
Die Verwaltung	46	31	40	21
Große Wirtschafts- unternehmen	35	31	31	19

Quelle: Internationale Wertestudie 1981/82

FRAGE: "Könnten Sie mir bitte zu jedem Punkt auf dieser Liste sagen, wieviel Vertrauen
Sie in jeden haben, ob sehr viel Vertrauen, ziemlich viel, wenig oder überhaupt
kein Vertrauen."
(Vorlage einer Liste)

Europa	Bevölkerung ab 18 Jahre insgesamt		18- bis 24jährige	
	Übereinstimmung mit den Eltern -		Übereinstimmung mit den Eltern -	
	groß	gering	groß	gering
Es haben viel Vertrauen in:	%	%	%	%
Die Kirche	66	34	57	22
Die Bundeswehr	68	47	58	34
Das Erziehungswesen	60	67	60	41
Die Gesetze	62	47	61	40
Die Zeitungen	35	28	36	26
Die Gewerkschaften	32	32	36	33
Die Polizei	77	58	68	46
Den Bundestag	47	35	46	25
Die Verwaltung	46	32	46	26
Große Wirtschafts-unternehmen	43	32	41	27

Quelle: Internationale Wertestudie 1981/82

Religiös in einer säkularisierten Welt

Die Zukunft einer Illusion – unter diesen Titel stellte Freud 1927 eine Arbeit über die Zukunft der Religion, oder besser: über die Vergangenheit der Religion, denn eine Zukunft gab Freud ihr nicht: „Ich erinnere mich an eines meiner Kinder, das sich frühzeitig durch eine besondere Betonung der Sachlichkeit auszeichnete. Wenn den Kindern ein Märchen erzählt wurde, dem sie andächtig lauschten, kam es hinzu und fragte: Ist das eine wahre Geschichte? Nachdem man es verneint hatte, zog es mit einer geringschätzigen Miene ab. Es steht zu erwarten, daß sich die Menschen gegen die religiösen Märchen bald ähnlich benehmen werden trotz der Fürsprache des ‚Als ob‘.“[1]

Die Betonung der Sachlichkeit, der empirischen Nachprüfbarkeit, des verstandesmäßig Ergründbaren, die die moderne Welt bestimmt, ließ viele das Ende der Religion prophezeien, auch die, denen sie mehr war als Illusion und die – im Gegensatz zu Freud – dieses Ende nicht wünschten. Es hat mittlerweile lange Tradition, Anzeichen einer Schwächung der Religiosität als unabwendbare Konsequenz des Vordringens eines säkularen Weltbildes zu interpretieren, voller Resignation, die nur noch die Stationen des Niedergangs registriert, aber auf aktives Eingreifen verzichtet.

Mehr als fünfzig Jahre nach Freuds Prognose spricht vieles für eine Krise der Religion; doch von Verachtung oder Geringschätzung der Glaubensinhalte, die Freud vorhersah, ist in den Ländern Europas und in den Vereinigten Staaten wenig zu spüren. Mit Ausnahme der Niederlande, wo 36 Prozent der Bevölkerung keiner Religionsgemeinschaft angehören, ist die überwältigende Mehrheit Mitglied einer Glaubensgemeinschaft. In der Bundesrepublik bezeichnen sich nur 9 Prozent der Bevölkerung ab 18 Jahre als konfessionslos (vgl. Tabelle A 80); der Anteil Konfessionsloser stieg im Laufe der letzten Jahrzehnte nur geringfügig an (vgl. Tabelle A 81). Die demonstrative Abkehr von der Religionsgemeinschaft ist in ganz Europa die Haltung einer Minderheit.

Unbestritten ist die Mitgliedschaft in Religionsgemeinschaften nur von geringem Wert für die Untersuchung der Religiosität einer Gesellschaft. Mit Ausnahme Irlands verzeichnen die Glaubensgemeinschaften aller europäischen Länder einen hohen Anteil passiver Mitglieder, die auf Interaktion mit der Institution Kirche, mit der Gemeinde weitgehend oder völlig verzichten. Besonders groß ist der Anteil der ausgeprägt Kirchenfernen, die nie einen Gottesdienst besuchen, in Frankreich (57 Prozent), Großbritannien (45 Prozent), Dänemark (43 Prozent), den Niederlanden (42 Prozent) und in Schweden (40 Prozent); in der Bundesrepublik besucht jeder fünfte nie, weitere 25 Prozent höchstens einmal im Jahr einen Gottesdienst (vgl. Tabelle A 82). Diese Ferne von der Institution entwertet die hohen Mitgliedszahlen, ist ein Krisensymptom; denn wo die Bindung an die Kirche geschwächt ist, wird auch die Religiosität brüchig, wie eines tragenden Pfeilers beraubt (vgl. dazu S. 173 ff.).

Und doch geben die hohen Mitgliedszahlen Auskunft, sprechen von der Scheu, mit der religiösen Tradition zu brechen und sich aus dem religiösen Bereich auszugrenzen. Es ist vielleicht einer der bemerkenswertesten, da einer langen Prognosetradition entgegenlaufenden Befunde, wie zäh die Bevölkerung Europas und besonders der Vereinigten Staaten allen Säkularisierungstendenzen zum Trotz, gegen die Spannung zwischen religiösem und säkularem Weltbild, an ihrem Glauben festhält, oder vorsichtiger: vor einer Leugnung der Existenz Gottes zurückschreckt. Die Entzauberung der Welt durch wachsende Erkenntnis und Beherrschbarkeit hat nicht den in Selbstherrlichkeit triumphierenden Menschen geschaffen, der auf sich gestellt den Lauf aller Dinge lenkt und lenken will.

95 Prozent der Bevölkerung in den Vereinigten Staaten, drei Viertel der Europäer glauben an Gott, 72 Prozent der deutschen Bevölkerung (vgl. Tabelle 24). Amerikaner und Europäer meinen jedoch Verschiedenes, wenn sie sich zu ihrem Glauben an Gott bekennen. In den Vereinigten Staaten herrscht die traditionelle Vorstellung eines leibhaftigen Gottes vor, die in Europa nur in Irland und in

Spanien das religiöse Denken bestimmt. Für die meisten europäischen Länder ist dagegen kennzeichnend, daß kein einheitliches oder dominierendes Gottesverständnis existiert, daß neben dem Glauben an den leibhaftigen Gott die Vorstellung von Gott als einer geistigen Macht verbreitet ist. Deutlich höher als in den Vereinigten Staaten ist der Anteil Unsicherer mit einem nur diffusen, nicht faßbaren Gottesbegriff (vgl. Tabelle A 83).

Die Autonomie der Gemeinden und Vielfalt der Glaubensgemeinschaften in den Vereinigten Staaten verleiten häufig zu der Annahme, die religiöse Kultur Amerikas sei zersplittert. Selbst die amerikanische Religionssoziologie wird teilweise von dem Paradigma eines Überzeugungspluralismus beherrscht, das Religion nur als Ausdruck von Individualität und sogar sozial desintegrativ versteht.[2] Dagegen führen alle in dieser Untersuchung verwendeten Indikatoren für Religiosität, für Glaubensinhalte und Glaubensintensität zu dem Schluß, daß sich die oberflächliche Vielgestaltigkeit des religiösen Lebens Amerikas auf dem Fundament eines äußerst breiten Konsensus in wesentlichen Grundannahmen und -haltungen entfaltet. Dieser Konsens unterscheidet die Vereinigten Staaten von den meisten europäischen Ländern, die gerade in den Grundannahmen häufig pluralistisch gespalten sind.

Das Festhalten an einem personalen Gottesverständnis läßt zugleich auf eine besondere Stabilität des religiösen Bereichs in den Vereinigten Staaten schließen. In allen Ländern zeichnet sich eine Schwächung des personalen Gottesverständnisses zugunsten eines abstrakteren oder nicht faßbaren Gottesbegriffs ab; die Generationen scheiden sich hier: Die Älteren hängen dem personalen Gottesverständnis an, das in den meisten Ländern – die Ausnahmen sind Amerika und Irland – der Mehrheit der jungen Generation fremd ist.

Auch wenn in allen Ländern Gottesbegriff und Lebensalter zusammenhängen, ist das Ausmaß der Distanz der Generationen in dieser Frage sehr unterschiedlich und verbietet daher, einen reinen Lebensphaseneffekt und damit eine „natürliche" Umdeutung des Gottesbegriffs im Laufe des Lebens zu unterstellen (vgl. Tabelle A 84). Vielmehr deutet sich in der Zuwendung der Jüngeren zu einem diffuseren, abstrakteren Gottesbegriff eine Schwächung der Religiosität an. Personen mit personalem Gottesverständnis zeichnen sich gegenüber Personen mit einem abstrakteren Gottesbegriff in allen Ländern und allen Altersgruppen durch eine intensivere Beziehung zu Gott aus (vgl. Tabelle A 85).

Alle Anzeichen deuten darauf hin, daß eine Erhöhung des Abstraktionsgrades der Glaubensinhalte die Glaubenskraft schwächt. Die beiden Länder, in denen der religiöse Bereich noch weitgehend intakt, die Distanzierung von Kirche und Religion die Ausnahme ist – die Vereinigten Staaten und Irland –, sind gleichzeitig die einzigen Länder, in denen der christliche Glaube noch in seiner ganzen bildhaft-sinnlichen Ausprägung lebendig ist, die das Böse durch den Teufel, die Verdammnis durch die Hölle und die Erlösung durch den Himmel visualisiert. Vier Fünftel der amerikanischen wie der irischen Bevölkerung glauben an den Himmel, 31 Prozent der deutschen Bevölkerung; zwei Drittel der amerikanischen Bevölkerung, 54 Prozent der irischen, aber nur 14 Prozent der deutschen Bevölkerung glauben an die Hölle; an den Teufel zwei Drittel der Amerikaner, 25 Prozent der Europäer insgesamt, 18 Prozent der Deutschen. Auch Sünde, Seele, ein Leben nach dem Tod werden in Amerika und Irland weitaus weniger in Frage gestellt (Tabelle 24; vgl. auch Tabelle A 86).

Tabelle 24
USA, Europa
Bevölkerung ab 18 Jahre

Glaubensinhalte

Es glauben an –	USA %	Europa insgesamt %	Bundesrepublik Deutschland %
Gott	95	75	72
ein Leben nach dem Tod	71	43	39
die Seele	88	58	61
den Teufel	66	25	18
die Hölle	67	23	14
den Himmel	84	40	31
Sünde	88	57	59
eine Wiedergeburt	20	21	19
	579	342	313

Quelle: Internationale Wertestudie 1981/82.

167

Die abstraktere europäische Religiosität geht mit einem Verlust an religiöser Vitalität einher, bedeutet Distanzierung. Ganz kraß zeigt das die Frage nach der Bedeutung, die Gott für das eigene Leben beigemessen wird, die sich in allen Ländern als hervorragender Indikator für die Glaubensintensität erwies. Zwar bestätigen die Ergebnisse, daß sich auch in Europa nur eine Minderheit brüsk von christlich-religiösen Überzeugungen abgrenzt: nur 14 Prozent der europäischen, 13 Prozent der deutschen Bevölkerung beschreiben die Bedeutung von Gott für ihr Leben anhand einer 10stufigen Skala mit der niedrigsten, absolute Bedeutungslosigkeit bezeichnenden Stufe. Gleichzeitig tritt jedoch die Vitalität der amerikanischen und der irischen Religiosität in scharfem Kontrast zu der distanzierten Haltung der übrigen europäischen Länder hervor. Rund 70 Prozent der amerikanischen wie der irischen Bevölkerung, aber nur gut jeder dritte Deutsche beschreiben die Intensität ihrer Beziehung zu Gott mit den Extremstufen 8 bis 10 (vgl. Tabellen A 87 und A 88).

Das Selbstverständnis der Europäer spiegelt das Ausmaß der Unterschiede in der religiösen Orientierung nur begrenzt wider: 81 Pro-

Tabelle 25
USA, Europa
Bevölkerung ab 18 Jahre

Das Selbstbild in bezug auf Religiosität

Frage:
„Einmal abgesehen davon, ob Sie in die Kirche gehen oder nicht –
würden Sie sagen, Sie sind ein religiöser Mensch, kein religiöser Mensch,
ein überzeugter Atheist?"

Es bezeichnen sich als:	USA %	Europa insgesamt %	Bundesrepublik Deutschland %
„religiösen Menschen"	81	63	58
„keinen religiösen Menschen"	16	24	22
„überzeugten Atheisten"	1	5	3
Unentschieden	2	8	17
	100	100	100

Quelle: Internationale Wertestudie 1981/82.

zent der Amerikaner, aber auch 63 Prozent der Europäer sehen sich als religiöse Menschen, nur verschwindende Minderheiten bezeichnen sich als überzeugte Atheisten. Geradezu befremdlich einheitlich wirken auf den ersten Blick die Ergebnisse in den einzelnen europäischen Ländern; nur in Frankreich und Schweden liegt der Anteil der sich als religiös Einstufenden deutlich unter, nur in Italien über dem europäischen Durchschnitt. In dem von intensiver religiöser Praxis und Orientierung geprägten Irland jedoch bezeichnen sich nur geringfügig mehr Menschen als religiös als in Dänemark oder Holland, ein größerer Anteil sogar ausdrücklich als nicht religiös (32 Prozent in Irland, 23 Prozent in Holland, 17 Prozent in Dänemark) (Tabelle 25; vgl. auch Tabelle A 89).

Diese Ähnlichkeit in der Selbsteinschätzung kann nur vor dem Hintergrund eines sehr unterschiedlichen gesellschaftlichen Bezugsrahmens richtig gedeutet werden. Denn die Selbsteinstufung als religiöser Mensch hängt nicht allein von den eigenen Glaubenspositionen ab. Der Glaube an Gott ist heute in den westlichen Ländern eine notwendige, aber nicht hinreichende Bedingung für das Empfinden, ein religiöser Mensch zu sein: so glauben 94 Prozent der Deutschen, die sich als religiös bezeichnen, an Gott; aber jeder vierte, der an Gott glaubt, bezeichnet sich nicht als religiös (vgl. Tabelle A 90). Die Selbsteinschätzung wird vielmehr auch von der erlebten Religiosität anderer beeinflußt, die eigene Religiosität an der anderer gemessen. Hinter dem Urteil, nicht religiös zu sein, verbirgt sich in Irland oft eine an gesamteuropäischen Maßstäben gemessene tiefe Religiosität, in Dänemark und den Niederlanden dagegen eine Position nahe dem überzeugten Atheismus:

Die Bedeutung von Gott für das eigene Leben
(durchschnittliche Skalenstufe)

– Auszug –	Personen, die sich bezeichnen als –		
	religiös %	nicht religiös %	überzeugte Atheisten %
Irland	8,86	6,65	1,22
Italien	7,73	3,41	1,54
Bundesrepublik Deutschland	7,37	2,96	1,33
Holland	7,06	2,03	1,39
Dänemark	7,37	2,96	1,33

73 Prozent der Iren, die sich als nicht religiös bezeichnen, gehen mindestens einmal wöchentlich in die Kirche, 91 Prozent glauben an Gott (Deutsche, die sich als nicht religiös bezeichnen: 37 Prozent), 56 Prozent bedeutet der Glaube eine Quelle von Trost und Kraft (Deutsche, die sich als nicht religiös bezeichnen: 7 Prozent – vgl. Tabellen A 91 und A 92). Diese Ergebnisse mahnen zur Vorsicht bei der ländervergleichenden Interpretation von Fragen, die oft nur analytisch erkennbar die eigene Position an dem gesellschaftlichen Umfeld relativieren und dadurch nationale Unterschiede oft verbergen, statt offenzulegen. Dies unterstreicht die Notwendigkeit, einen Bereich mit mehreren, qualitativ unterschiedlichen Indikatoren zu prüfen. Bei der von dem gesellschaftlichen Bezugsrahmen losgelösten Frage, ob man den Glauben persönlich als Quelle von Kraft und Trost empfinde, tritt das bereits in den Glaubensinhalten sichtbare unterschiedliche religiöse Profil der Länder Europas und der Vereinigten Staaten wieder in scharfem Kontrast hervor (Tabelle 26; vgl. auch Tabelle A 93).

Für vier Fünftel der amerikanischen, 49 Prozent der europäischen und 44 Prozent der deutschen Bevölkerung ist der Glaube eine Quelle von Trost und Kraft. In allen Ländern sind es vor allem Frauen und die Älteren, denen Religion viel bedeutet und die durch ihre Glaubensintensität und ihr Engagement die religiösen Gemeinschaften teilweise deutlich sichtbar dominieren.

Tabelle 26
USA, Europa
Bevölkerung ab 18 Jahre

Der Glaube als Quelle von Trost und Kraft

Frage:
„Ziehen Sie persönlich aus dem Glauben Trost und Kraft?"

	USA %	Europa insgesamt %	Bundesrepublik Deutschland %
Ja	79	49	44
Nein	17	42	39
Unentschieden	4	9	17
	100	100	100

Quelle: Internationale Wertestudie 1981/82.

In der Bundesrepublik beschreiben sich 66 Prozent der Frauen, aber nur 48 Prozent der Männer als religiös; für 54 Prozent der Frauen, aber nur knapp jeden dritten Mann ist der Glaube eine Quelle von Lebenskraft. Die stärkere Religiosität von Frauen in ganz Europa, auch in den Vereinigten Staaten, läßt nur zwei Erklärungen zu: daß Frauen von Natur aus oder aber durch ihre besonderen Lebensbedingungen für Religion empfänglicher sind. Die monokausale Zurückführung auf eine natürliche Begabung von Frauen für Religiosität ist kaum plausibel, da die Distanz zwischen den religiösen Überzeugungen von Männern und Frauen in den einzelnen Ländern sehr verschieden ausfällt. Die Kluft zwischen Männern und Frauen im religiösen Bereich ist in der Bundesrepublik ungewöhnlich groß; nur in den romanischen Ländern trennen religiöse Überzeugungen Männer und Frauen in ähnlichem, teilweise noch stärkerem Maße. In den übrigen europäischen Ländern und besonders in den Vereinigten Staaten ist diese Distanz dagegen deutlich geringer. So beschreiben sich in den Vereinigten Staaten 84 Prozent der Frauen und 78 Prozent der Männer als religiös (vgl. Tabellen A 94 und A 95).

In seiner Analyse der Religiosität von berufstätigen und nichtberufstätigen Frauen sieht Stoetzel in der Berufstätigkeit den entscheidenden Einflußfaktor, der die Unterschiede in der religiösen Orientierung von Männern und Frauen weitgehend erklärt. Tatsächlich sind ganztags berufstätige Frauen deutlich weniger religiös als nichtberufstätige Frauen, in Glaubensintensität und Kirchenbindung den Männern ähnlicher.[3] Diese direkte Gegenüberstellung von berufstätigen und nichtberufstätigen Frauen vernachlässigt allerdings die unterschiedliche Altersstruktur, die einen gravierenden Einfluß auf religiöse Überzeugungen hat: unter den nichtberufstätigen Frauen machen die 60jährigen und älteren, die sich durch eine weit überdurchschnittliche Glaubensintensität auszeichnen, einen großen, bei den berufstätigen Frauen dagegen nur einen minimalen Anteil aus. Eine nach Altersgruppen trennende Analyse von berufstätigen und nichtberufstätigen Frauen bestätigt zwar eine Schwächung der religiösen Orientierung bei berufstätigen Frauen, doch keineswegs eine weitgehende Angleichung an die – geringe – Religiosität von Männern (vgl. Tabellen A 96 und A 97).

Ungewöhnlich groß ist in der Bundesrepublik nicht nur die Distanz zwischen der Religiosität von Männern und Frauen, sondern auch von Jüngeren und Älteren. Hier wie auch in anderen Wertebereichen vermittelt die Bundesrepublik den Eindruck einer besonders scharf und tief segmentierten Gesellschaft, die gerade in den grundsätzlichen Annahmen und Entscheidungen weniger als andere Länder auf einen breiten Konsensus bauen kann. Nur 34 Prozent der 18- bis 24jährigen beschreiben sich als religiös, 74 Prozent der 60jährigen und älteren; die Bedeutung von Gott für das eigene Leben beschreiben annähernd 60 Prozent der 60jährigen und älteren mit den drei Extremstufen 8 bis 10, aber nur 15 Prozent der 18- bis 24jährigen; 84 Prozent der 60jährigen und älteren, aber nur jeder zweite der 18- bis 24jährigen glauben an Gott. Der Kreis, der aus dem Glauben Trost und Kraft zieht, umfaßt zwei Drittel der älteren, aber nur 24 Prozent der jungen Generation.

Auch in den anderen europäischen Ländern, ebenso wie in den Vereinigten Staaten, ist die junge Generation weniger religiös als die Älteren. Nur in Dänemark und Großbritannien ist die Kluft jedoch so groß wie in der Bundesrepublik, besonders gering in den Verei-

Tabelle 27
USA, Europa
Bevölkerung ab 18 Jahre

Der Glaube an Gott in den Generationen

Es stimmen der Aussage zu: „Ich glaube an Gott"	Bevölkerung ab 18 Jahre insgesamt %	Altersgruppen			
		18–24 Jahre %	25–39 Jahre %	40–59 Jahre %	60 Jahre und älter %
USA	95	94	93	96	97
Europa insgesamt	75	61	65	80	84
Bundesrepublik Deutschland	72	52	61	76	84
Schweden	52	35	41	56	71
Dänemark	58	30	45	64	82
Großbritannien	76	59	70	82	86
Republik Irland	95	92	93	98	99
Holland	65	54	57	70	77
Belgien	77	68	75	79	81
Frankreich	62	49	49	72	74
Spanien	87	79	80	91	94
Italien	84	77	79	88	91

Quelle: Internationale Wertestudie 1981/82.

172

nigten Staaten, Italien und in Irland, wo sich die Mehrheit der jungen Generation als religiös empfindet und durch eine von ihren Altersgenossen in anderen europäischen Ländern deutlich abweichende Glaubensintensität auszeichnet. Dies verstellt den Weg zu einer naheliegenden Erklärung der Generationsunterschiede im religiösen Bereich: Die These, Religiosität wachse gleichsam natürlich mit den Jahren, die die Generationenkluft als Ausdruck eines individuellen Entwicklungsprozesses deutet, ist vor dem Hintergrund der relativ geringen Distanz zwischen den Generationen in den Vereinigten Staaten nicht haltbar (Tabelle 27; vgl. auch Tabellen A 98 bis A 100). Auch deutsche Langzeituntersuchungen widersprechen der These von einer natürlichen Generationenkluft im religiösen Bereich. Zu Beginn der sechziger Jahre trennte der Glaube an ein Leben nach dem Tod die Generationen kaum; bis zum Beginn der achtziger Jahre haben sich die Generationen in dieser Frage weit auseinanderentwickelt: während der Anteil in der Bevölkerung insgesamt, der an ein Leben nach dem Tod glaubt, sich innerhalb von Jahrzehnten geringfügig von 38 auf 42 Prozent erhöht hat und Stabilität suggeriert, glaubt heute nur jeder dritte Unter-30jährige, aber 56 Prozent der 60jährigen und älteren an ein Leben nach dem Tod (vgl. Tabelle A 101).

Unaufhaltsame Säkularisierungstendenzen können dieses Auseinandertreiben der Generationen nicht erklären, das die Länder der westlichen Welt in sehr unterschiedlichem Maße erfaßt hat. Vielmehr haben sich offensichtlich die Voraussetzungen für die Weitergabe religiöser Werte in einzelnen Ländern extrem ungünstig entwickelt. Die Tradierung religiöser Inhalte ist besonders abhängig von einem Grundvertrauen zwischen den Generationen, von dem Willen zur Überlieferung von Werten, auch von der überzeugenden Demonstration dieser Werte. Diese Voraussetzungen sind gerade in der Bundesrepublik beeinträchtigt. Die Chancen von Kindern und Jugendlichen, mit Religion in Kontakt zu kommen, gelebte Religiosität zu erfahren, sind in den letzten Jahrzehnten dramatisch gesunken.

Mit keiner der durch lange Tradition und breiten Konsens gefestigten Verhaltensweisen wurde in den letzten Jahrzehnten so radikal gebrochen wie mit der Praktizierung des christlichen Glaubens. In den fünfziger Jahren waren religiöse Rituale für die überwältigende

Mehrheit, zumindest der katholischen Bevölkerung, fester und vertrauter Bestandteil des Lebens. Zu Beginn der fünfziger Jahre besuchten 51 Prozent der Katholiken regelmäßig, weitere 24 Prozent zumindest gelegentlich den Gottesdienst. Heute findet sich nur ein knappes Drittel der erwachsenen katholischen Bevölkerung regelmäßig im Gottesdienst zusammen, 26 Prozent zumindest sporadisch. Der Anteil regelmäßiger protestantischer Gottesdienstbesucher – durch ein anderes, die Institution geringer bewertendes Kirchenverständnis nie den großen katholischen Gemeinden vergleichbar – sank im gleichen Zeitraum von 13 auf 6 Prozent (vgl. Tabelle 28).

Dies war keine geradlinige Entwicklung, kein schleichender Erosionsprozeß über drei Jahrzehnte hinweg. Bis in die sechziger Jahre hinein deutete nichts auf eine Schwächung der Kirchenbindung hin; im Gegenteil: Protestanten wie Katholiken neigten sich mehr und mehr den Kirchen zu, in allen Schichten, allen Altersgruppen wuchs der Wunsch nach intensiverem Kontakt, nach der regelmäßigen Begegnung im Gottesdienst. Die Bruchstelle dieser Entwicklung liegt in der Mitte der sechziger Jahre. Von diesem Zeitpunkt an brachen in einer geradezu unglaublich kurzen Spanne – innerhalb von nur fünf, sechs Jahren – die großen Gemeinden, die sich Jahrzehnte zum Gottesdienst zusammengefunden hatten, auseinander. 1973 markiert den Endpunkt des Zusammenbruchs an Kirchenbindung. Zwar sank der Anteil regelmäßiger Gottesdienstbesucher bei beiden Konfessionen in den folgenden Jahren weiter, doch so zögernd, daß das letzte Jahrzehnt zumindest an der Oberfläche den Eindruck von Stabilität vermittelt. Diese vermeintliche Stabilität begünstigte teilweise optimistische Deutungen, nach denen der Kern der Gemeinden, der Anteil der tief Gläubigen, unerschüttert sei, verloren seien nur die Gottesdienstbesucher aus Konvention, die ohnehin nur schwach Kirchengebundenen (vgl. Tabelle A 102).

Eine Analyse der Struktur der Gottesdienstbesucher läßt dagegen erkennen, daß die Gemeinden von der Wurzel her ausgehöhlt wurden und daß sich dieser Prozeß auch unter der Oberfläche scheinbarer Stabilität in den siebziger Jahren noch fortsetzt. Die Gottesdienstgemeinden der fünfziger und auch die von Anfang der sechziger Jahre, insbesondere die großen katholischen Gemeinden, wiesen eine „gesunde" Struktur auf; sie konnten für sich beanspruchen, die katholische Bevölkerung zu repräsentieren, Männer wie Frauen, die

Tabelle 28
Bundesrepublik mit West-Berlin
Katholiken und Protestanten

Auseinandertreiben der Generationen

| | Es besuchten regelmäßig den Gottesdienst | | | | |
| | 1952 | 1963 | 1967/1969 | 1973 | 1982 |
	%	%	%	%	%
Katholiken insgesamt	51	55	48	35	32
Katholiken im Alter von –					
16–29 Jahren	52	52	40	24	19
30–44 Jahren	44	51	42	28	26
45–59 Jahren	50	56	53	46	29
60 Jahren und älter	63	64	62	57	54
Protestanten insgesamt	13	15	10	7	6
Protestanten im Alter von –					
16–29 Jahren	12	11	6	3	4
30–44 Jahren	7	10	6	3	3
45–59 Jahren	13	16	11	7	6
60 Jahren und älter	23	24	22	12	12

Quelle: Allensbacher Archiv, IfD-Umfragen 057, 1069–1078(R), 2032–36/2043/2045–2048, 2096, 4019.

verschiedenen sozialen Schichten, die Generationen. Die plötzliche Abwendung von der Kirche erfaßte zwar alle Gruppen der Bevölkerung, doch nicht annähernd im gleichen Ausmaß. Es waren vor allem Männer, die höheren Bildungsschichten, Großstadtbewohner und besonders junge Leute, die den Gottesdiensten fernblieben. Die Generationen, in den fünfziger Jahren in der Praktizierung des Glaubens verbunden, lebten sich im religiösen Bereich auseinander (vgl. Tabelle 28).[4]

Die Gottesdienstgemeinden von heute sind von diesem Auseinanderleben der Generationen gezeichnet: sie sind überaltert, eine Domäne der Frauen und – mit diesen beiden Entwicklungen zusammenhängend – atypisch in ihrer Bildungs- und Berufsstruktur. 1953 waren 57 Prozent der regelmäßigen katholischen Gottesdienstbesucher Frauen, bei einem Frauenanteil in der Gesellschaft insgesamt von 54 Prozent; auch heute stellen die Frauen 54 Prozent der Bevölkerung, aber zwei Drittel der regelmäßigen Gottesdienstbesucher; dies gilt auch für die protestantischen Gemeinden, ist jedoch für sie kein neues Phänomen, sondern bereits in den fünfziger Jahren weitgehend vollzogen. Die Verschiebungen in der Altersstruktur trafen dagegen beide Kirchen als eine neue, kaum vorhersehbare Entwicklung. In den fünfziger und noch zu Beginn der sechziger Jahre lag der Anteil der unter 30jährigen unter den regelmäßigen Besuchern des Gottesdienstes geringfügig unter dem Durchschnitt, der Anteil der 60jährigen und älteren geringfügig über dem Anteil, den diese Altersgruppe an der Gesamtbevölkerung stellt. Die Generationen waren in einem ausbalancierten Verhältnis vertreten. Heute präsentiert sich die Altersstruktur der Gottesdienstgemeinden als verkehrte, spitz zulaufende Pyramide; die 60jährigen und älteren stellen in beiden Konfessionen knapp die Hälfte der regelmäßigen Kirchgänger, die unter 30jährigen nur noch 12 bzw. 13 Prozent (vgl. auch Tabellen A 103 und A 104):

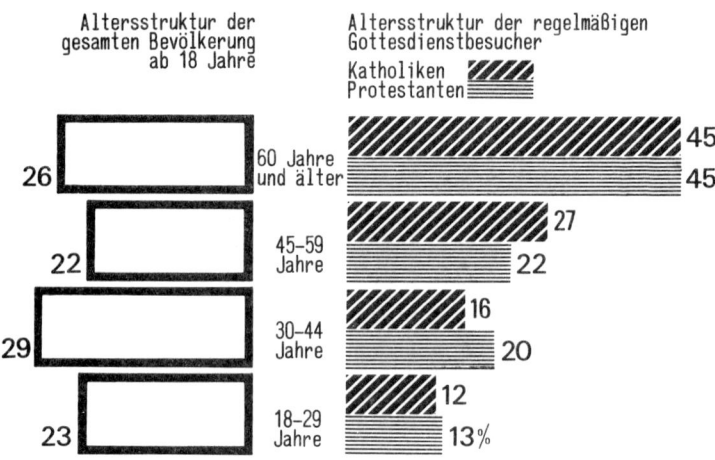

Die europäische Perspektive schärft den Blick dafür, daß die Bindung an die Kirche und der Gottesdienstbesuch nicht nur in Deutschland, sondern nahezu in ganz Europa Gefahr läuft, zum Merkmal einer Alterskultur zu werden, scharf getrennt von einer weitgehend entkirchlichten Jugendkultur. Auch in Italien, Spanien, Frankreich und Holland sind die sich regelmäßig zum Gottesdienst zusammenfindenden katholischen Gemeinden überaltert, ebenso die protestantischen Gottesdienstgemeinden in den skandinavischen Ländern und in Großbritannien. Jean Stoetzel notierte bereits bei

176

der ersten Gesamtschau der europäischen Ergebnisse den engen Zusammenhang zwischen Kirchlichkeit, Religiosität und Lebensalter; die Ausbreitung dieses Phänomens über nahezu ganz Europa ließ ihn an einen Automatismus denken, gleichsam an ein Naturgesetz, nach dem das Bedürfnis nach Religion ansteige, je mehr das Leben seinem Ende zuneigt.[5] Es ist das Konzept von dem Gedanken an den Tod als tragendem religiösen Motiv, das auch Bergson vertrat, der die Religion als Verteidigungsmaßnahme des Menschen gegen die erdrückende Gewißheit seiner Sterblichkeit sah.[6]

Die tiefergehende Analyse der europäischen Daten und besonders die Entwicklung der Struktur der kirchengebundenen Bevölkerung in der Bundesrepublik in den letzten 30 Jahren entkräften die Vorstellung eines natürlichen Lebenszyklus der Kirchenbindung. Die Überalterung der Gottesdienstgemeinden existierte in den fünfziger und der ersten Hälfte der sechziger Jahre in der Bundesrepublik nicht, und in Europa gibt es auch heute Länder, denen das Auseinanderdriften der Generationen in der Praktizierung des Glaubens fremd ist. In den katholischen Gemeinden der Republik Irland und teilweise auch Belgiens ist der Gottesdienst Begegnungsstätte der Generationen. Umgekehrt sind in keinem anderen Land die katholischen Gottesdienstgemeinden so extrem von Überalterung gezeichnet wie in der Bundesrepublik. Nur die protestantischen Gottesdienstbesucher in Dänemark weisen eine ähnlich ungünstige Altersstruktur auf (vgl. Tabellen A 105 und A 106).

Die Annahme eines natürlichen Zusammenhangs zwischen Lebensalter und Kirchlichkeit suggeriert, daß die heute kirchenfernen Jugendlichen im Laufe des Lebens zu Kirche und Religion finden, und verharmlost zu beruhigender Normalität, was tatsächlich dramatisch, nämlich eine Krise der religiösen Sozialisation ist. Die Tradierung religiöser Überzeugungen ist in Europa und besonders in der Bundesrepublik weitgehend unterbrochen.

Dies ist eine Aussage von großer Tragweite. Sie fordert Widerspruch geradezu heraus, Zweifel, ob hier wirklich eine dramatische Lage nüchtern analysiert oder eine Marginalie, die Veränderung von Verhaltensweisen mit nur geringem Belang für das Wesentliche, die Glaubensfestigkeit, dramatisiert wird. Wir hören den berechtigten Einwand, daß religiöse Sozialisation nicht allein, vielleicht nicht einmal wesentlich durch den Gottesdienst erfolgt. Dies ist nicht das

Entscheidende. Es geht hier nicht um die Bedeutung des Gottesdienstes für die unmittelbare Tradierung von Glaubensinhalten; es geht um den Gottesdienstbesuch als Indikator für eine erfolgreich abgeschlossene oder gestörte religiöse Sozialisation. Der Besuch des Gottesdienstes ist eine aktive Kommunikationsform – Schmidtchen hat dies herausgearbeitet[7] –, die einer starken Motivation bedarf. Der Rückgang des Kirchenbesuchs in der Bundesrepublik signalisiert eine Schwächung der religiösen Motivation. Die wechselseitige Abhängigkeit von Kirchlichkeit und Religiosität ist denkbar eng. Versuche, eine Trennlinie zwischen Kirchlichkeit und Religiosität zu ziehen, so als könne durch Isolierung der Institution von der Religion die Schwächung auf die erstere begrenzt werden, gehen an der Realität vorbei und sind eine gefährliche Strategie.*

Der Rückgang des Kirchenbesuchs ist nicht der einzige Indikator, der uns zur Verfügung steht, um die These einer tiefgreifend gestörten religiösen Sozialisation zu belegen. Wie aus dem öffentlichen Raum verschwinden die religiösen Rituale auch aus der intimen Kleingruppe Familie. Mitte der sechziger Jahre war das tägliche Tischgebet noch 62 Prozent der Bevölkerung zumindest als Kindheitserinnerung vertraut, für 29 Prozent gehörte es noch zum Alltag; 1982 kennen nur noch 47 Prozent das Tischgebet aus ihrer Kindheit, der Anteil derer, die diesen Brauch pflegen, ist auf 11 Prozent gesunken. Tabelle A 107 dokumentiert eindrucksvoll, wie die Erfahrungen religiöser Sozialisation in den Generationen zunehmend stärker auseinanderfallen und den Prozeß des Wandels beschleunigen. Das gemeinsame Gebet in der Familie ist heute das Erlebnis einer Minorität. Das gleiche gilt für die Auseinandersetzung mit den Inhalten der Bibel, die außerhalb des Gottesdienstes nur von 16 Prozent zumindest gelegentlich zur Hand genommen wird (vgl. Tabelle A 108).

Am schwersten wiegt jedoch das Desinteresse, religiöse Überzeugungen durch Weitergabe an die nächste Generation über die eigene Lebensspanne hinaus zu bewahren. Nirgends zeigt sich wohl deutlicher, wie unwichtig heute Religiosität empfunden wird, wie wenig hilfreich auch bei der Lebensgestaltung. Nur 17 Prozent der Bevölkerung in der Bundesrepublik Deutschland halten Religiosität für

---

* Zum Zusammenhang zwischen Kirchlichkeit und Religiosität vgl. S. 180 ff.

eines der wichtigsten Ziele bei der Erziehung von Kindern; von den 25- bis 44jährigen, die die kommende Generation betreuen und prägen, halten nur 10 Prozent die Vermittlung religiöser Überzeugungen für einen besonders wichtigen Bestandteil ihrer Aufgabe. Selbst diejenigen, die sich als religiös beschreiben, messen einer religiösen Erziehung merkwürdig wenig Bedeutung bei. In ganz Europa ist die Entschlossenheit zur Tradierung religiöser Werte heute gering – am stärksten noch in Irland, am schwächsten in Skandinavien:

	Es zählen die Vermittlung religiöser Inhalte zu den wichtigsten Erziehungszielen %
Europa insgesamt	17
Bundesrepublik Deutschland	17
Schweden	6
Dänemark	8
Großbritannien	14
Nord-Irland	33
Republik Irland	42
Holland	14
Frankreich	11
Belgien	17
Spanien	22
Italien	22

Diese Entwicklung trifft die Religiosität einer Gesellschaft am Nerv. Wenig ist so determiniert durch die Erfahrungen der Kindheit wie die Befähigung zu Religiosität. Die Minderheit der heute kirchennahen unter 30jährigen stammt überwiegend aus religiösen Elternhäusern, nur in Einzelfällen aus einem areligiösen Elternhaus.[8] Religiöse Kindheitserfahrungen stabilisieren religiöse Bindungen auch dann, wenn sie durch Wertkonflikte besonderen Belastungen ausgesetzt sind; Schmidtchen stellte fest, daß „unwahrscheinliche" Gottesdienstbesucher – das heißt, Personen, die eine „sehr große Diskrepanz zwischen den von der Kirche repräsentierten und den von ihnen erstrebten Werten empfinden und doch verhältnismäßig rege zur Kirche gehen" – durch die Erfahrung eines religiösen Elternhauses in ihrer Bindung an Kirche und Religion stabilisiert und in den Stand gesetzt wurden, mit diesen Orientierungskonflikten zu leben.[9]

Von den heute Unter-30jährigen erlebten nur noch 13 Prozent ihr Elternhaus als ausgeprägt religiös, 41 Prozent als areligiös (vgl. Tabelle A 109). Die geringe Entschlossenheit zur Tradierung religiöser Überzeugungen, der Verzicht auf gemeinsame Gebete in der Familie, der Rückgang des Kirchenbesuchs, all dies bedeutet eine Schwächung der Kommunikation über Glaubensinhalte. Die Signale, die Religion sinnlich erfahrbar machen, die gleichzeitig eine Demonstration sind von der Stärke und Vitalität des Glaubens und von dem Konsens der Glaubensgemeinschaft, schwinden aus dem Alltag. Der Glaube wird unsichtbar.

Die Bindung an die Kirche ist gelockert, bei vielen, bei der Mehrheit der Jugend zerbrochen. Die Religiosität ist geschwächt, besonders bei den Jüngeren. Aber ist hier wirklich ein Zusammenhang? Ist es nicht nur ein Zufall, nur eine unglückliche Parallelität von Entwicklungen, daß die sichtbare Distanzierung von der Institution mit einer wachsenden Entfremdung von der Religion einhergeht? Viele Kritiker der Kirche bestreiten diesen Zusammenhang und sehen häufig die Zukunft der Religiosität gerade in der Freisetzung von der Institution, so als gälte es, nur eine überflüssige, hinderliche Haut abzustreifen. Schluchter spricht die Hoffnung aus, „daß wir zwar historische Gestalten der Religion hinter uns haben, nicht aber die Religion";[10] die Richtung, in die er denkt, ist von Johann Baptist Metz vorgezeichnet, der die Preisgabe der herkömmlichen Institution zugunsten einer Basis-Religion propagiert.[11] Die Institution wird nicht als Stütze, sondern als Behinderung der Religion und ihrer Transformation in eine der Moderne angemessenen Form bewertet. Nach Swatos stürzt der Prozeß der Pluralisierung und Dezentralisierung die herkömmlichen sinngebenden Institutionen unvermeidbar in eine Krise;[12] an deren Ende stehe eine neue, nicht institutionalisierte Form von Religion, in der der einzelne autonom sein Weltbild, seine religiösen Überzeugungen zusammensetzt, in ein „private system of meaning" (Luckmann).[13] De-Institutionalisierung, Individualisierung – sind das die Strategien, die der Religion den Weg in die Zukunft ebnen?

Unbestreitbar hat sich in der Bundesrepublik in den letzten Jahrzehnten eine De-Institutionalisierung vollzogen. Zweifeln, ob dies mit dem dramatischen Rückgang des Kirchenbesuchs hinreichend belegt und Kirchenbesuch ein befriedigender Indikator für Kirchlichkeit ist, muß entgegengehalten werden, daß der Verzicht auf Interaktion mit der Kirche über den Gottesdienst mit einem deutlich verringerten Vertrauen in die Kirche und ausdrücklicher Distanzierung einhergeht.

Katholiken, die regelmäßig den Gottesdienst besuchen, beschreiben sich zu 91 Prozent als gläubiges Mitglied der Kirche; nur 6 Prozent distanzieren sich mit den Worten „Ich fühle mich als Christ, aber die Kirche bedeutet mir nicht viel" oder „Ich habe meine eigenen Glaubensansichten, ganz unabhängig von der Kirche". Von den Katholiken, die nur selten oder nie den Gottesdienst besuchen, empfinden sich nur 4 Prozent als gläubiges Mitglied der Kirche, 59 Prozent distanzieren sich ausdrücklich von der Institution, 21 Prozent beschreiben ihre Beziehung zu Kirche und Glauben als völlig undefiniert und unsicher (vgl. Tabelle A 110). Die Intensität ihrer Bindung an die Kirche beschreiben Katholiken, die regelmäßig den Gottesdienst besuchen, anhand einer 11stufigen Skala von 0 (= Kirche bedeutet mir gar nichts) bis 10 (= sehr starke kirchliche Bindung) mit durchschnittlich 8,5, Katholiken ohne oder nur mit seltenem Kontakt über den Gottesdienst mit 2,4 (vgl. Tabelle A 111). Der Gottesdienstbesuch ist kein formales, mehr Konvention als Bindung messendes Kriterium, sondern trennt kirchennahe von kirchenfernen Menschen. Der Rückgang der Kirchenbesucher bedeutet eine Abkehr von der Institution.

Mit der Entfernung sinkt das Vertrauen in die Kirche und die Bereitschaft, ihr richtungsweisende Kompetenz zuzubilligen. Heute bekunden noch 48 Prozent der Bevölkerung Vertrauen in die Kirche, unter den 18- bis 24jährigen nur 26 Prozent (Tabelle 29). Die Kompetenz der Kirche wird zunehmend enger definiert, auf den Beistand bei der Vorbereitung auf den Tod[14] und auf die Beantwortung der Sinnfrage eingegrenzt. Selbst bei der Auseinandersetzung mit der Sinnfrage bezweifelt oder bestreitet die Mehrheit der Bevölkerung, daß von der Kirche Hilfestellung erwartet werden könne. Im privaten und moralischen Bereich ist nur gut jeder dritte Deutsche bereit, der Kirche richtungsweisende Kompetenz einzuräumen, unter den 18- bis 24jährigen sogar nur knapp jeder fünfte. In allen Ländern scheiden sich die Generationen an der Kompetenz der Kirche in moralischen Fragen, am schärfsten in der Bundesrepublik, in Spanien und Irland, am geringsten in den Vereinigten Staaten, dem

Tabelle 29
Bundesrepublik mit West-Berlin
Bevölkerung ab 18 Jahre

Vertrauen in die Kirche

Frage:
„Könnten Sie mir sagen, wieviel Vertrauen Sie in die Kirche haben?"

	Bevölkerung ab 18 Jahre insgesamt %		18- bis 24jährige %	
Sehr viel Vertrauen	19	} 48	6	} 26
Ziemlich viel	29		20	
Wenig	38		52	
Überhaupt kein Vertrauen	14		22	
	100		100	

Quelle: Internationale Wertestudie 1981/82.

einzigen Land, in dem auch die Mehrheit der Jugend den Kirchen
Kompetenz in moralischen Fragen zubilligt (vgl. Tabellen A112 bis
A114).

Die Schwächung der Institution Kirche vollzieht sich damit auf zwei
Ebenen: die Kirche hat zu der Mehrheit ihrer Mitglieder keinen oder
nur sporadischen direkten Kontakt; dies bedeutet eine tiefgreifende
Störung ihres Kommunikationssystems, die durch die Repräsentanz
der Kirchen in den Medien nur unzureichend kompensiert wird. Die
Kirche erfährt zum anderen eine Einengung ihres Geltungsbereichs,
eine zunehmende Zurückweisung jeglichen Anspruchs auf die
Durchdringung der Welt mit christlichen Werten und Verhaltensco-
dici. Die säkulare, funktional differenzierte Welt verfolgt zwangsläufig das Ziel, die Kirche auf eine bereichsspezifische Kompetenz ein-
zugrenzen.* Schluchter vertritt die Überzeugung, daß Kirche und
Religion diese Eingrenzung nicht akzeptieren dürfen, da sie „ein

---

* Schluchter beschreibt diesen Prozeß ausführlich und betont, daß die moderne
säkulare Welt eine Kirche, die sich dergestalt auf eine bereichsspezifische Kompetenz eingrenzen läßt, mühelos integrieren kann: „... moderne Kultur und
moderne Gesellschaft können Religion tolerieren, solange sie sich auf eine
bereichsspezifische Kompetenz beschränkt. Das säkulare Weltbild als Gesamt-

Gesamtweltbild" vertreten und damit auch zwangsläufig „einen Anspruch ..., der nicht nur bereichsspezifisch, sondern auf das Ganze ... gerichtet ist".[15]

Wie richtig diese Einschätzung ist, zeigt der enge Zusammenhang zwischen der Anerkennung eines über den engeren religiösen Bereich hinausgehenden Geltungsanspruchs der Kirche und der Religiosität. Wo die Kompetenz der Kirche in moralischen Fragen bestritten wird, wo das Vertrauen in die Institution gestört ist, ist auch die Religiosität erschüttert. Von denjenigen, die der Kirche großes Vertrauen entgegenbringen, ist nur eine verschwindende Minderheit (6 Prozent) glaubensunsicher oder areligiös; diejenigen, die der Institution keinerlei Vertrauen entgegenbringen, beschreiben sich dagegen zu 20 Prozent als glaubensunsicher, 47 Prozent als Atheisten. Von denjenigen, die der Kirche Kompetenz in moralischen Fragen bestreiten, ist knapp jeder zweite unsicher oder areligiös (vgl. Tabellen A 115 und A 116). Als uneingeschränkt für sich selbst gültig anerkennen 92 Prozent derjenigen, die der Kirche großes Vertrauen entgegenbringen, das erste Gebot, aber nur 9 Prozent derjenigen, die der Kirche Vertrauen verweigern (vgl. Tabelle A 117).

Wie von der Bewertung der Institution und der Anerkennung ihres Geltungsanspruchs hängen die religiösen Überzeugungen auch von dem Kontakt mit der Institution ab. Je seltener die Kontakte mit der Kirche über den Gottesdienst sind, desto schwächer ist der Glaube. 94 Prozent der regelmäßigen Gottesdienstbesucher, aber nur 35 Prozent derjenigen, die nie Gottesdienste besuchen, glauben an Gott. In allen Ländern zeigt sich dieser enge Zusammenhang zwischen der Nähe zu der Institution und der Festigkeit des christlichen Glaubens (vgl. Tabellen A 116, A 118 bis A 120). Nur eine Minderheit ist kirchenfern und dennoch dem christlichen Glauben fest verbunden. Für die meisten geht die Loslösung von der Institution mit der Schwächung oder dem Verlust des christlichen Glaubens einher. Es

weltbild kennt einen offenen Pluralismus von individuellen und kollektiven Vervollkommnungszielen, in denen sich auch religiöse Ziele einordnen lassen; funktionale Differenzierung ... kennt einen offenen Pluralismus von Funktionen, dem auch die religiöse Funktion zugeschlagen werden kann ..." Vgl. Wolfgang Schluchter: Die Zukunft der Religionen. A.a.O., S. 615ff.

ist falsch, von der Schwächung der Institution keine Auswirkung oder sogar eine Stärkung der Religion zu erwarten.* Wer die Kirche schwächt, unterminiert die Religiosität.

Die Kraftlosigkeit des Protestantismus in der Bundesrepublik wie in anderen europäischen Ländern erklärt sich nicht zuletzt aus der ihm eigenen Geringschätzung der Institution. Das andere Verständnis von Kirche, das der religiösen Autonomie des einzelnen mehr Raum läßt, geht mit einer deutlich geringeren Bindung an die Institution, selteneren Kontakten, schwächerem Vertrauen und verengten Kompetenzzuweisungen einher; jeder zweite Katholik, aber nur jeder dritte Protestant billigt der Kirche richtungsweisende Kompetenz in moralischen Fragen zu; 64 Prozent der Katholiken, aber nur 40 Prozent der Protestanten bringen der Kirche großes Vertrauen entgegen; 32 Prozent der Katholiken, aber nur 6 Prozent der Protestanten besuchen den Gottesdienst regelmäßig. Gleichzeitig ist der Protestantismus jedoch von derselben wechselseitigen Abhängigkeit von Institution und Glauben gezeichnet. Die Abwertung der Institution schwächt die protestantische Glaubenskraft. Von den Katholiken in Deutschland glauben 84 Prozent an Gott, von den Protestanten 71 Prozent; als religiös beschreiben sich 72 Prozent der Katholiken, 53 Prozent der Protestanten (vgl. Tabelle A 121).

Alle Anzeichen sprechen für eine Schwächung der Religion bei einer Ausdehnung der religiösen Autonomie des einzelnen, der Individualisierung von Religion. Dies gilt auch, wenn Religiosität nicht anhand christlicher Glaubensinhalte definiert und gemessen, sondern abstrakter erfragt wird. Nur 16 Prozent derjenigen, die sich völlig von der Institution abgrenzen, bezeichnen sich als in irgendeiner Form religiös, nur 9 Prozent ist der religiöse Glaube eine Quelle von Kraft[16] (vgl. Tabelle A 122). Prognosen einer neuen diffusen Religiosität abseits des traditionellen christlichen Glaubens entbehren jeglicher Grundlage.

Das Konzept einer individuellen Religiosität geht offensichtlich an

---

* Fulbert Steffensky ist nur eine Stimme unter vielen, die die Zukunft der Religion prognostizieren als „mit der Tradition des Christentums sich immer mehr verbindend, getrennt aber von dessen kirchlicher Organisation". Vgl. F. Steffensky: Die Hoffnung kennt viele Gebärden. In: Süddeutsche Zeitung vom 30. 6./ 1. 7. 1984

dem Wesen der Religion wie an dem Wesen des Menschen vorbei. Die Befreiung von dem institutionalisierten und normierten Glaubenssystem, in der manche die Zukunft der Religion sehen, ist letztlich nichts anderes als die Zumutung, mit einem Anschauungssystem zu leben, das anderen nichts bedeutet und ständig von anderen in Frage gestellt wird. Schmidtchen betont die Funktionen gerade auch religiöser Anschauungssysteme für die Konsensbildung, die schnelle Verständigung und Eingliederung und letztlich das Selbstwertgefühl: „Anschauungssysteme, die die Interaktion gefährden, gefährden auch ... die Selbstdefinition."[17] Eine Abkehr von Religion als konsensualer Größe entwertet sie, unterwirft sie der Beliebigkeit und nimmt ihr damit jegliche legitimierende und sinngebende Kraft. Eine Schwächung der Institution, zu deren zentralen Aufgaben die Herstellung und Wahrung von religiösem Konsens gehört, leistet diesem Prozeß Vorschub.

Anerkennt man das religiöse Weltbild als ein Gesamtweltbild, so akzeptiert man als Konsequenz, daß Kirche und Religion ihren prinzipiellen Anspruch auf Beeinflussung aller gesellschaftlichen Bereiche nicht aufgeben *können*. Aber hat die Religion, hat die Kirche noch eine Chance, diesen Anspruch gegen die Bemühungen der säkularen Gesellschaft durchzusetzen, die ihr jeglichen über den unmittelbar religiösen Bereich hinausgehenden Geltungsanspruch zu bestreiten? Und: Besteht dafür überhaupt noch eine Notwendigkeit, ist der Anspruch auf Weltdurchdringung nicht obsolet durch eine weitgehende Verinnerlichung christlicher Werte? Beides, sowohl die Isolation des religiösen Bereichs als auch die vollzogene Durchdringung des weltlichen Bereichs mit christlichen Werten, hätte letztlich dieselbe Konsequenz: Von Religion und Kirche gingen keinerlei normierende, prägende Einflüsse mehr aus. Die Schwächung der Kirche und der Niedergang der Religiosität wären in diesem Fall nur eine isolierte Entwicklung, nur ein Verlust an religiöser Substanz, der das Gefüge gesellschaftlicher Normen und Verhaltensweisen unangetastet ließe.

Die Unterschiede zwischen religiösen und wenig religiösen Menschen, die besonders in moralischen Fragen, aber auch in der Arbeitsethik und bei politischen Einstellungen zutage treten, widerlegen die These von der vollständigen Verinnerlichung christlicher Werte, widersprechen aber auch der These von der Ohnmacht der

Kirche in einer säkularen Gesellschaft. Religiosität und Kirchennähe gehen mit rigideren Moralvorstellungen und generell einer geringeren Neigung zu Permissivität einher, mit einer deutlich höheren Bewertung der Schutzansprüche menschlichen Lebens, mit konservativeren politischen Orientierungen und einer mehr auf den Mitmenschen gerichteten Grundhaltung und Arbeitsethik.

Orientiert man sich bei der Prüfung kirchlich-religiöser Normierungskraft zunächst an den Forderungen des Dekalogs, scheint auf den ersten Blick das isolierte Niederbrechen religiöser Werte gesicherte Erkenntnis: In scharfem Kontrast hebt sich die breite Anerkennung der moralisch-sittlichen Gebote von der schwachen Unterstützung der religiösen Gebote ab. Nur knapp jeder zweite anerkennt das erste und das zweite Gebot für sich selbst als uneingeschränkt gültig, nur 29 Prozent das dritte Gebot. Die moralischen Gebote des Dekalogs werden dagegen von der überwältigenden Mehrheit als absolute Verhaltensnormen akzeptiert. Dies gilt besonders für die Gebote, die in der Gesetzgebung kodifiziert wurden – Tötung und Diebstahl –, in schwächerem Maße dagegen für die Gebote der Sexualmoral, die knapp zwei Drittel der Bevölkerung als für sich selbst uneingeschränkt gültig bezeichnen.

Dieselbe Zweiteilung – breite Anerkennung der moralischen, geringe Akzeptanz der religiösen Postulate – ist auch in den übrigen Ländern zu beobachten, mit Ausnahme der Vereinigten Staaten und Irlands; nur in diesen beiden Ländern sind die religiösen Gebote ähnlich unangefochten wie die moralischen (vgl. Tabellen A 123 und A 124).

Wie falsch der erste Eindruck ist, daß die moralischen Überzeugungen von dem Niedergang religiöser Werte nur wenig betroffen sind, tritt erst in der Analyse von Kirchennahen und Kirchenfernen hervor. Der Konsensus über die Akzeptanz der moralischen Postulate ist bei Kirchenfernen deutlich gemindert, bei Konfessionslosen teilweise zerbrochen. Allein das fünfte und das siebte Gebot, die Verbote von Tötung und Diebstahl, werden auch von der Majorität der Konfessionslosen uneingeschränkt anerkannt; und doch sind auch hier die Erosionszeichen sichtbar: Rund 90 Prozent der Katholiken wie Protestanten bewerten das fünfte Gebot, „Du sollst nicht töten", als zwingendes Postulat, aber nur 76 Prozent der Konfessionslosen. Das siebte Gebot, „Du sollst nicht stehlen", erkennen kirchennahe

Katholiken wie Protestanten nahezu ohne Ausnahme, ohne Einschränkung an, von kirchenfernen Katholiken dagegen nur 76 Prozent (kirchenferne Protestanten 79 Prozent) und von den Konfessionslosen 64 Prozent. Noch schärfer trennen sich Kirchennahe und Kirchenferne in der Akzeptanz des auf die Vorstufe des Handelns, das Wollen, gerichteten zehnten Gebots „Du sollst nicht begehren Deines Nächsten Hab und Gut". In diesem Bereich der Gedanken, in dem neben der Instanz des persönlichen Gewissens keine weltliche Macht, keine Gesetzgebung mehr stützend wirkt, sind nur rund zwei Drittel der Kirchenfernen, 44 Prozent der Konfessionslosen unbedingt bereit, Einschränkungen hinzunehmen (vgl. Tabelle A 125).

Besonders eklatant vermindert sich mit wachsender Distanz zu Kirche und Religion jedoch die Bereitschaft, restriktive Normen im Bereich der Sexualmoral anzuerkennen. Das Verbot des Ehebruchs akzeptieren annähernd neun von zehn Kirchennahen, aber nur 57 Prozent der Kirchenfernen beider Konfessionen als verbindlich, von den Konfessionslosen lediglich 34 Prozent (vgl. Tabelle A 126).

Mit sinkender Kirchenbindung und Religiosität schwindet auch der moralische Konsens. Der schwächere Rückhalt, den die moralischen Gebote bei Kirchenfernen und besonders bei Konfessionslosen finden, läßt sich nicht aus ihrer Formulierung, aus dem religiösen Kontext begründen; es ist die inhaltliche Substanz, die auf Widerstand stößt. Werden die Forderungen des Dekalogs aus dem religiösen Kontext herausgelöst und in Begriffe und Entscheidungssituationen des Alltags übersetzt, tritt die prägende Kraft einer religiösen Orientierung und kirchlichen Bindung noch eindrucksvoller hervor. Der schwächeren Unterstützung des siebten Gebots bei Kirchenfernen entspricht eine permissivere Haltung gegenüber allen Versuchen, sich auf Kosten anderer, besonders auch auf Kosten des Staates und von Solidargemeinschaften, zu bereichern. Die Ausnutzung von Sozialleistungen ohne legitimen Anspruch lehnen 79 Prozent der kirchennahen Katholiken, aber nur 60 Prozent der kirchenfernen Katholiken ohne Einschränkungen ab; Steuerhinterziehung halten 68 Prozent der kirchennahen, aber nur 45 Prozent der kirchenfernen Katholiken für generell unzulässig, Schwarzfahren 73 Prozent der kirchennahen, 53 Prozent der kirchenfernen Katholiken (Tabelle 30; vgl. auch Tabelle A 127).

Tabelle 30
Bundesrepublik mit West-Berlin
Katholiken ab 18 Jahre

Formale und reale Akzeptanz des 7. Gebots durch Katholiken

	insgesamt %	Katholiken – kirchennah %	kirchenfern %
Formale Akzeptanz			
Das 7. Gebot, „Du sollst nicht stehlen",			
gilt für mich uneingeschränkt	84	94	76
Reale Akzeptanz			
Es halten unter keinen Umständen für			
zulässig –			
ein Auto, das einem nicht gehört, öffnen			
und damit eine Spritztour machen	91	93	90
wenn man Krankengeld, Arbeitslosen-			
unterstützung oder andere soziale			
Vergünstigungen in Anspruch nimmt,			
auf die man kein Recht hat	68	79	60
kein Fahrgeld in öffentlichen Verkehrs-			
mitteln zahlen, Schwarzfahren	61	73	53
Steuern hinterziehen	54	68	45
Geld zu behalten, das man gefunden hat	52	70	40

Quelle: Internationale Wertestudie 1981/82.

Der vermeintlich breite, von der religiösen Orientierung weitgehend unabhängige Konsens über die absolute Gültigkeit des fünften Gebots, „Du sollst nicht töten", zerbricht, wenn an konkreten Beispielen der Geltungsbereich dieser Norm abgesteckt wird. Selbstmord, Euthanasie, Tötung aus Notwehr und Abtreibung grenzt die Mehrheit der Kirchenfernen und der Konfessionslosen aus dem Bereich der absoluten Gültigkeit der Forderung nach Schutz menschlichen Lebens aus. Von kirchenfernen Katholiken halten 48 Prozent Selbstmord für unter keinen Umständen zulässig, 30 Prozent Abtreibung, 21 Prozent Tötung aus Notwehr. Auch Kirchennahe nehmen an diesen konkreten Beispielen ihre bedingungslose Unterstützung des fünften Gebots teilweise zurück, doch nicht annähernd in dem Ausmaß wie Kirchenferne und Konfessionslose: 72 Prozent der kirchennahen Katholiken bewerten Selbstmord unter allen Umständen für unzulässig, 71 Prozent Abtreibung, 40 Prozent

Tötung aus Notwehr. Kaum überbrückbar weitet sich die Distanz zwischen kirchennahen Katholiken und Konfessionslosen, von denen nur 27 Prozent Selbstmord und 8 Prozent Abtreibung grundsätzlich ablehnen. Die breite, uneingeschränkte Anerkennung des fünften Gebots hat damit bei Kirchennahen und Kirchenfernen eine völlig andere Tragweite, ist für Kirchennahe weitgehend eine absolute urteils- und verhaltensbestimmende Norm, während ihre bedingungslose Anerkennung bei Kirchenfernen nicht durchträgt, sondern teilweise kraß, nahezu bis zur Zurücknahme, relativiert wird (vgl. Tabelle A 128).

Die Widersprüche zwischen der absoluten Anerkennung des abstrakt formulierten Schutzanspruchs menschlichen Lebens und den moralischen Entscheidungen an konkreten Beispielen treten in ganz Europa auf, verstärkt in Dänemark, den Niederlanden, Schweden und Frankreich, unterdurchschnittlich dagegen in Irland, Spanien und Italien (vgl. Tabelle A 129). Der Zusammenhang zwischen Kirchenbindung und Urteilskonsistenz in moralischen Fragen macht dieses Ländergefälle, den unterschiedlichen Grad an Konsistenz bzw. Widersprüchlichkeit, unmittelbar verständlich.

In wenige Auseinandersetzungen hat die katholische Kirche in den letzten Jahren so engagiert und unbeugsam eingegriffen wie in die Debatte um die Legalisierung des Schwangerschaftsabbruchs. Die Wirkung dieses unerschütterlichen, gegen den Zeitgeist durchgehaltenen Engagements zeichnet die katholische Gemeinde: Keine der konkreten Ausformulierungen des fünften Gebots trennt kirchennahe und kirchenferne Katholiken, Katholiken insgesamt von Protestanten und besonders von Konfessionslosen so scharf wie die Beurteilung der Abtreibung. Bemühungen, die Kirche in dieser Auseinandersetzung für nicht zuständig zu erklären und in eine moralische Fragen ausklammernde bereichsspezifische Kompetenz abzudrängen, sind an den katholischen kirchennahen Gemeinden gescheitert. Die kompromißlose Haltung der Kirche in der Abtreibungsdiskussion wird von der überwältigenden Mehrheit der kirchennahen Katholiken mitgetragen, gegen ein gesellschaftliches Klima, das von einer tiefgreifenden Liberalisierung der gesamten Sexual- und Familienmoral geprägt ist. Die Kirche hat ihren engeren Einflußbereich gegen diesen machtvollen sozialen Wandel nicht völlig immunisieren können; die Kluft zwischen den Generationen in allen Familie, Ehe und Sexualität betreffenden Fragen teilt auch die katholische kirchennahe Gemeinde. 77 Prozent der 45jährigen und älteren kirchennahen Katholiken, aber nur 53 Prozent der unter 45jährigen, lehnen Abtreibung strikt ab; verglichen mit unter 45jährigen kirchenfernen Katholiken, von denen nur jeder vierte Abtreibung grundsätzlich für unzulässig hält, ist jedoch die Einstellung junger kirchennaher Katholiken weitaus stärker von moralischem Rigorismus bestimmt (vgl. Tabelle A 130).

Nur bei medizinischer Indikation, wenn die Schwangerschaft das Leben der Mutter gefährdet oder eine Behinderung des Kindes zu erwarten ist, weichen auch kirchennahe Katholiken von ihrer strikten Ablehnung des Schwangerschaftsabbruchs ab; während jedoch im ersten Fall, bei Gefährdung der Mutter, auch unter kirchennahen Katholiken aller Altersgruppen Konsens über die moralische Vertretbarkeit einer Abtreibung besteht, spaltet die Beurteilung eines Schwangerschaftsabbruchs, der mit einer zu erwartenden Behinderung des Kindes begründet wird, die katholische kirchennahe Gemeinde und besonders junge Katholiken: 63 Prozent aller kirchennahen Katholiken (vgl. Tabelle A 131), aber nur 52 Prozent der unter 30jährigen, billigen in dieser Situation eine Abtreibung. Außerhalb des engeren Einflußbereichs der katholischen Kirche ist diese Frage kaum umstritten; 78 Prozent der jungen kirchenfernen Katholiken, annähernd neun von zehn jungen Protestanten billigen eine Abtreibung, wenn eine Schädigung des Kindes zu erwarten ist. Umgekehrt spaltet die Beurteilung von Fällen außerhalb der medizinischen Indikation kirchenferne Katholiken und besonders Protestanten, während kirchennahe Katholiken hier nahezu einmütig ihre Billigung strikt verweigern. Wenn eine Frau nicht verheiratet ist und aus diesem Grund eine Abtreibung vornehmen lassen möchte, halten dies 36 Prozent der unter-30jährigen Protestanten, 23 Prozent der jungen kirchenfernen Katholiken, aber nur 7 Prozent der gleichaltrigen kirchennahen Katholiken für vertretbar. Ein Ehepaar, das keine weiteren Kinder wünscht und sich daher zu einer Abtreibung entschließt, findet bei 47 Prozent der jungen Protestanten, aber nur bei 5 Prozent der jungen kirchennahen Katholiken Verständnis. Auch unter Protestanten vermindert Kirchennähe die Toleranz gegenüber der Abtreibung, wenn auch nicht annähernd so gravierend wie in der katholischen Gemeinde. Völlig abgehoben von ihren

Altersgenossen urteilen junge Konfessionslose, die mit überwältigender Mehrheit eine Abtreibung in jedem der diskutierten Fälle billigen (vgl. Tabelle A 132).

In ganz Europa ist die Einstellung junger kirchennaher Katholiken in dieser Frage von der rigorosen Position ihrer Kirche beeinflußt (vgl. Tabelle A 133). In der tiefreligiösen katholischen Republik Irland lehnt die Mehrheit Schwangerschaftsabbrüche selbst bei Vorliegen einer medizinischen Indikation ab. Nur in Dänemark und Schweden, die eine ungewöhnliche Distanz zu Religion und Kirche von den übrigen europäischen Ländern scheidet, werden Abtreibungen auch außerhalb der medizinischen Indikation von der Mehrheit gebilligt (vgl. Tabelle A 134).

Während die Kirche in den Auseinandersetzungen um eine Liberalisierung der Abtreibung ihren über den engeren religiösen Bereich hinausgreifenden Geltungsanspruch verteidigen und – wie Analysen der Unterstützung liberaler und prohibitiver gesetzlicher Regelungen der Abtreibung in der Bevölkerung dokumentieren[18] – einen Wandel des gesellschaftlichen Bewußtseins zumindest zum Stillstand bringen konnte, hat sie in einem anderen Konflikt, mit ihrer Verteidigung der Unauflöslichkeit der Ehe, kontinuierlich an Boden verloren. Nur noch eine kleine, in der Gesamtbevölkerung verschwindende Minderheit von 8 Prozent verteidigte Ende der siebziger Jahre die Position der Kirche; auch unter kirchennahen Katholiken sank die Befürwortung der Unauflöslichkeit der Ehe binnen einer Generation von 51 auf 26 Prozent (vgl. Tabelle A 135). Bei Gewalttätigkeit, bei fortgesetzter Untreue und bei Alkoholismus eines der Partner, bei Verschiedenheit der Charaktere und Mangel an Zuneigung hält die Mehrheit der Bevölkerung eine Scheidung für zulässig. Verglichen mit dem übrigen Europa und den Vereinigten Staaten läßt die deutsche Bevölkerung ungewöhnlich viele Gründe als ausreichend für die Auflösung einer Ehe gelten; nur in Schweden und Frankreich hat die Ehe noch ausgeprägter den Charakter einer bedingten Bindung, nur in Dänemark und Italien steht sie ähnlich schnell zur Disposition wie in der Bundesrepublik. Allein in Irland und Spanien stellen die Befürworter der Unauflöslichkeit der Ehe noch eine große, mehr als ein Fünftel der Gesamtbevölkerung umfassende Fraktion (vgl. Tabellen A 136 bis A 138). Die Kirche steht hier gegen eine machtvolle Strömung der Individualisierung von Glücksansprüchen; die gesellschaftliche Bejahung der Scheidung richtet sich grundlegend gegen „soziale Normen, die den Zusammenhang der Gruppe oder die Beachtung der Konvention prinzipiell über das wie immer verstandene Glück des einzelnen stellen, Normen, die der Unterwerfung unter Gruppenbedürfnisse den Vorrang vor dem wirklichen oder vermuteten Recht des einzelnen Mitglieds geben".[19] Und doch demonstriert auch dieser scheinbar erfolg- und aussichtslose Kampf der Kirche die weit über die religiöse Praxis hinausreichende prägende Kraft von Religion und Kirche.

Die Tendenz, Ehen zunehmend leichter aufzugeben und so faktisch in Zeitverträge umzudeuten, die sich auch in den rasch ansteigenden Scheidungsraten dokumentiert, hat sich vor allem bei Kirchenfernen durchgesetzt, während sie bei Kirchennahen beider Konfessionen auf erhebliche Widerstände stößt (vgl. Tabelle A 139). In allen Altersgruppen legen kirchennahe Katholiken und Protestanten strengere Maßstäbe bei der Beurteilung an, wann die Auflösung einer Ehe zu rechtfertigen ist. Weitaus seltener akzeptieren sie Verschiedenheit der Charaktere, Mangel an Zuneigung, Gewalttätigkeit oder Alkoholismus eines Partners als hinreichende Gründe für eine Scheidung (vgl. Tabelle A 142). In ganz Europa verändert die Nähe zu Kirche und Religion die Definition und Wertschätzung der Ehe (vgl. Tabellen A 143 und A 144).

Außerhalb des engeren Einflußbereichs der Kirchen entwickelt sich ein Verständnis von Ehe, das die Unterordnung und Beschränkung individueller Wünsche unter die Interessen der Gemeinschaft negiert. Das Konzept von Ehe als einer gegenseitigen Verpflichtung verblaßt; in den Vordergrund tritt das Anrecht auf ungehinderte Entfaltung des einzelnen. Wenn das Postulat ehelicher Treue aus dem religiösen Kontext herausgelöst und das Verständnis für außereheliche Beziehungen geprüft wird, scheiden sich besonders kirchennahe Katholiken, aber auch kirchennahe Protestanten, in rigoroser Ablehnung von Kirchenfernen beider Konfessionen, von denen sich die Mehrheit nicht zu einer generellen Ablehnung außerehelicher Beziehungen verstehen mag; unter Konfessionslosen verbindet nur noch eine Minderheit, nur 22 Prozent, mit der Ehe die Forderung nach unbedingter ehelicher Treue (vgl. Tabellen A 140 und A 141). Nur im engeren Einflußbereich der Kirchen ist auch bei der Mehrheit der Jüngeren ein Verständnis von Ehe lebendig, das

Selbstbeschränkung und Verzicht als unabdingbaren Bestandteil akzeptiert. Mit der Schwächung der christlichen Religion, der Abwendung von den Kirchen verliert auch der Gedanke der Askese in der Gesellschaft an charismatischer Kraft.

Die zunehmende Betonung individueller Autonomie, der die Entfaltung des einzelnen höchstes Ziel ist, drängt darauf, den Verpflichtungscharakter von Bindungen einzuschränken und absolute durch bedingte Normen für die Gestaltung von Beziehungen zu ersetzen. Die Definition der Ehe ist von diesem Wandel ebenso gezeichnet wie das Verständnis der Beziehung zwischen den Generationen, zwischen Eltern und Kindern. Die breite uneingeschränkte Unterstützung des vierten Gebots verdeckt, daß Loyalität der Jüngeren gegenüber der Elterngeneration häufig bedingten Charakter hat, in Deutschland noch weitaus stärker als in allen anderen europäischen Ländern oder den Vereinigten Staaten. Wird das vierte Gebot aus seinem religiösen Kontext gelöst und diskutiert, ob Eltern grundsätzlich Anspruch auf die Loyalität und Liebe ihrer Kinder haben oder nur bedingt, bei entsprechendem Verhalten, anerkennt nur jeder zweite ein unbedingtes Anrecht. Weit entfernen sich Deutsche mit dieser bedingten, den Charakter einer Tauschbeziehung annehmenden Definition der Pflichten der jüngeren gegenüber der älteren Generation von den übrigen europäischen Ländern und den Vereinigten Staaten. Die Erklärung, daß die deutsche Geschichte eine besondere Zurückhaltung der jüngeren gegenüber der älteren Generation nahelege und verständlich mache, ist wenig plausibel. Denn auch die Pflichten der älteren gegenüber der jüngeren Generation werden enger definiert und stärker am Eigeninteresse als an der uneigennützigen Unterstützung der jüngeren Generation orientiert (vgl. Tabellen A 145 und A 146). Je schwächer die religiöse Orientierung und Kirchenbindung, desto eher werden Verpflichtungen zwischen den Generationen eingeschränkt und an Bedingungen geknüpft. Zwei Drittel der Kirchennahen beider Konfessionen, 40 Prozent der Kirchenfernen und nur 29 Prozent der Konfessionslosen anerkennen einen unbedingten, von Vorleistungen unabhängigen Anspruch der Eltern auf die Liebe und Achtung ihrer Kinder (vgl. Tabelle A 148). Umgekehrt definieren Kirchenferne auch die Pflichten der Eltern gegenüber ihren Kindern enger als Kirchennahe (vgl. Tabelle A 147). Die Generationen scheiden sich an diesen Fragen;

die Älteren betonen die gegenseitigen Verpflichtungen, die Jüngeren grenzen sie in beide Richtungen ein. Der Verdacht, daß die Unterschiede zwischen Kirchennahen und Kirchenfernen im wesentlichen auf die Altersstruktur zurückzuführen sind – unter Kirchennahen sind die Älteren, unter Kirchenfernen die Jüngeren weit überrepräsentiert –, wird bei einer getrennten Analyse der unter 30jährigen hinfällig: Auch sie definieren das Generationenverhältnis anders, betonen weitaus stärker den Verpflichtungscharakter dieser Beziehung, wenn ihre religiöse und kirchliche Bindung intakt ist (vgl. Tabellen A 148 und A 149).

Die Schwächung kirchlicher Bindung fördert ein distanzierteres Verhältnis zwischen den Generationen durch die sinkende Anerkennung gegenseitiger Verpflichtungen, aber auch durch die Verringerung von Gemeinsamkeiten. Die Tradierung von Werten hängt entscheidend von dem Vertrauen, von der Nähe zwischen den Generationen ab. Der kühlen, einschränkenden Definition der gegenseitigen Verpflichtungen der Generationen in der Bundesrepublik entspricht die Beschreibung der Beziehungen zu den eigenen Eltern. Die Nüchternheit, die Distanz, die die abstrakte Definition des Generationenverhältnisses bestimmen, prägt auch die erlebte Wirklichkeit; nur 18 Prozent der deutschen Bevölkerung beschreiben ihre Beziehung zu beiden Elternteilen als sehr eng (vgl. Tabelle A 150). Nur in diesem Kreis jedoch ist die Tradierung von Überzeugungen und Werten intakt. Personen mit enger Beziehung zu beiden Eltern teilen zu 63 Prozent die religiösen und die moralischen Anschauungen ihrer Eltern, zu 57 Prozent die Haltung zu anderen Menschen; von Personen ohne enge Beziehung zu ihren Eltern teilen nur 32 Prozent deren religiöse, 23 Prozent ihre moralischen Ansichten (vgl. Tabelle A 151). Durch die enge Verzahnung von religiösen und moralischen Überzeugungen zerbricht mit einer Entfremdung zwischen den Generationen im religiösen Bereich zwangsläufig oft auch der moralische Konsens. Unter Kirchennahen beider Konfessionen, auch unter den Jüngeren, fühlt sich die Mehrheit den Eltern nicht nur in den religiösen Überzeugungen, sondern auch in moralischen Anschauungen verbunden, unter Kirchenfernen nur eine Minderheit (vgl. Tabellen A 152 und A 153).

In allen Lebensbereichen, nicht nur in der engeren privaten Sphäre, finden sich zahlreiche Hinweise, daß ein Bedeutungsverlust der christlichen Religion hedonistische Züge verstärkt und das Ethos der Mitmenschlichkeit schwächt. Im engeren Einflußbereich der Kirchen, bei Personen mit ausgeprägter, religiöser Orientierung und kirchlicher Bindung, dominiert ein Lebenskonzept, das Leben als eine kräftefordernde Aufgabe versteht. Mit zunehmender Entfremdung von Kirche und Religion tritt anstelle dieser instrumentellen Interpretation der eigenen Existenz, des Sich-in-den-Dienst-stellen-Wollens, eine instrumentelle Sicht der Umwelt als Korrelat einer hedonistischen Grundhaltung. Anstelle der Motivstruktur, wirken, etwas leisten zu wollen, gewinnt bei Kirchenfernen und besonders bei kirchenfernen Jugendlichen das Streben nach unmittelbarem, unter Minimierung eigener Anstrengungen erzielten Lebensgenuß an Bedeutung:[20]

Tabelle 31
Bundesrepublik mit West-Berlin
16- bis 29jährige
Katholiken und Protestanten

Frage:
„Zwei Menschen unterhalten sich über das Leben.
Der eine sagt: Ich möchte mein Leben
genießen und mich nicht mehr abmühen als nötig. Man lebt schließlich nur einmal, und
die Hauptsache ist doch, daß man etwas von seinem Leben hat.
Der zweite sagt: Ich betrachte mein Leben als eine Aufgabe, für die ich da bin
und für die ich alle Kräfte einsetze. Ich möchte in meinem Leben etwas leisten,
auch wenn das oft schwer und mühsam ist.
Was meinen Sie, welcher von den beiden macht es richtig,
der erste oder der zweite?"

	16- bis 29jährige Katholiken –		16- bis 29jährige Protestanten –	
	kirchennah	kirchenfern	kirchennah	kirchenfern
	%	%	%	%
Leben genießen	31	47	39	55
Leben als Aufgabe	51	30	41	27
Unentschieden	18	23	20	18
	100	100	100	100

Quelle: Allensbacher Archiv, IfD-Umfrage 3092, 1981.

Tief wirken diese Veränderungen in der Lebensauffassung in den Arbeitsbereich hinein. Für die berufliche Motivation junger kirchenferner Katholiken wie Protestanten spielen materielle Aspekte und

Sicherheitsstreben eine größere Rolle als für ihre kirchennahen Altersgenossen, eine deutlich geringere dagegen der Kontakt zu anderen Menschen, Verantwortungsstreben und vor allem der Wunsch, mit der beruflichen Tätigkeit der Gesellschaft nützlich zu sein; 49 Prozent der unter 30jährigen kirchennahen Katholiken und 56 Prozent der gleichaltrigen kirchennahen Protestanten ist die Chance, „Nützliches für die Allgemeinheit tun zu können", ein wichtiges Kriterium für die Beurteilung eines Berufs, ein Maßstab, den nur 31 Prozent der kirchenfernen Katholiken und 41 Prozent der kirchenfernen Protestanten anlegen möchten:

Tabelle 32
Bundesrepublik mit West-Berlin
18- bis 29jährige
Katholiken und Protestanten

Berufliche Prioritäten

– Auszug –

Es halten persönlich an einem Beruf für besonders wichtig –	18- bis 29jährige Katholiken –		18- bis 29jährige Protestanten –	
	kirchennah %	kirchenfern %	kirchennah %	kirchenfern %
– gute Bezahlung	69	78	72	82
– sicherer Arbeitsplatz	66	74	57	70
– ein Beruf, bei dem man etwas Nützliches für die Allgemeinheit tun kann	49	31	56	41
– ein Beruf, bei dem man mit Menschen zusammentrifft	64	55	89	63
– ein Beruf mit Verantwortung	57	47	68	54

Quelle: Internationale Wertestudie 1981/82.

Das unter Kirchennahen dominante Konzept des Lebens als Herausforderung und Aufgabe begünstigt eine höhere Bewertung beruflicher Tätigkeit als Quelle von Befriedigung und Stolz. Geradezu frappierend unterscheiden sich junge kirchennahe und kirchenferne Berufstätige in der Begeisterung für ihren Beruf: 70 Prozent der unter-30jährigen berufstätigen Katholiken mit ausgeprägt religiöser Orientierung sind stolz auf ihre Tätigkeit, 41 Prozent ihrer katholischen Altersgenossen ohne intensive kirchliche und religiöse Bindung; dieser Zusammenhang zwischen Religiosität und Stolz auf die eigene Tätigkeit kennzeichnet Protestanten wie Katholiken, in ganz Europa wie in Deutschland (vgl. Tabellen A 154 und A 155).

Bis in die Beziehungen zum eigenen Land hinein unterscheiden sich Menschen mit starker und schwacher religiöser Orientierung. Die größere Bereitschaft zur Einordnung in überpersönliche Zusammenhänge begünstigt bei Menschen mit intensiver religiöser Bindung eine positive Haltung zum Staat und zu den ihn tragenden Institutionen und stärkt die Identifikation mit dem eigenen Land. In allen Altersgruppen ist Nationalstolz überdurchschnittlich ein Charakteristikum religiöser Menschen, während bei dem religiösen Bereich Entfremdeten ungewöhnlich häufig auch ein distanziertes Verhältnis zu dem eigenen Land auftritt (vgl. Tabelle A 156).

Die These, daß Religion und Kirche ihre prägende Kraft in der säkularen Gesellschaft verloren haben, ist nicht haltbar. Der Kreis, in den ihr Einfluß hineinreicht, ist kleiner geworden. Aber wo Religion und Kirche stark sind, ist die Gesellschaft eine andere, mit rigideren Moralvorstellungen und einem generell weitaus umfassenderen und festeren Normengefüge, das Selbstbeschränkung und Altruismus fördert. Wo Religion und Kirche schwach sind, greifen Egozentrismus und Hedonismus Raum, wird individuelle Autonomie zum überragenden Ziel, dessen Verfolgung keine absoluten Verhaltenspostulate und Verpflichtungen duldet. Viel schwerer lastet plötzlich die Erinnerung an die Prophezeiung Max Webers, der als Alternative zu „neuen Prophetien oder einer mächtigen Wiedergeburt alter Gedanken und Ideale" nur „eine Art von krampfhaftem Sich-wichtig-nehmen" sah.[21]

Tabelle A 80
USA, Europa
Bevölkerung ab 18 Jahre

Konfessionszugehörigkeit in Europa und den Vereinigten Staaten

FRAGE: "Welcher Konfession gehören Sie an?"

	USA	Europa insgesamt	Bundes-republik Deutsch-land	Schweden	Dänemark	Großbri-tannien	Nord-Irland	Republik Irland	Holland	Belgien	Frank-reich	Spanien	Italien
	%	%	%	%	%	%	%	%	%	%	%	%	%
Katholiken	27	57	41	1	1	11	24	95	32	72	71	90	93
Protestanten	61	26	48	91	91	68	27	2	18	2	1	x	x
Andere Konfession	4	8	1	5	1	11	44	2	11	1	28	1	1
Konfessionslos	6	8	9	3	6	9	x	x	36	15	x	9	6
Keine Angabe	2	1	1	x	1	1	5	1	3	10	x	x	x
	100	100	100	100	100	100	100	100	100	100	100	100	100

Quelle: Internationale Wertestudie 1981/82

FRAGE: "Welcher Konfession gehören Sie an?"

	Bevölkerung ab 18 Jahre insgesamt	
	1953	1981
	%	%
Katholiken	48	41
Protestanten	48	48
Andere Konfession	1	1
Konfessionslos	3	10
	100	100

QUELLE: Allensbacher Archiv, IfD-Umfrage 225, Internationale Wertestudie 1981/82

199

Gottesdienstbesuch

Tabelle A 82
USA, Europa
Bevölkerung ab 18 Jahre

FRAGE: "Einmal abgesehen von Hochzeiten, Beerdigungen, Taufen usw.: Wie oft gehen Sie zum Gottesdienst in die Kirche?"

	USA	Europa insgesamt	Bundes- republik Deutsch- land	Schweden	Dänemark	Großbri- tannien	Nord- Irland	Republik Irland	Holland	Belgien	Frank- reich	Spanien	Italien
	%	%	%	%	%	%	%	%	%	%	%	%	%
Mehrmals in der Woche	13	6	4	2	x	4	18	26	5	4	1	11	8
Einmal in der Woche	30	19	17	3	3	10	35	55	22	26	11	31	28
Ungefähr einmal im Monat	15	12	16	9	9	9	15	6	13	8	6	12	16
Nur Ostern, Weihnachten	7	9	14	6	11	7	4	3	6	5	6	4	12
Nur an anderen Feiertagen	3	6	5	6	6	5	3	1	3	5	7	6	7
Einmal im Jahr	7	6	9	18	15	8	7	2	5	4	5	6	5
Seltener	7	9	16	16	13	12	7	3	4	14	7	6	4
Gehe nie in die Kirche	18	33	19	40	43	45	11	4	42	34	57	25	20
	100	100	100	100	100	100	100	100	100	100	100	100	100

Quelle: Internationale Wertestudie 1981/82

Tabelle A 83
USA , Europa
Personen, die an Gott glauben

FRAGE: "Welche von den Aussagen hier kommt Ihren Überzeugungen am nächsten?"
(Vorlage einer Liste)*)

	Personen, die an Gott glauben, begreifen ihn als -		Es sind ohne faßbaren Gottesbegriff
	leibhaftigen Gott	eine geistige Macht	
	%	%	%
USA	69	25	5
Europa	40	41	15
Bundesrepublik Deutschland	38	48	14
Schweden	34	47	16
Dänemark	39	32	19
Großbritannien	40	42	15
Republik Irland	77	15	5
Holland	52	30	14
Belgien	50	27	17
Frankreich	39	31	25
Spanien	62	23	12
Italien	31	55	9

*) Aussagen auf der Liste:

(1) Es gibt einen leibhaftigen Gott

(2) Es gibt eine geistige Macht

(3) Ich weiß nicht richtig, was ich glauben soll

(4) Ich glaube nicht, daß es einen Gott oder irgendeine geistige Macht gibt

Quelle: Internationale Wertestudie 1981/82

Gottesverständnis

Es hängen einem personalen*) Gottesverständnis an:	Altersgruppen			
	18 – 24 Jahre	25 – 39 Jahre	40 – 59 Jahre	60 Jahre und älter
	%	%	%	%
USA	57	61	72	70
Europa insgesamt	22	25	35	42
Bundesrepublik Deutschland	17	18	26	41
Schweden	11	14	19	30
Dänemark	9	16	29	36
Großbritannien	23	27	36	37
Republik Irland	61	66	82	88
Holland	18	28	36	52
Belgien	28	32	43	50
Frankreich	20	18	31	34
Spanien	41	46	60	67
Italien	19	22	27	33

*) Zustimmung zu der Aussage "Es gibt einen leibhaftigen Gott"

Quelle: Internationale Wertestudie 1981/82

	Tabelle A 85
Der Zusammenhang zwischen Gottesbegriff und Religiosität	Europa Bevölkerung ab 18 Jahre – Teilgruppe –

FRAGE: "Wie wichtig ist Gott in Ihrem Leben? Wenn Sie es mir wieder nach dieser Leiter hier sagen: 1 bedeutet, überhaupt nicht wichtig, 10 sehr wichtig."
(Vorlage eines Bildblattes)

Personen, die einem –

Bedeutung von Gott für das eigene Leben (Durchschnittswerte)	personalen Gottesverständnis anhängen	abstrakteren Gottesverständnis anhängen
Europa insgesamt	7,75	5,92
Bundesrepublik Deutschland	8,16	6,29
Schweden	7,64	4,31
Dänemark	7,31	5,37
Großbritannien	7,92	5,68
Irland	8,77	6,33
Holland	8,16	4,87
Belgien	7,46	5,83
Frankreich	7,27	5,19
Spanien	7,44	5,59
Italien	8,50	7,36

... /

	Tabelle A 85
Der Zusammenhang zwischen Gottesbegriff und	Europa
	18- bis 24jährige
Religiosität bei 18- bis 24jährigen	- Teilgruppe -

FRAGE: "Wie wichtig ist Gott in Ihrem Leben? Wenn Sie es mir wieder nach dieser
Leiter hier sagen: 1 bedeutet, überhaupt nicht wichtig, 10 sehr wichtig."
(Vorlage eines Bildblattes)

/ ...

	18- bis 24jährige, die einem -	
	personalen Gottes- verständnis anhängen	abstrakteren Gottes- verständnis anhängen

Bedeutung von Gott für
das eigene Leben
(Durchschnittswerte)

Europa insgesamt	6,94	5,05
Bundesrepublik Deutschland	6,70	4,58
Schweden	5,91	3,43
Dänemark	6,28	3,84
Großbritannien	6.57	4,13
Irland	7,78	5,88
Holland	7,24	4,49
Belgien	6,85	5,10
Frankreich	6,06	4,21
Spanien	6,77	4,92
Italien	8,33	6,59

Quelle: Internationale Wertestudie 1981/82

Glaubensinhalte in Europa

Es glauben an –

	Europa insgesamt	Bundes- republik Deutsch- land	Schweden	Dänemark	Großbri- tannien	Nord- Irland	Republik Irland	Holland	Belgien	Frank- reich	Spanien	Italien
	%	%	%	%	%	%	%	%	%	%	%	%
Gott	75	72	52	58	76	91	95	65	77	62	87	84
ein Leben nach dem Tod	43	39	28	26	45	72	76	42	37	35	55	47
die Seele	58	61	40	33	59	80	82	59	52	46	64	63
den Teufel	25	18	12	12	30	66	57	20	20	17	33	30
die Hölle	23	14	10	8	27	65	54	15	18	15	34	31
den Himmel	40	31	27	17	57	81	83	39	33	27	50	41
Sünde	57	59	35	29	69	91	85	49	44	42	58	63
eine Wiedergeburt	21	19	14	11	27	18	26	10	13	22	25	21
	342	313	218	194	390	564	558	299	294	266	406	380

Quelle: Internationale Wertestudie 1981/82

	Tabelle A 87
	USA, Europa
	Bevölkerung ab 18 Jahre

FRAGE: "Wie wichtig ist Gott in Ihrem Leben? Wenn Sie es mir wieder nach dieser Leiter
hier sagen: 1 bedeutet, überhaupt nicht wichtig, 10 sehr wichtig."
(Vorlage eines Bildblattes)

	USA	Europa insgesamt	Bundesrepublik Deutschland
	%	%	%
Stufe 10 (Gott sehr wichtig)	48 ⎫	18 ⎫	16 ⎫
Stufe 9	11 ⎬ 70	6 ⎬ 35	6 ⎬ 34
Stufe 8	11 ⎭	11 ⎭	12 ⎭
Stufe 7	9	9	8
Stufe 6	5	7	8
Stufe 5	6	12	11
Stufe 4	2	6	6
Stufe 3	2 ⎫	6 ⎫	9 ⎫
Stufe 2	2 ⎬ 7	6 ⎬ 26	7 ⎬ 29
Stufe 1 (Gott überhaupt nicht wichtig) ..	3 ⎭	14 ⎭	13 ⎭
Unentschieden	1	5	4
	100	100	100
Im Durchschnitt	8,21	5,86	5,67

Quelle: Internationale Wertestudie 1981/82

206

Glaubensintensität

FRAGE: "Wie wichtig ist Gott in Ihrem Leben? Wenn Sie es mir wieder nach dieser Leiter hier sagen: 1 bedeutet, überhaupt nicht wichtig, 10 sehr wichtig." (Vorlage eines Bildblattes)

	Europa insgesamt	Bundes- republik Deutsch- land	Schweden	Dänemark	Großbri- tannien	Nord- Irland	Republik Irland	Holland	Belgien	Frank- reich	Spanien	Italien
	%	%	%	%	%	%	%	%	%	%	%	%
Stufe 10 (Gott sehr wichtig)	18	16	9	10	19	37	42	15	10	10	17	31
Stufe 9	6	6	3	3	5	8	13	5	6	6	8	7
Stufe 8	11	12	6	7	10	12	13	10	13	9	13	12
Stufe 7	9	8	5	5	9	9	9	10	12	7	13	11
Stufe 6	7	8	6	7	7	8	5	8	11	7	10	6
Stufe 5	12	11	11	14	13	8	6	10	12	13	12	10
Stufe 4	6	6	6	5	8	8	3	4	4	6	5	5
Stufe 3	6	9	12	8	7	3	2	5	5	6	6	3
Stufe 2	6	7	10	7	6	3	2	6	5	9	4	3
Stufe 1 (Gott überhaupt nicht wichtig)	14	13	30	26	14	3	4	22	10	26	7	9
Unentschieden	5	4	2	8	2	1	1	5	12	1	5	3
	100	100	100	100	100	100	100	100	100	100	100	100
Im Durchschnitt	5,86	5,67	4,08	4,47	5,72	7,49	8,02	5,33	5,94	4,72	6,39	6,96

Quelle: Internationale Wertestudie 1981/82

Erstaunlich einheitliches Selbstbild in Europa

Tabelle A 89
Europa
Bevölkerung ab 18 Jahre

FRAGE: "Einmal abgesehen davon, ob Sie in die Kirche gehen oder nicht –
würden Sie sagen, Sie sind ein religiöser Mensch, kein religiöser
Mensch, ein überzeugter Atheist?"

	Europa insgesamt	Bundes- republik Deutsch- land	Schweden	Dänemark	Großbri- tannien	Nord- Irland	Republik Irland	Holland	Belgien	Frank- reich	Spanien	Italien
	%	%	%	%	%	%	%	%	%	%	%	%
Es bezeichnen sich als –												
"religiösen Menschen"	63	58	32	61	58	60	64	63	69	51	63	83
"nicht-religiösen Menschen"	24	22	55	17	36	34	32	23	12	31	30	9
"überzeugten Atheisten"	5	3	6	4	4	1	1	4	4	10	4	4
Unentschieden	8	17	7	18	2	5	3	10	15	8	3	4
	100	100	100	100	100	100	100	100	100	100	100	100

Quelle: Internationale Wertestudie 1981/82

FRAGE: "Einmal abgesehen davon, ob Sie in die Kirche gehen oder nicht, würden Sie
sagen, Sie sind ein religiöser Mensch, kein religiöser Mensch, ein überzeugter Atheist?"

	Personen, die an Gott -	
	glauben	nicht glauben
Es bezeichnen sich als -	%	%
"religiösen Menschen"	76	8
"nicht-religiösen Menschen"	12	55
"überzeugten Atheisten"	x	19
Unentschieden	12	18
	100	100

FRAGE: "Woran glauben Sie?"

	Personen, die sich als -	
	religiös bezeichnen	nicht religiös bezeichnen
- Auszug -	%	%
An Gott	94	37

Quelle: Internationale Wertestudie 1981/82

209

Die Selbstbeschreibung als 'nicht-religiös' hat in den einzelnen Ländern eine unterschiedliche Bedeutung	Tabelle A 91 Bundesrepublik mit West-Berlin, Republik Irland Personen, die sich als nicht-religiös bezeichnen

FRAGE: "Glauben Sie an Gott?"

	Personen, die sich als nicht-religiös bezeichnen in der –	
	Bundesrepublik Deutschland	Republik Irland
	%	%
Ja	37	91
Nein	39	5
Unentschieden	24	4
	100	100

Quelle: Internationale Wertestudie 1981/82

Die Selbstbeschreibung als 'nicht-religiös' hat in den einzelnen Ländern eine unterschiedliche Bedeutung	Tabelle A 92 Bundesrepublik mit West-Berlin, Republik Irland Personen, die sich als nicht-religiös bezeichnen

FRAGE: "Ziehen Sie persönlich aus dem Glauben Trost und Kraft?"

	Personen, die sich als nicht-religiös bezeichnen in der -	
	Bundesrepublik Deutschland	Republik Irland
	%	%
Ja	7	56
Nein	80	37
Unentschieden	13	7
	100	100

Quelle: Internationale Wertestudie 1981/82

211

Der Glaube als Quelle von Trost und Kraft

Tabelle A 93
Europa
Bevölkerung ab 18 Jahre

FRAGE: "Ziehen Sie persönlich aus dem Glauben Trost und Kraft?"

	Europa insgesamt	Bundes- republik Deutsch- land	Schweden	Dänemark	Großbri- tannien	Nord- Irland	Republik Irland	Holland	Belgien	Frank- reich	Spanien	Italien
	%	%	%	%	%	%	%	%	%	%	%	%
Ja	49	44	28	29	46	70	79	43	47	37	57	63
Nein	42	39	63	60	49	22	17	44	32	57	34	30
Unentschieden	9	17	9	11	5	8	4	13	21	6	9	7
	100	100	100	100	100	100	100	100	100	100	100	100

Quelle: Internationale Wertestudie 1981/82

Tabelle A 94
USA, Europa
Bevölkerung ab 18 Jahre

FRAGE: "Einmal abgesehen davon, ob Sie in die Kirche gehen oder nicht –
würden Sie sagen, Sie sind religiös, nicht religiös oder überzeugter Atheist?"

	Männer	Frauen	Differenz
Es bezeichnen sich als "religiösen Menschen":	%	%	%
USA	78	84	+ 6
Europa	51	66	+15
Bundesrepublik Deutschland	48	66	+18
Schweden	28	37	+ 9
Dänemark	54	68	+14
Großbritannien	53	62	+ 9
Nord-Irland	54	65	+11
Republik Irland	59	70	+11
Holland	58	69	+11
Belgien	63	74	+11
Frankreich	40	62	+22
Spanien	50	74	+24
Italien	76	89	+13

Quelle: Internationale Wertestudie 1981/82

	Tabelle A 95
Die Bedeutung des Glaubens für Männer und Frauen	USA, Europa Bevölkerung ab 18 Jahre

FRAGE: "Ziehen Sie persönlich aus dem Glauben Trost und Kraft?"

Es ziehen aus dem Glauben Trost und Kraft:	Männer %	Frauen %	Differenz %
USA	75	84	+ 9
Europa	35	54	+19
Bundesrepublik Deutschland	32	54	+22
Schweden	25	31	+ 6
Dänemark	22	35	+13
Großbritannien	35	55	+20
Nord-Irland	66	75	+ 9
Republik Irland	72	86	+14
Holland	41	47	+ 6
Belgien	39	54	+15
Frankreich	29	45	+16
Spanien	43	71	+28
Italien	48	76	+28

Quelle: Internationale Wertestudie 1981/82

214

Zum Zusammenhang von Religiosität, Geschlecht und Beruf	Tabelle A 96 Europa Bevölkerung von 18 - 59 Jahren

	Altersgruppen		
Es stimmen der Aussage zu: "Ich bin ein religiöser Mensch"	18 - 24 Jahre %	25 - 39 Jahre %	40 - 59 Jahre %

Europa insgesamt

Männer	40	45	60
Frauen	51	61	74

Berufstätige Frauen

ganztags	45	58	65
halbtags	48	55	74
Nichtberufstätige Frauen	56	64	76

Bundesrepublik Deutschland

Männer	29	39	55
Frauen	40	58	65

Berufstätige Frauen

ganztags	35	59	59
halbtags	27	45	73
Nichtberufstätige Frauen	46	66	65

Quelle: Internationale Wertestudie 1981/82

Auch berufstätige Frauen religiöser als Männer	Tabelle A 97 Europa Bevölkerung von 18 - 59 Jahren

Es stimmen der Aussage zu: "Ich ziehe persönlich aus dem Glauben Trost und Kraft"	Altersgruppen		
	18 - 24 Jahre %	25 - 39 Jahre %	40 - 59 Jahre %

Europa insgesamt

Männer	23	26	45
Frauen	37	45	64

Berufstätige Frauen

ganztags	34	42	55
halbtags	29	42	59
Nichtberufstätige Frauen	40	48	67

Bundesrepublik Deutschland

Männer	15	19	36
Frauen	32	38	55

Berufstätige Frauen

ganztags	25	35	50
halbtags	18	48	65
Nichtberufstätige Frauen	42	36	55

Quelle: Internationale Wertestudie 1981/82

Tabelle A 98
USA, Europa
Bevölkerung ab 18 Jahre

Es stimmen der Aussage zu:
"Ich bin ein religiöser Mensch."

	Bevölkerung ab 18 Jahre insgesamt	Altersgruppen			
		18-24 Jahre	25-39 Jahre	40-59 Jahre	60 Jahre und älter
	%	%	%	%	%
USA	81	73	77	86	87
Europa	61	45	53	68	74
Bundesrepublik Deutschland	58	34	49	60	74
Schweden	32	14	25	34	47
Dänemark	61	32	48	69	81
Großbritannien	58	32	50	65	75
Republik Irland	64	52	62	64	78
Holland	63	53	56	68	77
Belgien	69	59	66	75	73
Frankreich	51	38	41	57	65
Spanien	63	45	53	70	77
Italien	83	74	76	86	91

Quelle: Internationale Wertestudie 1981/82

217

Nur einer Minderheit der jungen Europäer ist der Glaube eine Quelle von Kraft	Tabelle A 99 USA, Europa Bevölkerung ab 18 Jahre

Es stimmen der Aussage zu:
"Ich ziehe persönlich aus dem Glauben Trost und Kraft!"

	Bevölkerung ab 18 Jahre insgesamt	Altersgruppen			
		18-24 Jahre	25-39 Jahre	40-59 Jahre	60 Jahre und älter
	%	%	%	%	%
USA	79	69	71	86	88
Europa	49	30	36	55	64
Bundesrepublik Deutschland	44	24	28	46	62
Schweden	28	15	19	30	44
Dänemark	29	12	14	32	52
Großbritannien	46	23	35	52	66
Republik Irland	78	64	71	88	95
Holland	43	29	36	52	57
Belgien	47	34	36	51	61
Frankreich	37	21	26	43	54
Spanien	57	39	45	67	74
Italien	63	46	52	69	77

Quelle: Internationale Wertestudie 1981/82

218

Die Bedeutung von Gott für das eigene Leben

(Durchschnittliche Bewertung)

	Bevölkerung ab 18 Jahre insgesamt	Altersgruppen			
		18-24 Jahre	25-39 Jahre	40-59 Jahre	60 Jahre und älter
	%	%	%	%	%
USA	8,21	7,65	7,71	8,56	8,81
Europa	5,86	4,64	4,98	6,24	6,80
Bundesrepublik Deutschland	5,67	4,02	4,64	5,79	6,94
Schweden	4,08	2,68	3,26	4,19	5,69
Dänemark	4,47	2,79	3,39	4,79	6,42
Großbritannien	5,72	4,15	5,01	6,27	7,01
Republik Irland	8,02	6,89	7,55	8,68	9,21
Holland	5,33	4,17	4,64	5,59	6,82
Belgien	5,94	4,87	5,33	6,17	7,14
Frankreich	4,72	3,79	3,97	5,17	5,64
Spanien	6,39	5,29	5,70	6,78	7,47
Italien	6,96	6,17	6,35	7,39	6,69

Quelle: Internationale Wertestudie 1981/82

Wachsende Kluft der Generationen

FRAGE: "Glauben Sie, daß es in irgendeiner Form ein Leben nach dem Tod gibt?"

	1963						1982					
	Bevölkerung ab 16 Jahre insgesamt	Altersgruppen					Bevölkerung ab 16 Jahre insgesamt	Altersgruppen				
		16-20 Jahre	21-29 Jahre	30-44 Jahre	45-59 Jahre	60 Jahre und älter		16-20 Jahre	21-29 Jahre	30-44 Jahre	45-59 Jahre	60 Jahre und älter
	%	%	%	%	%	%	%	%	%	%	%	%
Ja	38	38	38	33	32	49	42	32	34	39	42	56
Nein	34	35	36	39	36	24	31	30	37	32	32	25
Unmöglich zu sagen	28	27	26	28	32	27	27	38	29	29	26	19
	100	100	100	100	100	100	100	100	100	100	100	100

QUELLE: Allensbacher Archiv, IfD-Umfragen 1082, 4011

Regelmäßigkeit des Kirchenbesuchs 1952 - 1982	Tabelle A 102 Bundesrepublik mit West-Berlin Protestanten und Katholiken ab 16 Jahre

	1952*) %	1956/1957 %	1963 %	1967/1969 %	1973 %	1982 %
Katholiken						
Es gehen zur Kirche:						
- regelmäßig	51	56	55	48	35	32
- unregelmäßig	24	22	23	25	26	26
- selten	17	14	15	18	25	30
- nie	8	8	7	9	14	12
	100	100	100	100	100	100
Protestanten						
Es gehen zur Kirche:						
- regelmäßig	13 } 41	14 } 45	15 } 48	10 } 39	7 } 28	6 } 28
- unregelmäßig	28	31	33	29	21	22
- selten	40	39	38	44	47	47
- nie	19	16	14	17	25	25
	100	100	100	100	100	100

*) Bevölkerung ab 18 Jahre

QUELLEN: IfD-Umfragen 057, 096-1008, 1069-1078 (R), 2032-2036/2043/2045-2048, 2096, 4019

221

1953

	Insgesamt	Katholiken		Protestanten	
		kirchennah	kirchenfern	kirchennah	kirchenfern
	%	%	%	%	%
18 – 24 Jahre	14	16	15	12	17
25 – 29 Jahre	10	8	10	9	13
30 – 44 Jahre	29	25	35	26	31
45 – 59 Jahre	28	30	29	28	25
60 Jahre und älter	19	21	11	25	14
	100	100	100	100	100

1979

	Insgesamt	Katholiken		Protestanten	
		kirchennah	kirchenfern	kirchennah	kirchenfern
	%	%	%	%	%
18 – 24 Jahre	13	8	16	9	17
25 – 29 Jahre	10	4	14	4	10
30 – 44 Jahre	29	16	29	20	35
45 – 59 Jahre	22	27	23	22	20
60 Jahre und älter	26	45	18	45	18
	100	100	100	100	100

*) 1953 ohne Saarland und West-Berlin

Quelle: Allensbacher Archiv, IfD-Umfragen 225, 1287

1953

	Insgesamt	Katholiken		Protestanten	
		kirchennah	kirchenfern	kirchennah	kirchenfern
	%	%	%	%	%
Männer	46	43 53		36 50	
Frauen	54	57 47		64 50	
	100	100	100	100	100

1979

	Insgesamt	Katholiken		Protestanten	
		kirchennah	kirchenfern	kirchennah	kirchenfern
	%	%	%	%	%
Männer	46	35 52		34 47	
Frauen	54	65 48		66 53	
	100	100	100	100	100

*) 1953 ohne Saarland und West-Berlin

Quelle: Allensbacher Archiv, IfD-Umfragen 225, 1287

223

Die Struktur kirchennaher Katholiken

Tabelle A 105
Europa
Kirchennahe Katholiken

	Europa	Bundesrepublik Deutschland	Republik Irland	Holland	Belgien	Frankreich	Spanien	Italien
	%	%	%	%	%	%	%	%
Geschlecht								
Männer	36	35	50	40	41	34	33	34
Frauen	64	65	50	60	59	66	67	66
	100	100	100	100	100	100	100	100
Altersgruppen								
18–24 Jahre	18	7	21	8	14	7	9	11
25–34 Jahre	10	6	18	7	13	9	10	8
35–44 Jahre	16	14	15	10	14	13	18	17
45–54 Jahre	18	17	13	17	16	19	22	18
55–64 Jahre	18	13	14	24	16	17	18	16
65 Jahre und älter	20	43	17	30	25	35	23	30
Keine Angabe	x	x	2	4	2	x	x	x
	100	100	100	100	100	100	100	100
Berufstätigkeit								
Berufstätige	39	35	52	25	35	41	33	36
Nichtberufstätige	61	65	48	75	65	59	67	64
	100	100	100	100	100	100	100	100

Quelle: Internationale Wertestudie 1981/82

Die Struktur kirchennaher Protestanten

	Europa insgesamt	Bundesrepublik Deutschland	Schweden	Dänemark	Großbritannien	Nord-Irland
	%	%	%	%	%	%
Geschlecht						
Männer	35	42	43	39	23	46
Frauen	65	58	57	61	77	54
	100	100	100	100	100	100
Altersgruppen						
18 - 24 Jahre	14	7	5	4	8	9
25 - 34 Jahre	14	10	8	3	16	25
35 - 44 Jahre	15	19	19	12	15	17
45 - 54 Jahre	13	18	10	18	13	14
55 - 64 Jahre	21	20	24	21	23	14
65 Jahre und älter	22	26	34	42	23	21
Keine Angabe	1	x	x	x	2	x
	100	100	100	100	100	100
Berufstätigkeit						
Berufstätige	46	44	51	38	50	45
Nichtberufstätige	54	56	49	62	50	55
	100	100	100	100	100	100

Quelle: Internationale Wertestudie 1981/82

225

Tabelle A 107

Bundesrepublik mit West-Berlin
Bevölkerung ab 16 Jahre

Die religiösen Riten verschwinden aus dem Alltag

FRAGE: "Es gibt ja manches, was in den einen Familien üblich ist und in den anderen Familien nicht üblich ist. Zum Beispiel: Wenn Sie an Ihre Kindheit zurückdenken. - Wurde da vor oder nach der Mahlzeit ein Tischgebet gesprochen?"

	1965					1982				
	Bevölkerung insgesamt	Altersgruppen				Bevölkerung insgesamt	Altersgruppen			
		16-29 Jahre	30-44 Jahre	45-59 Jahre	60 Jahre und älter		16-29 Jahre	30-44 Jahre	45-59 Jahre	60 Jahre und älter
	%	%	%	%	%	%	%	%	%	%
Ja	62	51	59	65	77	47	27	41	51	72
Nein	38	49	41	35	23	53	73	59	49	26
	100	100	100	100	100	100	100	100	100	100

FRAGE: "Und tun Sie es heute?"

	1965					1982				
	Bevölkerung insgesamt	Altersgruppen				Bevölkerung insgesamt	Altersgruppen			
		16-29 Jahre	30-44 Jahre	45-59 Jahre	60 Jahre und älter		16-29 Jahre	30-44 Jahre	45-59 Jahre	60 Jahre und älter
	%	%	%	%	%	%	%	%	%	%
Ja	29	24	27	26	42	11	5	6	14	22
Manchmal	17	15	17	19	16	14	8	11	16	22
Nein	54	60	55	54	42	75	86	83	70	56
Keine Angabe	x	1	1	1	x	x	1	x	x	x
	100	100	100	100	100	100	100	100	100	100

QUELLE: Allensbacher Archiv, IfD-Umfragen 1098, 4008

	Tabelle A 108
Geringe Auseinandersetzung mit den	Bundesrepublik mit West-Berlin
Inhalten der Bibel	Bevölkerung ab 16 Jahre

FRAGE: "Lesen Sie manchmal in der Bibel, also im Alten oder Neuen Testament - ich
meine außerhalb des Gottesdienstes? Würden Sie sagen häufig, hin und wieder,
selten, nie?"

	1982
	Bevölkerung ab 16 Jahre
	insgesamt
Es lesen in der Bibel -	%
"häufig"	5
"hin und wieder"	11
"selten"	22
"nie"	62
	100

Quelle: Allensbacher Archiv, IfD-Umfrage 4011

227

Religiosität des Elternhauses

FRAGE: "Würden Sie sagen, Sie hatten ein sehr religiöses Elternhaus, oder hatten Ihre Eltern keine besondere Beziehung zur Religion?"

1968

	Bevölkerung insgesamt	Altersgruppen				
		16-20 Jahre	21-29 Jahre	30-44 Jahre	45-59 Jahre	60 Jahre und älter
	%	%	%	%	%	%
"Sehr religiös"	31	20 ...	21 ...	27 ...	35 ...	43
"Mittel"	37	37 ...	38 ...	38 ...	38 ...	34
"Keine besondere Beziehung"	24	33 ...	31 ...	26 ...	21 ...	15
"Teils, teils"	6	7 ...	8 ...	7 ...	5 ...	5
Keine Angabe	2	3 ...	2 ...	2 ...	1 ...	3
	100	100	100	100	100	100

1982

	Bevölkerung insgesamt	Altersgruppen				
		16-20 Jahre	21-29 Jahre	30-44 Jahre	45-59 Jahre	60 Jahre und älter
	%	%	%	%	%	%
"Sehr religiös"	26	13 ...	13 ...	21 ...	27 ...	41
"Mittel"	36	33 ...	35 ...	35 ...	40 ...	36
"Keine besondere Beziehung"	28	41 ...	41 ...	31 ...	25 ...	15
"Teils, teils"	8	10 ...	9 ...	11 ...	6 ...	6
Keine Angabe	2	3 ...	2 ...	2 ...	2 ...	2
	100	100	100	100	100	100

QUELLE: Allensbacher Archiv, IfD-Umfragen 2046, 4011

Tabelle A 110
Bundesrepublik mit West-Berlin
Katholiken ab 16 Jahre

FRAGE: "Wo auf dieser Liste würden Sie sich einstufen, bei welchem Punkt?"
(Vorlage einer Liste)

	1982 insgesamt	Katholiken – Kirchenbesuch –		
		Jeden Sonntag	Fast jeden Sonntag, ab und zu	Selten, nie
	%	%	%	%
Ich bin gläubiges Mitglied meiner Kirche und stehe zu ihrer Lehre.	38	91	37	4
Ich fühle mich als Christ, aber die Kirche bedeutet mir nicht viel	25	5	26	39
Ich möchte gern glauben, aber ich fühle mich unsicher	9	2	16	8
Ich habe meine eigenen Glaubensansichten, meine eigene Weltanschauung, ganz unabhängig von der Kirche	10	1	7	20
Ich lebe und arbeite. – Das übrige ergibt sich von selbst, dazu brauche ich keinen Glauben	5	x	4	9
Der Glaube sagt mir gar nichts. Statt dessen setze ich mich für die Aufgaben in unserer Welt und für die Probleme meiner Mitmenschen ein	2	x	1	5
Ich weiß nicht so recht, woran ich eigentlich glauben soll. Deshalb lasse ich solche Fragen offen	7	1	4	13
Keine Angabe	5	x	6	6
	101	100	101	104

QUELLE: Allensbacher Archiv, IfD-Umfrage 4011

FRAGE: "Wie eng fühlen Sie sich Ihrer Kirche verbunden? Könnten Sie das nach dieser Leiter
hier sagen? 10 würde bedeuten, Sie haben eine sehr starke Bindung an Ihre Kirche,
und Null würde heißen, Ihre Kirche bedeutet Ihnen gar nichts. Wo, auf welcher Stufe
von Null bis 10 würden Sie sich einordnen?"
(Vorlage eines Bildblattes)

	1982		
	Katholiken –		
insgesamt	Kirchenbesuch –		
	Jeden Sonntag	Fast jeden Sonntag, ab und zu	Selten, nie
%	%	%	%
Stufe 10 (sehr starke kirchliche Bindung) 11	38 .... 4 x		
Stufe 9 8	19 .... 8 1		
Stufe 8 11	18 .... 15 1		
Stufe 7 9	14 .... 15 1		
Stufe 6 7	5 .... 13 2		
Stufe 5 12	5 .... 23 7		
Stufe 4 8	x 10 12		
Stufe 3 8	x 4 16		
Stufe 2 10	1 .... 4 23		
Stufe 1 5	x 1 13		
Stufe 0 (Kirche bedeutet mir gar nichts) 7	x 1 17		
Unentschieden 4	x 2 7		
	—	—	—
100	100	100	100
IM DURCHSCHNITT 5,4	8,5	6,0	2,4

QUELLE: Allensbacher Archiv, IfD-Umfrage 4011

230

FRAGE: "Glauben Sie ganz allgemein, daß die Kirche in unserem Land eine Antwort
auf moralische Probleme und Nöte des einzelnen geben kann?"

	USA	Europa insgesamt	Bundesrepublik Deutschland
	%	%	%
Ja	61	37	37
Nein	26	43	46
Unentschieden	13	20	17
	100	100	100

"Und für Probleme im Familienleben?"

	USA	Europa insgesamt	Bundesrepublik Deutschland
Ja	64	34	35
Nein	23	46	49
Unentschieden	13	20	16
	100	100	100

"Und auf die Frage nach dem Sinn des
Lebens?"

	USA	Europa insgesamt	Bundesrepublik Deutschland
Ja	73	44	47
Nein	14	33	33
Unentschieden	13	23	20
	100	100	100

Quelle: Internationale Wertestudie 1981/82

231

Die Eingrenzung des Kompetenzbereichs der Kirche

FRAGE: "Glauben Sie ganz allgemein, daß die Kirche in unserem Land eine Antwort auf moralische Probleme und Nöte des einzelnen geben kann?"

	Europa insgesamt	Bundes- republik Deutsch- land	Schweden	Dänemark	Großbri- tannien	Nord- Irland	Republik Irland	Holland	Belgien	Frank- reich	Spanien	Italien
	%	%	%	%	%	%	%	%	%	%	%	%
Ja	37	37	17	18	30	48	52	25	35	42	39	40
Nein	43	46	57	55	45	38	40	37	36	45	43	38
Unentschieden	20	17	26	27	25	14	8	38	29	13	18	22
	100	100	100	100	100	100	100	100	100	100	100	100

"Und für Probleme im Familienleben?"

	Europa insgesamt	Bundes- republik Deutsch- land	Schweden	Dänemark	Großbri- tannien	Nord- Irland	Republik Irland	Holland	Belgien	Frank- reich	Spanien	Italien
Ja	34	35	13	12	32	49	47	24	32	34	34	39
Nein	46	49	63	65	44	36	43	37	42	51	49	38
Unentschieden	20	16	24	23	24	15	10	39	26	15	17	23
	100	100	100	100	100	100	100	100	100	100	100	100

"Und auf die Frage nach dem Sinn des Lebens?"

	Europa insgesamt	Bundes- republik Deutsch- land	Schweden	Dänemark	Großbri- tannien	Nord- Irland	Republik Irland	Holland	Belgien	Frank- reich	Spanien	Italien
Ja	44	47	37	26	42	60	64	33	40	48	45	43
Nein	33	33	35	45	32	24	24	29	29	37	37	29
Unentschieden	23	20	28	29	26	16	12	38	31	15	18	28
	100	100	100	100	100	100	100	100	100	100	100	100

Quelle: Internationale Wertestudie 1981/82

Junge Europäer bestreiten die Kompetenz der Kirche

in moralischen Fragen

FRAGE: "Glauben Sie ganz allgemein, daß die Kirche in unserem Land eine Antwort
auf moralische Probleme und Nöte des einzelnen geben kann?"

Es sind überzeugt, die Kirche könne
eine Antwort auf moralische Probleme
und Nöte des einzelnen geben –

	Bevölkerung ab 18 Jahre insgesamt	Altersgruppen						
		18-24 Jahre	25-34 Jahre	35-44 Jahre	45-54 Jahre	55-64 Jahre	65-74 Jahre	75 Jahre und älter
	%	%	%	%	%	%	%	%
Europa	37	23	24	35	40	46	49	52
Bundesrepublik Deutschland	37	18	25	36	37	42	59	59
Schweden	17	11	6	17	18	19	27	45
Dänemark	18	7	8	17	21	26	25	36
Großbritannien	30	21	21	29	27	43	39	46
Republik Irland	52	33	41	48	63	62	77	81
Holland	25	15	18	24	32	40	28	36
Belgien	35	25	24	32	39	41	49	54
Frankreich	42	30	29	37	48	55	55	59
Spanien	39	21	26	41	45	47	56	61
Italien	40	29	23	38	46	52	51	52

	Bevölkerung ab 18 Jahre insgesamt	Altersgruppen			
		18-24 Jahre	25-39 Jahre	40-59 Jahre	60 Jahre und älter
	%	%	%	%	%
USA	61	57	58	62	68

Quelle: Internationale Wertestudie 1981/82

Kirchennähe und Religiosität

Es haben die Überzeugung -

	Vertrauen in die Kirche -				Personen, die glauben, die Kirche könne auf moralische Probleme des einzelnen -	
	sehr groß %	ziemlich groß %	gering %	überhaupt keins %	eine Antwort geben %	keine Antwort geben %
"Es gibt einen leibhaftigen Gott"	72	35	10	7	51	10
"Es gibt eine geistige Macht"	31	50	45	22	42	39
"Ich weiß nicht richtig, was ich glauben soll"	4	10	28	20	6	24
"Ich glaube nicht, daß es einen Gott oder irgendeine geistige Macht gibt"	2	4	11	47	4	22
Durchschnittswert "Wie wichtig ist Gott in Ihrem Leben?" (1=überhaupt nicht wichtig, 10= sehr wichtig)	8,65	6,79	4,58	2,47	7,54	4,18

Quelle: Internationale Wertestudie 1981/82

234

	Personen, die den Gottesdienst besuchen –				
Es glauben an Gott –	regelmäßig	ab und zu	ein-, zweimal im Jahr	seltener	nie
	%	%	%	%	%
USA	99	97	96	95	82
Europa	97	93	80	68	46
Bundesrepublik Deutschland	94	95	74	64	35
Schweden	92	91	61	53	31
Dänemark	100	95	69	62	37
Großbritannien	98	91	81	87	61
Republik Irland	99	96	85	65	54
Holland	94	88	79	74	35
Belgien	94	90	86	77	53
Frankreich	99	97	86	66	42
Spanien	99	95	93	87	60
Italien	98	94	88	64	53

Quelle: Internationale Wertestudie 1981/82

Kirchennähe und Religiosität

Tabelle A 117
Bundesrepublik mit West-Berlin
Bevölkerung ab 18 Jahre

| | Vertrauen in die Kirche – | | | | Personen, die glauben, die Kirche könne auf moralische Probleme des einzelnen – | |
	sehr groß %	ziemlich groß %	gering %	überhaupt keins %	eine Antwort geben %	keine Antwort geben %
Es ziehen persönlich aus dem Glauben Trost und Kraft	92	59	24	9	75	21
Es gilt für mich uneingeschränkt das Gebot:						
"Ich bin der Herr, Dein Gott. Du sollst keine anderen Götter neben mir haben"	92	60	26	9	72	26
"Du sollst den Namen Gottes nicht verunehren"	90	70	29	12	76	29
"Du sollst den Tag des Herrn heiligen"	71	34	13	8	51	14

Quelle: Internationale Wertestudie 1981/82

FRAGE: "Ziehen Sie persönlich aus dem Glauben Trost und Kraft?"

	Bundesrepublik Deutschland				
	Katholiken		Protestanten		Ohne Konfession
	kirchen-nah	kirchen-fern	kirchen-nah	kirchen-fern	
	%	%	%	%	%
Ja	88	38	74	27	8
Nein	5	40	5	53	88
Unentschieden	7	22	21	20	4
	100	100	100	100	100

Quelle: Internationale Wertestudie 1981/82

Die Akzeptanz der religiösen Gebote	Tabelle A 119 Bundesrepublik mit West-Berlin Bevölkerung ab 18 Jahre

FRAGE: "Hier auf den Karten stehen die Zehn Gebote. Es ist die Frage, ob diese Grundsätze noch heute uneingeschränkt gelten, oder nur mit Einschränkungen, oder ob sie heute nicht mehr gelten. Wenn Sie jetzt zuerst einmal an sich persönlich denken – wie würden Sie diese Frage für sich beantworten? Würden Sie die Karten bitte auf dieses Blatt verteilen, je nachdem, ob es für Sie gilt, oder nur mit Einschränkungen, oder ob Sie davon nichts halten." (Vorlage eines Kartenspiels und einer Liste)

1. Gebot:

"Ich bin der Herr, Dein Gott. Du sollst keine anderen Götter neben mir haben."

Bundesrepublik Deutschland

	Katholiken		Protestanten		Ohne Konfession
	kirchen-nah	kirchen-fern	kirchen-nah	kirchen-fern	
Gilt für mich –	%	%	%	%	%
– uneingeschränkt	83 41		80 29		6
– nur mit Einschränkungen	11 20		11 22		6
– nicht, halte nichts davon....	2 24		6 33		79
Weiß nicht, unentschieden	4 15		3 16		9
	100	100	100	100	100

2. Gebot:

"Du sollst den Namen Gottes nicht verunehren."

Gilt für mich –					
– uneingeschränkt	83 45		79 38		5
– nur mit Einschränkungen	13 26		15 26		15
– nicht, halte nichts davon....	2 13		2 21		61
Weiß nicht, unentschieden	2 16		4 15		19
	100	100	100	100	100

3. Gebot:

"Du sollst den Tag des Herrn heiligen."

Gilt für mich –					
– uneingeschränkt	66 19		51 18		4
– nur mit Einschränkungen	26 38		42 34		8
– nicht, halte nichts davon....	5 32		4 38		82
Weiß nicht, unentschieden	3 11		3 10		6
	100	100	100	100	100

Quelle: Internationale Wertestudie 1981/82

238

Durchschnittliche Bedeutung von Gott

für das eigene Leben

FRAGE: "Wie wichtig ist Gott in Ihrem Leben; Wenn Sie es mir nach dieser Leiter hier sagen:
1 bedeutet, überhaupt nicht wichtig, 10 sehr wichtig."
(Vorlage eines Bildblatts)

	Personen, die den Gottesdienst besuchen –				
	regelmäßig	ab und zu	ein-, zweimal im Jahr	seltener	nie
USA	9,3	8,3	7,4	7,8	6,4
Europa	8,4	7,0	5,7	5,0	3,5
Bundesrepublik Deutschland	8,4	6,9	5,2	4,9	2,9
Schweden	8,9	7,3	4,3	3,8	2,7
Dänemark	9,5	7,6	5,0	4,4	3,0
Großbritannien	9,0	6,9	5,7	6,3	4,3
Republik Irland	8,6	6,8	4,9	4,2	3,7
Holland	8,4	6,8	5,3	4,7	3,0
Belgien	7,8	6,7	6,1	5,4	3,9
Frankreich	8,3	7,5	6,1	4,8	3,2
Spanien	7,9	6,7	5,9	5,6	4,1
Italien	8,7	7,5	6,7	4,9	4,1

Quelle: Internationale Wertestudie 1981/82

Tabelle A 121
Bundesrepublik mit West-Berlin
Katholiken und Protestanten ab 18 Jahre

	Katholiken insgesamt %	Protestanten insgesamt %
Es besuchen regelmäßig den Gottesdienst	32	6
Es bringen der Kirche großes Vertrauen entgegen	64	40
Es billigen der Kirche Kompetenz		
– in moralischen Fragen zu	49	33
– in der Sinnfrage zu	58	45

	Katholiken insgesamt %	Protestanten insgesamt %
Es glauben an Gott	84	71
Bedeutung von Gott für das eigene Leben (Durchschnittswerte)	6,61	5,44
Es beschreiben sich als religiösen Menschen ...	72	53
Es finden im Glauben Trost und Kraft	58	38

Quelle: Internationale Wertestudie 1981/82

Tabelle A 122
Bundesrepublik mit West-Berlin
Bevölkerung ab 18 Jahre

Nähe zur Institution und Religiosität

	Vertrauen zur Kirche –				Personen, die glauben, die Kirche könne auf moralische Probleme des einzelnen –	
	sehr groß	ziemlich groß	wenig	überhaupt keins	eine Antwort geben	keine Antwort geben
	%	%	%	%	%	%
Es bezeichnen sich als religiösen Menschen	95	77	42	16	86	37
Es ziehen persönlich aus dem Glauben Trost und Kraft	92	59	24	9	75	21

Quelle: Internationale Wertestudie 1981/82

241

		USA	Europa insgesamt	Bundesrepublik Deutschland

Die uneingeschränkte Akzeptanz

der Forderungen des Dekalogs

		USA %	Europa insgesamt %	Bundesrepublik Deutschland %
Es anerkennen uneingeschränkt das –				
1. Gebot:	"Ich bin der Herr, Dein Gott. Du sollst keine anderen Götter neben mir haben."	80	48	45
2. Gebot:	"Du sollst den Namen Gottes nicht verunehren"	68	47	50
3. Gebot:	"Du sollst den Tag des Herrn heiligen"	57	32	29
4. Gebot:	"Du sollst Vater und Mutter ehren" .	90	77	72
5. Gebot:	"Du sollst nicht töten"	93	87	88
6. Gebot:	"Du sollst nicht ehebrechen"	87	62	64
7. Gebot:	"Du sollst nicht stehlen"	92	82	81
8. Gebot:	"Du sollst kein falsches Zeugnis geben wider Deinen Nächsten"	89	73	73
9. Gebot:	"Du sollst nicht begehren Deines Nächsten Frau"	89	65	62
10. Gebot:	"Du sollst nicht begehren Deines Nächsten Hab und Gut"	88	70	70

Quelle: Internationale Wertestudie 1981/82

Die Akzeptanz der Forderungen des Dekalogs in den europäischen Ländern

Tabelle A 124
Europa
Bevölkerung ab 18 Jahre

	Europa insgesamt	Bundes- republik Deutsch- land	Schweden	Dänemark	Großbri- tannien	Nord- Irland	Republik Irland	Holland	Belgien	Frank- reich	Spanien	Italien
	%	%	%	%	%	%	%	%	%	%	%	%
Es anerkennen uneingeschränkt das -												
1. Gebot: "Ich bin der Herr, Dein Gott. Du sollst keine anderen Götter neben mir haben."	48	45	31	45	48	75	80	40	47	30	48	68
2. Gebot: "Du sollst den Namen Gottes nicht verun- ehren"	47	50	34	29	43	60	56	49	42	24	52	66
3. Gebot: "Du sollst den Tag des Herrn heiligen"	32	29	17	13	25	52	68	24	33	20	38	51
4. Gebot: "Du sollst Vater und Mutter ehren"	77	72	63	62	83	85	77	69	73	67	75	91
5. Gebot: "Du sollst nicht töten"	87	88	90	90	90	92	93	82	80	80	81	96
6. Gebot: "Du sollst nicht ehebrechen"	62	64	70	67	78	86	85	50	61	48	58	62
7. Gebot: "Du sollst nicht stehlen"	82	81	88	84	87	91	88	79	76	69	78	93
8. Gebot: "Du sollst kein falsches Zeugnis geben wider Deinen Nächsten"	73	73	84	74	78	84	86	57	61	67	56	88

.../

Die Akzeptanz der Forderungen des Dekalogs in den europäischen Ländern

Tabelle A 124
Europa
Bevölkerung ab 18 Jahre

/ ...	Europa insgesamt	Bundes- republik Deutsch- land	Schweden	Dänemark	Großbri- tannien	Nord- Irland	Republik Irland	Holland	Belgien	Frank- reich	Spanien	Italien
	%	%	%	%	%	%	%	%	%	%	%	%
Es anerkennen uneingeschränkt das -												
9. Gebot: "Du sollst nicht begehren Deines Nächsten Frau"	65	62	75	72	79	79	85	65	65	52	65	64
10. Gebot: "Du sollst nicht begehren Deines Nächsten Hab und Gut"	70	70	70	72	79	85	87	59	69	62	61	73

Quelle: Internationale Wertestudie 1981/82

5. Gebot:

"Du sollst nicht töten."

	Bundesrepublik Deutschland				
	Katholiken		Protestanten		Ohne Konfession
	kirchen-nah	kirchen-fern	kirchen-nah	kirchen-fern	
	%	%	%	%	%
Gilt für mich -					
- uneingeschränkt	93	86	92	88	76
- nur mit Einschränkungen	5	9	8	9	15
- nicht, halte nichts davon	1	1	x	2	7
Weiß nicht, unentschieden	1	4	x	1	2
	100	100	100	100	100

7. Gebot:

"Du sollst nicht stehlen."

Gilt für mich -					
- uneingeschränkt	94	76	95	79	64
- nur mit Einschränkungen	4	18	2	18	20
- nicht, halte nichts davon	1	1	1	2	13
Weiß nicht, unentschieden	1	5	2	1	3
	100	100	100	100	100

10. Gebot:

"Du sollst nicht begehren Deines Nächsten Hab und Gut

Gilt für mich -					
- uneingeschränkt	91	62	88	66	44
- nur mit Einschränkungen	6	26	9	23	31
-nnicht, halte nichts davon	1	4	2	5	15
Weiß nicht, unentschieden	2	8	1	6	10
	100	100	100	100	100

... /

245

	Bundesrepublik Deutschland				
/ ...	Katholiken		Protestanten		Ohne Konfession
	kirchen-nah	kirchen-fern	kirchen-nah	kirchen-fern	
	%	%	%	%	%

8. Gebot:
"Du sollst kein falsches Zeugnis geben wider Deinen Nächsten."

Gilt für mich –

	Katholiken kirchen-nah	Katholiken kirchen-fern	Protestanten kirchen-nah	Protestanten kirchen-fern	Ohne Konfession
– uneingeschränkt	89	67	87	68	58
– nur mit Einschränkungen	7	24	11	24	25
– nicht, halte nichts davon	2	3	1	3	12
Weiß nicht, unentschieden	2	6	1	5	5
	100	100	100	100	100

Quelle: Internationale Wertestudie 1981/82

4. Gebot:

"Du sollst Vater und Mutter ehren."

Bundesrepublik Deutschland

Gilt für mich -	Katholiken		Protestanten		Ohne Konfession
	kirchen-nah	kirchen-fern	kirchen-nah	kirchen-fern	
	%	%	%	%	%
- uneingeschränkt	90	65	85	71	40
- nur mit Einschränkungen	8	28	14	24	45
- nicht, halte nichts davon....	1	2	1	2	10
Weiß nicht, unentschieden	1	5	x	3	5
	100	100	100	100	100

6. Gebot:

"Du sollst nicht ehebrechen."

Gilt für mich -					
- uneingeschränkt	89	57	85	57	34
- nur mit Einschränkungen	8	25	11	29	32
- nicht, halte nichts davon....	2	9	3	8	26
Weiß nicht, unentschieden	1	9	1	6	8
	100	100	100	100	100

9. Gebot:

"Du sollst nicht begehren Deines Nächsten Frau."

Gilt für mich -					
- uneingeschränkt	91	55	78	56	27
- nur mit Einschränkungen	5	30	16	27	38
- nicht, halte nichts davon....	2	7	3	9	22
Weiß nicht, unentschieden	2	8	3	8	13
	100	100	100	100	100

Quelle: Internationale Wertestudie 1981/82

	Tabelle A 127
Formale und reale Akzeptanz des 7. Gebots durch Protestanten und Konfessionslose	Bundesrepublik mit West-Berlin Protestanten und Konfessionslose ab 18 Jahre

	Protestanten			Konfessions- lose
	insgesamt	kirchennah	kirchenfern	
	%	%	%	%
Formale Akzeptanz				
Das 7. Gebot, "Du sollst nicht stehlen", gilt für mich uneingeschränkt 83		95 79		64
Reale Akzeptanz				
Es halten unter keinen Umständen für zulässig –				
ein Auto, das einem nicht gehört, öffnen und damit eine Spritztour machen 90		94 89		86
wenn man Krankengeld, Arbeitslosenunterstützung oder andere soziale Vergünstigungen in Anspruch nimmt, auf die man kein Recht hat 65		73 63		56
kein Fahrgeld in öffentlichen Verkehrsmitteln zahlen, Schwarzfahren 60		70 56		51
Steuern hinterziehen 55		68 51		26
Geld zu behalten, das man gefunden hat 45		54 42		25

Quelle: Internationale Wertestudie 1981/82

Formale und reale Akzeptanz des 5. Gebots
durch Katholiken

	Katholiken –		
	insgesamt	kirchennah	kirchenfern
	%	%	%

Formale Akzeptanz der Norm:

Das 5. Gebot, "Du sollst nicht töten",
gilt für mich uneingeschränkt 89   93 86

Reale Akzeptanz der Norm:

Es halten unter keinen Umständen für
zulässig –

Mord aus politischen Gründen 87   93 83

Selbstmord 58   72 48

Abtreibung 46   71 30

Wenn man das Leben unheilbar Kranker
beendet, Euthanasie 36   57 22

In Notwehr einen Menschen töten 28   40 21

... /

Formale und reale Akzeptanz des 5. Gebots
durch Protestanten und Konfessionslose

Tabelle A.128
Bundesrepublik mit West-Berlin
Protestanten und Konfessionslose ab
18 Jahre

/ ...

	Protestanten –			Konfessions-lose
	insgesamt	kirchennah	kirchenfern	
	%	%	%	%

Formale Akzeptanz der Norm:

Das 5. Gebot, "Du sollst nicht töten",
gilt für mich uneingeschränkt .... 89 — 92 .... 88 — 76

Reale Akzeptanz der Norm:

Es halten unter keinen Umständen für
zulässig –

Mord aus politischen Gründen 85	88 85			81
Selbstmord 46	59 43			27
Abtreibung 24	37 20			8
Wenn man das Leben unheilbar Kranker beendet, Euthanasie 27	39 24			12
In Notwehr einen Menschen töten 29	31 28			17

Quelle: Internationale Wertestudie 1981/82

Europa
Personen, die das fünfte Gebot
ohne Einschränkung anerkennen

Grad der Übereinstimmung von Anerkennung der abstrakten Norm und Urteil am konkreten Beispiel

Personen, die das fünfte Gebot ohne Einschränkung anerkennen -

	Europa insgesamt	Bundes- republik Deutsch- land	Schweden	Dänemark	Großbri- tannien	Nord- Irland	Republik Irland	Holland	Belgien	Frank- reich	Spanien	Italien
	%	%	%	%	%	%	%	%	%	%	%	%
Es halten unter keinen Umständen für zulässig –												
politisches Attentat	81	88	88	92	75	93	84	78	77	75	81	90
Selbstmord	54	52	47	54	51	65	73	50	61	41	65	75
Abtreibung	31	34	15	23	32	42	18	33	35	25	51	33
Euthanasie	36	32	26	19	30	43	68	22	40	30	55	56
Töten aus Notwehr	21	29	26	25	22	20	32	23	23	15	16	22

Quelle: Internationale Wertestudie 1981/82

Tabelle A 130

Bundesrepublik mit West-Berlin
Katholiken ab 18 Jahre

Die Einstellung zur Abtreibung bei Kirchennahen und -fernen Katholiken

FRAGE: "Ich möchte Ihnen verschiedenes vorlesen, wo man geteilter Meinung sein kann, ob man das tun darf oder nicht. Wenn Sie mir
bitte jedesmal sagen, ob Sie das in jedem Fall für in Ordnung halten, oder unter keinen Umständen, oder irgendwo dazwischen.
Gehen Sie bitte nach diesem Bildblatt vor: 1 würde bedeuten, das darf man unter keinen Umständen tun; 10 würde bedeuten,
das ist in jedem Fall in Ordnung."
(Vorlage eines Bildblattes)

- Auszug -

"Abtreibung"	Katholiken insgesamt	Katholiken - kirchennah	Katholiken - kirchenfern	Kirchennahe Katholiken bis 44 Jahre	Kirchennahe Katholiken 45 Jahre und älter	Kirchenferne Katholiken bis 44 Jahre	Kirchenferne Katholiken 45 Jahre und älter
	%	%	%	%	%	%	%
Stufe 10 (In jedem Fall in Ordnung)	4	x	5	x	1	5	6
Stufe 9	1	x	1	x	x	2	1
Stufe 8	4	1	5	2	1	6	5
Stufe 7	5	2	7	2	2	8	5
Stufe 6	3	1	5	3	x	6	2
Stufe 5	14	7	19	16	4	21	15
Stufe 4	5	3	7	2	3	6	8
Stufe 3	9	6	12	5	6	13	10
Stufe 2	9	8	9	17	5	9	10
Stufe 1 (Unter keinen Umständen tun)	46	71	30	53	77	24	38
Keine Angabe	x	1	x	x	1	x	x
	100	100	100	100	100	100	100
Im Durchschnitt	3,09	1,89	3,91	2,36	1,70	4,22	3,46

Quelle: Internationale Wertestudie 1981/82

Beurteilung der Zulässigkeit einer Abtreibung

FRAGE: "Es wird ja viel darüber diskutiert, unter welchen Umständen eine Abtreibung gerechtfertigt ist. Ich möchte Ihnen verschiedenes vorlesen, und Sie sagen mir bitte jedes Mal, ob Sie in dem Fall eine Abtreibung billigen oder nicht billigen würden."

	Bevölkerung ab 18 Jahre insgesamt	Katholiken –			Protestanten –			Kon-fessions-lose
		insgesamt	kirchen-nah	kirchen-fern	insgesamt	kirchen-nah	kirchen-fern	
	%	%	%	%	%	%	%	%
"Wenn die Gesundheit der Mutter durch die Schwangerschaft gefährdet ist"								
Billigen	94	90	86	94	96	95	97	99
Nicht billigen	4	8	12	5	2	5	1	x
Unentschieden	2	2	2	1	2	x	2	1
	100	100	100	100	100	100	100	100
"Wenn es wahrscheinlich ist, daß das Kind behindert sein wird"								
Billigen	82	74	63	82	87	77	89	92
Nicht billigen	15	22	33	14	11	20	8	5
Unentschieden	3	4	4	4	2	3	3	3
	100	100	100	100	100	100	100	100

... /

Beurteilung der Zulässigkeit einer Abtreibung

Tabelle A 131
Bundesrepublik mit West-Berlin
Bevölkerung ab 18 Jahre

FRAGE: "Es wird ja viel darüber diskutiert, unter welchen Umständen eine Abtreibung gerechtfertigt ist. Ich möchte Ihnen verschiedenes vorlesen, und Sie sagen mir bitte jedes Mal, ob Sie in dem Fall eine Abtreibung billigen oder nicht billigen würden."

/ ...	Bevölkerung ab 18 Jahre insgesamt	Katholiken – insgesamt	kirchen- nah	kirchen- fern	Protestanten – insgesamt	kirchen- nah	kirchen- fern	Kon- fessions- lose
	%	%	%	%	%	%	%	%
"Wenn eine Frau ledig ist"								
Billigen	23	15	4	23	25	13	29	42
Nicht billigen	73	81	92	73	71	86	66	54
Unentschieden	4	4	4	4	4	1	5	4
	100	100	100	100	100	100	100	100
"Wenn ein Ehepaar keine weiteren Kinder möchte"								
Billigen	35	24	10	34	39	21	45	59
Nicht billigen	60	70	84	60	56	75	49	38
Unentschieden	5	6	6	6	5	4	6	3
	100	100	100	100	100	100	100	100

Quelle: Internationale Wertestudie 1981/82

Deutlicher Einfluß der katholischen Kirche in der Abtreibungsfrage

Tabelle A 132
Bundesrepublik mit West-Berlin
18- bis 29jährige

FRAGE: "Es wird ja viel darüber diskutiert, unter welchen Umständen eine Abtreibung gerechtfertigt ist. Ich möchte Ihnen verschiedenes vorlesen, und Sie sagen mir bitte jedes Mal, ob Sie in dem Fall eine Abtreibung billigen oder nicht billigen würden."

| | insgesamt | Katholiken | | | Protestanten | | | Kon-fessions-lose |
		insgesamt	kirchen-nah	kirchen-fern	insgesamt	kirchen-nah	kirchen-fern	
	%	%	%	%	%	%	%	%
"Wenn die Gesundheit der Mutter durch die Schwangerschaft gefährdet ist"								
Billigen	97	95	87	97	98	97	99	100
Nicht billigen	2	3	10	1	1	3	x	x
Unentschieden	1	2	3	2	1	x	1	x
	100	100	100	100	100	100	100	100
"Wenn es wahrscheinlich ist, daß das Kind behindert sein wird"								
Billigen	82	74	52	78	88	73	90	90
Nicht billigen	15	22	43	18	9	20	8	10
Unentschieden	3	4	5	4	3	7	2	x
	100	100	100	100	100	100	100	100

... /

Deutlicher Einfluß der katholischen Kirche in der Abtreibungsfrage

Tabelle A 132
Bundesrepublik mit West-Berlin
18- bis 29jährige

FRAGE: "Es wird ja viel darüber diskutiert, unter welchen Umständen eine Abtreibung gerechtfertigt ist. Ich möchte Ihnen verschiedenes vorlesen, und Sie sagen mir bitte jedes Mal, ob Sie in dem Fall eine Abtreibung billigen oder nicht billigen würden."

	insgesamt	Katholiken – insgesamt	Katholiken – kirchen-nah	Katholiken – kirchen-fern	Protestanten – insgesamt	Protestanten – kirchen-nah	Protestanten – kirchen-fern	Kon-fessions-lose
	%	%	%	%	%	%	%	%
"Wenn eine Frau ledig ist"								
Billigen	32	20	7	23	36	25	37	63
Nicht billigen	66	76	93	72	62	71	61	37
Unentschieden	2	4	x	5	2	4	2	x
	100	100	100	100	100	100	100	100
"Wenn ein Ehepaar keine weiteren Kinder möchte"								
Billigen	42	30	5	35	47	36	48	72
Nicht billigen	55	66	95	60	51	60	50	28
Unentschieden	3	4	x	5	2	4	2	x
	100	100	100	100	100	100	100	100

Quelle: Internationale Wertestudie 1981/82

Die Haltung kirchennaher und kirchenferner junger Europäer in der Abtreibungsdiskussion

FRAGE: "Es wird ja viel darüber diskutiert, unter welchen Umständen eine Abtreibung gerechtfertigt ist. Ich möchte Ihnen verschiedenes vorlesen, und Sie sagen mir bitte jedes Mal, ob Sie in dem Fall eine Abtreibung billigen oder nicht billigen würden."

	18- bis 24jährige					
	Katholiken –			Protestanten –		
	insgesamt	kirchen-nah	kirchen-fern	insgesamt	kirchen-nah	kirchen-fern
	%	%	%	%	%	%
"Wenn die Gesundheit der Mutter durch die Schwangerschaft gefährdet ist"						
Billigen	89	79	93	96	91	96
Nicht billigen	9	19	6	4	8	3
Unentschieden	2	2	1	x	1	1
	100	100	100	100	100	100
"Wenn es wahrscheinlich ist, daß das Kind behindert sein wird"						
Billigen	74	51	82	85	76	86
Nicht billigen	23	45	16	14	22	12
Unentschieden	3	4	2	1	2	2
	100	100	100	100	100	100

... /

Die Haltung kirchennaher und kirchenferner junger Europäer in der Abtreibungsdiskussion

Tabelle A 133
Europa
18- bis 24jährige

FRAGE: "Es wird ja viel darüber diskutiert, unter welchen Umständen eine Abtreibung gerechtfertigt ist. Ich möchte Ihnen verschiedenes vorlesen, und Sie sagen mir bitte jedes Mal, ob Sie in dem Fall eine Abtreibung billigen oder nicht billigen würden."

/ ...

	18- bis 24jährige					
	Katholiken -			Protestanten -		
	insgesamt	kirchen-nah	kirchen-fern	insgesamt	kirchen-nah	kirchen-fern
	%	%	%	%	%	%
"Wenn die Frau ledig ist"						
Billigen	26	14	30	43	34	44
Nicht billigen	70	84	66	54	61	53
Unentschieden	4	2	4	3	5	3
	100	100	100	100	100	100
"Wenn ein Ehepaar keine weiteren Kinder möchte"						
Billigen	29	11	35	43	28	45
Nicht billigen	68	86	62	53	66	52
Unentschieden	3	3	3	4	6	3
	100	100	100	100	100	100

Quelle: Internationale Wertestudie 1981/82

Die Bereitschaft zur Billigung von Schwangerschaftsabbrüchen

FRAGE: "Es wird ja viel darüber diskutiert, unter welchen Umständen eine Abtreibung gerechtfertigt ist. Ich möchte Ihnen verschiedenes vorlesen, und Sie sagen mir bitte jedes Mal, ob Sie in dem Fall eine Abtreibung billigen oder nicht billigen würden."

	Europa insgesamt	Bundesrepublik Deutschland	Schweden	Dänemark	Großbritannien	Nord-Irland	Republik Irland	Holland	Belgien	Frankreich	Spanien	Italien
	%	%	%	%	%	%	%	%	%	%	%	%
Es billigen eine Abtreibung, wenn –												
die Gesundheit der Mutter durch die Schwangerschaft gefährdet ist	88	94	96	95	90	76	43	87	86	92	72	88
es wahrscheinlich ist, daß das Kind behindert sein wird	77	82	82	90	78	60	23	66	73	88	52	81
die Frau ledig ist	26	23	36	55	30	11	6	24	23	33	15	26
ein Ehepaar keine weiteren Kinder möchte	32	35	53	64	32	14	5	20	22	48	16	29

Quelle: Internationale Wertestudie 1981/82

Tabelle A 135
Bundesrepublik mit West-Berlin*)
Bevölkerung ab 18 Jahre

FRAGE: "Was sagen Sie: Soll die Ehescheidung möglichst leichtgemacht werden oder
möglichst schwergemacht werden oder sollten Ehen überhaupt unlösbar sein?"

1953

	Insgesamt	Katholiken -		Protestanten -	
		kirchennah	kirchenfern	kirchennah	kirchenfern
	%	%	%	%	%
Möglichst leicht	14	6 20		10 20	
Lassen wie es ist	15	10 14		16 20	
Möglichst schwer	29	25 26		36 30	
Unlösbar sein	32	51 27		28 19	
Weiß nicht	10	8 13		10 11	
	100	100	100	100	100

1979

	Insgesamt	Katholiken -		Protestanten -	
		kirchennah	kirchenfern	kirchennah	kirchenfern
	%	%	%	%	%
Möglichst leicht	29	4 31		19 37	
Lassen wie es ist	19	11 24		17 22	
Möglichst schwer	29	44 28		34 22	
Unlösbar sein	8	26 4		12 2	
Weiß nicht	15	15 13		18 17	
	100	100	100	100	100

*) 1953 ohne Saarland und West-Berlin

Quelle: Allensbacher Archiv, IfD-Umfragen 225, 1287

FRAGE: "Man kann ja unterschiedlicher Meinung sein, wann eine Ehe geschieden werden
sollte. Was von dieser Liste hier halten Sie für einen ausreichenden
Scheidungsgrund? Wenn Sie mir einfach die Nummern nennen."
(Vorlage einer Liste)

	USA	Europa insgesamt	Bundesrepublik Deutschland
	%	%	%
Wenn ein Partner gewalttätig ist	77	77	82
Wenn ein Ehepartner ständig untreu ist ..	86	72	77
Wenn ein Partner für den anderen nichts mehr empfindet	65	58	57
Wenn ein Partner ständig zuviel trinkt ..	52	54	61
Wenn sie nicht zueinander passen, ihre Charaktere zu verschieden sind	22	46	57
Wenn die sexuellen Beziehungen nicht befriedigend sind	21	23	18
Wenn sie keine Kinder bekommen können ...	3	7	5
Wenn die finanziellen Verhältnisse zerrüttet sind	4	4	8
Wenn ein Ehepartner lange krank ist	3	3	2
Wenn sie mit den Verwandten des Partners nicht auskommen	5	3	2
	338	347	369
Nichts davon	5	8	4

Quelle: Internationale Wertestudie 1981/82

Zur Akzeptanz der Ehescheidung

FRAGE: "Man kann ja unterschiedlicher Meinung sein, wann eine Ehe geschieden werden sollte.
Was von dieser Liste hier halten Sie für einen ausreichenden Scheidungsgrund?
Wenn Sie mir einfach die Nummern nennen."
(Vorlage einer Liste)

	Europa insgesamt	Bundes- republik Deutsch- land	Schweden	Dänemark	Großbri- tannien	Nord- Irland	Republik Irland	Holland	Belgien	Frank- reich	Spanien	Italien
	%	%	%	%	%	%	%	%	%	%	%	%
Wenn ein Partner gewalttätig ist	77	82	87	85	80	65	56	69	62	87	59	75
Wenn ein Ehepartner ständig untreu ist	72	77	92	75	84	70	53	80	69	76	58	61
Wenn ein Partner für den anderen nichts mehr empfindet	58	57	67	50	60	39	29	61	39	57	52	68
Wenn ein Partner ständig zuviel trinkt	54	61	78	64	49	32	31	45	50	79	39	41
Wenn sie nicht zueinander passen, ihre Charaktere zu verschieden sind	46	57	52	42	29	15	13	46	29	41	35	66
Wenn die sexuellen Beziehungen nicht befriedigend sind	23	18	31	29	21	10	13	14	18	31	28	27
Wenn sie keine Kinder bekommen können	7	5	9	4	6	3	2	3	5	11	9	7
Wenn die finanziellen Verhältnisse zerrüttet sind	4	8	8	8	2	2	2	2	4	2	7	2
Wenn ein Ehepartner lange krank ist	3	2	4	4	2	3	2	1	4	1	5	4
Wenn sie mit den Verwandten des Partners nicht auskommen	3	2	6	5	3	1	1	1	4	3	7	2
	347	369	434	366	336	240	202	322	284	388	299	353
Nichts davon	8	4	2	3	6	22	31	7	11	4	22	6

Quelle: Internationale Wertestudie 1981/82

Scheidungsgründe

FRAGE: "Man kann ja unterschiedlicher Meinung sein, wann eine Ehe geschieden werden sollte. Was von dieser Liste hier halten Sie für einen ausreichenden Scheidungsgrund? Wenn Sie mir einfach die Nummern nennen." (Vorlage einer Liste)

	Europa	Bundes-republik Deutsch-land	Schweden	Däne-mark	Groß-britannien	Nord-Irland	Republik Irland	Holland	Belgien	Frank-reich	Spanien	Italien
Es wurden als ausreichend für eine Scheidung be-zeichnet:	%	%	%	%	%	%	%	%	%	%	%	%
mindestens 6 von 10 Gründen	14	13	24	13	11	4	4	7	7	17	15	14
4 oder 5 von 10 Gründen	40	45	46	42	38	22	18	43	30	47	27	40
2 oder 3 von 10 Gründen	31 } 46	33 } 42	24 } 30	36 } 45	37 } 51	45 } 74	37 } 78	35 } 50	36 } 63	27 } 36	27 } 58	30 } 46
höchstens 1 von 10 Gründen	15	9	6	9	14	29	41	15	27	9	31	16
	100	100	100	100	100	100	100	100	100	100	100	100

Quelle: Internationale Wertestudie 1981/82

263

Tabelle A 139
Bundesrepublik mit West-Berlin
Bevölkerung ab 18 Jahre

FRAGE: "Man kann ja unterschiedlicher Meinung sein, wann eine Ehe geschieden werden
sollte. Was von dieser Liste hier halten Sie für einen ausreichenden Scheidungsgrund? Wenn Sie mir einfach die Nummern nennen."
(Vorlage einer Liste)

	Bevölkerung ab 18 Jahre insgesamt	Katholiken –			Protestanten –		
		insge-samt	kirchen-nah	kirchen-fern	insge-samt	kirchen-nah	kirchen-fern
	%	%	%	%	%	%	%
Wenn ein Partner gewalt-tätig ist	82	76	63 85		87	81 88	
Wenn ein Ehepartner ständig untreu ist	77	76	72 80		78	83 77	
Wenn ein Partner ständig zuviel trinkt	61	61	53 67		62	62 62	
Wenn ein Partner für den anderen nichts mehr empfindet	57	53	36 65		59	48 63	
Wenn sie nicht zueinander passen, ihre Charaktere zu verschieden sind	57	48	36 56		63	51 67	
Wenn die sexuellen Be-ziehungen nicht befriedigend sind	18	17	13 19		18	9 21	
Wenn die finanziellen Verhältnisse zerrüttet sind	8	9	3 13		7	7 6	
Wenn sie keine Kinder bekommen können	5	3	4 2		6	8 5	
Wenn ein Ehepartner lange krank ist	2	3	2 3		2	1 2	
Wenn sie mit den Verwandten des Partners nicht auskommen	2	2	1 2		2	3 2	
	369	348	283	392	384	353	393
Nichts davon	4	8	14 3		2	4 1	

Quelle: Internationale Wertestudie 1981/82

Formale und reale Akzeptanz des 6. Gebots	Tabelle A 140 Bundesrepublik mit West-Berlin Bevölkerung ab 18 Jahre

	Katholiken –		
	insgesamt	kirchennah	kirchenfern
	%	%	%

Formale Akzeptanz:

Das 6. Gebot, "Du sollst nicht ehebrechen",
gilt für mich uneingeschränkt 70   89 57

Reale Akzeptanz:

Es halten unter keinen Umständen für
zulässig, wenn Verheiratete ein außereheliches
Verhältnis haben 60   81 46

	Protestanten –			Konfessions- lose
	insgesamt	kirchennah	kirchenfern	
	%	%	%	%

Formale Akzeptanz:

Das 6. Gebot, "Du sollst nicht ehebrechen",
gilt für mich uneingeschränkt 64   85 57   34

Reale Akzeptanz:

Es halten unter keinen Umständen für
zulässig, wenn Verheiratete ein außereheliches
Verhältnis haben 46   62 41   22

Quelle: Internationale Wertestudie 1981/82

Kirchennähe prägt die Bewertung von Ehebruch

	Katholiken –				
	insgesamt			18- bis 29jährige	
	alle	kirchennah	kirchenfern	kirchennah	kirchenfern
	%	%	%	%	%
Es halten unter keinen Umständen für zulässig, wenn Verheiratete ein außereheliches Verhältnis haben	60	81	46	51	31

	Protestanten –					Konfessionslose	
	insgesamt			18- bis 29jährige		insge-	18- bis
	alle	kirchen-nah	kirchen-fern	kirchen-nah	kirchen-fern	samt	29jährige
	%	%	%	%	%	%	%
Es halten unter keinen Umständen für zulässig, wenn Verheiratete ein außereheliches Verhältnis haben	46	62	41	71	29	22	8

Quelle: Internationale Wertestudie 1981/82

266

Akzeptanz von Scheidungsgründen

bei Unter-30jährigen

FRAGE: "Man kann ja unterschiedlicher Meinung sein, wann eine Ehe geschieden werden sollte.
Was von dieser Liste hier halten Sie für einen ausreichenden Scheidungsgrund? Wenn
Sie mir einfach die Nummern nennen."
(Vorlage einer Liste)

	insgesamt	Katholiken -			Protestanten -		
		insge-samt	kirchen-nah	kirchen-fern	insge-samt	kirchen-nah	kirchen-fern
	%	%	%	%	%	%	%
Wenn ein Partner gewalt-tätig ist	86	83	67	86	90	89	80
Wenn ein Ehepartner ständig untreu ist	76	76	73	77	77	85	76
Wenn ein Partner ständig zuviel trinkt	60	58	43	61	61	74	59
Wenn ein Partner für den anderen nichts mehr empfindet	72	66	56	68	77	68	79
Wenn sie nicht zueinander passen, ihre Charaktere zu verschieden sind	64	58	44	61	67	61	67
Wenn die sexuellen Be-ziehungen nicht befriedigend sind	27	23	23	23	29	7	32
Wenn die finanziellen Verhältnisse zerrüttet sind	6	7	14	5	6	8	6
Wenn sie keine Kinder bekommen können	4	2	x	2	6	6	5
Wenn ein Ehepartner lange krank ist	3	4	5	4	2	4	2
Wenn sie mit den Verwandten des Partners nicht auskommen	2	3	7	2	2	4	2
	400	380	332	389	417	406	408
Nichts davon	1	2	5	2	x	x	1

Quelle: Internationale Wertestudie 1981/82

FRAGE: "Man kann ja unterschiedlicher Meinung sein, wann eine Ehe geschieden werden sollte. Was von dieser Liste hier halten Sie für einen ausreichenden Scheidungsgrund? Wenn Sie mir einfach die Nummern nennen."
(Vorlage einer Liste)

	Bevölkerung ab 18 Jahre insgesamt	Katholiken –			Protestanten –		
		insge-samt	kirchen-nah	kirchen-fern	insge-samt	kirchen-nah	kirchen-fern
	%	%	%	%	%	%	%
Wenn ein Partner gewalt-tätig ist	77	74	63	80	85	79	86
Wenn ein Ehepartner ständig untreu ist	72	68	59	72	83	79	84
Wenn ein Partner ständig zuviel trinkt	54	51	40	57	59	57	59
Wenn ein Partner für den anderen nichts mehr empfindet	58	58	44	65	64	50	67
Wenn sie nicht zueinander passen, ihre Charaktere zu verschieden sind	46	48	35	54	46	36	48
Wenn die sexuellen Be-ziehungen nicht befrie-digend sind	23	25	16	29	22	13	24
Wenn die finanziellen Verhältnisse zerrüttet sind	4	4	2	5	5	5	5
Wenn sie keine Kinder bekommen können	7	7	5	8	6	5	6
Wenn ein Ehepartner lange krank ist	3	3	2	3	2	1	3
Wenn sie mit den Verwandten des Partners nicht auskommen	3	3	2	3	3	2	3
	347	341	268	376	375	327	385
Nichts davon	8	10	20	5	3	8	2

Quelle: Internationale Wertestudie 1981/82

FRAGE: "Man kann ja unterschiedlicher Meinung sein, wann eine Ehe geschieden werden sollte. Was von dieser Liste hier halten Sie für einen ausreichenden Scheidungsgrund? Wenn Sie mir einfach die Nummern nennen."
(Vorlage einer Liste)

		18- bis 29jährige -				
	insgesamt	Katholiken -			Protestanten -		
		insge-samt	kirchen-nah	kirchen-fern	insge-samt	kirchen-nah	kirchen-fern
	%	%	%	%	%	%	%
Wenn ein Partner gewalt-tätig ist	83	80	70 83		86	84 87	
Wenn ein Ehepartner ständig untreu ist	76	72	61 76		82	77 82	
Wenn ein Partner ständig zuviel trinkt	56	52	42 55		58	62 57	
Wenn ein Partner für den anderen nichts mehr empfindet	73	71	62 74		74	65 75	
Wenn sie nicht zueinander passen, ihre Charaktere zu verschieden sind	53	53	41 57		51	46 51	
Wenn die sexuellen Be-ziehungen nicht befriedigend sind	27	27	20 29		24	8 26	
Wenn die finanziellen Verhältnisse zerrüttet sind	5	5	3 5		5	4 5	
Wenn sie keine Kinder bekommen können	6	6	5 6		5	3 5	
Wenn ein Ehepartner lange krank ist	3	3	2 3		3	2 3	
Wenn sie mit den Verwandten des Partners nicht auskommen	3	3	2 3		2	2 2	
	385	372	308	391	390	353	393
Nichts davon	3	4	10 2		2	6 2	

Quelle: Internationale Wertestudie 1981/82

Verpflichtungen der jüngeren gegenüber der
älteren Generation

FRAGE: "Hier stehen zwei Meinungen. Welcher von beiden würden Sie eher zustimmen,
der ersten oder der zweiten?"
(Vorlage einer Liste)

	USA	Europa insgesamt	Bundesrepublik Deutschland
	%	%	%
Ganz egal, welche Vorzüge und Fehler die Eltern haben, man muß sie immer lieben und ehren	69	63	48
Man muß seine Eltern nicht achten, wenn sie es nicht durch ihr Verhalten und ihre Einstellungen verdient haben ...	28	28	32
Unentschieden	3	9	20
	100	100	100

Quelle: Internationale Wertestudie 1981/82

		Tabelle A 146

Verpflichtungen der älteren gegenüber der

jüngeren Generation

Tabelle A 146
USA, Europa
Bevölkerung ab 18 Jahre

FRAGE: "Hier stehen zwei Meinungen über die Verantwortung von Eltern gegenüber ihren
Kindern. Welche von beiden ist auch Ihre Ansicht?"
(Vorlage einer Liste)

	USA	Europa insgesamt	Bundesrepublik Deutschland
	%	%	%
Es ist die Pflicht der Eltern, das Beste für ihre Kinder zu tun, auch wenn sie selbst dafür zurückstehen müssen	68	64	46
Eltern haben ein Anrecht auf ihr eigenes Leben, und man sollte nicht von ihnen verlangen, daß sie sich für das Wohl ihrer Kinder aufopfern	22	21	28
Stimme beiden zu	3	8	23
Keine von beiden	7	7	3
	100	100	100

Quelle: Internationale Wertestudie 1981/82

271

Verpflichtungen zwischen den Generationen

FRAGE: "Hier stehen zwei Meinungen über die Verantwortung von Eltern gegenüber ihren Kindern. Welche von beiden ist auch Ihre Ansicht?"
(Vorlage einer Liste)

	Bevölkerung ab 18 Jahre insgesamt	Katholiken –			Protestanten –		
		insgesamt	kirchen-nah	kirchen-fern	insgesamt	kirchen-nah	kirchen-fern
	%	%	%	%	%	%	%
1. Meinung:							
"Es ist die Pflicht der Eltern, das Beste für ihre Kinder zu tun, auch wenn sie selbst dafür zurückstehen müssen." ...	46	55	63 50		41	62 34	
2. Meinung:							
"Eltern haben ein Anrecht auf ihr eigenes Leben, und man sollte nicht von ihnen verlangen, daß sie sich für das Wohl ihrer Kinder aufopfern."	28	20	16 23		31	19 35	
Stimme beiden zu	23	21	19 22		25	17 27	
Keine von beiden	3	4	2 5		3	2 4	
	100	100	100	100	100	100	100

Quelle: Internationale Wertestudie 1981/82

		Tabelle A 148
Formale und reale Akzeptanz des 4. Gebots		Bundesrepublik mit West-Berlin Bevölkerung ab 18 Jahre

	Katholiken –		
	insgesamt	kirchennah	kirchenfern
	%	%	%

Formale Akzeptanz:

Das 4. Gebot, "Du sollst Vater und Mutter ehren", gilt für mich uneingeschränkt 76		90 65	

Reale Akzeptanz:

Es stimmen der Ansicht zu: "Ganz egal, welche Vorzüge und Fehler die Eltern haben, man muß sie immer lieben und ehren" 50		67 39	

	Protestanten –			Konfessions- lose
	insgesamt	kirchennah	kirchenfern	
	%	%	%	%

Formale Akzeptanz:

Das 4. Gebot, "Du sollst Vater und Mutter ehren", gilt für mich uneingeschränkt 74		85 71		40

Reale Akzeptanz:

Es stimmen der Ansicht zu: "Ganz egal, welche Vorzüge und Fehler die Eltern haben, man muß sie immer lieben und ehren" 48		68 42		29

Quelle: Internationale Wertestudie 1981/82

273

Kirchennähe und Generationenbeziehung

Tabelle A 149
Bundesrepublik mit West-Berlin
18- bis 29jährige

FRAGE: "Hier stehen zwei Meinungen. Welcher von beiden würden Sie eher zustimmen, der ersten oder der zweiten?"
(Vorlage einer Liste)

| | insgesamt | Katholiken – 18- bis 29jährige | | | Protestanten – | | |
		insgesamt	kirchen-nah	kirchen-fern	insgesamt	kirchen-nah	kirchen-fern
	%	%	%	%	%	%	%
1. Meinung:							
"Ganz egal, welche Vorzüge und Fehler die Eltern haben, man muß sie immer lieben und ehren."	31	36	49 33		30	50 27	
2. Meinung:							
"Man muß seine Eltern nicht achten, wenn sie es nicht durch ihr Verhalten und ihre Einstellungen verdient haben."	49	43	31 46		52	33 55	
Unentschieden	20	21	20 21		18	17 18	
	100	100	100	100	100	100	100

Quelle: Internationale Wertestudie 1981/82

Beziehungen zu den eigenen Eltern

	Europa	Bundes-republik Deutsch-land	Schweden	Däne-mark	Groß-britannien	Nord-Irland	Republik Irland	Holland	Belgien	Frank-reich	Spanien	Italien
	%	%	%	%	%	%	%	%	%	%	%	%
In ihrer Kindheit hatten -												
zu Vater und Mutter eine sehr enge Beziehung	32	18	43	32	37	42	40	18	47	34	33	45

Quelle: Internationale Wertestudie 1981/82

Nur die Nähe der Generationen garantiert die

Tradierung von Werten

FRAGE: "In welchen Bereichen haben/hatten Sie und Ihre Eltern ähnliche Ansichten?"
(Vorlage einer Liste)

	P e r s o n e n –			
	mit sehr enger Beziehung zu Vater und Mutter	mit enger Beziehung zur Mutter, aber nicht zum Vater	mit enger Beziehung zum Vater, aber nicht zur Mutter	ohne enge Beziehung zu Vater und Mutter
	%	%	%	%
Einstellungen zur Religion	63	41	52	32
Moralvorstellungen	63	43	40	23
Einstellungen gegenüber anderen Menschen	57	40	38	21
Politische Ansichten	35	23	30	22
Einstellung zur Sexualität	21	8	13	5
	239	155	173	103
In nichts davon	4	12	10	22
Weiß nicht	9	13	7	21

Quelle: Internationale Wertestudie 1981/82

Tabelle A 152
Bundesrepublik mit West-Berlin
Katholiken ab 18 Jahre

FRAGE: "In welchen Bereichen haben/hatten Sie und Ihre Eltern ähnliche Ansichten?"
(Vorlage einer Liste)

	Katholiken ab 18 Jahre –		
	insgesamt	kirchennah	kirchenfern
	%	%	%
Einstellungen zur Religion	55	72	44
Moralvorstellungen	48	58	40
Einstellungen gegenüber anderen Menschen	43	44	42
Politische Ansichten	30	30	30
Einstellung zur Sexualität	14	18	12
	190	222	168
In nichts davon	7	4	10
Weiß nicht	15	13	16

Bundesrepublik mit West-Berlin
Katholiken unter 30 Jahren

FRAGE: "In welchen Bereichen haben/hatten Sie und Ihre Eltern ähnliche Ansichten?"
(Vorlage einer Liste)

	Katholiken unter 30 Jahren –		
	insgesamt	kirchennah	kirchenfern
	%	%	%
Einstellungen zur Religion	42	69	36
Moralvorstellungen	33	47	30
Einstellungen gegenüber anderen Menschen	47	56	45
Politische Ansichten	31	38	29
Einstellung zur Sexualität	15	21	14
	168	231	154
In nichts davon	16	10	17
Weiß nicht	8	2	9

Quelle: Internationale Wertestudie 1981/82

Tabelle A 153
Bundesrepublik mit West-Berlin
Protestanten und Konfessionslose
ab 18 Jahre

FRAGE: "In welchen Bereichen haben/hatten Sie und Ihre Eltern ähnliche Ansichten?"
(Vorlage einer Liste)

	Protestanten ab 18 Jahre –			Konfessionslose
	insgesamt	kirchennah	kirchenfern	
	%	%	%	%
Einstellungen zur Religion	44	65 37		26
Moralvorstellungen	52	66 47		39
Einstellungen gegenüber anderen Menschen	46	43 47		37
Politische Ansichten	28	28 27		26
Einstellung zur Sexualität	13	16 12		11
	183	218 ... 170		139
In nichts davon	9	4 11		19
Weiß nicht	14	11 15		13

Bundesrepublik mit West-Berlin
Protestanten und Konfessionslose
unter 30 Jahren

FRAGE: "In welchen Bereichen haben/hatten Sie und Ihre Eltern ähnliche Ansichten?"
(Vorlage einer Liste)

	Protestanten unter 30 Jahren –			Konfessionslose
	insgesamt	kirchennah	kirchenfern	
	%	%	%	%
Einstellungen zur Religion	39	67 36		22
Moralvorstellungen	40	58 38		28
Einstellungen gegenüber anderen Menschen	49	53 49		23
Politische Ansichten	31	35 31		22
Einstellung zur Sexualität	12	18 11		6
	171	231 ... 165		101
In nichts davon	12	x 14		30
Weiß nicht	7	x 8		22

Quelle: Internationale Wertestudie 1981/82

Religiöse Orientierung und Stolz auf die Arbeit

FRAGE: "Sind Sie stolz auf Ihre Arbeit, Ihren Beruf? Würden Sie sagen sehr stolz, ziemlich stolz, etwas stolz, überhaupt nicht stolz?"

	insgesamt	Katholiken –			Protestanten –		
		insgesamt	kirchen-nah	kirchen-fern	insgesamt	kirchen-nah	kirchen-fern
	%	%	%	%	%	%	%
Auf ihre Arbeit sind –							
"sehr stolz"	29	23	32	21	41	36	42
"ziemlich"	37	40	43	39	35	48	34
"etwas"	19	21	10	24	16	14	16
"überhaupt nicht"	11	12	11	12	5	1	5
Unentschieden	4	4	4	4	3	1	3
	100	100	100	100	100	100	100

Quelle: Internationale Wertestudie 1981/82

Tabelle A 155

Bundesrepublik mit West-Berlin
18- bis 29jährige Berufstätige

Kirchennahe Berufstätige setzen mehr Stolz in ihren Beruf

FRAGE: "Sind Sie stolz auf Ihre Arbeit, Ihren Beruf? Würden Sie sagen sehr stolz, ziemlich stolz, etwas stolz, überhaupt nicht stolz?"

| | insgesamt | Katholiken – | | | Protestanten – | | | Konfessionslose |
		insge-samt	kirchen-nah	kirchen-fern	insge-samt	kirchen-nah	kirchen-fern	
Auf ihre Arbeit sind –	%	%	%	%	%	%	%	%
"sehr stolz"	11	12	32	9	9	7	9	18
"ziemlich"	40	33	38	32	47	64	46	28
"etwas"	32	30	13	33	35	29	35	28
"überhaupt nicht"	9	14	17	13	3	x	4	17
Unentschieden	8	11	x	13	6	x	6	9
	100	100	100	100	100	100	100	100

Berufstätige zwischen 18 und 29 Jahren

Quelle: Internationale Wertestudie 1981/82

	Tabelle A 156
Religiosität und Nationalstolz	Bundesrepublik mit West-Berlin
	Bevölkerung ab 18 Jahre

FRAGE: "Sind Sie stolz, Deutsche(r) zu sein? Würden Sie sagen sehr stolz, ziemlich stolz, nicht sehr stolz, überhaupt nicht stolz?"

	Bevölkerung ab 18 Jahre insgesamt	Personen, die sich beschreiben als -		
		religiös	nicht religiös	überzeugte Atheisten
Auf ihre Nationalität sind -	%	%	%	%
"sehr, ziemlich stolz"	59	68	47	23
"nicht sehr stolz"	18	16	24	15
"überhaupt nicht stolz"	11	8	17	42
Unentschieden	12	8	12	20
	100	100	100	100

	Unter-30jährige, die sich beschreiben als -		
	religiös	nicht religiös	überzeugte Atheisten
Auf ihre Nationalität sind -	%	%	%
"sehr, ziemlich stolz"	54	34	11
"nicht sehr stolz"	19	27	7
"überhaupt nicht stolz"	11	21	47
Unentschieden	16	18	35
	100	100	100

Quelle: Internationale Wertestudie 1981/82

Renate Köcher

Freiheit, Gleichheit, Autorität und Norm – ungeklärte Verhältnisse

*„Die einzige untrügliche und andauernde Quelle
für den Fortschritt ist die Freiheit, weil durch sie ebensoviel
unabhängige Zentren des Fortschritts möglich sind,
als Individuen vorhanden."*
John Stuart Mill (On Liberty)

Leicht, oft in hochmütigem Ton, sprechen wir von der freien westlichen Welt. In der Tat sind die in den Gesetzen der westlichen Industrie-Nationen verbürgten individuellen Freiheitsrechte und die gesellschaftlichen Kontrollmechanismen, die ihre Einhaltung überwachen, im historischen wie im internationalen Vergleich beeindruckend. Das subjektive Gefühl großer Freiheit, das die Mehrheit der Europäer und die überwältigende Mehrheit der amerikanischen Bevölkerung erfüllt, der geringe aktuelle Stellenwert, der der Verteidigung der Meinungsfreiheit beigemessen wird, wirken wie das getreue Spiegelbild des objektiv hohen Niveaus der Absicherung individueller Freiheitsräume. Von den vier politischen Anliegen der von Inglehart[1] entwickelten Skala zur Identifikation materieller und postmaterieller Anschauungen – Aufrechterhaltung von Recht und Ordnung, Inflationsbekämpfung, mehr politische Mitbestimmung der Bürger, Verteidigung der Meinungsfreiheit – ordnen lediglich 14 Prozent der Europäer, 15 Prozent der deutschen Bevölkerung die Verteidigung der Meinungsfreiheit als besonders dringlich ein (vgl. Tabelle A157). Gebeten, ihren Spielraum für Selbstbestimmung anhand einer differenzierten zehnstufigen Skala zu beschreiben, wählten in allen Ländern nur kleine Minderheiten die niedrigen, Einengung und Unfreiheit kennzeichnenden Stufen, während 36 Prozent der Europäer, 48 Prozent der deutschen Bevölkerung und 60 Prozent der Amerikaner ihren persönlichen Freiheitsspielraum als außerordentlich groß veranschlagten (vgl. Tabelle A158). Eine weitere Untersuchung in der Bundesrepublik, die nach den Hindernissen für individuelle Freiheit fragte, belegt ebenfalls eine entspannte, keine akute Bedrohung fürchtende Einschätzung der Bevölkerung. Staat, Gesetze, Ordnungskräfte, mächtige Interessengruppen, Kirche – nur kleine Minderheiten benennen sie als wirksame Begrenzer individueller Freiheit. Als Barrieren gegen die Realisierung eigener Pläne und Wünsche werden vorrangig Knappheit an finanziellen und zeitlichen Ressourcen sowie – begrenzt – notwendige Rücksichtnahme auf das unmittelbare soziale Umfeld, auf Familie, Freunde und Nachbarn angeführt (vgl. Tabelle A 159).

Freiheit – für die westliche Welt kein Thema? Werden nicht alle Thesen von Zwängen, aber auch Sorgen über die Tragfähigkeit des Fundaments westlicher Freiheit hinfällig vor dieser beruhigten Sicherheit der Bevölkerung?

1859 verwendete John Stuart Mill in der Einleitung zu seinem berühmten Traktat „Über die Freiheit" große Sorgfalt auf die Darlegung, daß die bürgerliche und soziale Freiheit, die sich aus „Wesen und Grenzen der Macht, welche die Gesellschaft rechtmäßig über das Individuum ausübt", definiert, eine stets aktuelle Frage menschlicher Gemeinschaften sei, die sich jedoch abhängig von dem gesellschaftlichen Kontext in unterschiedlicher Form stelle. Was Mill zu einer Arbeit über die Freiheit bewegte, war die Überzeugung, daß das Wesen der Macht, die die individuelle Freiheit begrenzte und diese auch gefährdete, im Umbruch begriffen war. Die Macht des Tyrannen, der klar umrissenen Herrscherkaste verlor nach seiner Überzeugung an Bedeutung; auf stieg die Macht der öffentlichen Meinung. Und so galt sein Interesse der Frage nach dem möglichen „Schutz gegen die Tyrannei des vorherrschenden Meinens und Empfindens", nach der „Grenze für die rechtmäßige Einmischung öffentlicher Meinung in die persönliche Unabhängigkeit".[2]

Mit den Methoden der empirischen Sozialforschung kann heute die Aktualität der hellsichtigen These John Stuart Mills von der Macht der öffentlichen Meinung belegt werden. Sie dokumentieren, wie ängstlich sich der einzelne über die Mehrheitsverhältnisse orientiert und bei Furcht vor Isolation von der Geborgenheit in der Mehrheitsmeinung zurückweicht, schweigt.[3] Aber Versuche, dem von Mill vorgezeichneten Weg zu folgen und nach den Grenzen dieser Macht, nach den Schutzmöglichkeiten für die individuelle Meinungsbildung gegen den Druck der öffentlichen Meinung zu fragen, sind heute noch selten und müssen dazu häufig gegen die Unterstellung kämpfen, unter dem Banner der Freiheit Unfreiheit zu fördern. Besonders die wachsende Bedeutung der Medien für die Bildung der öffentlichen Meinung hat dem Thema ideologische Schärfe verliehen und seine Tabuisierung gestützt, gilt doch jede Frage nach den notwendigen Grenzen des Medieneinflusses als suspekt, als Angriff auf das kostbare Gut der Pressefreiheit, als Ruf nach Zensur.

In Verteidigung der Freiheit richtet sich die Wachsamkeit auch heute zunächst auf staatliche Willkür, Bevormundung und Zensur. Voll Zorn rief der amerikanische Kommunikationswissenschaftler Neil Postman 1984 alle auf, denen die Durchsetzung und Verteidigung der Freiheit ein Anliegen ist, sich nicht auf den Schlachtfeldern der Vergangenheit gegen die Feinde von gestern zu verschleißen und die aktuellen Gefährdungen der Freiheit zumindest zur Kenntnis zu nehmen. Nicht von Orwells Überwachungsstaat, sondern in Gestalt von Huxleys „schöner neuer Welt", in der Menschen sich die Technologien schaffen, die ihre Denkfähigkeit zerstören und diese geistige Versklavung genießen, drohe die eigentliche Gefahr.[4] Er fragte nach den Chancen intellektueller Freiheit, die nicht mehr gegen Zensur, sondern gegen die Überflutung mit Informationen durchgesetzt werden muß. Er fragte auch – ausgehend von der Urteilsfähigkeit als Bedingung freier Meinungsbildung – nach den Chancen, in einer sich von Wort und Schrift entfernenden, dem Bild zuneigenden Kultur Kriterien für Wahrheit und Lüge zu bewahren.[5]

Während Postman sich auf die Bedrohung der Freiheit durch die modernen Informationstechnologien konzentriert, fragen andere allgemeiner nach den Chancen und Bedingungen von Freiheit in einer hochtechnisierten Welt. Für Horkheimer waren Automatisierung und Spezialisierung gleichbedeutend mit Freiheitsverlust, mit Fremdbestimmung durch technische Zwänge, Einschränkung von Überblick und damit Wahlfreiheit. Die wachsende Zahl der Optionen wird – so seine Thesen – mit einer Zunahme an Reglementierung erkauft, Individualität unter den Wucherungen einer verwalteten Welt unsichtbar oder erstickt.[6] Auf subtilere Gefährdungen der Freiheit durch die Technisierung und Verwissenschaftlichung der Alltagswelt lenkte Kluxen die Aufmerksamkeit, wenn er vor der Dominanz eines technischen Weltbildes warnt, das die soziale Praxis, die gesellschaftlichen Institutionen nur noch instrumentell, nicht mehr jedoch in ihrer sittlichen Qualität erfaßt.[7] Wenn das, was getan wird, nur noch von der Machbarkeit, von den technischen Möglichkeiten abhängt, ist die Freiheit der ethischen Selbstbestimmung endgültig verabschiedet, zugunsten eines rein technisch-funktionalen Determinismus.

All diesen Ansätzen ist gemeinsam, daß sie Gefahren für die Freiheit nicht aus Tyrannei, in Form von sichtbaren Akten staatlicher Willkür erwarten, sondern aus Entwicklungen, die allmählich das Bewußtsein und Verhalten infiltrieren, die Urteilsfähigkeit unterminieren. Während ein Schattenboxen gegen historische Gegner der Freiheit die Aufmerksamkeit fesselt und die Öffentlichkeit beruhigt, die im Gefühl größter Sicherheit den Ausgang dieses Kampfes erwartet, werden die Fundamente der Freiheit unterspült, durch ein unreflektiertes Verständnis von Freiheit, von ihren Voraussetzungen und ihrer Gefährdung in der modernen Welt.

Wer nach der Festigkeit der Fundamente westlicher Freiheit fragt, muß sich für das Wissen und die Spannungen zwischen individuellen Verhaltensweisen, gesellschaftlichen Strategien und ideologischen Konzepten und dem Ziel bürgerlicher und sozialer Freiheit interessieren wie für den Willen, im Konfliktfall der Freiheit den Vorzug zu geben. Für John Stuart Mill bestand kein Zweifel, daß Egalisierungstendenzen in unauflöslicher Spannung zu Freiheit stehen. Er unterstellte der Politik, der Wirtschaft, der öffentlichen Meinung das dezidierte Bestreben, Unterschiede einzuebnen; sie konstituierten aus diesem Grunde für ihn eine „dem Individuum feindliche Masse". Er sah in Freiheit die Voraussetzung für die Entfaltung von Verschiedenheit und umgekehrt die Verschiedenheit als Voraussetzung von Freiheit, da nur die erlebte Vielfalt das Bewußtsein für die Fülle der Optionen lebendig halte. Argwöhnisch notierte er: „Die Menschheit gerät rasch außerstande, Verschiedenartigkeit zu begreifen, wenn sie einige Zeit ihren Anblick nicht mehr gewohnt ist."[8]

Mehr als 100 Jahre nach Mills Tod scheint das Spannungsfeld zwischen Freiheits- und Gleichheitsstreben im europäischen Bewußtsein merkwürdig wenig aufgearbeitet. Wenn individuelle Freiheit und das Ziel sozialer Nivellierung miteinander konfligieren, verharrt jeder sechste Europäer unschlüssig, welchem Ziel Vorrang gebührt. Knapp jeder zweite votiert für die individuelle Freiheit, 35 Prozent im Konflikt für die soziale Nivellierung. Die deutsche Bevölkerung ist in dieser Frage ähnlich gespalten wie Gesamteuropa. Ein überwältigendes Votum für individuelle Freiheit und Verschiedenheit fällt in Europa lediglich die britische Bevölkerung, die in dieser Frage annähernd die Geschlossenheit der amerikanischen Bevölkerung erreicht: 72 Prozent der Amerikaner plädieren im Konflikt zwischen Freiheits- und Egalisierungsstreben für die Freiheit, lediglich 20 Prozent für Nivellierung (vgl. Tabellen A 160 und A 161).

Auch die Übersetzung dieser relativ abstrakten Alternativen in konkrete Konflikte bestätigt die unterschiedliche Gewichtung von Freiheit und dem Wunsch nach Nivellierung in Europa und den Vereinigten Staaten.

Ein konkretes, in den meisten Ländern aktuelles Beispiel der Spannung zwischen der Anerkennung von Verschiedenheit und der Neigung zu sozialer Nivellierung sind Diskussionen um eine leistungsgerechte Entlohnung und damit ein differenziertes, individuelle Besonderheiten berücksichtigendes Gehaltsgefüge. Vor die Situation gestellt, daß zwei Sekretärinnen mit vergleichbarem Aufgabenfeld aufgrund unterschiedlicher Leistungsfähigkeit entsprechend ihrer Leistung unterschiedliche Gehälter beziehen, erklären sich 59 Prozent der Europäer, 64 Prozent der deutschen Bevölkerung und 81 Prozent der Amerikaner mit dieser Regelung einverstanden. Immerhin 24 Prozent der deutschen und 33 Prozent der europäischen Bevölkerung empfinden eine leistungsgerechte Entlohnung als unvereinbar mit ihren an Egalitätsbestrebungen ausgerichteten Vorstellungen von Gerechtigkeit (vgl. Tabelle A 162).

Auch die Auseinandersetzungen um betriebliche Mitbestimmung, die besonders in der Bundesrepublik zu Beginn der siebziger Jahre sehr kontrovers geführt wurden, sind in das Spannungsfeld Freiheit und Egalisierung eingebettet, ist doch das Verlangen nach Mitbestimmung der Wunsch, die Dispositionsfreiheit des Unternehmers bzw. der Unternehmensleitungen zugunsten vermehrter Entscheidungskompetenz der Mitarbeiter einzuschränken und damit betriebliche Verfügungsmacht zumindest partiell zu nivellieren. Die Frage, wem die Entscheidungskompetenz zur Bestallung der Geschäftsführer eines Unternehmens zuzubilligen ist, entscheiden knapp zwei Drittel der amerikanischen, 47 Prozent der deutschen und lediglich 35 Prozent der europäischen Bevölkerung zugunsten der Dispositionsfreiheit des Unternehmers und Eigentümers. Besonders gering ist der Rückhalt unternehmerischer Verfügungsgewalt in Frankreich, Spanien, Italien, Schweden und Holland (vgl. Tabellen A 163 und A 164).

Die Tendenz, Nivellierungsbestrebungen zu unterstützen, ist für sich genommen kein Beleg für ein unreflektiertes Freiheitsverständnis, sondern kann durchaus das Resultat einer sorgfältigen Abwägung zwischen Verlusten an Vielfalt und individuellem Freiheitsspielraum und der Annäherung an die Erfüllung bestimmter gesellschaftspolitischer Vorstellungen sein. Die Prüfung der Konsequenz, mit der für Vielfalt und Freiheit oder für Egalisierung Partei ergriffen wird, läßt jedoch zweifeln, ob die Spannung zwischen diesen Konzepten bewußt verarbeitet wurde, die Voraussetzung für eine fundierte, stabile Urteilsbildung.

So wird die Forderung nach einer Ausdehnung individueller Entfaltungschancen in nahezu allen Ländern von Personen, die im Konflikt zwischen Gleichheitsstreben und Freiheit der Egalisierung den Vorzug geben, in gleichem, teils sogar stärkerem Maße befürwortet als von den grundsätzlichen Verteidigern individueller Freiheit. Zugleich unterstützen die grundsätzlichen Befürworter von Nivellierung mehrheitlich eine leistungsgerechte Entlohnung, während umgekehrt unter den Gegnern von Nivellierung eine beträchtliche, nicht gravierend vom Durchschnitt abweichende Gruppe Mühe hat, ein nach Leistung differenziertes Gehaltsgefüge mit den eigenen Vorstellungen von Gerechtigkeit in Einklang zu bringen. In der Bundesrepublik unterstützen 69 Prozent der Gegner und 61 Prozent der Befürworter von sozialer Nivellierung eine (zumindest begrenzte) leistungsorientierte Entlohnung, während 21 Prozent der Gegner von Nivellierung selbst einen geringfügigen Gehaltsunterschied für indiskutabel halten (vgl. dazu auch die Tabellen A 165 bis A 167).

Auch die Bereitschaft, die Dispositionsfreiheit des Unternehmers und Eigentümers von Betrieben höher zu bewerten als Wünsche nach Mitbestimmung und damit Kompetenznivellierung, hängt zwar mit der Grundhaltung im Konflikt von Freiheit und Nivellierung zusammen, ist durch diese jedoch in der Regel nicht determiniert. So plädieren in der Bundesrepublik 42 Prozent der Befürworter von sozialer Nivellierung für die unternehmerische Entscheidungsfreiheit, und umgekehrt 39 Prozent der Befürworter von Entfaltungschancen und Vielfalt für eine Nivellierung betrieblicher Entscheidungskompetenz (vgl. dazu Tabellen A 168 und A 169).

Da Freiheit als absolut gesetztes Ziel sinnlos ist und nur aus der Begrenzung definiert werden kann, sind unterschiedliche Voten des einzelnen im Konflikt zwischen Freiheit und Nivellierung selbstverständlich und keineswegs generell als irrationaler Widerspruch abzuwerten. An den konkreten Entscheidungssituationen im Konflikt mit anderen Zielen werden gleichsam das Terrain, die Grenzen von Freiheit abgesteckt. Der außerordentlich geringe Zusammenhang jedoch, der zwischen der grundsätzlichen und der konkreten Disposition zur Unterstützung von Freiheits- oder Nivellierungsstreben besteht, läßt nur den Schluß zu, daß die grundsätzlichen Alternativen, die in konkreten alltäglichen Entscheidungen zur Diskussion stehen, häufig nicht bewußt sind.

Obgleich Entscheidungen zwischen liberalen und nivellierenden Alternativen oft nicht als solche begriffen werden, ist ihr Ausgang keineswegs zufällig, sondern eng mit der weltanschaulichen Position verknüpft. Alle geprüften Indikatoren belegen einen außerordentlich hohen Ideologisierungsgrad. Mit Ausnahme von Belgien und begrenzt der Republik Irland und Italien finden in allen Ländern liberale Konzepte die Unterstützung der politischen Rechten, nivellierende Konzepte die der politischen Linken. Dies gilt sowohl für die grundsätzliche Präferenz für persönliche Freiheit oder soziale Nivellierung als auch für die Unterstützung leistungsgerechter Entlohnung und unternehmerischer Dispositionsfreiheit. Ein differenziertes Gehaltsgefüge findet in der Bundesrepublik bei der politischen Linken (definiert nach einer Selbsteinstufung)* die Billigung von 41 Prozent, bei der politischen Rechten von 80 Prozent. Die Dispositionsfreiheit des Unternehmers stützen 64 Prozent der gemäßigten Rechten, aber nur 26 Prozent der gemäßigten Linken. Eine gleich starke, teilweise sogar stärkere Polarisierung der weltanschaulichen Lager in diesen Fragen verzeichnen nur die Niederlande und ganz extrem Dänemark. Von der politischen Linken Dänemarks

---

* Die Selbsteinstufung erfolgte anhand einer Skala von 1 (extrem links) bis 10 (extrem rechts). Als links werden Personen bezeichnet, die sich bei 1 oder 2 einstuften, als gemäßigt links Personen, die sich bei 3 oder 4 einstuften; analog für die rechten Positionen.

billigen lediglich 15 Prozent eine zumindest begrenzt individuelle Unterschiede berücksichtigende Entlohnung, auf der politischen Rechten 73 Prozent; nur 12 Prozent der gemäßigten Linken, aber 74 Prozent der politischen Rechten votieren im Konflikt zwischen unternehmerischer Dispositionsfreiheit und Wünschen nach Mitbestimmung zugunsten der ersteren (vgl. dazu auch die Tabellen A 170 bis A 172).

Der enge Zusammenhang dieser Entscheidungen mit der politischen Grundhaltung kann nicht überraschen, da die gewählten Indikatoren Themen berühren, die in den meisten Ländern – besonders auch in der Bundesrepublik – in den letzten 10, 15 Jahren Gegenstand heftiger öffentlich ausgetragener Kontroversen der politischen Lager waren. Daß bei einem hohen Ideologisierungsgrad *aller* Fragen, die liberale versus nivellierende Lösungen diskutieren, gleichzeitig die Einzelentscheidungen meist nicht im Zusammenhang gesehen werden, ist ein erstes Indiz für ein unreflektiertes und damit labiles Freiheitsverständnis.

Während sich das Spannungsverhältnis zwischen den Zielen individueller Freiheit und sozialer Gleichheit oft nicht unvermittelt mitteilt, liegt es nahe, in Autorität und rigiden Normen die selbstverständlichen, gleichsam „natürlichen" Feinde der Freiheit zu sehen. „Der Angriff gegen Autorität ist größtenteils im Namen der Freiheit geführt worden. In diesen Auseinandersetzungen wurde aber der Begriff Freiheit häufig nicht definiert, oder aber er wurde falsch definiert. Auch hat man Autorität mit Macht verwechselt oder mit Gewalt assoziiert, statt sie als Fähigkeit zu begründetem Argument zu verstehen".[9] In seinem Diskurs über den Konflikt zwischen der Anerkennung von Autorität und Freiheitsstreben trennt der Politologe Friedrich zwischen der kreativen Freiheit, der Freiheit der Unabhängigkeit, wie die Religionsfreiheit, und der Freiheit der Partizipation, zu der unter anderem das Wahlrecht zählt. Jeder dieser Aspekte von Freiheit kann nicht als Negation jeglicher Autorität, sondern nur in Verbindung mit Autorität wirksam werden: „Es gibt keine Kunst ohne Regeln, die von ihrem Meister als autoritativ anerkannt werden. In diesem Bereich der schöpferischen oder neuernden Freiheit ist deutlich, daß der Wert, der bestimmten Formen anhaftet, der ,Stil' einer Zeit oder Nation oder einer Gruppe, eine Autorität besitzen wird, ohne die dieser Stil zerfällt ... Die Freiheit der Unabhängigkeit einer Gruppe von Personen kann nur dann erhalten werden, wenn eine Autorität die Grenzen setzt, innerhalb derer solche Freiheit sich bewegt. Die Freiheit der Partizipation setzt eine autoritative Ordnung voraus, an der man partizipieren kann."[10]

Wenn trotz dieser Angewiesenheit der Realisierung von Freiheit auf Autorität oft selbstverständlich ein heilloser Konflikt angenommen wird, so aus der (unzulässig verallgemeinerten) Erfahrung der Wirkung von falscher Autorität, von Despotismus, die zu ihrer Stabilisierung auf Unterdrückung rekurrieren müssen.

Ein Beispiel für die Übertragung von Erfahrungen mit falscher, mit Mißbrauch von Autorität auf die grundsätzliche Haltung zu Autorität ist das Postulat Karl Jaspers, dem deutschen Journalismus müsse das konstruktive Grundvertrauen gegenüber staatlicher Autorität, das dem Journalismus anderer Länder möglich sei, aufgrund der deutschen Historie verwehrt bleiben.[11] Er wollte diese Forderung zweifellos nicht auf den Journalismus beschränkt wissen, sondern aus der Geschichte für die gesamte deutsche Bevölkerung die Pflicht ableiten, staatlicher Autorität mit Mißtrauen zu begegnen. Die Tragweite einer solchen Forderung ist beträchtlich, unterstellt man, daß ein grundsätzliches Mißtrauen gegenüber staatlicher Autorität nicht nur die (beabsichtigte) Wirkung hat, frühzeitig das Umschlagen von echter Autorität in Despotismus zu registrieren, sondern die gesamte politische Kultur, das Verständnis und Selbstverständnis von politischer Führung verändern muß.

Die deutsche Bevölkerung hat das Mißtrauen gegenüber jeglicher Form von Autorität verinnerlicht. Abweichend von den europäischen Nachbarn, abweichend besonders von den Vereinigten Staaten hat Autorität für die deutsche Bevölkerung die Aura des Unbekömmlichen, des Verdächtigen. Eine Stärkung von Autorität gilt 84 Prozent der amerikanischen, 61 Prozent der europäischen Bevölkerung als wünschenswertes Ziel, aber nur 44 Prozent der deutschen Bevölkerung. Gehorsam hält jeder vierte Amerikaner wie Europäer für ein wichtiges Erziehungsziel, aber nur 15 Prozent der Deutschen. Ihre Bereitschaft, die Autorität von Vorgesetzten zu akzeptieren, knüpfen 23 Prozent der amerikanischen, 43 Prozent der europäischen und 51 Prozent der deutschen Bevölkerung an die Bedingung, daß Anordnungen begründet werden und Übereinstimmung über ihre Rationalität erzielt wird. Die Befähigung zur Begründung von Autorität, die Friedrich als entscheidendes Merkmal „echter" Autorität nennt, wird damit besonders in der Bundesrepublik häufig zu einem steten Begründungszwang, der im Verhältnis zwischen der Autorität und den sie Akzeptierenden jegliches Vertrauen negiert. Die außerordentliche Distanz der deutschen Bevölkerung gegenüber jeder (potentiellen) Autorität durchzieht alle Lebensbereiche, macht auch vor der Familie, vor den Beziehungen zwischen den Generationen nicht halt.

Die Forderung, die Eltern grundsätzlich zu achten, auch ohne aus dem Handeln und den Argumenten der Eltern stets die Rechtfertigung dieser Autorität ableiten zu können, vertreten 48 Prozent der deutschen Bevölkerung, 63 Prozent der Europäer und 69 Prozent der amerikanischen Bevölkerung. In allen diesen Fragen offenbart die amerikanische Nation, die sich am rückhaltlosesten für die Freiheit einsetzt, zugleich das unkomplizierteste Verhältnis zu Autorität (vgl. Tabellen A 173 bis A 175).

Wie eng die Einstellung zu Autorität in den verschiedensten Lebensbereichen verknüpft ist, dokumentiert die breite Unterstützung der Forderung nach unbedingter Achtung und Liebe der Eltern durch Personen, die die Autorität von Vorgesetzten auch ohne die Bedingung ständiger Rechtfertigung akzeptieren. Knapp zwei Drittel derjenigen, die die Autorität von Vorgesetzten auch ohne steten Begründungszwang akzeptieren, fordern die unbedingte Achtung der Eltern, aber nur 42 Prozent derjenigen, die die Autorität von Vorgesetzten an die Bedingung steter Begründung knüpfen (vgl. Tabelle A 176). Gleichzeitig betonen diejenigen, die Autorität nicht an den steten Zwang zur Rechtfertigung binden möchten, nicht nur die Rechte, sondern auch die Pflichten der Eltern stärker. Die Einstellung zu Autorität ist mit einem Ethos des Miteinander und der Gegenseitigkeit verknüpft (vgl. Tabelle A 177).

In keinem anderen Land begegnet Autorität einem so prinzipiellen, sich über alle Lebensbereiche erstreckenden Mißtrauen. Zwar lehnen die skandinavischen Länder Dänemark und Schweden noch entschiedener als die deutsche Bevölkerung die generelle Forderung nach einer Stärkung von Autorität ab (vgl. Tabelle A 173) und bewerten das Erziehungsziel Gehorsam ähnlich gering; auch zu einer Unterstützung an keinen Begründungszwang gekoppelter elterlicher

Autorität mag sich die Bevölkerung dieser beiden Länder noch weniger verstehen als die deutsche Bevölkerung; doch vor dem Arbeitsbereich macht die Tendenz, Autorität einen ständigen Begründungszwang aufzuerlegen, halt. Obwohl äußerst distanziert gegenüber Autorität, knüpft nur jeder dritte Schwede und sogar nur jeder fünfte Däne die Akzeptanz von Anweisungen des Vorgesetzten an die Bedingung von Begründung und Einsicht. Die französische Bevölkerung akzeptiert die Autorität von Vorgesetzten dagegen in noch stärkerem Maße als die deutsche Bevölkerung nur bedingt, unterstützt jedoch mehrheitlich sowohl die generelle Forderung nach einer Stärkung von Autorität als auch die elterliche Autorität. Während diese Länder Autorität selektiv in einzelnen Lebensbereichen akzeptieren oder ablehnen, ist Mißtrauen gegenüber jeglicher Autorität nur in der Bundesrepublik als durchgängiges Muster festzustellen (vgl. Tabellen A 178 und A 179).

Ein weiteres Muster kennzeichnet durchgängig die deutsche Haltung zu Autorität: eine extreme Kluft zwischen den Generationen. Die jeglicher Autorität mißtrauen, gehören im allgemeinen nicht zu der Generation, die das Umschlagen von echter in falsche Autorität, Despotismus, und als Folge den Zusammenbruch und die Teilung ihres Landes erlebte; es ist die junge, in einem demokratisch-liberalen Staatswesen aufgewachsene deutsche Generation, der jede Form von Autorität verdächtig ist. Eine generelle Stärkung von Autorität befürworten rund zwei Drittel der 55jährigen und älteren, 19 Prozent der 18- bis 24jährigen Deutschen; zu einer nicht an stete Rechtfertigung geknüpfte Akzeptanz der Autorität von Vorgesetzten sind rund 40 Prozent der älteren, 14 Prozent der jungen Generation bereit; die unbedingte Achtung der Liebe der Eltern fordern zwei Drittel der Älteren, 28 Prozent der 18- bis 24jährigen (vgl. Tabellen A 180, A 181 und A 183); ebenso eklatant fällt die Bereitschaft auseinander, die Autorität der Kirche in moralischen Fragen anzuerkennen.*

Wer glaubt, daß diese extrem unterschiedliche Bewertung von Autorität durch die jüngere und ältere Generation nur eine allgemeingültige Gesetzmäßigkeit spiegelt, daß die junge, natürlich neuernde und Veränderungen anstrebende Generation zwangsläufig in heillo-

---

* Vgl. dazu „Religiös in einer säkularisierten Welt", S. 164 ff.

ser Spannung zu jeglicher Autorität lebt, wird durch den Blick auf andere europäische Länder und die Vereinigten Staaten eines Besseren belehrt. Neben Ländern wie Holland und Dänemark, in denen die Einstellung zu Autorität die Generationen ebenfalls generell unüberbrückbar weit trennt, scheiden sich die Generationen in anderen Ländern nur in Teilbereichen in der Beurteilung von Autorität. Während 18- bis 24jährige Briten einer allgemeinen Stärkung von Autorität deutlich zurückhaltender gegenüberstehen, neigen sie keineswegs in signifikant höherem Maße als Ältere dazu, Autorität im beruflichen oder privaten Bereich an die Bedingung steter Rechtfertigung zu knüpfen. Auch in Spanien, Belgien, der Republik Irland und besonders den Vereinigten Staaten ist die junge Generation keineswegs von einem umfassenden, sich über alle Lebensbereiche erstreckenden Mißtrauen gegenüber Autorität geprägt (vgl. Tabellen A 180, A 181 und A 183). Die nach Ländern außerordentlich großen Unterschiede in der Einmütigkeit bzw. Divergenz der Generationen in ihrer Haltung zu Autorität widerlegen die These einer „natürlich" altersgebundenen Beurteilung von Autorität und verstellen damit die Möglichkeit, die außerordentliche Divergenz in der Bundesrepublik als reinen Generationeneffekt zu bewerten. Vielmehr wandelt sich in einigen Ländern, speziell in der Bundesrepublik, offensichtlich die Einstellung zu Autorität im Sinne eines wachsenden Mißtrauens.

Es liegt nahe, die deutsche Distanzierung von Autorität als Aufarbeitung der Vergangenheit zu sehen, einen deutschen Nachholbedarf an Autoritätskritik anzunehmen. Autoritärer Herrschaftsgeist und Untertanenmentalität sind seit langer Zeit fester Bestandteil des Deutschland-Stereotyps, auch des deutschen Selbstbildes, immer wiederkehrend auch in der deutschen Literatur, von Heinrich Heine über Heinrich Mann bis Heinrich Böll. Drückt sich in der deutschen Distanzierung von Autorität die überfällige Befreiung von autoritären Strukturen aus?

Die Suche nach Hinweisen auf autoritäre Repression, die durch das geschärfte Mißtrauen gegenüber jeglicher Autorität besonders schmerzlich empfunden und deutlich artikuliert werden müßte, liefert keinen überzeugenden Beleg für diese These. Ihr widerspricht das hohe, den europäischen Durchschnitt noch übertreffende subjektive Freiheitsgefühl; auch die geringe Priorität, die der Verteidigung von Freiheit im politischen Raum eingeräumt wird. Auch in der Beschreibung der Strenge der elterlichen Erziehung sucht man Hinweise auf ungewöhnlich autoritäre Strukturen vergebens: 36 Prozent der Amerikaner, jeder vierte Europäer, aber nur 19 Prozent der deutschen Bevölkerung empfanden die elterliche Erziehung als sehr streng (vgl. Tabelle A 184).

Vor dem Hintergrund einer besonders kritischen Bewertung elterlicher Autorität und der geringen Wertschätzung für das Erziehungsziel Gehorsam muß davon ausgegangen werden, daß die Milde deutscher Eltern keineswegs lediglich Resultat einer durch Untertanenmentalität der Kinder verzerrten Optik ist. Darüber hinaus läßt sich – sicher für viele überraschend – kein signifikanter Zusammenhang zwischen der elterlichen Strenge und der Neigung, die Stärkung von Autorität zu befürworten, feststellen. Der Befund, daß von Personen, die eine strenge Erziehung genossen, 51 Prozent die Stärkung von Autorität befürworten, von Personen ohne strenge Eltern dagegen 34 Prozent, löst sich bei einer getrennten Betrachtung der Altersgruppen als Scheinkorrelation auf. Junge Leute, die streng erzogen wurden, unterscheiden sich in der Einstellung zu Autorität nur geringfügig von (der großen Mehrheit ihrer) Altersgenossen, die die elterliche Erziehung als milde und nachsichtig beschreiben (vgl. Tabelle A 185).

Der einzige Hinweis auf besondere Einengung, auf Defizite an Entscheidungsspielraum findet sich im Arbeitsbereich. Deutsche Berufstätige empfinden ihren beruflichen Entscheidungsspielraum als deutlich geringer als ihre europäischen und besonders amerikanischen Kollegen. Gebeten, ihre berufliche Freiheit anhand einer differenzierten Skala von 1 (keinerlei Freiheit) bis 10 (größtmögliche Freiheit) zu beschreiben, wählen 51 Prozent der amerikanischen, 40 Prozent der europäischen, aber nur 32 Prozent der deutschen Berufstätigen eine der drei höchsten, das Gefühl großen Entscheidungsspielraums wiedergebenden Stufen (vgl. Tabelle A 186).

Der Verdacht, hier im Arbeitsbereich den Schlüssel für die Distanzierung von Autorität gefunden zu haben, bestätigt sich jedoch nicht. Wenn autoritäre Strukturen im Arbeitsbereich kausal die kritische Sicht gerade auch von Autorität im beruflichen Bereich bedingten, müßten Personen, die der Autorität von Vorgesetzten mißtrauen, ihren beruflichen Freiheitsspielraum signifikant enger beschreiben als der Durchschnitt der Berufstätigen. Dieser Zusammenhang, auf der Basis aller Berufstätigen zunächst feststellbar, hält der Analyse einzelner Altersgruppen nicht stand: unter 25jährige Berufstätige, die die Autorität von Vorgesetzten an stete Rechtfertigung binden, beschreiben ihren Freiheitsgrad als höher als ihre gleichaltrigen Kollegen, die diese Bedingung nicht stellen:

	Berufstätige insgesamt, die die Autorität von Vorgesetzten –		18- bis 24jährige Berufstätige, die die Autorität von Vorgesetzten –	
	akzeptieren	nur bei steter Rechtfertigung akzeptieren	akzeptieren	nur bei steter Rechtfertigung akzeptieren
Durchschnittlicher Freiheitsgrad im Beruf (Selbsteinstufung)	6,83	6,10	5,15	5,37

Während kein eindeutiger Zusammenhang zwischen einem subjektiven Gefühl von Bedrücktheit, Leiden unter autoritären Strukturen und der Bereitschaft festzustellen ist, (echte) Autorität zu akzeptieren, ist diese Bereitschaft – wie die Präferenz für Freiheit – eindeutig in Weltanschauung eingebunden. Außerordentlich eng ist der Zusammenhang zwischen Religiosität und einer positiven Einstellung zu Autorität, in der Bundesrepublik wie in Europa insgesamt; von Personen, die eine Stärkung von Autorität befürworten, beschreiben sich 69 Prozent als religiös, von den Gegnern einer Stärkung von Autorität lediglich 46 Prozent. Die nach Altersgruppen trennende Analyse löst diesen Zusammenhang nicht auf (vgl. Tabelle A 187). Die extreme Generationskluft, die die religiöse Kultur der Bundesrepublik kennzeichnet, wie das Verhältnis zu Autorität sind damit nicht zufällig parallele Entwicklungen, sondern der Verfall von Religiosität ein Korrelat der Distanzierung von Autorität.

Wie die Präferenz für freiheitliche Konzepte ist auch Autorität ein Wert der politischen Rechten. Sowohl die generelle Forderung nach einer Stärkung von Autorität als auch die Bereitschaft zur Akzeptanz beruflicher und elterlicher Autorität findet auf der politischen Rechten weitaus stärkere Unterstützung als auf der politischen Linken. So wünschen in der Bundesrepublik 61 Prozent der politisch rechts Stehenden eine generelle Stärkung von Autorität, 31 Prozent der politischen Linken (vgl. Tabellen A 182, A 188 und A 189). Auch die nach Altersgruppen trennende Analyse belegt die konservativere Orientierung der Befürworter einer Stützung von Autorität:

	Personen, die mehr Achtung vor Autorität –		18- bis 24jährige, die mehr Achtung vor Autorität –	
	befürworten	ablehnen	befürworten	ablehnen
Selbsteinstufung des politischen Standortes nach einer Skala von 1 (ganz links) bis 10 (ganz rechts)	6,12	5,01	5,71	4,51

Von der Bewertung von Autorität in einer Gesellschaft kann das Schicksal der Institutionen nicht abgekoppelt werden. Die Institution beruht auf Legitimation, die sich Autorität schaffen muß, und zwar eine dauerhafte, sich nicht ad hoc konstituierende, nicht steten Begründungszwängen unterliegende Autorität. Entsprechend demonstrieren Personen, die generell Autorität distanziert gegenüberstehen, auch Distanz zu den gesellschaftlichen Institutionen. In extremem Maße gilt dies für die Kirche, das Erziehungswesen, die Bundeswehr, Polizei und die Verwaltung, also bevorzugt für die systemstabilisierenden Kräfte und normvermittelnden Instanzen. Von Personen, die eine Stärkung von Autorität wünschen, bekunden 62 Prozent Vertrauen in die Kirche, 49 Prozent in das Erziehungswesen, 67 Prozent in die Armee; von den Gegnern einer Stärkung von Autorität setzen lediglich 28 Prozent Vertrauen in die Kirche, 36 Prozent in das Erziehungswesen, 38 Prozent in die Armee. Auch junge Befürworter und Gegner einer Stützung von Autorität unterscheiden sich eklatant in der Bewertung der Institutionen (vgl. Tabellen A 190 und A 191).
Die besondere Betroffenheit der sinnvermittelnden und normsetzenden Institutionen von einer Distanzierung von Autorität ist zwangsläufig, ist doch die Setzung von Normen nichts anderes als die Herstellung von keinem ständigen Begründungszwang unterliegenden Autoritäten. Die Distanzierung von Autorität ist ein Korrelat der Distanzierung von festen Normen. Je ausgeprägter die Permissivität in den Bereichen Sexualmoral, Achtung vor Eigentum, gegenüber

physischer Gewalt und der Mißachtung menschlichen Lebens, desto geringer ist die Unterstützung für eine Stärkung von Autorität. Von den Anhängern einer rigiden, kompromißlosen Moral in diesen Bereichen unterstützen in der Bundesrepublik 68 Prozent eine Stärkung von Autorität, von den Anhängern einer permissiven Haltung lediglich 21 Prozent (vgl. Tabelle A 192). Die Abkehr von der Bereitschaft, feste Regeln zu akzeptieren, verlangt die Distanzierung von Autorität.

Nicht nur der Kampf gegen die Autorität von Institutionen und Personen, sondern auch der Abbau von Normen erfolgt meist im Namen der Freiheit. Erfolgreich gesetzte, d. h. von gesellschaftlichem Konsens getragene Normen engen die Bandbreite des Zulässigen ein und verringern die Optionen, die der individuellen Wahl ohne die Gefahr sozialer Ächtung offenstehen. Die Bandbreite des Zulässigen, die Zahl der unter den Augen der Gesellschaft wählbaren Optionen, hat sich in den letzten Jahren außerordentlich erweitert; dies gilt in besonderem Maße für die Sexualmoral, doch auch für die Einstellung zu Eigentum, für die zulässigen Formen politischer Stellungnahme bis hin zu Kleidung und Manieren.

Geradezu dramatisch verlief der Normenverfall im Bereich der Sexualmoral. In einer unglaublich kurzen Zeitspanne, die die Etikettierung als sexuelle Revolution rechtfertigt, vollzog die öffentliche Meinung die De-Institutionalisierung der Ehe. Noch 1967 verurteilten 43 Prozent der jungen Männer und 65 Prozent der jungen Frauen das Zusammenleben Unverheirateter; 1973 hatte die Ehe ohne Trauschein den Weg zu gesellschaftlicher Anerkennung bewältigt: 87 Prozent der jungen Männer und 92 Prozent der jungen Frauen billigten diese Form des Zusammenlebens. In den folgenden Jahren wurde die überwältigende Zustimmung, die noch die Aufbruchstimmung der jungen Generation gegen Ende der sechziger und zu Beginn der siebziger Jahre ahnen läßt, nur kurzfristig und begrenzt zurückgenommen; die Ehe ohne Trauschein ist heute – auch aus der Sicht Älterer – eine wählbare und zur Zeit von rund drei Millionen Deutschen praktizierte Form des Zusammenlebens (vgl. Tabelle A 193).

In einer längeren Zeitspanne, aber ebenso erfolgreich, setzte sich die gesellschaftliche Tolerierung der Ehescheidung durch, die heute nur noch 15 Prozent der deutschen Bevölkerung, 4 Prozent der jungen

Generation rigoros ablehnen. Nur Minderheiten der jungen Generation stützen heute noch auch andere früher gültige rigide Normen, wie die Verurteilung von Untreue, Homosexualität oder Prostitution (vgl. Tabelle A 196). Es kann kein Zweifel bestehen, daß die Anerkennung des Zusammenlebens Unverheirateter, von Scheidung und außerehelichen Beziehungen auch eine De-Institutionalisierung der Familie einleitet, die sich in der wachsenden Bereitschaft, Familien mit nur einem Elternteil als der herkömmlichen Familie gleichwertig anzuerkennen, bereits deutlich abzeichnet.

Ein anderes Beispiel für den Abbau von Normen, die Erweiterung des Zulässigen, aus der Einstellung zu Eigentum: 1959 wurde erstmals geprüft, wieweit sich die Achtung des Privateigentums auch auf die betriebliche Sphäre erstreckt. Die Frage, ob ein Berufstätiger betriebliches Büro- oder Arbeitsmaterial ohne weiteres auch für sich privat nutzen kann, wurde 1959 von der überwältigenden Mehrheit der Bevölkerung, auch von der großen Mehrheit der jungen Generation, entschieden verneint. Heute wird die private Nutzung von betrieblichem Material lediglich von 38 Prozent der Bevölkerung und nur 24 Prozent der jungen Generation rigoros abgelehnt. Die Haltung schlug nicht in vorbehaltlose Billigung um, sondern in eine bedingte Toleranz, die sich an den Umständen, an der Situation des Einzelfalls orientiert (vgl. Tabellen A 194 und A 195). Die Gültigkeit und Tragweite einer Norm hängt jedoch entscheidend von der Bereitschaft der Gesellschaft ab, Normverstöße zu tolerieren und Ausnahmen zuzulassen. Die Zunahme der tolerierten Normabweichungen unterminiert zwangsläufig den sozialen und individuellen Geltungsanspruch der Norm.

Die Scheu vor der vorbehaltlosen, nicht stets die Ausnahme einbeziehenden Anerkennung von Normen wird zunehmend das hervorstechende Charakteristikum der modernen Moral. Anhand von 21 Indikatoren wurde die gesellschaftliche Tolerierung bestimmter Einstellungen und Verhaltensweisen geprüft, darunter Verstöße gegen Eigentumsrechte, Ehrlichkeit, sexuelle Normen, die Bereitschaft zur Tolerierung von Gewalt und die Gültigkeit des Schutzanspruchs menschlichen Lebens. Weitgehender, von über 70 Prozent der Bevölkerung getragener Konsens besteht in der rigorosen Ablehnung von Mord aus politischen Motiven, Diebstahl an Privatleuten, dem (wissentlichen) Kauf gestohlener Waren, der Beschädigung von

Privateigentum, ohne für die Folgen aufzukommen, sowie der physischen Bedrohung von Arbeitern, die die Beteiligung an einem Streik verweigern.

Permissiver als gegenüber der Verletzung der Eigentumsrechte Privater ist die Haltung gegenüber Betrug an öffentlichen Kassen wie der unberechtigten Inanspruchnahme staatlicher Sozialleistungen, Schwarzfahren in öffentlichen Verkehrsmitteln und speziell Steuerhinterziehung. Eine Möglichkeit der Steuerhinterziehung auszunutzen verurteilen lediglich 52 Prozent der deutschen, 53 Prozent der europäischen Bevölkerung rigoros. Deutlich permissiver als im europäischen Durchschnitt ist die deutsche Haltung zur Lüge für den eigenen Vorteil: 42 Prozent der Europäer, 34 Prozent der deutschen Bevölkerung halten sie für unter keinen Umständen zu rechtfertigen. Der außerordentliche Stellenwert, den unter den Erziehungszielen die Ehrlichkeit einnimmt, wird angesichts der gesellschaftlichen Tolerierung der Lüge fragwürdig.

Normen, die bestimmte Formen sexueller Praxis, wie Homosexualität, Prostitution oder Ehebruch, aus dem Bereich des Zulässigen ausgrenzen, finden nur bei knapp der Hälfte der Bevölkerung rückhaltlose Anerkennung. Noch schwächer ist der Rückhalt von Normen, die die absolute Schutzwürdigkeit menschlichen Lebens postulieren. Selbstmord lehnen 50 Prozent der Bevölkerung grundsätzlich ab, aktive Sterbehilfe 30 Prozent, Abtreibung 32 Prozent und Tötung aus Notwehr 28 Prozent. Mit Ausnahme der Beurteilung politischer Attentate und der Tötung aus Notwehr sowie der Mißachtung von privaten Eigentumsrechten neigt die deutsche Bevölkerung in allen Punkten zu einer permissiveren Haltung als der europäische Durchschnitt.

Außerordentlich groß ist in Europa wie in der Bundesrepublik der Dissens zwischen den Generationen über die Bandbreite des Zulässigen. Es gibt keinen Bereich, keine einzelne Verhaltensweise, die von der jungen Generation nicht mit einer weitaus größeren Toleranzspanne ausgestattet wird. Dies gilt besonders für den Betrug an öffentlichen Kassen, die Schädigung von Privateigentum ohne Übernahme der Verantwortung und Konsequenzen, für die Normen der Sexualmoral sowie für die Gewalt gegenüber staatlichen Ordnungskräften. Die unberechtigte Inanspruchnahme von Sozialleistungen halten 66 Prozent der gesamten deutschen Bevölkerung, aber 46 Prozent der jungen Generation für generell unzulässig; für einen verursachten Schaden an einem privaten Pkw nicht die Verantwortung zu übernehmen, verurteilen 70 Prozent der Bevölkerung, 51 Prozent der 18- bis 24 jährigen rigoros; Homosexualität lehnen 45 Prozent der Bevölkerung, 26 Prozent der jungen Generation grundsätzlich ab, Gewalt gegenüber Polizisten 59 Prozent der Bevölkerung, 40 Prozent der 18- bis 24 jährigen (vgl. Tabelle A 196).

In dieser in der Bundesrepublik wie bei den europäischen Nachbarn bestehenden großen Kluft zwischen den Generationen kündigt sich sozialer Wandel an. Die deutschen Trendreihen über die Zulässigkeit der privaten Nutzung von betrieblichem Eigentum dokumentieren, daß die Neigung zu Permissivität die Generationen keineswegs immer unüberbrückbar weit trennt. Vielmehr kündete sich der Verfall der strikten Achtung betrieblichen Eigentums zunächst in einer Wandlung der Einstellung der jungen Generation und damit einer Vergrößerung der Generationenkluft in dieser Frage an. Die moralischen Fragen, in denen die Meinung der jungen Generation besonders eklatant von der der älteren abweicht, sind die zur Zeit von sozialem Wandel besonders betroffenen Bereiche.

Die Bandbreite des moralisch Zulässigen, die Zahl der wählbaren Alternativen steigt. Dies erweitert zunächst individuellen Freiheitsspielraum, gefährdet ihn jedoch gleichzeitig. Die Gefahren rühren zum einen aus der Spannung zwischen individueller Freiheit und Freiheit in sozialer Gemeinschaft; die zunehmende Freiheit, die Eigentumsrechte anderer zu mißachten, beeinträchtigt die Freiheit, Eigentum zu besitzen; die wachsende Tolerierung der unberechtigten Inanspruchnahme öffentlicher Kassen zieht zwangsläufig Reaktionen in Form von zusätzlichen Vorschriften und Kontrollen nach sich und damit Abbau von Freiheitsspielraum.

Zum anderen entstehen Gefahren aus der Zunahme der entscheidungsbedürftigen Situationen: Institutionen und Normen haben auch – Arnold Gehlen[12] wies darauf hin – eine Entlastungsfunktion. Sie vermindern die Zahl der zu treffenden Entscheidungen, indem sie Entscheidungsraster vorgeben, die Evaluierung der zur Wahl stehenden Alternativen übernehmen und so den einzelnen von Entscheidungsprozessen und ihrer Begründung entlasten. Wenn Normen abgebaut werden und die Zahl der wählbaren Alternativen wächst, werden damit zwangsläufig auch Entscheidungen komplexer

Tabelle 33
USA, Europa
Bevölkerung ab 18 Jahre

Sexuelle Normen?

Frage:
„Wenn jemand sagt: Die Sexualität kann man nicht völlig der Freiheit
des einzelnen überlassen. Es muß moralische Regeln geben, an die sich alle halten.
Würden Sie da eher zustimmen oder eher nicht zustimmen?"

	USA %	Europa insgesamt %	Bundesrepublik Deutschland %
Eher zustimmen	51	43	61
Eher nicht zustimmen	35	35	18
Weder noch	4	9	9
Weiß nicht	7	9	8
Keine Angabe	3	4	4
	100	100	100

Quelle: Internationale Wertestudie 1981/82.

und problematisiert und zudem in die Verantwortung des einzelnen verlagert, wofür vorher der gesellschaftliche Konsens die Verantwortung trug.

Die Verbreitung des Zulässigen bedeutet den Verlust von feststehenden Urteilskriterien und als Folge die Zunahme von Verhaltensunsicherheit und Widersprüchlichkeit, in den moralischen Urteilen der Bevölkerung deutlich erkennbar. 43 Prozent der europäischen, 51 Prozent der amerikanischen, 61 Prozent der deutschen Bevölkerung stimmen der Aussage zu, es müsse für Sexualität feststehende moralische Normen geben, man könne sie nicht den individuellen Wünschen und dem Geschmack anheimgeben (vgl. Tabellen 33 und A197). Der Eindruck einer in Fragen der Sexualmoral wesentlich rigoroseren Haltung der deutschen Bevölkerung löst sich jedoch bei Konfrontation mit der entgegengesetzten Forderung nach völliger sexueller Freiheit auf: 68 Prozent der Amerikaner, 52 Prozent der Europäer und nur 47 Prozent der deutschen Bevölkerung widersprechen dieser Forderung entschieden. Das auffällige Merkmal der deutschen Haltung gegenüber dieser Forderung nach völliger Liberalisierung ist ein weit überdurchschnittliches Maß an Urteilsunsi-

cherheit: 13 Prozent der Amerikaner, 24 Prozent der Europäer, aber
32 Prozent der Deutschen beziehen hier nicht eindeutig Stellung,
sondern tendieren überwiegend zu einer situationsabhängigen
Bewertung (vgl. Tabellen A 198, A 199 und A 202).

Diese Ergebnisse wie auch der Befund, daß das Maß an Widersprüchlichkeit in dieser Frage in der jungen, permissiver eingestell-
ten Generation niedriger liegt als in der Bevölkerung insgesamt,
lassen einen Abbau der Inkonsistenzen prognostizieren im Laufe der
stattfindenden Etablierung einer äußerst liberalen Sexualmoral.
Damit wird jedoch nur Konsistenz *innerhalb* der Bewertung einer
Norm erzielt, d.h. die Abnahme dieser Widersprüche signalisiert
den Abschluß sozialen Wandels, den erfolgten Abbau der Norm.

Daß zugleich der Ausgleich zwischen den Ansprüchen auf individuelle Entfaltung und konfligierenden Normen schwieriger wird, dokumentiert die Bewertung der alleinstehenden Frau, die sich bewußt
für ein Kind entschließt. 81 Prozent der europäischen, 85 Prozent der
deutschen Bevölkerung, 61 Prozent der Amerikaner sind überzeugt,
daß die seelische Gesundheit eines Kindes eine vollständige Familie,
beide Elternteile erfordere (Tabelle 34). Zugleich lehnen jedoch nur
36 Prozent der Europäer und 31 Prozent der Deutschen es ab, wenn
eine alleinstehende Frau sich entschließt, ein Kind zu bekommen.

Tabelle 34
USA, Europa
Bevölkerung ab 18 Jahre

Kind braucht Vater und Mutter

Frage:
„Wenn jemand sagt: Ein Kind braucht ein Heim mit beiden: Vater und Mutter,
um glücklich aufzuwachsen.
Würden Sie da eher zustimmen oder eher nicht zustimmen?"

	USA	Europa insgesamt	Bundesrepublik Deutschland
	%	%	%
Eher zustimmen	61	81	85
Eher nicht zustimmen	36	15	8
Unentschieden	3	4	7
	100	100	100

Quelle: Internationale Wertestudie 1981/82.

Weitaus konsequenter ist hier die Haltung der amerikanischen Bevölkerung, die diesen Schritt mehrheitlich verurteilt. Die deutsche Bewertung fällt wieder durch die außerordentlich große Scheu vor einer Festlegung auf, durch ausgeprägte Situationsethik (vgl. Tabellen A 203, A 204).

In keinem Land ist die Widerspruchsrate, die gleichzeitige Unterstützung einer völligen Liberalisierung und einer durch Normen begrenzten Sexualität so hoch wie in der Bundesrepublik. 40 Prozent derjenigen, die sich für unbegrenzte sexuelle Freiheit aussprechen, votieren zugleich für feststehende Normen in diesem Bereich. Auch in den Vereinigten Staaten, in Dänemark und Belgien ist das Votum für sexuelle Freiheit in größerem Maße von Widersprüchlichkeiten durchsetzt, am wenigsten in den in allen Fragen der Sexualmoral extrem liberalen Ländern Frankreich und Holland (vgl. Tabellen A 200, A 201).

Jeder dritte Europäer und 21 Prozent der deutschen Bevölkerung, die von der Notwendigkeit einer kompletten Familie für das Glück eines Kindes überzeugt sind, billigen die Entscheidung der ledigen Frau für die Mutterschaft ausdrücklich und begeben sich damit in unauflöslichen Widerspruch. Dieser Widerspruch tritt weit überdurchschnittlich in Frankreich und Dänemark auf sowie in der jungen Generation nahezu aller Länder (vgl. Tabelle A 205). Die konsequente Forderung nach individueller Entscheidungsfreiheit verschärft den Konflikt mit konkurrierenden Werten, wie der Verantwortung für das kindliche Wohl.

Hier wird der Anspruch auf freie individuelle Entfaltung fragwürdig. Es geht nicht um die Frage, ob die Einschätzung, ein Kind brauche beide Elternteile, gerechtfertigt ist. Entscheidend ist, daß Personen, die diese Ansicht vertreten, in hohem Maße bereit sind, als gerechtfertigt anerkannte Schutzansprüche dem Ziel individueller Entscheidungsfreiheit zu opfern. Wenn Freiheit als Konzept individueller Lebensführung, als Individualisierung von Glücksansprüchen, überstrapaziert wird, geht das Bewußtsein für die soziale Dimension der Freiheit, für die Verantwortung verloren.

Wenn die Chancen individueller Freiheit primär in der Minderbewertung konfligierender Normen, in dem Abbau individuellen Freiheitsspielraum begrenzender Normen gesehen werden, schwindet mit der Begrenzung der Freiheit zugleich die Chance ihrer sinnvollen

Realisierung. Die Befolgung fester Normen konstituiert ebenfalls Freiheit, Freiheit von eigenen Trieben und Wünschen.[13] Mit zunehmender Permissivität steigt die Unsicherheit der Bewertung von Wünschenswertem und Verurteilenswertem, von Gut und Böse (vgl. Tabelle A 206), als Ersatz für Wertmaßstäbe schieben sich die subjektiven Bedürfnisse und die bloße technische Machbarkeit als Urteilskriterien in den Vordergrund. In einer Zeit, in der die Optionen des technisch-wissenschaftlich Machbaren außerordentlich zunehmen, muß mit Besorgnis erfüllen, wenn ethische Maßstäbe schwinden, mit Hilfe derer die Gesellschaft klare Entscheidungen fällen kann, welche Möglichkeiten genutzt und welche bewußt ausgeschlossen werden sollen.

Politische Prioritäten	Tabelle A 157 Europa Bevölkerung ab 18 Jahre

FRAGE: "Es wird ja viel darüber gesprochen, welche Ziele die Bundesrepublik in
den nächsten zehn Jahren vor allem verfolgen soll. Auf dieser Liste
hier stehen vier Ziele, die verschiedene Leute für besonders wichtig
halten. Welches davon halten Sie für das wichtigste?"
(Vorlage einer Liste)

	Europa insgesamt %	Bundesrepublik Deutschland %
Recht und Ordnung aufrecht- erhalten	41	49
Mehr Mitbestimmung des Bürgers in wichtigen Entscheidungen der Regierung	19	20
Verhindern, daß die Preise steigen	23	14
Die Meinungsfreiheit erhalten ..	14	15
Weiß nicht	3	2
	100	100

Quelle: Internationale Wertestudie 1981/82

305

	Tabelle A 158
	USA, Europa
	Bevölkerung ab 18 Jahre

FRAGE: "Einige Leute haben das Gefühl, daß sie völlig frei ihr Leben selbst bestimmen,
andere meinen, daß sie nur wenig Einfluß darauf haben, was mit ihnen geschieht.
Wie sehen Sie das für sich selbst, wieviel Freiheit haben Sie bei Entscheidungen
darüber, wie Ihr weiteres Leben abläuft? Bitte wieder nach dieser Leiter hier.
1 würde bedeuten, Sie haben nach Ihrem Gefühl überhaupt keine Freiheit,
10, daß Sie sich völlig frei fühlen, was Entscheidungen über Ihr künftiges
Leben angeht."
(Vorlage eines Bildblattes)

	USA	Europa insgesamt	Bundesrepublik Deutschland
	%	%	%
Stufe 10 (völlig frei)	16 ⎫	9 ⎫	14 ⎫
Stufe 9	19 ⎬ 60	8 ⎬ 36	10 ⎬ 48
Stufe 8	25 ⎭	19 ⎭	24 ⎭
Stufe 7	12	14	14
Stufe 6	7	11	8
Stufe 5	12	16	14
Stufe 4	3	7	6
Stufe 3	2	5	4
Stufe 2	1	3	1
Stufe 1 (überhaupt keine Freiheit)	1	4	1
Unentschieden	2	4	4
	100	100	100

Quelle: Internationale Wertestudie 1981/82

306

Tabelle A 159
Bundesrepublik mit West-Berlin
Bevölkerung ab 16 Jahre

FRAGE: "Kaum jemand ist ja in dem, was er privat macht, völlig unabhängig. Wodurch fühlen
Sie sich in Ihrer persönlichen Freiheit manchmal eingeschränkt, ich meine, was von
dieser Liste hindert Sie daran, so zu handeln, sich so zu entscheiden, wie Sie es
gern möchten?"
(Vorlage einer Liste)

	Bevölkerung ab 16 Jahre insgesamt	
	August 1976	Februar/März 1979
	%	%
Meine finanziellen Verhältnisse	49	46
Der Zeitmangel, daß man nicht für alles genügend Zeit hat	43	40
Die mangelnden Möglichkeiten, hier am Ort etwas zu machen, was man gern möchte	24	28
Nachbarn, auf die man Rücksicht nehmen muß	32	27
Meine Frau/Mein Mann will oft etwas anderes als ich	23	25
Kinder, um die man sich kümmern muß	26	22
Freunde, Verwandte, auf die man Rücksicht zu nehmen hat.	22	20
Die Verwaltung, die Bürokratie	18	19
Daß ich keine bessere Ausbildung habe, keine besseren Schulen besuchen konnte	21	18
Vorschriften am Arbeitsplatz	16	15
Entscheidungen des Chefs, des Vorgesetzten	15	14
Einfach deswegen, weil ich ein Mann/eine Frau bin, kann ich nicht immer das machen, was ich möchte	13	12
Die Umgangsformen, die herrschenden Sitten und Gebräuche	11	10
Mein Vater, meine Mutter möchte nicht, daß ich das oder jenes mache	8	9
Der Staat, die Regierung	10	8
Die Polizei	8	8
Die Gewerkschaft, die Funktionäre	5	4
Die Gebote und Verhaltensregeln der Kirche	6	3
Anderes	1	1
Nichts davon	10	11
	361	340

Quelle: Allensbacher Archiv, IfD-Umfragen 3033, 3065

307

Freiheit oder Gleichheit?

Frage: "Hier unterhalten sich zwei, was letzten Endes wohl wichtiger ist, Freiheit
oder möglichst große Gleichheit - wenn Sie bitte einmal lesen. Welcher von
beiden sagt eher das, was auch Sie denken?"
(Vorlage eines Bildblattes)

	USA	Europa insgesamt	Bundesrepublik Deutschland
	%	%	%
"Ich finde Freiheit und möglichst große Gleichheit eigentlich beide gleich wichtig. Aber wenn ich mich für eines davon entscheiden müßte, wäre mir die persönliche Freiheit am wichtigsten, daß also jeder in Freiheit leben und sich ungehindert entfalten kann"	72	49	50
"Sicher sind Freiheit und möglichst große Gleichheit gleich wichtig. Aber wenn ich mich für eines davon entscheiden müßte, fände ich eine möglichst große Gleichheit am wichtigsten, daß also niemand benachteiligt ist und die sozialen Unterschiede nicht so groß sind"	20	35	34
Unentschieden	3	9	16
Weiß nicht	5	7	x
	100	100	100

Quelle: Internationale Wertestudie 1981/82; Allensbacher Archiv, IfD-Umfrage 3098

Individuelle Freiheit oder soziale Nivellierung?

FRAGE: "Hier unterhalten sich zwei, was letzten Endes wohl wichtiger ist, Freiheit oder möglichst große Gleichheit – wenn Sie bitte einmal lesen. Welcher von beiden sagt eher das, was auch Sie denken?"
(Vorlage eines Bildblattes)

	Europa insgesamt	Bundes- republik Deutsch- land	Schweden	Dänemark	Großbri- tannien	Nord- irland	Republik Irland	Holland	Belgien	Frank- reich	Spanien	Italien
	%	%	%	%	%	%	%	%	%	%	%	%
"Ich finde Freiheit und möglichst große Gleichheit eigentlich beide gleich wichtig. Aber wenn ich mich für eines davon entscheiden müßte, wäre mir die persönliche Freiheit am wichtigsten, daß also jeder in Freiheit leben und sich ungehindert entfalten kann"	49	50	57	50	69	58	46	56	46	54	36	43
"Sicher sind Freiheit und möglichst große Gleichheit gleich wichtig. Aber wenn ich mich für eines davon entscheiden müßte, fände ich eine möglichst große Gleichheit am wichtigsten, daß also niemand benachteiligt ist und die sozialen Unterschiede nicht so groß sind"	35	34	35	31	23	24	38	33	26	32	39	45
Unentschieden	9	16	3	5	4	4	5	4	11	8	13	5
Weiß nicht	7	x	5	14	4	14	11	7	17	6	12	7
	100	100	100	100	100	100	100	100	100	100	100	100

Quelle: Internationale Wertestudie 1981/82

FRAGE: "Jetzt möchte ich Ihnen einen Fall erzählen: Zwei Sekretärinnen sind gleich alt
und tun praktisch die gleiche Arbeit, aber eines Tages stellt die eine fest,
daß die andere 100 Mark im Monat mehr bekommt. Sie geht darauf zum Chef, um sich
zu beklagen. Aber der Chef muß ihr sagen, daß die andere tüchtiger und zuverlässiger ist und rascher arbeitet als sie. – Halten Sie es für gerecht, daß
die eine mehr bekommt, oder halten Sie es nicht für gerecht?"

	USA	Europa insgesamt	Bundesrepublik Deutschland
	%	%	%
Gerecht	81	59	64
Nicht gerecht	17	33	24
Unentschieden	2	8	12
	100	100	100

Quelle: Internationale Wertestudie 1981/82

Dispositionsfreiheit des Unternehmers		Tabelle A 163	
		USA, Europa	
oder Mitbestimmung?		Bevölkerung ab 18 Jahre	

FRAGE: "Es gibt ja verschiedene Meinungen darüber, wer in Betrieben und Unternehmen
bestimmen soll. Hier auf dieser Liste stehen vier Meinungen. Wofür sind Sie?"
(Vorlage einer Liste)

	USA	Europa insgesamt	Bundesrepublik Deutschland
	%	%	%
Eigentümer und Angestellte sollten gemeinsam die Geschäftsführer bestimmen	30	41	37
Die Eigentümer sollten ihre Unternehmen selbst leiten oder die Geschäftsführer bestimmen	62	35	47
Die Unternehmen sollten den dort Angestellten gehören, und die Geschäftsführer sollten von ihnen gewählt werden ..	5	10	7
Der Staat sollte der Eigentümer der Unternehmen sein und die Geschäftsführer bestimmen	1	4	2
Unentschieden	2	10	7
	100	100	100

Quelle: Internationale Wertestudie 1981/82

311

Betriebliche Entscheidungskompetenz

Tabelle A 164
Europa
Bevölkerung ab 18 Jahre

FRAGE: "Es gibt ja verschiedene Meinungen darüber, wer in Betrieben und Unternehmen bestimmen soll. Hier auf dieser Liste stehen vier Meinungen. Wofür sind Sie?" (Vorlage einer Liste)

	Europa insgesamt	Bundes- republik Deutsch- land	Schweden	Dänemark	Großbri- tannien	Nord- Irland	Republik Irland	Holland	Belgien	Frank- reich	Spanien	Italien
	%	%	%	%	%	%	%	%	%	%	%	%
Eigentümer und Angestellte sollten gemeinsam die Geschäftsführer bestimmen	41	37	58	41	37	24	34	47	34	48	33	47
Die Eigentümer sollten ihre Unternehmen selbst leiten oder die Geschäftsführer bestimmen	35	47	30	41	50	57	47	30	34	19	21	29
Die Unternehmen sollten den dort Ange- stellten gehören, und die Geschäftsführer sollten von ihnen gewählt werden	10	7	6	8	7	7	7	10	6	17	22	6
Der Staat sollte der Eigentümer der Unternehmen sein und die Geschäftsführer bestimmen	4	2	1	1	2	1	3	1	3	3	7	8
Unentschieden	10	7	5	9	4	11	9	12	23	13	17	10
	100	100	100	100	100	100	100	100	100	100	100	100

Quelle: Internationale Wertestudie 1981/82

Gleichzeitige Unterstützung von Egalisierung

und individueller Entfaltung

FRAGE: "Hier auf dieser Liste steht verschiedenes, was sich in Zukunft in unserer
Gesellschaft verändern kann. Könnten Sie mir zu jedem Punkt sagen, ob Sie
eine solche Entwicklung begrüßen oder ablehnen würden, oder ob Ihnen das
egal ist?"
(Vorlage einer Liste)

Es sind dafür, die persönliche
Entfaltung des Individuums zu
fördern

	Personen, die im Konflikt votieren für -	
	Freiheit	Gleichheit
	%	%
USA	86	90
Europa	81	84
Bundesrepublik Deutschland	79	77
Schweden	87	79
Dänemark	87	87
Großbritannien	70	74
Republik Irland	86	87
Holland	72	71
Belgien	77	77
Frankreich	85	89
Spanien	89	83
Italien	92	93

Quelle: Internationale Wertestudie 1981/82

313

Grundsätzliche und konkrete Einstellung

zu Nivellierungstendenzen

Tabelle A 166
USA, Europa
Bevölkerung ab 18 Jahre
- Teilgruppen -

FRAGE: "Jetzt möchte ich Ihnen einen Fall erzählen: Zwei Sekretärinnen sind gleich alt
und tun praktisch die gleiche Arbeit, aber eines Tages stellt die eine fest,
daß die andere 100 Mark im Monat mehr bekommt. Sie geht darauf zum Chef, um
sich zu beklagen. Aber der Chef muß ihr sagen, daß die andere tüchtiger und
zuverlässiger ist und rascher arbeitet als sie. - Halten Sie es für gerecht,
daß die eine mehr bekommt, oder halten Sie es nicht für gerecht?"

Es halten eine leistungsabhängige
Entlohnung für gerecht

	Personen, die im Konflikt votieren für -	
	Freiheit	Gleichheit
	%	%
USA	83	72
Europa	63	53
Bundesrepublik Deutschland	69	61
Schweden	64	43
Dänemark	68	49
Großbritannien	69	57
Republik Irland	63	52
Holland	64	49
Belgien	57	60
Frankreich	65	55
Spanien	68	63
Italien	49	45

Quelle: Internationale Wertestudie 1981/82

	Tabelle A 167
Zum Zusammenhang von genereller und konkreter	USA, Europa
Befürwortung von Nivellierung	Bevölkerung ab 18 Jahre

FRAGE: "Jetzt möchte ich Ihnen einen Fall erzählen: Zwei Sekretärinnen sind gleich alt
und tun praktisch die gleiche Arbeit, aber eines Tages stellt die eine fest,
daß die andere 100 Mark im Monat mehr bekommt. Sie geht darauf zum Chef, um
sich zu beklagen. Aber der Chef muß ihr sagen, daß die andere tüchtiger und
zuverlässiger ist und rascher arbeitet als sie. - Halten Sie es für gerecht,
daß die eine mehr bekommt, oder halten Sie es nicht für gerecht?"

Es halten eine leistungsorientierte
Entlohnung für nicht gerecht

	Bevölkerung ab 18 Jahre insgesamt	Personen, die im Konflikt gegen soziale Nivellierung votieren
	%	%
USA	17	15
Europa	33	31
Bundesrepublik Deutschland	24	21
Schweden	39	30
Dänemark	33	25
Großbritannien	30	28
Republik Irland	36	31
Holland	34	27
Belgien	30	32
Frankreich	32	29
Spanien	26	25
Italien	49	47

Quelle: Internationale Wertestudie 1981/82

315

FRAGE: "Es gibt ja verschiedene Meinungen darüber, wer in Betrieben und Unternehmen
bestimmen soll. Hier auf dieser Liste stehen vier Meinungen. Wofür sind Sie?"
(Vorlage einer Liste)

Es stimmen der Aussage zu:

"Eigentümer und Angestellte sollten gemeinsam die Geschäftsführer bestimmen"

	Personen, die im Konflikt votieren für -	
	Freiheit	Gleichheit
	%	%
USA	29	33
Europa	43	48
Bundesrepublik Deutschland	39	41
Schweden	52	69
Dänemark	39	47
Großbritannien	35	45
Republik Irland	34	40
Holland	46	52
Belgien	38	42
Frankreich	52	47
Spanien	34	38
Italien	49	51

Quelle: Internationale Wertestudie 1981/82

FRAGE: "Es gibt ja verschiedene Meinungen darüber, wer in Betrieben und Unternehmen
bestimmen soll. Hier auf dieser Liste stehen vier Meinungen. Wofür sind Sie?"
(Vorlage einer Liste)

Es stimmen der Aussage zu:

"Die Eigentümer sollten ihre Unternehmen
selbst leiten oder die Geschäftsführer
bestimmen"

	Personen, die im Konflikt votieren für -	
	Freiheit	Gleichheit
	%	%
USA	64	56
Europa	39	26
Bundesrepublik Deutschland	53	42
Schweden	40	14
Dänemark	53	27
Großbritannien	53	41
Republik Irland	52	44
Holland	37	22
Belgien	39	32
Frankreich	23	14
Spanien	26	19
Italien	33	24

Quelle: Internationale Wertestudie 1981/82

317

Leistungsgerechte Entlohnung und	Tabelle A 170
politischer Standort	USA, Europa Bevölkerung ab 18 Jahre

FRAGE: "Jetzt möchte ich Ihnen einen Fall erzählen: Zwei Sekretärinnen sind gleich alt und tun praktisch die gleiche Arbeit, aber eines Tages stellt die eine fest, daß die andere 100 Mark im Monat mehr bekommt. Sie geht darauf zum Chef, um sich zu beklagen. Aber der Chef muß ihr sagen, daß die andere tüchtiger und zuverlässiger ist und rascher arbeitet als sie. - Halten Sie es für gerecht, daß die eine mehr bekommt, oder halten Sie es nicht für gerecht?"

Es halten eine leistungsabhängige
Entlohnung für gerecht

	Politische Selbsteinstufung –				
	Stufen 1, 2 (links)	Stufen 3, 4	Stufen 5, 6	Stufen 7, 8	Stufen 9, 10 (rechts)
	%	%	%	%	%
USA	74	75	81	83	86
Europa	41	53	62	70	67
Bundesrepublik Deutschland	41	52	64	77	80
Schweden	28	43	50	75	86
Dänemark	15	38	55	79	73
Großbritannien	41	55	71	69	73
Republik Irland	44	48	62	59	54
Holland	44	47	59	68	70
Belgien	51	60	59	66	53
Frankreich	45	54	62	77	69
Spanien	50	58	71	70	82
Italien	36	51	52	51	37

Quelle: Internationale Wertestudie 1981/82

Unternehmerfreiheit ist ein Ziel
der politischen Rechten

FRAGE: "Es gibt ja verschiedene Meinungen darüber, wer in Betrieben und Unternehmen
bestimmen soll. Hier auf dieser Liste stehen vier Meinungen. Wofür sind Sie?"
(Vorlage einer Liste)

Es plädieren für die Dispositionsfreiheit des Unternehmers

	Politische Selbsteinstufung –				
	Stufen 1, 2 (links)	Stufen 3, 4	Stufen 5, 6	Stufen 7, 8	Stufen 9, 10 (rechts)
	%	%	%	%	%
USA	55	49	61	68	69
Europa	12	18	36	50	55
Bundesrepublik Deutschland	33	26	49	64	59
Schweden	10	9	30	44	67
Dänemark	19	12	38	65	74
Großbritannien	26	30	52	60	57
Republik Irland	36	27	48	55	59
Holland	7	14	31	48	53
Belgien	23	27	38	45	40
Frankreich	12	8	19	29	45
Spanien	4	11	29	35	45
Italien	12	26	31	46	42

Quelle: Internationale Wertestudie 1981/82

Individuelle Freiheit ist ein Wert

der politischen Rechten

FRAGE: "Hier unterhalten sich zwei, was letzten Endes wohl wichtiger ist, Freiheit
oder Gleichheit - wenn Sie das bitte einmal lesen. Welcher von beiden sagt
eher das, was auch Sie denken?"
(Vorlage eines Bildblattes)

Es stimmen der Aussage zu:

"Ich finde Freiheit und Gleichheit eigentlich beide
gleich wichtig. Aber wenn ich mich für eines davon
entscheiden müßte, wäre mir die persönliche Freiheit am wichtigsten, daß also jeder in Freiheit
leben und sich ungehindert entfalten kann."

	Politische Selbsteinstufung -				
	Stufen 1, 2 (links)	Stufen 3, 4	Stufen 5, 6	Stufen 7, 8	Stufen 9, 10 (rechts)
	%	%	%	%	%
USA	44	64	71	81	79
Europa	33	43	54	58	62
Bundesrepublik Deutschland	14	33	40	41	55
Schweden	27	40	61	79	84
Dänemark	15	36	47	69	77
Großbritannien	64	60	72	75	77
Republik Irland	53	42	43	58	51
Holland	37	51	59	67	63
Belgien	64	41	56	60	52
Frankreich	45	50	57	65	68
Spanien	41	33	39	44	42
Italien	21	39	53	50	56

Quelle: Internationale Wertestudie 1981/82

Unterstützung einer Stärkung von Autorität	Tabelle A 173 USA, Europa Bevölkerung ab 18 Jahre

FRAGE: "Hier auf dieser Liste steht verschiedenes, was sich in Zukunft in unserer Gesellschaft verändern kann. Könnten Sie mir zu jedem Punkt sagen, ob Sie eine
solche Entwicklung begrüßen oder ablehnen würden, oder ob Ihnen das egal ist."
(Vorlage einer Liste)

Es halten mehr Achtung vor Autorität
für wünschenswert

Bevölkerung ab 18 Jahre
insgesamt

%

USA	84
Europa insgesamt	61
Bundesrepublik Deutschland	44
Schweden	31
Dänemark	39
Großbritannien	73
Nord-Irland	87
Republik Irland	85
Holland	57
Belgien	58
Frankreich	56
Spanien	76
Italien	64

Quelle: Internationale Wertestudie 1981/82

FRAGE: "Wenn Sie das einmal lesen - welcher dieser beiden Meinungen würden
Sie zustimmen?"
(Vorlage einer Liste)

	USA	Europa insgesamt	Bundesrepublik Deutschland
	%	%	%
Kein Vorgesetzter sollte von seinen Mitarbeitern verlangen, daß sie seine Anordnungen befolgen, bevor er sie nicht von der Richtigkeit überzeugt hat	23	43	51
Am Arbeitsplatz sollten Mitarbeiter die Anordnungen ihres Vorgesetzten grundsätzlich befolgen, auch wenn sie damit nicht völlig übereinstimmen	68	32	28
Kommt darauf an	7	21	18
Weiß nicht	2	4	3
	100	100	100

Quelle: Internationale Wertestudie 1981/82

Elterliche Autorität

FRAGE: "Hier stehen zwei Meinungen. Welcher von beiden würden Sie eher zustimmen,
der ersten oder der zweiten?"
(Vorlage einer Liste)

	USA	Europa insgesamt	Bundesrepublik Deutschland
	%	%	%
Ganz egal, welche Vorzüge und Fehler die Eltern haben, man muß sie immer lieben und ehren	69	63	48
Man muß seine Eltern nicht achten, wenn sie es nicht durch ihr Verhalten und ihre Einstellungen verdient haben ...	28	28	32
Unentschieden	3	9	20
	100	100	100

Quelle: Internationale Wertestudie 1981/82

323

Zum Zusammenhang der Einstellung zu Autorität

in einzelnen Lebensbereichen

FRAGE: "Hier stehen zwei Meinungen. Welcher von beiden würden Sie eher zustimmen, der
ersten oder der zweiten?"
(Vorlage einer Liste)

	Bevölkerung ab 18 Jahre insgesamt	Personen, die die Autorität von Vorgesetzten –	
		akzeptieren	nicht akzeptieren
	%	%	%
1. Meinung:			
Ganz egal, welche Vorzüge und Fehler die Eltern haben, man muß sie immer lieben und ehren 48		63 42	
2. Meinung:			
Man muß seine Eltern nicht achten, wenn sie es nicht durch ihr Verhalten und ihre Einstellungen verdient haben 32		20 41	
Unentschieden 20		17 17	
	100	100	100

FRAGE: "Hier stehen zwei Meinungen. Welcher von beiden würden Sie eher zustimmen, der
ersten oder der zweiten?"
(Vorlage einer Liste)

	18- bis 24jährige insgesamt	Personen, die die Autorität von Vorgesetzten –	
		akzeptieren	nicht akzeptieren
	%	%	%
1. Meinung:			
Ganz egal, welche Vorzüge und Fehler die Eltern haben, man muß sie immer lieben und ehren 28		47 23	
2. Meinung:			
Man muß seine Eltern nicht achten, wenn sie es nicht durch ihr Verhalten und ihre Einstellungen verdient haben 51		28 59	
Unentschieden 21		25 18	
	100	100	100

Quelle: Internationale Wertestudie 1981/82

Tabelle A 177
Bundesrepublik mit West-Berlin
Bevölkerung ab 18 Jahre

FRAGE: "Hier stehen zwei Meinungen über die Verantwortung von Eltern gegenüber ihren
Kindern. Welche von beiden ist auch Ihre Ansicht?"
(Vorlage einer Liste)

	Bevölkerung ab 18 Jahre insgesamt	Personen, die die Autorität von Vorgesetzten -	
		akzeptieren	nicht akzeptieren
	%	%	%

1. Meinung:

Es ist die Pflicht der Eltern, das Beste für ihre Kinder zu tun, auch wenn sie selbst dafür zurückstehen müssen	46	56	43

2. Meinung:

Eltern haben ein Anrecht auf ihr eigenes Leben, und man sollte nicht von ihnen verlangen, daß sie sich für das Wohl ihrer Kinder aufopfern	28	22	34
Stimme beiden zu	23	18	20
Keine von beiden	3	4	3
	100	100	100

Bundesrepublik mit West-Berlin
18- bis 29jährige

FRAGE: "Hier stehen zwei Meinungen über die Verantwortung von Eltern gegenüber ihren
Kindern. Welche von beiden ist auch Ihre Ansicht?"
(Vorlage einer Liste)

	18- bis 29jährige insgesamt	Personen, die die Autorität von Vorgesetzten -	
		akzeptieren	nicht akzeptieren
	%	%	%

1. Meinung:

Es ist die Pflicht der Eltern, das Beste für ihre Kinder zu tun, auch wenn sie selbst dafür zurückstehen müssen	36	41	32

2. Meinung:

Eltern haben ein Anrecht auf ihr eigenes Leben, und man sollte nicht von ihnen verlangen, daß sie sich für das Wohl ihrer Kinder aufopfern	36	30	43
Stimme beiden zu	21	15	17
Keine von beiden	7	14	8
	100	100	100

Quelle: Internationale Wertestudie 1981/82

Autorität von Vorgesetzten

Tabelle A 178
Europa
Bevölkerung ab 18 Jahre

FRAGE: "Wenn Sie das einmal lesen - welcher dieser beiden Meinungen würden Sie zustimmen?"
(Vorlage einer Liste)

	Europa insgesamt	Bundes- republik Deutsch- land	Schweden	Dänemark	Großbri- tannien	Nord- Irland	Republik Irland	Holland	Belgien	Frank- reich	Spanien	Italien
	%	%	%	%	%	%	%	%	%	%	%	%
Kein Vorgesetzter sollte von seinen Mitarbeitern verlangen, daß sie seine Anordnungen befolgen, bevor er sie nicht von der Richtigkeit überzeugt hat	43	51	32	21	34	25	26	33	31	57	41	39
Am Arbeitsplatz sollten Mitarbeiter die Anordnungen ihres Vorgesetzten grund- sätzlich befolgen, auch wenn sie damit nicht völlig übereinstimmen	32	28	40	57	49	49	45	39	33	25	29	24
Kommt darauf an	21	18	26	13	14	23	25	21	23	15	21	34
Weiß nicht	4	3	2	9	3	3	4	7	13	3	9	3
	100	100	100	100	100	100	100	100	100	100	100	100

Quelle: Internationale Wertestudie 1981/82

Elterliche Autorität

FRAGE: "Hier stehen zwei Meinungen. Welcher von beiden würden Sie eher zustimmen, der ersten oder der zweiten?"
(Vorlage einer Liste)

	Europa insgesamt	Bundes-republik Deutsch-land	Schweden	Dänemark	Großbri-tannien	Nord-Irland	Republik Irland	Holland	Belgien	Frank-reich	Spanien	Italien
	%	%	%	%	%	%	%	%	%	%	%	%
Ganz egal, welche Vorzüge und Fehler die Eltern haben, man muß sie immer lieben und ehren	63	48	46	35	56	71	75	38	72	75	70	79
Man muß seine Eltern nicht achten, wenn sie es nicht durch ihr Verhalten und ihre Ein-stellungen verdient haben	28	32	45	50	39	23	19	49	17	19	26	17
Unentschieden	9	20	9	15	5	6	6	13	11	6	4	4
	100	100	100	100	100	100	100	100	100	100	100	100

Quelle: Internationale Wertestudie 1981/82

FRAGE: "Hier auf dieser Liste steht verschiedenes, was sich in Zukunft in unserer Gesellschaft
verändern kann. Könnten Sie mir zu jedem Punkt sagen, ob Sie eine solche Entwicklung
begrüßen oder ablehnen würden, oder ob Ihnen das egal ist?"

Es halten mehr Achtung vor
Autorität für wünschenswert

	Bevölkerung ab 18 Jahre insgesamt	Altersgruppen						
		18-24 Jahre	25-34 Jahre	35-44 Jahre	45-54 Jahre	55-64 Jahre	65-74 Jahre	75 Jahre und älter
	%	%	%	%	%	%	%	%
Europa	61	46	47	57	63	72	76	80
Bundesrepublik Deutschland	44	19	29	34	42	61	70	73
Schweden	31	15	26	29	29	37	51	39
Dänemark	39	21	22	30	36	50	65	78
Großbritannien	73	55	62	69	80	91	87	90
Republik Irland	85	76	79	86	91	91	94	89
Holland	57	42	47	53	58	75	74	82
Belgien	58	45	51	66	63	61	63	67
Frankreich	56	39	37	54	67	69	72	79
Spanien	76	67	66	75	85	81	83	85
Italien	64	57	49	60	68	73	75	82

	Bevölkerung ab 18 Jahre insgesamt	Altersgruppen			
		18-24 Jahre	25-39 Jahre	40-59 Jahre	60 Jahre und älter
	%	%	%	%	%
USA	84	80	79	87	91

Quelle: Internationale Wertestudie 1981/82

Generationenkluft in der Einstellung
zu beruflicher Autorität

FRAGE: "Wenn Sie das einmal lesen - welcher dieser beiden Meinungen würden Sie zustimmen?"
(Vorlage einer Liste)

Es sind der Ansicht, man sollte Anordnungen
von Vorgesetzten prinzipiell befolgen

	Bevölkerung ab 18 Jahre insgesamt	Altersgruppen						
		18-24 Jahre	25-34 Jahre	35-44 Jahre	45-54 Jahre	55-64 Jahre	65-74 Jahre	75 Jahre und älter
	%	%	%	%	%	%	%	%
Europa	32	25	25	34	31	38	39	43
Bundesrepublik Deutschland ..	28	14	22	27	21	38	41	40
Schweden	40	24	33	39	46	48	50	47
Dänemark	57	50	53	61	60	67	50	55
Großbritannien	49	44	44	60	50	47	50	44
Republik Irland	45	37	38	44	51	53	60	53
Holland	39	35	35	34	39	42	48	62
Belgien	33	32	36	34	36	34	31	24
Frankreich	25	17	16	26	26	29	37	38
Spanien	29	24	24	29	30	35	36	30
Italien	24	16	13	22	24	32	28	51

	Bevölkerung ab 18 Jahre insgesamt	Altersgruppen			
		18-24 Jahre	25-39 Jahre	40-59 Jahre	60 Jahre und älter
	%	%	%	%	%
USA	68	66	60	74	70

Quelle: Internationale Wertestudie 1981/82

329

FRAGE: "Wenn Sie das einmal lesen – welcher dieser beiden Meinungen würden Sie zustimmen?"
(Vorlage einer Liste)

Es stimmen der Aussage zu:

"Am Arbeitsplatz sollten Mitarbeiter die
Anordnungen ihres Vorgesetzten grundsätzlich befolgen, auch wenn sie damit
nicht völlig übereinstimmen."

	Politische Selbsteinstufung –				
	Stufen 1, 2 (links)	Stufen 3, 4	Stufen 5, 6	Stufen 7, 8	Stufen 9, 10 (rechts)
	%	%	%	%	%
USA	58	59	68	69	77
Europa	18	21	34	41	43
Bundesrepublik Deutschland	14	18	30	35	27
Schweden	32	33	45	42	52
Dänemark	24	40	59	64	75
Großbritannien	52	41	44	63	57
Republik Irland	33	24	44	50	60
Holland	17	30	39	49	54
Belgien	30	29	38	33	36
Frankreich	15	16	29	30	31
Spanien	12	19	38	40	52
Italien	17	17	26	19	40

Quelle: Internationale Wertestudie 1981/82

Tabelle A 183
USA, Europa
Bevölkerung ab 18 Jahre

FRAGE: "Hier stehen zwei Meinungen. Welcher von beiden würden Sie eher zustimmen,
der ersten oder der zweiten?"
(Vorlage einer Liste)

Es glauben, daß man seine Eltern immer
bedingungslos lieben und ehren soll

	Bevölkerung ab 18 Jahre insgesamt	Altersgruppen						
		18-24 Jahre	25-34 Jahre	35-44 Jahre	45-54 Jahre	55-64 Jahre	65-74 Jahre	75 Jahre und älter
	%	%	%	%	%	%	%	%
Europa	63	53	55	60	66	71	73	74
Bundesrepublik Deutschland ..	48	28	36	43	48	59	67	66
Schweden	46	30	35	49	43	56	60	69
Dänemark	35	27	30	36	35	37	36	53
Großbritannien	56	54	52	52	53	65	60	60
Republik Irland	75	64	74	78	78	81	83	81
Holland	39	28	34	37	43	39	49	77
Belgien	72	62	65	73	78	77	72	85
Frankreich	75	70	65	75	80	81	88	80
Spanien	70	52	61	68	77	79	85	87
Italien	79	72	72	76	80	86	89	94

	Bevölkerung ab 18 Jahre insgesamt	Altersgruppen			
		18-24 Jahre	25-39 Jahre	40-59 Jahre	60 Jahre und älter
	%	%	%	%	%
USA	69	71	67	68	72

Quelle: Internationale Wertestudie 1981/82

331

Wie streng waren Eltern?		Tabelle A 184 USA, Europa Bevölkerung ab 18 Jahre	

FRAGE: "Manche Eltern sind ziemlich streng mit ihren Kindern und sagen ihnen ganz
genau, was sie tun sollen und was nicht, was richtig ist und was falsch.
Andere dagegen sind nicht der Meinung, daß sie so streng sein sollen. Wenn
Sie sich einmal zurückerinnern: Wie streng waren Ihre Eltern?"

	USA %	Europa insgesamt %	Bundesrepublik Deutschland %
Sehr streng	36	25	19
Ziemlich streng	41	40	40
Nicht sehr streng	19	27	34
Überhaupt nicht streng	2	5	5
Unentschieden	2	3	2
	100	100	100

Quelle: Internationale Wertestudie 1981/82

Tabelle A 185
Bundesrepublik mit West-Berlin
Bevölkerung ab 18 Jahre
- Teilgruppen -

FRAGE: "Hier auf dieser Liste steht verschiedenes, was sich in Zukunft in unserer
Gesellschaft verändern kann. Könnten Sie mir zu jedem Punkt sagen, ob Sie
eine solche Entwicklung begrüßen oder ablehnen würden, oder ob Ihnen das
egal ist."
(Vorlage einer Liste)

Mehr Achtung vor Autorität

	Personen, deren Eltern –	
	streng waren	nicht streng waren
	%	%
Begrüße ich	51	34
Lehne ich ab	30	42
Ist mir egal, unentschieden	19	24
	100	100

Mehr Achtung vor Autorität

	18- bis 24jährige, deren Eltern –	
	streng waren	nicht streng waren
	%	%
Begrüße ich	22	18
Lehne ich ab	60	60
Ist mir egal, unentschieden	18	22
	100	100

Quelle: Internationale Wertestudie 1981/82

333

FRAGE: "Jeder Berufstätige kann ja bei seiner Arbeit manches frei entscheiden, und in
anderem ist er abhängig. Es fragt sich nun, wie frei der einzelne sich fühlt. Wie
geht es Ihnen selbst? Könnten Sie das an Hand dieser Leiter erklären? Es geht so:
1 würde bedeuten, Sie hätten in Ihrem Beruf keine Freiheit, etwas zu entscheiden,
und 10 würde bedeuten, Sie fühlen sich in Ihren beruflichen Entscheidungen ganz
frei und unabhängig. Auf welche Stufe dieser Leiter würden Sie sich einordnen?"
(Vorlage eines Bildblattes)

	Berufstätige in –		
	USA	Europa insgesamt	der Bundesrepublik Deutschland
	%	%	%
Stufe 10 (ganz frei und unabhängig)	16 ⎫	15 ⎫	8 ⎫
Stufe 9	15 ⎬ 51	9 ⎬ 40	8 ⎬ 32
Stufe 8	20 ⎭	16 ⎭	16 ⎭
Stufe 7	15	13	18
Stufe 6	8	9	9
Stufe 5	9	12	15
Stufe 4	5	6	7
Stufe 3	5	6	8
Stufe 2	3	4	4
Stufe 1 (keine Entscheidungsfreiheit im Beruf)	4	6	3
Unentschieden	x	4	4
	100	100	100

Quelle: Internationale Wertestudie 1981/82

Enger Zusammenhang zwischen Religiosität

und der Einstellung zu Autorität

Tabelle A 187
Bundesrepublik mit West-Berlin
Bevölkerung ab 18 Jahre
- Teilgruppen -

FRAGE: "Einmal abgesehen davon, ob Sie in die Kirche gehen oder nicht -
würden Sie sagen, Sie sind ein religiöser Mensch, kein religiöser
Mensch, ein überzeugter Atheist?"

Personen, die mehr Achtung vor Autorität -

	befürworten	nicht befürworten
Es bezeichnen sich als -	%	%
"religiösen Menschen"	69	46
"nicht-religiösen Menschen"	16	31
"überzeugten Atheisten"	2	6
Unentschieden	13	17
	100	100

18- bis 24jährige, die mehr Achtung vor
Autorität -

	befürworten	nicht befürworten
Es bezeichnen sich als -	%	%
"religiösen Menschen"	47	28
"nicht-religiösen Menschen"	32	42
"überzeugten Atheisten"	2	9
Unentschieden	19	21
	100	100

Quelle: Internationale Wertestudie 1981/82

FRAGE: "Hier auf dieser Liste steht verschiedenes, was sich in Zukunft in unserer
Gesellschaft verändern kann. Könnten Sie mir zu jedem Punkt sagen, ob Sie
eine solche Entwicklung begrüßen oder ablehnen würden, oder ob Ihnen das
egal ist?"
(Vorlage einer Liste)

- Auszug -

Es stimmen der Aussage zu:

Mehr Achtung vor Autorität

	Politische Selbsteinstufung -				
	Stufen 1, 2 (links)	Stufen 3, 4	Stufen 5, 6	Stufen 7, 8	Stufen 9, 10 (rechts)
	%	%	%	%	%
USA	76	69	85	90	92
Europa	38	41	60	69	74
Bundesrepublik Deutschland	31	26	43	59	61
Schweden	31	27	29	35	37
Dänemark	13	17	36	47	68
Großbritannien	57	59	74	83	92
Republik Irland	44	65	85	91	96
Holland	35	36	61	74	78
Belgien	43	49	59	66	72
Frankreich	37	36	62	74	79
Spanien	50	64	84	83	95
Italien	42	50	72	73	74

Quelle: Internationale Wertestudie 1981/82

FRAGE: "Hier stehen zwei Meinungen, welcher von beiden würden Sie eher zustimmen,
der ersten oder der zweiten?"
(Vorlage einer Liste)

Es stimmen der Aussage zu:
"Ganz egal, welche Vorzüge und Fehler
die Eltern haben, man muß sie immer
lieben und ehren."

	Politische Selbsteinstufung -				
	Stufen 1, 2 (links)	Stufen 3, 4	Stufen 5, 6	Stufen 7, 8	Stufen 9, 10 (rechts)
	%	%	%	%	%
USA	61	61	70	71	77
Europa	51	51	62	61	66
Bundesrepublik Deutschland	27	37	48	54	60
Schweden	51	39	51	47	45
Dänemark	19	19	36	31	40
Großbritannien	58	45	56	56	53
Republik Irland	79	63	77	78	82
Holland	26	30	41	42	52
Belgien	74	68	75	73	85
Frankreich	60	74	77	81	86
Spanien	47	54	76	77	81
Italien	63	76	84	87	78

Quelle: Internationale Wertestudie 1981/82

337

FRAGE: "Könnten Sie mir bitte zu jedem Punkt auf dieser Liste sagen, wieviel Vertrauen
Sie in jeden haben, ob sehr viel Vertrauen, ziemlich viel, wenig oder überhaupt
kein Vertrauen."
(Vorlage einer Liste)

Es haben großes Vertrauen in:	Personen, die mehr Achtung vor Autorität -	
	befürworten	nicht befürworten
	%	%
Die Kirche	62	28
Die Bundeswehr	67	38
Das Erziehungswesen	49	36
Die Gesetze	70	60
Die Zeitungen	38	24
Die Gewerkschaften	31	44
Die Polizei	82	55
Den Bundestag	59	46
Die Verwaltung	48	22
Große Wirtschaftsunternehmen	40	29

Quelle: Internationale Wertestudie 1981/82

Autorität und Institution	Tabelle A 191 Bundesrepublik mit West-Berlin 18- bis 24jährige - Teilgruppen -

FRAGE: "Könnten Sie mir bitte zu jedem Punkt auf dieser Liste sagen, wieviel Vertrauen
Sie in jeden haben, ob sehr viel Vertrauen, ziemlich viel, wenig oder überhaupt
kein Vertrauen."
(Vorlage einer Liste)

	18- bis 24jährige, die mehr Achtung vor Autorität -	
	befürworten	nicht befürworten
Es haben großes Vertrauen in:	%	%
Die Kirche	53	20
Die Bundeswehr	58	28
Das Erziehungswesen	64	33
Die Gesetze	74	56
Die Zeitungen	26	20
Die Gewerkschaften	31	51
Die Polizei	80	49
Den Bundestag	50	38
Die Verwaltung	28	18
Große Wirtschaftsunternehmen	32	22

Quelle: Internationale Wertestudie 1981/82

FRAGE: "Hier auf dieser Liste steht verschiedenes, was sich in Zukunft in unserer
Gesellschaft verändern kann. Könnten Sie mir zu jedem Punkt sagen, ob Sie
eine solche Entwicklung begrüßen oder ablehnen würden, oder ob Ihnen das
egal ist."
(Vorlage einer Liste)

- Auszug -

Es stimmen der Aussage zu:
"Mehr Achtung vor Autorität"

	Permissivität -		
	gering	mittel	hoch
	%	%	%
USA	90	86	63
Bundesrepublik Deutschland	68	36	21
Dänemark	63	44	19
Großbritannien	83	73	53
Republik Irland	90	74	51
Holland	64	67	41
Belgien	66	57	40
Frankreich	70	60	35
Spanien	82	76	49
Italien	72	63	40

Da die Fallzahlen für Nord-Irland in den Untergruppen zu gering waren,
werden die Daten an dieser Stelle nicht ausgewiesen.

Quelle: Internationale Wertestudie 1981/82

Tolerierung des Zusammenlebens Unverheirateter

FRAGE: "Wenn ein Mädchen und ein junger Mann zusammenleben*), ohne verheiratet zu sein:
Finden Sie, daß das zu weit geht, oder finden Sie nichts dabei?"

	Frauen von 18 - 29 Jahren				Männer von 18 - 29 Jahren			
	März 1967	Febr. 1973	Juni/ Aug. 1976	Febr./ März 1986	März 1967	Febr. 1973	Juni/ Aug. 1976	Febr./ März 1986
	%	%	%	%	%	%	%	%
Finde nichts dabei	24 ..	92 ...	84 ...	96	48 ..	87 ...	90 ...	92
Geht zu weit	65 ..	2 ...	10 ...	3	43 ..	5 ...	7 ...	1
Kommt drauf an, unentschieden .	11 ..	6 ...	6 ...	1	9 ..	8 ...	3 ...	7
	100	100	100	100	100	100	100	100

*) 1976 und 1986 lautete die Frage: "Wenn ein Mann und eine Frau zusammenleben, ohne daß
   sie standesamtlich getraut sind: ..."

Quelle: Allensbacher Archiv, IfD-Umfragen 281/R, 2090, 3031/I / 3033/I, 4068

Tabelle A 194
Bundesrepublik mit West-Berlin
Bevölkerung ab 16 Jahre

FRAGE: "Vielfach ist es ja üblich, daß sich jemand, der auf dem Büro angestellt ist,
von dort Schreibpapier, Bleistifte oder anderes kleines Büromaterial für
seinen privaten Gebrauch mit nach Hause nimmt. Finden Sie, so was kann er
ruhig tun, oder nur in Ausnahmefällen mal, oder auf keinen Fall?"

	Bevölkerung ab 16 Jahre			
	Mai 1959 %	März 1971 %	Aug. 1978 %	Jan. 1985 %
Kann er ruhig	5	13	18	15
Nur in Ausnahmefällen	18	30	32	41
Auf keinen Fall	73	52	45	38
Unentschieden	4	5	5	6
	100	100	100	100

	16- bis 29jährige			
	Mai 1959 %	März 1971 %	Aug. 1978 %	Jan. 1985 %
Kann er ruhig	8	26	29	23
Nur in Ausnahmefällen	26	40	38	45
Auf keinen Fall	61	27	27	24
Unentschieden	5	7	6	8
	100	100	100	100

Quelle: Allensbacher Archiv, IfD-Umfragen 1031, 2069, 3059, 4052

Tabelle A 195
Bundesrepublik mit West-Berlin
Bevölkerung ab 16 Jahre

FRAGE: "Bei Arbeitern ist es ja oft so, daß sich einer eine kleine Menge Material
aus dem Betrieb mitnimmt, das er zu Hause gut gebrauchen kann. Finden Sie, .
das kann er ruhig tun, oder nur in Ausnahmefällen mal, oder auf keinen Fall?"

	Bevölkerung ab 16 Jahre			
	Mai 1959 %	März 1971 %	Aug. 1978 %	Jan. 1985 %
Kann er ruhig	5	10	13	13
Nur in Ausnahmefällen	18	29	30	34
Auf keinen Fall	73	56	52	45
Unentschieden	4	5	5	8
	100	100	100	100

	16- bis 29jährige			
	Mai 1959 %	März 1971 %	Aug. 1978 %	Jan. 1985 %
Kann er ruhig	6	21	21	22
Nur in Ausnahmefällen	26	41	36	38
Auf keinen Fall	63	31	37	31
Unentschieden	5	7	6	9
	100	100	100	100

Quelle: Allensbacher Archiv, IfD-Umfragen 1031, 2069, 3059, 4052

FRAGE: "Ich möchte Ihnen verschiedenes vorlesen, wo man geteilter Meinung sein kann, ob man
das tun darf oder nicht. Wenn Sie mir bitte jedesmal sagen, ob Sie das in jedem Fall
für in Ordnung halten, oder unter keinen Umständen, oder irgendwo dazwischen. Gehen
Sie bitte nach diesem Bildblatt vor: 1 würde bedeuten, das darf man unter keinen
Umständen tun; 10 würde bedeuten, das ist in jedem Fall in Ordnung."
(Vorlage eines Bildblattes)

Es halten für unter keinen Umständen zulässig –	Bevölkerung ab 18 Jahre insgesamt		18- bis 24jährige insgesamt	
	Europa	Bundesrepublik	Europa	Bundesrepublik
	%	%	%	%
Unehrlichkeit, Eigentumsdelikte				
Ein Auto, das einem nicht gehört, öffnen und damit eine Spritztour machen	83	90	73	79
Waren kaufen, von denen man weiß, daß sie gestohlen wurden	71	79	53	61
Wenn jemand Schmiergelder annimmt ..	65	64	54	52
Wenn man Krankengeld, Arbeitslosen- unterstützung oder andere soziale Vergünstigungen in Anspruch nimmt, auf die man kein Recht hat	65	66	50	46
Einen Schaden, den man an einem parkenden Auto verursacht hat, nicht melden	61	70	45	51
Kein Fahrgeld in öffentlichen Ver- kehrsmitteln zahlen, schwarzfahren .	60	60	40	33
Steuern hinterziehen, wenn man die Möglichkeit hat	53	52	40	34
Geld behalten, das man gefunden hat.	48	47	29	25
Wenn man für den eigenen Vorteil lügt	42	34	28	19
	548	562	412	400

... /

FRAGE: "Ich möchte Ihnen verschiedenes vorlesen, wo man geteilter Meinung sein kann, ob man das tun darf oder nicht. Wenn Sie mir bitte jedesmal sagen, ob Sie das in jedem Fall für in Ordnung halten, oder unter keinen Umständen, oder irgendwo dazwischen. Gehen Sie bitte nach diesem Bildblatt vor: 1 würde bedeuten, das darf man unter keinen Umständen tun; 10 würde bedeuten, das ist in jedem Fall in Ordnung."
(Vorlage eines Bildblattes)

/ ...

Es halten für unter keinen Umständen zulässig –	Bevölkerung ab 18 Jahre insgesamt		18- bis 24jährige insgesamt	
	Europa	Bundesrepublik	Europa	Bundesrepublik
Sexualmoral	%	%	%	%
Geschlechtsbeziehungen zwischen Minderjährigen	53	56	31	30
Wenn verheiratete Männer/Frauen ein Verhältnis haben	46	50	30	26
Prostitution	48	42	37	28
Homosexualität	46	45	32	26
Sich scheiden lassen	17	15	9	4
	210	208	139	114
Einstellung zu Gewalt				
Arbeiter bedrohen, die sich nicht an einem Streik beteiligen wollen ..	73	73	63	61
Wenn man gegen die Polizei handgreiflich wird	61	59	45	40
	134	132	108	101
Tötungsdelikte				
Mord aus politischen Gründen	79	86	69	77
Selbstmord	52	50	41	35
Wenn man das Leben unheilbar Kranker beendet, Euthanasie	34	30	25	21
Abtreibung	29	32	20	16
In Notwehr einen Menschen töten	20	28	14	20
	214	226	169	169

Quelle: Internationale Wertestudie 1981/82

Sexuelle Normen ?

FRAGE: "Wenn jemand sagt: Die Sexualität kann man nicht völlig der Freiheit des einzelnen überlassen. Es muß moralische Regeln geben, an die sich alle halten. Würden Sie da eher zustimmen oder eher nicht zustimmen?"

	Europa insgesamt	Bundes- republik Deutsch- land	Schweden	Dänemark	Großbri- tannien	Nord- Irland	Republik Irland	Holland	Belgien	Frank- reich	Spanien	Italien
	%	%	%	%	%	%	%	%	%	%	%	%
Eher zustimmen	43	61	45	56	40	59	50	28	36	32	38	42
Eher nicht zustimmen	35	18	35	21	42	22	27	46	26	42	34	39
Weder noch	9	9	7	8	6	3	4	13	11	8	17	10
Weiß nicht	9	8	13	9	9	13	12	7	12	16	9	6
Keine Angabe	4	4	x	6	3	3	7	6	15	2	2	3
	100	100	100	100	100	100	100	100	100	100	100	100

Quelle: Internationale Wertestudie 1981/82

	Sexuelle Freiheit ?	Tabelle A 198 USA, Europa Bevölkerung ab 18 Jahre

FRAGE: "Wenn jemand sagt: Jeder Mensch muß sich sexuell völlig frei entfalten können,
ohne jede Einschränkung. Würden Sie da eher zustimmen oder eher nicht zustimmen?"

	USA	Europa insgesamt	Bundesrepublik Deutschland
	%	%	%
Eher zustimmen	19	24	21
Eher nicht zustimmen	68	52	47
Weder noch, kommt darauf an	7	17	22
Unentschieden	3 } 13	5 } 24	5 } 32
Keine Angabe	3	2	5
	100	100	100

Quelle: Internationale Wertestudie 1981/82

Sexuelle Freiheit ?

FRAGE: "Wenn jemand sagt: Jeder Mensch muß sich sexuell völlig frei entfalten können, ohne jede Einschränkung. Würden Sie da eher zustimmen oder eher nicht zustimmen?"

	Europa insgesamt	Bundesrepublik Deutschland	Schweden	Dänemark	Großbritannien	Nord-Irland	Republik Irland	Holland	Belgien	Frank-reich	Spanien	Italien
	%	%	%	%	%	%	%	%	%	%	%	%
Eher zustimmen	24	21	15	6	23	17	16	22	17	27	27	25
Eher nicht zustimmen	52	47	70	76	58	63	63	53	50	51	46	52
Weder noch, kommt darauf an	17	22	10	9	14	12	9	16	19	11	20	17
Unentschieden	5	5	5	5	3	7	6	4	5	7	5	4
Keine Angabe	2	5	x	4	2	1	6	5	9	4	2	2
	100	100	100	100	100	100	100	100	100	100	100	100

Quelle: Internationale Wertestudie 1981/82

Tabelle A 200
USA, Europa
Personen, die für sexuelle Freiheit sind

FRAGE: "Wenn jemand sagt: 'Die Sexualität kann man nicht völlig der Freiheit des einzelnen überlassen. Es muß moralische Regeln geben, an die sich alle halten.' Würden Sie da eher zustimmen oder eher nicht zustimmen?"

Es stimmen der Aussage zu:
"Es muß für Sexualität Regeln geben"

	Personen, die für völlige sexuelle Freiheit sind %
USA	32
Europa	26
Bundesrepublik Deutschland	40
Schweden	28
Dänemark	33
Großbritannien	28
Republik Irland	25
Holland	14
Belgien	31
Frankreich	20
Spanien	23
Italien	25

Quelle: Internationale Wertestudie 1981/82

Widersprüchlichkeiten	Tabelle A 201 Europa 18- bis 24jährige, die für sexuelle Freiheit sind

FRAGE: "Wenn jemand sagt: 'Die Sexualität kann man nicht völlig der Freiheit des einzelnen
überlassen. Es muß moralische Regeln geben, an die sich alle halten.' Würden Sie
da eher zustimmen oder eher nicht zustimmen?"

Es stimmen der Aussage zu:
"Es muß für Sexualität Regeln geben"

	18- bis 24jährige, die für völlige sexuelle Freiheit sind %
Europa insgesamt	24
Bundesrepublik Deutschland	30
Schweden	5
Dänemark	18
Großbritannien	28
Republik Irland	24
Holland	13
Belgien	25
Frankreich	23
Spanien	16
Italien	17

Quelle: Internationale Wertestudie 1981/82

Plädoyer für völlige sexuelle Freiheit

FRAGE: "Wenn jemand sagt: Jeder Mensch muß sich sexuell völlig frei entfalten können, ohne jede Einschränkung. Würden Sie da eher zustimmen oder eher nicht zustimmen?"

Es sind der Ansicht, Sexualität sollte völlig frei sein

	Altersgruppen –						
	18-24 Jahre	25-34 Jahre	35-44 Jahre	45-54 Jahre	55-64 Jahre	65-74 Jahre	75 Jahre und älter
	%	%	%	%	%	%	%
Europa	42	36	21	17	13	11	8
Bundesrepublik Deutschland	44	31	21	14	13	12	2
Schweden	36	18	12	14	8	8	6
Dänemark	13	8	6	4	4	3	2
Großbritannien	52	33	19	19	8	8	5
Republik Irland	29	28	15	8	3	1	4
Holland	33	32	20	16	12	8	10
Belgien	31	23	13	14	13	7	8
Frankreich	39	44	27	19	15	12	20
Spanien	46	41	24	18	19	11	5
Italien	39	42	23	21	15	15	x

	Altersgruppen			
	18-24 Jahre	25-39 Jahre	40-59 Jahre	60 Jahre und älter
	%	%	%	%
USA	36	25	14	6

Quelle: Internationale Wertestudie 1981/82

FRAGE: "Wenn eine Frau ein Kind haben will, ohne mit einem Mann zusammenzuleben,
würden Sie das gutheißen oder nicht?"

	USA	Europa insgesamt	Bundesrepublik Deutschland
	%	%	%
Gutheißen	29	37	24
Nicht gutheißen	58	36	31
Kommt darauf an	8	23	39
Weiß nicht	5	4	6
	100	100	100

Quelle: Internationale Wertestudie 1981/82

Freie Entscheidung für ein Kind?

FRAGE: "Wenn eine Frau ein Kind haben will, ohne mit einem Mann zusammenzuleben, würden Sie das gutheißen oder nicht?"

	Europa insgesamt	Bundes- republik Deutsch- land	Schweden	Dänemark	Großbri- tannien	Nord- Irland	Republik Irland	Holland	Belgien	Frank- reich	Spanien	Italien
	%	%	%	%	%	%	%	%	%	%	%	%
Gutheißen	37	24	38	68	31	21	20	31	30	61	36	35
Nicht gutheißen	36	31	27	14	47	51	57	39	30	21	36	47
Kommt darauf an	23	39	28	13	19	22	15	23	32	16	23	16
Weiß nicht	4	6	7	5	3	6	8	7	8	2	5	2
	100	100	100	100	100	100	100	100	100	100	100	100

Quelle: Internationale Wertestudie 1981/82

353

Widersprüche

Tabelle A 205
Europa
Personen, die glauben, ein
Kind braucht Vater und Mutter,
um glücklich aufzuwachsen

Es würden gutheißen, wenn eine Frau ein
Kind haben will, ohne mit einem Mann
zusammenzuleben

	Personen, die glauben, ein Kind braucht Vater und Mutter, um glücklich aufzuwachsen	
	insgesamt	18- bis 24jährige
	%	%
Europa insgesamt	35	41
Bundesrepublik Deutschland	21	27
Schweden	34	29
Dänemark	60	67
Großbritannien	26	35
Republik Irland	17	26
Holland	25	30
Belgien	29	44
Frankreich	57	70
Spanien	34	49
Italien	33	36

Quelle: Internationale Wertestudie 1981/82

FRAGE: "Hier stehen zwei Meinungen, die man hören kann, wenn sich Menschen über
Gut und Böse unterhalten. Welche davon kommt Ihrem eigenen Standpunkt
am nächsten, die erste oder die zweite?"
(Vorlage einer Liste)

Es stimmen der Aussage zu:

"Es kann nie absolute und klare Maßstäbe
über Gut und Böse geben. Was gut und böse
ist, hängt immer allein von den gegebenen
Umständen ab."

	Permissivität –		
	gering	mittel	hoch
	%	%	%
USA	45	69	77
Bundesrepublik Deutschland	43	63	71
Dänemark	62	73	83
Großbritannien	54	67	79
Republik Irland	43	72	82
Holland	48	57	75
Belgien	33	50	52
Frankreich	50	65	76
Spanien	57	64	72
Italien	49	66	73

Rückblende

In ihrem Buch „Über Deutschland" schrieb Madame de Staël[1]: „Die Einbildungskraft, diese vorherrschende Eigenschaft des künstlerischen und literarischen Deutschland, flößt Furcht vor der Gefahr ein, wenn man diese natürliche Regung nicht durch die Macht der öffentlichen Meinung und die Steigerung des Ehrgefühls bekämpft. ... Es ist sehr fraglich, ob nicht die Liebe zur Häuslichkeit, die Gewohnheit tiefen Nachdenkens und selbst die Herzensgüte Furcht vor dem Tod erzeugen; wenn aber die ganze Kraft eines Staates auf seinem kriegerischen Geist beruht, so ist es wohl der Mühe wert, die Ursachen zu prüfen, die diesen Geist bei der deutschen Nation geschwächt haben.

Gewöhnlich werden die Menschen durch drei Hauptgründe zum Kampf bewogen: durch die Liebe zum Vaterland und zur Freiheit, durch Ruhmsucht und durch religiösen Fanatismus. In einem Reich, das seit Jahrhunderten zersplittert ist, und wo, fast immer durch fremden Einfluß bewogen, Deutsche gegen Deutsche kämpften, kann keine große Vaterlandsliebe existieren, und auch die Liebe zum Ruhm kann nicht sehr lebhaft sein in einem Lande, wo es kein Zentrum, keine Hauptstadt, keine Gesellschaft gibt. Die Unparteilichkeit, ein Überfluß an Gerechtigkeitssinn, der die Deutschen charakterisiert, macht sie weit geeigneter, sich für abstrakte Ideen als für die Interessen des wirklichen Lebens zu begeistern. Der General, der eine Schlacht verliert, ist ihrer Nachsicht weit sicherer, als der, der sie gewinnt, ihres lebhaften Beifalls sicher ist. Bei einem solchen Volk ist der Unterschied zwischen Erfolg und Mißerfolg nicht groß genug, um den Ehrgeiz kräftig anzuregen ...

Die Liebe zur Freiheit ist bei den Deutschen nicht entwickelt. Sie

haben weder durch ihren Genuß noch durch ihre Entbehrung den Wert kennengelernt, den man auf ihren Besitz legen kann. ...
Gerade die Unabhängigkeit, die man in Deutschland in fast jeder Beziehung genoß, machte die Deutschen gegen die Freiheit gleichgültig: die Unabhängigkeit ist ein Besitz, die Freiheit eine Bürgschaft, und da niemand in Deutschland in seinen Rechten oder seinem Besitz verletzt wurde, so fühlte man kein Bedürfnis nach einer Ordnung der Dinge, die dies Glück sichert. Die Gerichtshöfe des Reiches verhießen eine sichere, wenn auch schleppende Gerechtigkeit gegen jeden Akt der Willkür, und die Mäßigung der Fürsten in Verbindung mit der Verständigkeit des Volkes gaben fast nie zu Einsprüchen Veranlassung. Man glaubte also, keiner konstitutionellen Bürgschaft zu bedürfen, da man keinen Störenfried sah ...
Die Deutschen sind mit wenigen Ausnahmen nicht fähig, in Angelegenheiten, die Biegsamkeit und Gewandtheit erfordern, mit Erfolg aufzutreten. Alles beunruhigt sie, alles setzt sie in Verlegenheit: sie bedürfen ebensosehr der Methode beim Handeln als der Unabhängigkeit beim Denken. ... Die Deutschen, die in der Literatur das Joch der Regeln nicht ertragen können, möchten, daß ihnen in bezug auf ihr Verhalten jeder einzelne Punkt vorgeschrieben werde. Sie wissen nicht mit den Menschen umzugehen, und je weniger man ihnen Gelegenheit gibt, selbständig einen Entschluß zu fassen, um so zufriedener sind sie.
Die politischen Institutionen allein können den Charakter einer Nation zur Entwicklung bringen, die Art der Regierung Deutschlands aber stand nahezu im direkten Gegensatz zu der philosophischen Aufklärung der Deutschen. Daher kommt es denn, daß sie die größte Gedankenkühnheit mit dem untertänigsten Charakter vereinen. Das Übergewicht des Militärstandes und die Rangunterschiede haben ihnen in gesellschaftlicher Beziehung die größte Untertänigkeit zur Gewohnheit gemacht. Bei ihnen ist der Gehorsam aber keine Unterwürfigkeit, sondern genaue Beobachtung der Schicklichkeitsregeln. Sie sind in der Ausführung jedes erhaltenen Befehls so gewissenhaft, als ob jeder Befehl eine Pflicht wäre.
Die Gebildeten Deutschlands machen einander mit größter Lebhaftigkeit das Gebiet der Theorien streitig und dulden in diesem Bereich keine Fessel, ziemlich gern aber überlassen sie dafür den irdischen Machthabern die ganze Wirklichkeit des Lebens. Diese

Wirklichkeit, die sie so gering schätzen, findet jedoch Besitzer, die dann Störung und Zwang selbst im Reich der Phantasie verbreiten. Der Geist der Deutschen und ihr Charakter scheinen keine Verbindung miteinander zu haben: der eine duldet keine Schranken, der andere fügt sich jedem Joch, der eine ist äußerst tatkräftig, der andere äußerst schwach – kurzum, die Aufklärung des einen verleiht nur selten dem andern Kraft. Das ist aber leicht erklärlich. Die Ausdehnung der Kenntnisse in der Neuzeit muß den Charakter schwächen, sobald er nicht durch Übung in Geschäften und Betätigung des Willens gestählt wird. Alles sehen und alles begreifen ist ein wesentlicher Grund der Unentschiedenheit. Die Vollkraft der Handlung zeigt sich nur in jenen freien mächtigen Reichen, wo das patriotische Gefühl die Seele erfüllt wie das Blut die Adern und erst mit dem Leben erlischt."

Wie weit entfernt ist unser Buch von Madame de Staëls literarischem Porträt, dessen erste Auflage, als sie 1813 in London in die Buchhandlungen kam, innerhalb von drei Tagen vergriffen war. Und dennoch: Erscheint uns das Bild nicht eigentümlich vertraut? Gibt es mehr Kontinuität im Wesen der Deutschen, als wir wußten? Wenn Madame de Staël nach den Ursachen fragt, die die Vaterlandsliebe bei den Deutschen geschwächt habe – gibt es weiter zurückliegende Ursachen? Madame de Staël schildert ihre Eindrücke anderthalb Jahrhunderte nach dem Ende des Dreißigjährigen Krieges.

„Die verletzte Nation" haben wir unser Buch genannt. „Innere Verletzungen" war unser heimlicher Titel: von außen ist nichts zu sehen, alles ist heil, alles ist in Ordnung. Und auch wenn man sieht, daß mehr als die Hälfte der jungen Deutschen sagen, man brauche seine Eltern nur zu lieben und zu ehren, wenn sie es durch ihr Verhalten verdienten – auch dann denkt man noch, das sei doch wohl normal. Und erst der Blick auf die junge Generation anderer Länder macht stutzig (vgl. S. 292 f. und Tabelle A 183).

Unser Buch berichtet in Prozentzahlen über die deutsche Gegenwart. Beim Schreiben empfanden wir die Grenzen, den Mangel an Bildern, die Kälte der Zahlensprache. Wenn wir von Verletzungen sprechen, wie soll man Phantasie wecken, damit man sieht, daß es Verletzungen sind, und wie soll man zeigen, wie sie entstanden sind? Was sich zugetragen hat vor vierzig, fünfzig Jahren? Welche Erfahrungen denjenigen anhaften, die vor 1933 geboren sind und die, auch wenn sie gar nichts sagen, doch ihr Erleben an Kinder und Enkel weitergegeben haben?

So entstand der Gedanke, zu den Dokumenten der Umfrageergebnisse der achtziger Jahre Dokumente aus den vierziger Jahren zu fügen, Berichte, die zwischen 1940 und 1945 veröffentlicht wurden.

Ein Versuch, mit zweierlei Stiften zu zeichnen, über fast ein halbes Jahrhundert hinweg – Deutschland.

1940

Frau B. kommt nach Hause

Ein sozialer Bericht aus Berlin

Gegen Abend kehrte die Kochfrau des NSV-Kindergartens noch einmal mit zwei gefüllten Einkaufsnetzen in die Küche zurück. Die siebzehnjährige Helferin zog sich den Mantel über; die kleinen Stühle standen umgestülpt auf den runden Tischen, die Bauklötze und Bilderbücher lagen aufgeräumt in den Spielzeugkisten, im Schlafsaal waren die rotkariert bezogenen Decken auf den niedrigen Pritschen glatt gestrichen.

„Der Heinz ist wieder noch nicht abgeholt, Frau Lemke", sagte das Mädchen und trat unter die Küchentür. Der Wecker auf dem Wandbrett zeigte zehn Minuten nach sechs. Die Kochfrau ergriff eine Steingutschüssel und machte sich daran, für den nächsten Mittag, zur Feier des Nikolaus, eine Schokoladenspeise anzurühren. „Nun, die Mutter wird ja bald kommen", antwortete sie. „Gehn Se nur schon." Draußen hörte man mit dumpfem Geräusch die Stadtbahn auf dem Schienenstrang Frankfurter Allee–Zentralviehhof vorbeirollen.

Nebenan, im Spielzimmer des NSV-Kindergartens im Berliner Osten, saß der als letzter zurückgebliebene kleine Junge auf einem roten Bänkchen an der Wand und erzählte mit gesammelter Aufmerksamkeit von zu Hause, von zwei Kerzen, die die Mutter am Sonntag angesteckt hatte, und die von ihm ausgeblasen worden waren, von dem Lied „O Tannebaum", das sie gesungen hatten. Er war bunt angezogen, rot und blau, er war drei Jahre alt und trug daher den Kopf noch voller blonder Locken. Ich saß neben ihm und wartete wie er.

„Wirst du denn bald abgeholt?"

„Mutti arbeitet noch", erklärte er; und sehr bestimmt: „Mutti arbeitet immer."

Frau Lemke steckte den Kopf mit der kurzen, gebrannten, wie eine Perücke ringsum steif abstehenden Frisur herein: „Der Vater is Soldat, die Mutter arbeitet den Tag über in einer Fabrik hinter dem Görlitzer Bahnhof – 'n Mädchen von acht Jahren hat se auch noch."

„Wie kommt sie denn mit allem rum?"

„Is man bloß 'ne kleine, stille Frau. Die redt nicht viel."

Ich war in diesen Kindergarten gekommen, um mit irgendeiner der Mütter, die am späten Nachmittag ihre Kinder holten, zu sprechen und alles, was ihren Lebenskreis berührte, aufzuzeichnen. Die Wahl sollte dem Zufall überlassen bleiben. Jedes Einzelschicksal würde sich in der Millionenstadt vieltausendfach wiederholen, würde, die geringsten Dinge eingeschlossen, ein Beispiel der schweren, stillen Leistung der Soldatenfrauen im Kriege geben, an die zu denken eben in der Weihnachtsnacht gut war.

Das eisenbeschlagene Tor der Schule, in der der Kindergarten für die Kriegsdauer eingerichtet war, wurde aufgedrückt und fiel wieder ins Schloß. Eine schmalschultrige Frau, nicht viel mehr als anderthalb Meter groß, in schwarzem Mantel und schwarzer Filzkappe, mit einem mädchenhaften, ländlich bedächtigen Gesicht trat in das Spielzimmer: Frau B. Es war dreiviertel sieben.

Bild einer Arbeiterfamilie

Frau B. ist keine echte Berlinerin. In Rössel, einer kleinen ostpreußischen Stadt, nicht weitab vom masurischen Seengebiet, wuchs sie als Zimmermannstochter mit fünf Geschwistern, zwei Brüdern und drei Schwestern, auf. Ringsum in der Gegend gibt es keine Industrie, die meisten Männer fuhren über die Woche zur Arbeit fort, und wer eine Gelegenheit fand, ging ins Reich, am liebsten nach Berlin. Mit zwanzig Jahren kam die älteste Schwester als Hausangestellte in die Hauptstadt, und nacheinander zog sie die Geschwister und, nach dem Tod des Vaters, auch die Mutter hinter sich her. 1925 bestieg Frau B. als sechzehnjähriges Mädchen die Eisenbahn – ohne irgend etwas von Ostpreußen, Königsberg eingeschlossen, gesehen zu haben –, um in Berlin bei der nun verheirateten Schwester zu leben und, wenn möglich, in der Metallindustrie, in der man angeblich am besten verdiente, unterzukommen. Statt dessen wurde sie, recht zufällig, Arbeiterin in einer elektro-chemischen Fabrik.

Zwei Jahre später lernte sie bei einem kurzen Besuch zu Hause einen jungen Zimmermann, der eigentlich Drucker werden wollte, aus dem benachbarten Rastenburg kennen. Zwei Jahre lang schrieb

er ihr Briefe, und sie antwortete gewissenhaft. Dann gelang auch
ihm der Sprung nach Berlin. 1932, als ein Kind kam, heirateten sie.
Der Mann war arbeitslos, er verdiente nur etwas als Kegelaufsetzer,
aber sie hatten genug gespart, um Schlafzimmermöbel und eine
gebrauchte Kücheneinrichtung bar zu kaufen. Von Ratenzahlung
wollten beide auch später beim Kauf des Radios, der Nähmaschine
und des Staubsaugers nichts wissen.
In einer Neubausiedlung am östlichen Rand der Stadt, in Friedrichs-
felde, mieteten sie eine Zwei-Zimmer-Wohnung. Drei Jahre später,
die Zeit der Arbeitslosigkeit war vorbei, zogen sie weiter herein in
die Stadt, in die Nähe des Untergrundbahnhofs Samariterstraße,
eigentlich auf der Suche nach zweieinhalb oder drei Räumen. Wiederum aber fanden sie nur Schlafzimmer und Küche.
In die Fabrik ging Frau B. damals nicht mehr. 1937 bekam sie das
zweite Kind, und ihrem Mann war es lieber, sie zu Hause zu wissen.
Anfang 1939, im Winter, als, wie jedes Jahr um diese Zeit, die
Einkünfte eines Zimmermanns geringer wurden, wollte sie etwas mit
hinzuverdienen und wurde wieder Arbeiterin in der chemischen
Industrie. Nach Ausbruch des Krieges mußte sie in dem wehrwichti-
gen Betriebe festgehalten werden. April 1940 wurde ihr Mann zu
den Eisenbahnpionieren eingezogen, und seitdem hat sie mit allem,
was in den Weg kommt, allein fertig zu werden.

Einkäufe

Wir schlugen die Wolldecke, die die Lichtschleuse des Milchladens
bildete, zurück und traten in den hellen, von Kundinnen gefüllten
Raum. Die Milch war eben aus dem Kuhstall hinter dem Haus
gebracht worden und wurde nun den einzelnen entsprechend der
Zahl und dem Alter der Kinder zubemessen. „Einen halben Liter,
Frau B.", sagte die Ladeninhaberin und reichte ihr die Milchkanne
zurück, die Frau B., um abends den Weg zu sparen, schon morgens
mitgenommen hatte. Das dritte ihr zustehende Viertel wurde für den
Jungen vom Kindergarten aus geholt.
Wir gingen durch die dunklen, von monotonen, fünfstöckigen Häu-
serreihen eingefaßten Straßen, und hier und da verriet ein grauer
Schimmer den Umriß eines Fensters. Auf dem Sechs-Minuten-Weg

in die Wohnung kamen wir beim Schuhmacher vorbei, beim Seifen-
laden, bei der Schokoladenfrau, die am Sonnabend oft Bonbons
oder Kremstangen für die Kinder zurücklegt, beim Konsumverein,
in dem Frau B. sich für Nährmittel, Butter, Zucker und die meisten
anderen Lebensmittel hat eintragen lassen. Der Fleischer versprach,
am nächsten Tag etwas Gehacktes aufzubewahren, die Verkäuferin
in der Bäckerei schnitt mit einem gutmütigen „Na, Frau B., wir
haben's ja, wir gehören nicht zu den armen Leuten, die sparen müßten!" 500 Gramm von der Brotkarte ab und packte ihr einen halben
Laib in die bastgeflochtene Markttasche. Hinter uns drehte sie den
Schlüssel im Schloß herum. Ein schwacher, roter Schein fiel an der
nächsten Straßenecke auf das Pflaster. „Kintopp", deutete Heinz.
Seine Mutter blieb stehen, drückte die Haustür zur Rechten auf, wir
tappten durch ein dunkles Vorderhaus, über den feuchten Hof und
stiegen im Hinterhaus vier Treppen hoch. Frau B. klopfte an die
linke Wohnungstür und ihre Tochter öffnete von innen.

Die Wohnung

Zweieinhalb Quadratmeter Vorraum, zweieinhalb mal vier Meter
Küche, dreieinhalb mal fünf Meter Schlafzimmer. Gleich über dem
Eingang, im Vorraum, ist eine hölzerne Zwischendecke einen Meter
tief eingezogen, einen Hängeboden bildend, in den man die schmut-
zige Wäsche hineinwirft. An vier Kleiderhaken hängen ein Schulran-
zen, Mäntel, Mützen und Schürzen, darunter stehen zwei Koffer aus
Werkstoff. Der kleinere, dunkelblaue, enthält die Papiere der Familie, sechs silberne Bestecke und etwas Wäsche, fertig gepackt, um
bei Fliegeralarm mit in den Keller genommen zu werden. Von der
Decke baumelt eine Schnur mit einer leeren Glühbirnenfassung
herab. Die Wände der schmalen Küche sind hellblau gestrichen. An
der Längswand links von der Tür steht der Kohlenherd mit zwei
Feuerlöchern und einem kleinen Gaskocher, weiter hinten eine gelb-
liche schmalbrüstige Kommode, darauf ein Wecker und ein Bild des
Führers, in dem Betrieb der Frau B. nach dem dort täglich hundert-
mal angewandten Verfahren auf Metall abgezogen. Unter dem Fenster in einem eingebauten Spind die Eßvorräte und eine Pappschach-
tel voll Spielzeug. Gegenüber der Kommode eine Anrichte mit

Aufsatz, dessen Scheibengardinen aus blauem Voile das weiße, blümchenverzierte Geschirr verdecken; auf der Abstellplatte ein Filetdeckchen, eine Schatulle mit Nähzeug, eine Taschenlampe mit weißem und blauem Licht (ein Geschenk aus Ostpreußen), Hustenmedizin, Buntstifte, zwei Bücher mit dem braunen Umschlag der Leihbücherei: „Zwischen Weiß und Rot" und „Die Armee hinter Stacheldraht" von Dwinger, und ein drittes ohne Umschlag von Johannes V. Jensen: „Gudrun". An die Wand gerückt der Küchentisch, zwei Stühle, ein Hocker.

Im gelbtapezierten Schlafzimmer hängt die Fotografie von Frau B. und ihrem Mann nach der standesamtlichen Trauung. Er sitzt schräg vor ihr im schwarzen Anzug, mit dunklem, straff gebürstetem Haar und schaut in den Apparat hinein. Zwei breite Nußbaumbetten, ein Gitterbett, ein Sitzsofa, auf dem die Tochter schläft, stehen in dem Zimmer, ein Kleiderschrank, versteckt dahinter Nähmaschine und Staubsauger, ein großer runder Tisch mit einer Kristallschale; ein hoher Ofen, stuckverziert, ein Drei-Röhren-Radioapparat, an der Wand aufgehängt, hier wie in der Küche elektrisches Licht, drei Birnen des vierarmigen Kronleuchters sind lockergeschraubt. Auf dem Kleiderschrank liegen zwei Bände Schiller, auf dem Tischchen am Ofen „Das wahre Gesicht Polens" und „Der Glaube der Nordmark".

Zu Frau B. pflegte die NSV-Blockwartin immer zuletzt zu gehen. Die achtjährige Tochter hatte ihr aufgemacht, und während sie, da Frau B. noch nicht zu Hause war, einstweilen begann, die Lebensmittelkarten für den neuen Monat auf dem Küchentisch auszubreiten, fragte sie: „Wann geht der Transport nach Ostpreußen?" Die Antwort erhielt sie erst später, denn eben hörte man Frau B. mit dem Jungen die Treppe heraufkommen und Ingrid, die Tochter, lief zur Tür.

Der Kindertransport war für den nächsten Donnerstag angesetzt. „Ich hab Ihnen die Karten wie immer mitgebracht. Sie müssen sie dann vor der Abreise umtauschen lassen, Frau B.", erklärte die Blockwartin und erkundigte sich: „Was sagen die Großeltern in Rastenburg, daß die Ingrid zu ihnen verschickt wird?"

„Die haben schon immer gedrängelt, wann sie denn endlich kommt", und das Gespräch ging fort über die Unerreichbarkeit Ostpreußens für die englischen Flieger und über die Gänse, die dort an jeder Straßenecke zu greifen sein mochten. Aber es war ein mit sparsamen Worten geführtes Gespräch.

Im Schlafzimmer hatte das Verdunkelungspapier den ganzen Tag über vor den Fenstern gehangen. Der Ofen war kalt, und die Betten standen noch ungemacht. Morgens blieb für sie keine Zeit, die Kinder mußten angezogen, zur Schule geschickt, zum Kindergarten gebracht werden, zum Betrieb brauchte Frau B. mit der Straßenbahn zwanzig Minuten, um acht fing die Arbeit an und dauerte bis fünf. Abends war es das wichtigste, die Küche schnell zu heizen. Durch das Feuer im Herd ließ sie sich in zwanzig bis dreißig Minuten warm bekommen. Alle zwei bis drei Tage ging Frau B. als erstes, wenn sie nach Hause kam, mit dem Netz in den Keller, um Briketts zu holen. Sie besaß zwanzig Zentner für den Winter und meinte, das würde gut reichen.

„Wie war es bei Tante Rosa? Hat sie den Bezugsschein für dich bekommen?" fragte Frau B. ihre Tochter. Sie war in dunkelrote Pantoffel gefahren, hatte über den grauen Rock und die hellblaue Jacke eine Schürze gebunden, die dunkelblonden, an den Enden aufgedrehten Haare übergekämmt, und begann nun Kartoffeln zu schälen.

Tante Rosa

Tante Rosa – das erfuhr ich bei meinen späteren Besuchen bei Frau B. immer deutlicher – war für die Familie eine außerordentlich wichtige Persönlichkeit. Damals, als Frau B. wieder angefangen hatte zu arbeiten, hatte die zwei Jahre jüngere, mit einem Schlosser verheiratete Schwester die Kinder tagsüber zu sich genommen, später hatte sie mit der NSV wegen der Aufnahme der beiden in einen Kindergarten und Kinderhort gesprochen, sie übernahm die Wäsche, besorgte Gemüse, ging für die Schwester zum Bezugsscheinamt, und seit der Mann eingezogen war, brachte sie manchen Abend in einem Topf ein fertig gekochtes Essen. Von Tante Rosa stammten die Adventskerzen auf dem Fensterbrett, Tante Rosa würde den Weihnachtsbaum kaufen, und während die Mutter in der Phantasie der Kinder stets arbeitete, hatte Tante Rosa mit allen schönen Dingen der Welt zu tun, sie trug Ohrringe, ging viel ins Kino und liebte es, Kaffee zu trinken und sich dazu Besuch einzuladen.

Auf dem Bezugsscheinamt hatte man Ingrid ein Paar Stiefel ziemlich fest zugesagt. Bisher war für sie wenig beantragt worden, den Sommer über hatte sie Schuhe mit Holzsohlen getragen, die gleiche Art, wie sie Frau B. im Betrieb anzog. Für sich hatte Frau B. seit Beginn des Krieges ein Paar Pantoffeln, ein Paar Straßenschuhe und einen Mantel geholt. Die Kleiderkarte hätte gereicht für einen Schlüpfer, vier Meter Wollstoff, Strickwolle und sechs Paar Strümpfe, mit kleinen Fehlern für halbe Punktzahl auf dem Markt gekauft. Aus der Strickwolle wuchsen unten im Luftschutzkeller Socken für sie selbst und die Kinder. Das war ein guter Zeitvertreib für Alarmnächte, während der Junge und das Mädchen abwechselnd auf einer Bank schlafen konnten. Natürlich gab es auch Gespräche mit den Nachbarn, und nachdem die beiden Keller mit roten Kokosmatten ausgelegt und Tische aufgestellt worden waren, war es sogar ganz gemütlich. Bei Alarm zog Frau B. sich und die Kinder vollständig an, sie mußten über den Hof, und seit sich das öfters wiederholt hatte, war es schwer, Ingrid abends zu bewegen, sich nicht gleich angezogen ins Bett zu legen.

Der Mann

Hier wie bei anderen Gelegenheiten wünschte sich Frau B. die Autorität ihres Mannes herbei. Auf der einen Seite war sie verwundert, zu sehen, wie die Tochter sich Mühe gab, den Vater zu ersetzen, der ja Soldat war und nicht mehr helfen konnte beim schweren Tragen und Heizen und Geschirrspülen. Andererseits aber wuchs ihr das Großstadtkind mit den ganz wachen, kaum kindlichen Augen oft über den Kopf, und es schien, als würde schon durch den Kontrast zwischen der langsamen, ostpreußischen Sprechweise der Mutter und dem zungenfertigen Berlinern der Tochter der letzteren das Übergewicht zugeschoben.
Der Vater war eindreiviertel Jahr weg, und es fehlte natürlich die Energie und Bestimmtheit und Überlegenheit, die von ihm ausging. Nach der Lebendigkeit zu schließen, mit der man in dem kleinen Haushalt seine Anwesenheit trotz der räumlichen Entfernung spürte, war er ein Vater, dem die unbedingte Bewunderung seiner Kinder gehörte: lebenslustig, ohne Übermaß trinkfreudig und mit

dem Geld nicht kleinlich, wenn er es in der Tasche hatte; ein Mann, der mit seiner Tochter Schularbeiten machte, der ein herrliches Steckenpferd besaß, nämlich Fische zu züchten, für die er sonntags auf dem Rad herausfuhr, um Würmer und Wassermücken zu fangen – durch einen Unglücksfall war sein Aquarium im letzten Winter zerbrochen –; ein Mann, der vom Radrennen erzählte und seine Frau zum Fußballspiel mitnahm oder zum Tanzvergnügen ins Kaffee „Komet". Seine Pionier-Abteilung lag irgendwo in der Mark, er war nie weit weg von Berlin gewesen und konnte häufig zum Wochenende nach Hause kommen. Aber das änderte doch nicht, daß beispielsweise die Schulzeugnisse seiner Tochter erheblich schlechter wurden.

Das Abendessen

Als die Milch im Topf aufkochte, wurden die Bandnudeln dazu geschüttet. Bratkartoffeln und ein Spiegelei standen schon, auf zwei Tellern verteilt, auf dem Tisch. Ingrid, die vorher bei Tante Rosa ihr Abendbrot verzehrt hatte, kauerte mit angezogenen Beinen auf dem Kohlenkasten und schaute beim Essen zu. Für Frau B. war es die erste warme Mahlzeit am Tag. Zur Mittagspause pflegte sie sich Brote mit in den Betrieb zu nehmen, drei Doppelschnitten. Das Ideal der Werkskantine hatte sich an dieser Stelle noch nicht verwirklichen lassen.

„Heut hat jeder von uns im Betrieb eine Flasche Rotwein als Nikolausgeschenk bekommen", erzählte Frau B. „Der Meister muß seine gleich ausgetrunken haben. Er kam plötzlich zu mir: ‚Na, Frau B., wollen wir uns zu Weihnachten einen Hasen teilen?' – ‚Aber gerne!' hab ich erklärt. ‚Abgemacht!' sagte er. ‚Dann müssen Sie nur einen beschaffen!' "

Eine ganz neue Lebhaftigkeit trat nun, da das größte des Tages, die achtstündige Arbeit, das tägliche Einkaufen, Bettenmachen, Heizen und Kochen getan war, auf das Gesicht der Frau B. Dieses Gesicht mit den ausgeprägten Backenknochen hätte müde sein dürfen, aber statt dessen war es in den wichtigsten Zügen gelassen und zäh, und manchmal bäuerlich und sehr jung. Im Werk war Frau B. seit kurzem in der Versandabteilung teils stehend, teils sitzend beschäftigt, und mit ihrer Aufgabe dort wurde sie gut fertig. Zehn Tage Urlaub im Jahr stehen ihr zu, daneben nimmt sie sich hier und da einen freien Tag. Sich über die doppelte Belastung als Arbeiterin und Mutter zu beklagen, liegt nicht in ihrer stillen Art. Auf ganz sachliche Weise läßt sie keinen Zweifel, daß sie die Tätigkeit im Betrieb gerne aufgeben würde.

Einnahmen – Ausgaben

Wir saßen uns an den Schmalseiten des Küchentischs gegenüber und tranken einen grünen Pfefferminzlikör und sprachen vom Geld. Lohn und Kriegsunterstützung zusammen genommen erhält Frau B. im Monat nahezu 300 Mark, 75 Pfennige bezahlt ihr der Betrieb pro Stunde. Lohnsteuer wird ihr als Soldatenfrau nicht abgezogen, aber der Beitrag für die Arbeitsfront und wöchentlich 25 Pfennige Winterhilfe. Am Eintopfsonntag zeichnet sie 50 Pfennige. Ihre Wohnungsmiete beträgt 23,80; ihre Rechnung für Gas und Elektrizität alle zwei Monate je fünf Mark. Für Essen gibt sie 30 Mark in der Woche aus, für den Kindergarten und Kinderhort zusammen 4,20. Sie unterstützt ihre Mutter mit monatlich 30 bis 40 Mark, schickt ihrem Mann hier und da 10 Mark und bezahlt eine Feuerversicherung. Sie hat bisher nichts gespart, vielleicht nur darum, weil ihr die Vorstellung fremd ist, ohne ein konkret greifbares Ziel vor Augen zu sparen. Aber sie trägt sich mit dem Plan, ein Postsparbuch anzulegen.
Die Nebenausgaben waren im Sommer hoch, als sie ihren Mann oft über das Wochenende besuchte und dafür jedesmal annähernd 15 Mark ausgab. Das Abonnement der „Berliner Volkszeitung" hat Frau B., seit ihr Mann fort ist, abbestellt. Sie selbst kauft sich bei dem Händler, der sonntags unten an der Ecke seinen Stand aufschlägt, die „Berliner Morgenpost". Alltags ist an Lesen nicht zu denken. Manchmal hört sie die Nachrichten im Rundfunk, aber oft vergißt sie auch, daß im Schlafzimmer ein Radioapparat hängt. Das Wunschkonzert am Sonntag allerdings läßt sie sich nur ungern entgehen.
Filme sieht sich Frau B. nicht mehr an, aus Sorge, im Kino vom Fliegeralarm überrascht zu werden, während die Kinder allein in der Wohnung sind.

Eine ernsthafte und von Frau B. mit starker Beteiligung betrachtete Aufgabe ist der Kauf der Weihnachtsgeschenke. Der Gang durch die Läden muß auf den Sonntag, den Tag des allwöchentlichen Großreinemachens, verlegt werden. Einen Fotoapparat und einen Tintenkuli wünscht sich der Mann, indessen sein Sohn der Mutter seine Träume von Flugzeugen und Soldaten, einer Straßenbahn mit Anhänger und einem Auto ans Herz legt. Aber ob der „silberne" und „goldene" Sonntag bringen, was der „kupferne" versagt hat, ist fraglich.

Bilanz

Der Hintergrund ist beschrieben, der Kreis der Probleme ist abgesteckt. Der Krieg steht nirgends unmittelbar im Bild, an den aktiven Kämpfen ist aus der Verwandtschaft der Frau B. nur ein Schwager beteiligt gewesen, und dessen Feldpostbriefe aus Frankreich waren selten und kurz. Um so vielfältiger und fester verzahnt in dem einzelnen, hier herausgehobenen Leben sind die Nebenwirkungen des Krieges. Der Lebenskreis der Frau B. deckt sich mit zahllosen anderen. Ohne weite Bogen der Hoffnung zu bauen, mit sicherem Gefühl für Unabwendbares und unangreifbarem Pflichtbewußtsein füllen die Vielen ihren Platz darin.

Im Hotel „Märkischer Adler"

Alltag bei dienstverpflichteten Wienerinnen

Das Hotel wäre jetzt unter normalen Umständen leer. Es liegt an
der Berliner Straße der Stadt X. in der Mark, ein zweistöckiges Haus
mit verwaschenem, grünen Anstrich, die Breitseite dem schmalen
Bürgersteig und dem holprigen Fahrdamm zugekehrt, unter dem
erleuchtbaren Glaskasten mit der schwarzen Aufschrift „Märkischer
Adler" ein Schild „Sportlers Ruh". Wenn man vor dem Hotel an der
Kraftposthaltestelle wartet, sieht man zur Rechten die Straße bis zu
dem hölzernen Gerüst einer Ziehbrücke ansteigen, unter der Brücke
fließt die Havel, die sich hier zu einem Binnenhafen erweitert und
die in Friedenszeiten vom Frühjahr bis zum Herbst Paddler heran-
brachte. Die acht Fremdenzimmer im „Märkischen Adler" waren
dann oft besetzt und ebenso die Tische in der Gaststube. Jetzt kommen nur manchmal die Bauern nach ihren Einkäufen im benachbarten Kaufhaus herein, und abends spielen der Schleusenmeister, ein
Ziegeleiarbeiter und ein alter Schiffer als einzige Gäste am runden
Tisch vor der Theke Skat. Dennoch sind schon seit längerer Zeit alle
Betten im Haus belegt.
Eine Bahnstunde entfernt von der Stadt X. wurde vor einer Reihe
von Jahren am Rand einer kleinen Landgemeinde ein Rüstungsbe-
trieb aufgebaut, der bald viel mehr Menschen brauchte, als er aus
der Gegend selbst ansaugen konnte. Er benötigte insbesondere
Frauen, die endlich drei Viertel der ganzen Belegschaft bilden sollten, und als Anfang 1939 die Arbeitsämter Dienstverpflichtungen
vornehmen konnten, schickten sie aus dem Rheinland und der Ostmark, wo sich noch am ehesten freie Kräfte befanden, Züge mit
vielen hundert Arbeiterinnen in die Mark. (In ganz Deutschland gibt
es heute 18000 Frauen, die entfernt von ihrem Wohnort dienstver-
pflichtet sind.) Der junge Betrieb hatte bis dahin eben Zeit gefunden, sechzig Siedlungshäuser für Familien zu bauen. Für den Strom
von Mädchen und Frauen gab es, da Baracken ungeeignet erschienen, in der Nähe keine Unterkünfte. Sie wurden in hundertzwanzig
verschiedenen, teils 30 bis 40 km entfernten Ortschaften einquartiert, in ausgeräumten, lagermäßig eingerichteten Villen, in Som-

merpensionen an märkischen Seen, in Hotels und Bürgerwohnungen. Hundert Ostmärkerinnen kamen in die Stadt X., vierzehn zogen im „Märkischen Adler" ein.

Seitdem hat der Wirt seine Gäste einige Male wechseln sehen, die ersten Dienstverpflichtungen liefen ein halbes, die späteren ein ganzes Jahr. Anfangs waren Mädchen dabei, die zwar viel Leben in die Gaststube brachten, aber bei der Arbeit wenig zuverlässig waren; ihnen sind andere gefolgt, die ein nach Wien entsandter Beauftragter des norddeutschen Betriebes dort selbst ausgesucht hat. Allerdings: unbeschäftigte Arbeiterinnen gab es bald auch im Süden des Reiches nicht mehr, und die im Sonderzug nach dem Norden geschickt wurden, waren noch acht Tage zuvor Kellnerinnen, Verkäuferinnen, Plätterinnen, Schneiderinnen, Arbeiterinnen in Wien gewesen, Mädchen und Frauen von siebzehn Jahren bis Anfang vierzig, aus Villach und Klagenfurt ebenso wie aus dem Vorarlberg oder dem Burgenland stammend, unverheiratet oder geschieden. Eines Abends, als sie nach Hause kamen, fanden sie eine Postkarte vom Arbeitsamt vor mit der Aufforderung, sich bei einem Arzt zur Musterung zu stellen. Mit der Verpflichtung wurde es viel schneller ernst, als irgendeine von ihnen erwartet hatte. An einem Dienstag vielleicht war die Postkarte gekommen, am Freitagabend ging der Zug in die Mark, am Montag erhielten die Dienstverpflichteten im neuen Betrieb Spinde und blaue Schürzen, am Abend kauften sie zum erstenmal in einer fremden, verdunkelten Stadt Brot und dann begann die neue Arbeit mit einer Nachtschicht.

Die jetzigen Bewohnerinnen des „Märkischen Adler" sind alle mit einem Transport im vorigen März gekommen. Bis heute kennen sie von der Stadt X. nur ein Stück der Hauptstraße mit den wichtigsten Läden, das Kino, das Tanzlokal, den Zwanzig-Minuten-Weg zum Bahnhof vorbei am Holzschneidewerk mit dem Blick über plattes, ostelbisches Land und in seltenen Fällen, trotz der Konfessionszugehörigkeit, die katholische Kirche, die vor Jahren etwas außerhalb der Stadt für die westpreußischen und oberschlesischen Saisonarbeiter der Ziegeleien errichtet worden ist.

Ihr Tag beginnt morgens um fünf. Seit Oktober wird nur noch in einer Schicht, von dreiviertel sieben bis nachmittags zwanzig vor fünf gearbeitet. Um sechs Uhr sind sie zurück in ihrem Hotel. Es bleiben an sechs Tagen der Woche elf Stunden für Heizen, Abendbroteinkäufe, Essen, Waschen und Schlafen, und damit sind sie gut dran; denn es gibt andere, die früh um vier Uhr aufstehen, nach einem halbstündigen Weg zum Bahnhof einunddreiviertel Stunden zum Betrieb fahren und erst abends gegen sieben Uhr wieder zurück sind.

Hinter dem Spiegel im Zimmer Nr. 3 des „Märkischen Adler" steckt ein ganzer Kranz von Postkarten, Ansichten vom Belvedere, von der Wiener Karlskirche, vom Dornbirner Rathaus. „Liebes Stefferl!" schreibt eine inzwischen entpflichtete Arbeitskameradin, „ich würde mich von ganzem Herzen freuen, wenn Du recht bald in Deine Heimat zurückkämst. Ich weiß ja, wie glücklich ich damals war." Natürlich sind viele Mädchen und Frauen darunter, die, vom Heimweh befallen, so rasch wie möglich wieder nach Hause möchten. Es geht ihnen gar nicht darum, der Fabrikarbeit zu entkommen, obgleich sie ihnen oft ungewohnt ist. Die Tätigkeit an den Maschinen oder bei der Revision ist nicht schwer und die meisten können dabei, wie es ihnen gefällt, stehen oder sitzen. Aber sie fühlen sich in die Fremde verschlagen, ihr Lachen, meinen sie, werde ihnen hier als Leichtsinn ausgelegt. Im überfüllten Personenzug morgens und abends reiben sich die verschiedenartigen Temperamente der Ostmärkerinnen und der Einheimischen, die norddeutschen stilleren Mädchen wehren sich gegen die Konkurrenz, die ihnen die Zugereisten in Dirndlkleidern und krausem Haar bei den Männern machen. Bei den Kaufleuten von X. aber gelten sie nach wie vor nur als Laufkunden; im Café „König" wird der Walzer anders getanzt, als sie es gewöhnt sind, und in ihren Zimmern werden sie das Gefühl einer provisorischen Existenz nicht los, auch wenn sie die Hotelbetten ein wenig umgestellt und sich eigenes, buntes Geschirr gekauft haben.

Fremd ist auch das Essen, dessen Grundlage hier nun einmal die Kartoffel bildet. Für die Arbeiterinnen, die in Villen lagermäßig zusammengefaßt wohnen, ließ das Rüstungswerk Köchinnen aus Wien dienstverpflichten, die ihnen zum Abendbrot so oft als möglich Mehlspeis vorsetzen, die die Gerichte mit Paprika, Knoblauch und Thymian würzen und jeden Tag eine Suppe kochen. Den Bewohnerinnen des „Märkischen Adler" hat der Wirt einen zweiflammigen Gasherd im ersten Stock auf den Treppenvorplatz gestellt. Dort bereiten sie sich das Essen nach eigenem Geschmack, abends und sonntags; das Wasser wird von der Pumpe im Hof geholt. Im Betrieb selbst gibt es für 35 Pfennige eine warme Mittagsmahlzeit, an der sie von Zeit zu Zeit ein paar Wochen lang teilnehmen.

Ihr Leben birgt nicht viel Einschnitte und Abwechslung. Manchmal spielt während der Arbeitspause die Werkkapelle, Geigen, Posaune und Klarinette, in der Kantine, und fünfzehn, zwanzig Minuten lang tanzen sie miteinander zwischen den Stühlen und Tischen. Andere Projekte, im Werk eine Spielschar aufzustellen oder eine Singgruppe, scheitern daran, daß alle eine weite Heimfahrt haben, und die Züge mit den richtigen Anschlüssen gehen gleich nach dem Ende der Arbeitszeit. Im Hotel stehen die Zimmer noch unaufgeräumt, denn die Wirtin kommt nicht dazu, auszufegen und die Betten zu machen. Sie hat selbst keine Hilfe mehr, aber zwei kleine Kinder.

Am Sonnabendabend sitzen die Wienerinnen auf 80-Pfennig-Plätzen im Kino. Manchmal ereignet es sich dann, daß ein Kulturfilm aus der Ostmark gezeigt wird, vielleicht „Ein Tag in Schönbrunn", und daß einem Einheimischen im Dunkeln ein „Wie schön!" von den Lippen fährt. Noch Wochen nachher sprechen die Ostmärkerinnen von solch einem Ausruf. Denn es bedrückt sie, daß man in X. ihre Heimat nicht kennt und im allgemeinen auch gar nicht begierig ist, etwas darüber zu hören. Statt dessen spüren sie Vorurteile und pädagogischen Eifer, der gutgemeint ist, aber soviel verkennt. Die Schwierigkeit der Begegnung liegt darin, daß die einen verpflanzt sind, während die anderen, die überwiegende Majorität, sicher im vertrauten Lebenskreis stehen und als Anpassung vielleicht nur bereit sind, einige zweistimmige Alpenlieder zu übernehmen.

An Sonntagnachmittagen sprechen sie manchmal davon in der Dachstube des „Märkischen Adler", einer Kammer mit ungestrichenen Wänden und fingierten Fenstern, hinter denen schräge Dachluken das Licht hereinlassen, aber zugleich ein gut heizbarer, nicht zu kleiner und ganz gemütlicher Raum. Der Anziehungspunkt für die Bewohnerinnen des ersten Stocks ist hier oben ein Radio, in dem das Wunschkonzert eingestellt wird. Es sind die einzigen mußevollen Stunden der Woche, nachdem der Sonntagmorgen mit langem Schlafen, Großreinemachen, Waschen, Kochen und Briefschreiben hingegangen ist.

Drei Mädchen sitzen auf dem Plüschsofa, eine gelernte Herrenschneiderin, eine dunkle Vorarlbergerin in bunt bestickter Wolljacke, die Kellnerin bei der Mitropa war, eine aschblonde, breitgesichtige Arbeiterin aus dem Burgenland, die ungarisch und slowakisch so gut spricht wie deutsch. Streng und aufrecht auf einem Stuhl die Gastgeberin, eine ehemalige Kinderpflegerin aus Deutsch-Wagram, daneben im Korbstuhl eine runde, springlebendige Frau im straffspannenden Dirndl, sie ist Anfang vierzig, geschieden und hat bei ihrer Schwester in Graz eine fünfzehnjährige Tochter. Hinten auf dem Bett sitzend, die zwei Freundinnen von Nr. 7, junge Mädchen von knapp zwanzig, die zusammen aus einer Zuckerfabrik hierher versetzt worden sind.

Auf dem eisernen Ofen ist der Kaffee warmgestellt, der nach Wiener Art mit einem Feigenextrakt gewürzt ist. Über kurz oder lang kommt das Gespräch zurück auf die Fragen: wie man mit dem Geld auskommt und wie lange die Dienstverpflichtung noch läuft. Im Rüstungswerk bekommen die Arbeiterinnen einen Stundenlohn zwischen 44 und 55 Pfennig; von ihrem Wochenlohn können sie die notwendigen Ausgaben bestreiten, aber keine Ersparnisse machen. Neben der Eisenbahn-Wochenkarte, die der Betrieb für alle Gefolgschaftsmitglieder zahlt, wird den Dienstverpflichteten im Gegensatz zu den Einheimischen die Miete ersetzt. Andererseits versuchen eine Reihe von ihnen, ihre Zimmer in Wien zu halten, und das kostet sie jeden Monat 15 oder 25 Mark. Bei solchen Ausgaben werden sie vom Arbeitsamt zu Hause unterstützt, ebenso wie einer alten, pflegebedürftigen Mutter eine Hilfe bezahlt wird. Seit dem vorigen März waren die meisten zweimal je vierzehn Tage in der Heimat, beim tarifmäßigen, bezahlten Urlaub übernahm der Betrieb die Hälfte der 70 Mark Fahrkosten. Diese Einzelheiten würden im Gespräch keine solche Rolle mehr spielen, wenn die Dienstverpflichtungen, wie es im Vertrag vorgesehen war, jetzt im März, nach einjähriger Dauer, ablaufen würden. Demnach wäre es an der Zeit, von der Rückkehr zum alten Arbeitsplatz, zu bekannten Häusern und Straßen und vertrauten Menschen zu reden. Doch darüber fällt kaum ein Wort. Es ist inzwischen so gut wie sicher geworden, daß die Dienstverpflichtung zunächst verlängert werden wird.

In einem Nachbarstädtchen von X. liegt die Villa Miralonda, ein Bau mit der Jahreszahl 1890 im mit Schnitzwerk verzierten Giebel, mit einer von Säulen getragenen Loggia nach italienischem Muster, und einer durch zwei Stockwerke reichenden, von einer Mosaikdecke abgeschlossenen Diele. Dort wohnen 60 ostmärkische Arbeiterinnen, schlafen in kasernenmäßig übereinandergestellten Betten, stehen jeden Morgen um vier Uhr auf und kommen abends mit Mühe gegen zehn, halb elf zur Ruhe. Denn gleichzeitig sind Soldaten in der Stadt einquartiert. Eines Sonntags veranstalteten sie einen Kostümball, zwölf Soldaten waren von vier bis sieben Uhr nachmittags von der Hausvorsteherin zugelassen. Es wurde ein richtiges, lärmendes Fest, in der Diele hingen rote Lampions und Papiergirlanden, die Werkkapelle spielte als Tanzorchester. Der Betriebsobmann, ein Prokurist und der Werkschofför, die als Ehrengäste geladen waren, machten das Preisrichterkollegium bei der Prämiierung der selbstangefertigten Kostüme, sie entschieden sich für eine Balletteuse, einen lockigen Clown mit weißangestrichenem Gesicht und eine „Herzdame" und überreichten ihnen Vasen mit der Inschrift „Andenken an Rheinsberg". Zwei Vorarlbergerinnen sangen „O du mein Edelweiß", und dann wurde wieder getanzt, Mädchen mit Mädchen, die wenigen Soldaten dazwischen, überall heiße, vergnügte Gesichter.

Die südliche Anlage zur Lebensfreude, die aus der Arbeitspause ein Tanzfest macht und vielerlei Anlaß zum Lachen am Rand des Tageslaufs findet, ist unzerstörbar. Die weißen Crepe-Papier-Rüschen eines sparsamen Ballett-Röckchens oder ein gleichfalls papiernes rot-blaues Pierrotgewand auf dem Kostümball in der Villa Miralonda gehören zu den handgreiflichsten Beweisstücken.

1943

Fahrt in die ruhigen Nächte:

Bei Umquartierten aus den Luftnotstandsgebieten

An dem langen Zug stehen nur wenige Menschen, um von denen, die abreisen, Abschied zu nehmen. Es ist fast Mittag, die Bahnsteige liegen in der brennenden Sonne. Von der breiten Ausfallstraße her biegen in scharfer Kurve die Lastwagen ein, die von den Ortsgruppen die Fahrgäste heranbringen, für einige Minuten bildet sich darum ein Knäuel von Helferinnen, Müttern mit Kindern, alten Leuten, aber gleich darauf ist alles von den Abteilen verschluckt, die Lastwagen drehen, hinten im Kasten stehen, hochaufgerichtet, drei, vier Menschen und winken zurück, bis sich die Schuppen dazwischenschieben. Zwei Soldaten ziehen auf einem Karren eine Kiste mit Wurstbroten am Zug entlang, an den Fenstern lehnen nur Kinder, die Erwachsenen richten sich auf ihren Plätzen wie für eine Schiffsreise ein. Gegenüber brütet die Hitze auf den Dächern einer langen Reihe von Güterwagen, die zum Teil schon mit Möbeln halb vollgepackt sind. Irgendwann setzt sich der Zug wie im plötzlichen Entschluß in Bewegung, die kleinen Trupps der zurückbleibenden BdM-Helferinnen rufen und winken, aber es kommt nur wenig Antwort, zwischen Zug und Bahnsteig zerreißen hier keine Fäden mehr, es ist, als wären die Menschen in den Abteilen schon weit fort, vielleicht seit der Nacht, als sie aus dem Keller stiegen und ihre Wohnung und alle Straßen um sie brannten, vielleicht seit dem ersten Gang bei Tageslicht, als sie die Stadt, die sie kannten, nicht mehr wiederfanden.

Das gleiche steinerne Wesen, das sie während der Terrorangriffe nach der ersten Erschütterung erworben haben und das der Feind nie mehr hätte durchstoßen können, hilft ihnen noch jetzt, da sie unter sich das Rollen der Räder spüren. Es ist wahr, die Gefahr bleibt nun hinter ihnen. Wenn es Abend wird, wird kein feindliches Flugzeug mehr den Zug erreichen. Aber niemand hat sich die Abreise gewünscht, niemand spricht von der zukünftigen Sicherheit. Wer nicht gleich am Tage nach dem Angriff die Stadt verließ, ist wie heimisch geworden in der Landschaft der Trümmer, in dem Klima der gemeinsamen Bedrohung, des Leidens, der Hilfsbereitschaft und des Widerstandswillens. Die Furcht, sich aus der Wärme des Familiengefühls zu lösen, das alle Bewohner der Stadt gegenüber der Unmenschlichkeit des Gegners umschließt, die Furcht, allein erst allen Verlust zu begreifen, ist größer als vor den Gefahren der Nacht. Die, die nun in dem fahrenden Zug sitzen, haben beinahe mehr Mut gebraucht, dennoch zur Ortsgruppe zu gehen und sich zur Abreise bereit zu erklären, als weiter in halb ausgebrannten Räumen oder Kellern zu wohnen oder abends hinaus auf das Land zu wandern. Es war schwerer für die alten Leute, den Fleck, auf dem sie ihr Leben verbracht haben, zu verlassen, als zu erklären, daß sie da und nirgends sonst sterben wollten; und es forderte Tapferkeit von den Frauen, die für sich allein vielleicht nichts so sehr fürchten wie die Ferne und die Einquartierung in eine fremde Stube, abzureisen, weil sie ihre Kinder immer müder und schreckhafter werden sahen.

Wo die Männer noch zu Hause sind, geben sie beim Entschluß zur Abfahrt den Ausschlag. Auf ihnen liegt es, zur Abreise zu drängen, trotz aller Wünsche nach Zusammenhalt der Familie in der Gefährdung. Immer wieder rufen sich dann später ihre Frauen ins Gedächtnis zurück, wie die Männer sie überzeugt haben, daß sie für sich selbst gut sorgen könnten, und daß sich auch der Betrieb, in dem sie arbeiteten, um sie kümmern werde. Es ist offensichtlich, daß jeder, der ohne Notwendigkeit in diesem Krisengebiet bleibt, das Leben dort für alle anderen nur schwieriger macht. Aber es gibt keinen Zwang zur Abreise, der dem einzelnen die Verantwortung, die Überlegung, die Entschlußkraft ersparte. Denen, die an den bösen Nächten teilgenommen haben, soll auch die Freiheit des Handelns gehören. Wenn die Abfahrt jedoch beschlossen ist, ist es wie eine Hilfe, ein Schutz vor dem schmerzhaften Zaudern, daß die Ortsgruppe gleich bei der Meldung eine Abgangszeit des Zuges nennt, die nur noch wenige Stunden übrigläßt.

An den fünften Wagen hinter der Lokomotive, einen Wagen mit gepolsterten Sitzen, ist mit Kreide geschrieben „Mutter und Kind", an den nächsten „Arzt" – „Transportleitung" – „Kranke". Von hier aus wird der Zug während der Fahrt wie eine Siedlung regiert. Ein Beauftragter der Stadt, die ihre Bewohner fortschicken muß, und zwei von der NSV nach dem luftbedrohten Gebiet entsandte Vertreter des Gaues, der sie aufnehmen wird, sind die Kommandanten, später, kurz vor dem Ziele, steigt wie ein Lotse noch ein Kreisbeauftragter ein, der die Liste der Unterkunftsorte mitbringt. 73 Mütter mit 170 Kindern zählt der Transport, drei alte Ehepaare, fünf einzelne Männer, 37 einzelne Frauen, 20 Männer, darunter 12 Soldaten, die nur eben für die Reise ihre Familien begleiten.

Wer durch einen Irrtum hier einstiege und die Gespräche in den Abteilen anhörte, müßte meinen, ihn umfange ein düsterer Traum. Längst liegen nun die gespenstischen Straßenzüge ausgebrannter Stadtteile, die abgedeckten oder zertrümmerten Bauernhäuser zurück, aber was unter den Menschen gesprochen wird, kreist zäh um die Bilder und Szenen der letzten Wochen. Dieser Zug ist mit schweren Erlebnissen beladen, und es ist besonders ergreifend, daß die merkwürdig unbewegten, gleichmütigen Schilderungen des Ungeheuerlichen von den Lippen von Frauen kommen und daß die Kinder, die dabeistehen und zuhören, den Ausdruck von Erwachsenen haben. Draußen am Bahndamm tragen die Königskerzen auf starren Stengeln ihre gelben Lichter, aus der grünlichen Dämmerung eines Waldes winken ein paar Blaubeersammler, die einzeln, mit weitem Abstand voneinander, bis zu den Waden im hohen Kraut stecken, als leuchtend roter Fleck liegt an einer Dorfstraße die rosenüberwucherte Vorlaube eines Hauses, und darin beugen sich drei Frauen über einen Kinderwagen. Aber kaum ein Blick richtet sich aus den Fenstern auf die vorbeiziehende Welt mit ihrem Gleichmaß und ihrer Ruhe, in die der Zug seine Fahrgäste nun immer tiefer hineinträgt. Niemand weiß genau, wohin es geht, wenngleich man das Ziel im sechsten Wagen bei der Transportleitung erfragen könnte. Irgendwo, sehr weit weg, wird es liegen, das ist bekannt, so weit, daß wohl den meisten einzelne Städtenamen ohnehin nichts bedeuten würden.

Am Nachmittag sind am Zug warme Suppen, Schwarz- und Weißbrote, Milch und Kaffee verteilt worden. Bald danach versickern die Gespräche, in den Abteilen sieht man die Menschen, die zusammen diese Reise unternommen haben, Hand in Hand oder die Arme umeinandergelegt. Wo die Frauen jetzt die Knie hochziehen, zeigt sich, daß sie unter Rock und Jacke noch zwei Sommerkleider tragen, so wie sie auch in den Keller oder Bunker gegangen waren. Dicht an das Fenster gerückt, stopft eine dunkle Gestalt mit dem letzten Tageslicht Kindersocken; ihr gegenüber sitzt ein Junge, die anderen Plätze scheinen leer. Aber oben in den Gepäcknetzen liegen vier kleine Bündel, die Kinder, die endlich schlafen. „Nachts", sagt die Frau, „saß ich immer in der dunklen Küche, das Licht war bei uns noch nicht wieder in Ordnung, und dann wartete ich auf die Sirene. Gegen zwölf rangierte unten eine Lokomotive, und jedesmal hatte ich die Angst, daß ich über dem Zischen und Pfeifen den Alarm nicht hören würde."

„Meine Mutter schläft nie mehr", sagt der Junge schräg gegenüber aus der Ecke. „Du sollst nicht dazwischenreden," schneidet ihm die Frau das Wort ab. Sie setzt hinzu, daß dies der älteste Sohn sei, neun Jahre alt. „Bei den Angriffen bin ich immer ganz kaltgeblieben, ich habe mir nur Mühe gegeben, lustig zu sein, damit die Kinder beim Schießen und bei den Explosionen nicht wissen sollten, wie ernst das war. Wenn es einen richtigen Krach draußen gab, haben sie gelacht."

„Wenn es dann plötzlich aus gewesen wäre, wären wir lachend in den Tod gegangen", sagt der Junge schräg gegenüber aus der Ecke.

In der Mitte des Zuges, im Wagen der Transportleitung, sitzen im matten Licht der blauen Nachtlampe drei Hitler-Jungen, Melder und Helfer beim Transport, und vier Schwestern des Roten Kreuzes in einem Abteil zusammen. Auf den braunen Uniformhemden der Siebzehnjährigen ist am Tage das Kriegsverdienstkreuz zu sehen, der eine, ein Monteur, hat mit einem kleinen Trupp aus einer brennenden Klinik dreißig Frühgeburten durch Rauch und Flammen auf Tragbahren fortgebracht, beim nächsten Angriff hat er seine Mutter und drei Geschwister aus dem verschütteten Keller gegraben. Der zweite gehört zu einer Löschmannschaft, der dritte, ein Elektrotechniker und als Feldscher ausgebildet, hat Hunderten von Menschen mit schmerzenden Augen die erste Hilfe gegeben. Das Krankenhaus, in dem die Schwestern arbeiten, ist zerstört, jetzt fahren sie mit den Zügen, immer hin und zurück, übermüdet und fiebrig erregt zugleich. Die Gespräche sind erschöpft, aber mit halber Stimme singen sie, während die Stunden verrinnen, Lied um Lied, miteinander untergehakt.

Kaum jemand in den vielen Wagen scheint richtig zu schlafen. Und doch sind die meisten auch in der Nacht zuvor wach gewesen, sie haben gepackt, mit einer Kerze von Zimmer zu Zimmer, treppauf, treppab laufend in den Wohnungen ohne Türen und Fenster, in den Häusern, von denen ein Drittel weggerissen ist. Auf den Gängen werden noch immer flüsternd die Schilderungen von den Schicksalen dieser oder jener Straße in der zurückgebliebenen Stadt ausgetauscht. Auf einem Bahnhof erwarten zwei ältere Frauen den Transport, um heiße Milch auszuteilen; die Bahnsteige liegen ausgestorben in einem aschfahlen Schein, eine Lautsprecherstimme gibt eintönig und unaufhaltsam lange Reihen von Namen und Abfahrtzeiten.

Am Morgen ist das Land flach und auf weiten Strecken bedeckt von Kiefernwäldern. Der Zug sieht aus wie ein Mietshaus, dessen Stockwerke aufgeschnitten und aneinandergereiht sind. Die Frauen haben Kittelschürzen übergezogen und Pantoffeln, auf kleinen Brennern wird Milch und Grießbrei gekocht, in den Abteilen sind Wäschestücke zum Trocknen aufgehängt, es werden Sachen geflickt, Karten geschrieben, Kochrezepte besprochen, und überall dazwischen stekken die Kinder.

Aber die häuslichen Bilder trügen. Der Zug ist noch ebenso Niemandsland wie die Landschaft aus Trümmern, die seinen Fahrgästen in den letzten Wochen Aufenthaltsort war und die für das Empfinden weit jener Stadt entrückt schien, in der sie einmal zu Hause waren. So lange Zeit haben sie wie im Unwirklichen gelebt – jetzt, da alle das Ziel der Reise schon nahe spüren wie einen festen Küstenstrich, verbreitet sich eine tiefe Erregung, wie sie nicht bei der Abfahrt und nicht in der Nacht da war. In diesen Stunden beginnt die schwere Aufgabe der Rückkehr in einen gleichmäßigen Alltag, aber an fremdem Ort, eine Schutzhaut löst sich, die in der Gefahr aus allen inneren Kräften gebildet wurde, jetzt muß langsam das Maß der Verluste begriffen werden.
Hinter dem Drahtzaun, der das Bahnhofsgelände von der Straße trennt, drängt sich fast die ganze Einwohnerschaft des Dorfes, als gegen Abend der Zug einläuft. Während die Ankommenden zögernd durch das dichte Spalier gehen, stehen vielen Menschen die Tränen in den Augen. Das ist ein tröstliches Zeichen, daß es hier nicht nur Zimmer gibt, sondern auch Menschen mit weichen Herzen und der Kraft, ein Geschick, das andere betroffen hat, zu begreifen.

1945

Im Oderbruch
Ein Wald, ein Bahndamm, ein Bataillon
Erich Peter Neumann

Ostfront, Mitte Februar 1945

Wir kamen um zwei Uhr nachts in die Stellung, es regnete noch ein wenig, aber seit einer Stunde war es ruhig. Der Fahnenjunker Manns hatte uns kommen gehört und sich aufgerichtet. Er stand wie ein abgesägter Baum zwischen den dünnen Stämmen. Es war finster. Manns bekleidete im zivilen Leben das Amt eines Museumsdirektors und war Spezialist für Münzenkunde. Er besaß einen Hang zur Weitschweifigkeit, der in der Neigung zu ironisch gespitzten Formulierungen gipfelte. Oft brachte er hübsche Sachen zustande; jetzt aber machte mich die künstlich gespreizte Redeweise unwillig. „Es ist, mit Verlaub gesagt, ein ziemlich saurer Apfel, in welchen die Herren beißen müssen", brummte er halblaut, „der Schuft von einem Feind läßt es sich nicht nehmen, direkt hierher zu halten, und zwar mit schweren Brocken." An den Füßen spürte ich, daß wir im Schlamm standen. „Es empfiehlt sich darum", fuhr Manns fort, „die Schnauze tunlichst in den Dreck ..."
„Hör auf", sagte ich, „zeig uns lieber, wo ihr liegt." Manns, noch immer unbeweglich, die Kapuze über den Stahlhelm gestülpt, hob einen Finger und wies nach rechts. „Wenn meine Ratschläge unwillkommen sind –" sagte er. Es klang verstimmt. Inzwischen waren noch ein paar Schatten aufgetaucht. Die Ablösung der Gruppe vollzog sich wortlos. Manns setzte noch zu kargeren Bemerkungen an, teilte die Richtung des feindlichen Feuers mit; dann stapfte er mit seiner Gruppe ins Dunkle, um eine Seitensicherung zu beziehen. Ich war auf seinem Platz stehengeblieben und kniete auf den Boden, um die Deckung abzutasten. Es war weicher, knetiger Schlamm. Zu meiner Enttäuschung war kein Loch ausgehoben, sondern nur eine flache Mulde, in der man mit angewinkelten Beinen kaum Platz fand. Mit klammen Händen schnallte ich den Spaten vom Koppel, um nachzugraben. Die Schneide rutschte ab, ohne einzudringen. Unter der Schlammkruste war die Erde gefroren. Ich stieß noch

einmal heftiger zu, aber es klirrten nur ein paar Sandkörner gegen den Stahl. Das war unangenehm. Deckung ist das halbe Leben, hatte der Gefechtslehrer bei jeder passenden Gelegenheit versichert, und das war auch nichts Neues. Es fiel mir eben nur wieder ein, weil er, der Gefechtslehrer, jetzt etwa zweihundert Meter weiter links saß und unser Kompanieführer war. Ich melde, daß der Mist gefroren ist, sagte ich in Gedanken, und damit wäre das halbe Leben wohl riskiert, Herr Oberleutnant, nicht wahr? Wenn er das hören würde, dachte ich weiter, würde er munter lächeln und erklären, man müsse es immer wieder versuchen. Als hätte er das wirklich getan, kratzte ich mit dem Spaten wieder über die gefrorene Erde, aber es half wirklich nichts.

Ich sprang auf und lief nach rechts, wo die anderen liegen mußten. Nach zehn Schritten stolperte ich über einen ausgestreckten Körper. „Ja?" fragte eine brüchige Stimme. „Wer ist das?" fragte ich zurück. „Volkssturmmann Hüll", antwortete es von unten. „Haben Sie Deckung?" fragte ich. „Nu, es geht", antwortete es. Ich kroch weiter. Die nassen Äste peitschten über das Gesicht. Es war eine grundlose Finsternis, am Himmel war kein Stern, um Mitternacht hatte der Orion noch wie aus Fackeln entzündet über dem Wald gestanden. „Hellmuth", rief ich leise. „Hallo!" antwortete der Fahnenjunker Schlien, „hier, an dem dicken Baum –"

Sein Loch war besser. Es lag zwischen den Wurzeln eines kräftigen Stammes, und man konnte auf dem Rand sitzen und die Beine hereinhängen lassen. „Alber ist dort hinten", sagte Hellmuth. Alber war der dritte von uns Fahnenjunkern der Gruppe. „Dazwischen sind die beiden Volksstürmer", fuhr er fort, „ich bin neugierig, was das wird." Leise schleifend öffnete er seine Feldflasche und drückte sie gegen meine Hand. Ich trank. „Kirschsaft", sagte er, „noch von da unten." Das Getränk war dick, klebrig und süß. Vor ein paar Stunden, im Keller des Forsthauses hatten wir eine Menge von Flaschen mit Obstsäften geleert, während sich die Artillerie auf den Gefechtsstand einschoß. Von dem Zeug bekam man immer nur frischen Durst, aber es schmeckte.

„Wer kann, sollte schlafen", sagte Hellmuth, „immer drei Mann abwechselnd. Wer weiß, was kommt."

„Ja", sagte ich, „ich werde vorläufig wach bleiben, ich bin nicht müde."

Ich stolperte wieder über die Beine des Volkssturmmannes Hüll, obwohl ich ihnen vorsichtig auszuweichen versuchte. Als ich mich über ihn beugte, um ihm zu sagen, er solle etwas schlafen, wunderte ich mich nicht mehr darüber; denn Hüll war der Oberschlesier, den wir vorerst nur den „Langen" genannt hatten, weil er mindestens 1,90 m groß war. „Gutt, da wer ich schlafen", sagte er. Ich klemmte mich in mein Loch. Abseits sägte der Feuerstoß eines deutschen Maschinengewehrs 42. Bald antwortete das bedächtige Klopfen eines sowjetischen MGs. Dann war es wieder still.

Alles hatte noch die flimmernden Umrisse eines Abenteuers, das man im Traum besteht. Schlien hatte beim Taktikunterricht eine Bank vor mir gesessen, und erst vorgestern hatte uns der junge Hauptmann mit der Bein-Amputation (ein Großneffe Nietzsches, wie wir wußten) eine Aufgabe zum Thema: „Bereitstellung" gegeben. Mit allen Fahnenjunkern der Kompanie, ja, des Bataillons, verband sich die Vorstellung der theoretischen Arbeit des Potsdamer Offizierslehrganges, der uns vor vielen Wochen aus allen Himmelsrichtungen zusammengeführt hatte. Wir hatten uns eben an den geometrisch korrekten Betrieb der Hörsäle, Sandkasteräume und Exerzierfelder gewöhnt, als die Kriegsschule alarmiert und in der Gestalt von zwei Regimentern an die Oder geworfen wurde. Es war noch keine achtundvierzig Stunden her, daß wir die Kaserne verlassen hatten.
Innerhalb der Regimenter war unser Bataillon das merkwürdigste. Es bestand im Kern aus den Abteilungen einer Inspektion, die zur Hälfte von Infanteristen beschickt war. Die übrigen Junker waren jahrelang als Kriegsberichter, Kriegsmaler und Dolmetscher eingesetzt gewesen. Sie stellten schon während des Lehrgangs eine Alte-Herren-Riege dar, weil es sich bei ihnen um berufserfahrene Leute handelte, die zwischen dreißig und vierzig Jahre alt waren; im Gegensatz zu den Offiziersanwärtern aus den Grenadier-Regimentern, die meist etwa zwanzig Jahre zählten. Dieser Unterschied erledigte sich nun, jetzt steckten alle im gleichen Loch. Es war wirklich rasch gegangen. In der vorigen Nacht waren wir vom Ausladebahnhof bis zu einem Dorf marschiert, dessen Namen wir nie gehört hatten. Wir bezogen Quartiere, und es hieß, wir sollten eine Sicherung aufbauen. Zwei Stunden später war alles wieder marschfertig,

und nach weiteren dreißig Minuten pfiffen uns die Kugeln um die Köpfe. Wir kannten das. Fremd war es den brandenburgischen Volkssturmmännern, die mit uns vereint worden waren, um das Bataillon auf die richtige Kampfstärke zu bringen. Für sie war der Sprung an die Front noch plötzlicher gekommen.

Es wirkte unwahr, daß die letzten vierundzwanzig Stunden nur ein Tag und eine Nacht gewesen sein sollten. Die Entfernung zum Gestern war größer und maßloser. Im Wirbel jäher Umwälzungen werden Uhrzeitrechnungen unsinnig. Dennoch besaß der Gedanke, so unvermittelt in den Ernstfall geraten zu sein, etwas seltsam Beruhigendes. Die Verhältnisse des Lebens waren wieder eindeutig und einfach. Links lag die Kompanie, genau westlich in unserem Rücken der Gefechtsstand des Bataillons und vor uns der Feind. Das zu wissen war wichtig. Alles andere verlor sich in Spiralen, löste sich auf, schwebte davon.

Im Morgengrauen ließ das Gelände die Maske fallen. Das Waldstück, in das die Kompanie bei Nacht ohne Widerstand vorgestoßen war, bildete die äußerste Begrenzung einer gerodeten Ackerfläche; ihr gegenüber setzte sich der Wald, leicht in die Tiefe gehend, fort. Dort steckten die Sowjets. Es war der Rand ihres Brückenkopfes.

Der Wald sollte so lange wie möglich, aber nicht um jeden Preis, gehalten werden. Der echte Sperriegel war etwa einen Kilometer hinter dem Wald geplant. Jede Stunde, um die die Sowjets aufgehalten wurden, war aber der Division für die Bereitstellung schwerer Waffen wertvoll. Der Abschnitt, auf den sich das Bataillon verteilte, war unverhältnismäßig groß, und es war bekannt, daß während dieses Tages nur mit geringer Feuerunterstützung gerechnet werden durfte.

Unsere Gruppe lag in einer seitlich vorspringenden Nase des Waldes. Bei Helligkeit zeigte sich, daß wir eingesehen werden konnten. Unsere Stellung glich jetzt einem Scheibenschießstand. Noch ehe die letzten Nebel fielen, hatten wir uns schon etwas tiefer im Wald eingegraben. Hier war der Boden auch gefügiger. Wir hatten kaum genug Tiefe, als das Feuer begann. Die feindlichen Granatwerfer schossen zuerst wie spielerisch auf die Nase, aber das Spiel konzentrierte sich schnell, und schließlich ging es unerwartet in Trommelfeuer über. Das ekelhafte Flutschen der Geschosse fädelte sich zu einer Melodie von peitschender Häßlichkeit, die Äste der kahlen Laubbäume splitterten, das Gezweig der Nadelbäume knickte hilflos um, die Trichter weiteten sich zu Gassen. Vor allem hörte das kurzatmige Flattern der Granaten nicht wieder auf, und es war widerlich, daß man dagegen nichts anderes tun konnte als warten, bis es doch aufhörte.

Es dauerte fast eine Stunde. Soviel Eisen auch krepiert war, wir hatten keinen Ausfall. Der erste Blick in der Feuerpause ging nach den drei Volkssturmmännern, von denen zwei, darunter der lange Hüll, ohne Fronterfahrung waren. Nur der dritte, ein Tischler aus Rathenow, war nach dem Weltkrieg als Vizefeldwebel abgegangen. „Meine Fresse", rief der lange Hüll, „is aber gut gegangen." – „Na – so gefährlich ist das gar nicht, was?" schrie der Fahnenjunker Alber aus seinem Loch. Die Männer nickten.

Es war klar, daß die Sowjets im Walde mehr vermuteten, als darin war, und es kam darauf an, sie in dieser Meinung zu bestärken. Wir gruben eine zweite Linie von Deckungslöchern, um die Zahl unserer Feuerstellungen zu erhöhen und mehr Gewehre vortäuschen zu können. Jedoch schossen wir sparsam, denn wir mußten auf einen Vorstoß über den Acker gefaßt sein; auch wollten wir dadurch den Verdacht eines Hinterhalts aufkommen lassen, der sich erst bei Annäherung klarer Ziele enthüllen würde. Diese Taktik bewährte sich, was freilich bedeutete, daß wir das Feuer zunehmend auf die Waldnase lenkten, aber darin lag die deutlichste Chance für den Auftrag der Kompanie. Drei Mann blieben stets in den vorderen Löchern, während der Rest der Gruppe tiefer hinter den Bäumen schanzte und feuerte. Es war leidig, aber ein Beweis für die Richtigkeit der Methode, daß die Sowjets ein schweres MG in Stellung brachten, um das Granatwerferfeuer auf die Nase zu unterstützen. Die Kugelstöße des MG minderten unsere Bewegungsfreiheit. Zwischen dem Gehölz summte es nun sekundenlang von Querschlägern, ein Geräusch, das dem verdutzten Brummen von Nachtkäfern ähnelt, die blindlings gegen Hindernisse fliegen und abstürzen.

Der Mittag zog herauf, und die Sowjets hatten nicht gewagt, sich auf der Plaine zu zeigen. Irgendwann war der Fahnenjunker Schuster aus Wien in die Nase gekrochen gekommen, um den Befehl des Kompanieführers zu überbringen, daß wir weiter so verfahren sollten wie bisher. „Was bist du eigentlich, Schuster?" fragte ich. „Melder", sagte er, „ich rutsche immer unter den Granatwerfern weg, man braucht halt Übung." Er turnte wie eine Raupe über den Hang zurück.

Eine Stunde später griffen die Sowjets links von uns an. Der Stoß durch den Wald schien ihnen aussichtsreicher als der Weg über die Plaine. Dort trafen sie auf den zweiten Zug. Das paßte in unser Schema; denn der zweite Zug hatte zwei Maschinengewehre und ein Gewehr-Granat-Gerät. Der Angriff brach im Versuch zusammen. Wie Rachegeheul brach jetzt eine neue Serie von Überfällen der Granatwerfer und der Artillerie über den Wald. Wenn man den Kopf in die Deckung preßte, dröhnte es über uns hinweg wie Eisenbahnen über Brücken.

„Achtung", schrie Alber in das Feuer, „Achtung, vielleicht kommt Angriff –"

Aber er kam nicht. In einer Atempause schossen wir zusammengefaßt unsere Magazine leer. Im Walde gegenüber rührte sich noch immer nichts. Warum kamen sie nicht? Der kleine Vizefeldwebel aus dem Weltkrieg schoß allein weiter. „Schießen, schießen", rief er, sprang mit einem Satz in ein anderes Loch, lud und schoß weiter. „Schießen, die trauen sich nicht" rief er und schoß. „Ach" machte er dann, legte das Gewehr ab und griff nach seiner rechten Schulter. Es blutete. Es mußte eine MG-Kugel sein, denn die Granatwerfer schwiegen gerade. „Nich schlimm", rief er, „schießt weiter –"

Es beruhigte sich wieder, und der Verwundete kroch über die Lehne zum Verbandplatz. Plötzlich orgelte es über unseren Köpfen. Die Granaten kamen aus unserem Rücken.

„He, hallo", rief Schlien, „unsere Ari ist da –". Es waren eigene Geschosse, die in den Wald wuchteten.

Gegen fünf Uhr nachmittags robbte der Oberfähnrich Grenzdörfer in die Nase und befahl, uns nach links der Kompanie anzuschließen, bei der die Sowjets nun verstärkt angriffen. So kamen wir in die Linie zurück, für die wir eigentlich angesetzt waren, ehe wir den Auftrag „Waldnase" übernahmen. Wir hielten den Wald bis zur Dunkelheit, um dann den echten Sperriegel zu verstärken.

Nacht und Tag, Tag und Nacht. Nicht Abenteuer, nicht Traum. Das Bataillon ist nur ein lächerlich geringer Haufen, und vor uns ist nur ein mittleres Dorf, aber die Sowjets wollen mit aller Gewalt über den Bahndamm, der unsere Sperre ist. Kaum läßt sich denken, daß

sich auf so engem Raum noch mehr Material entladen läßt, in manchen Stunden tobt und speit es wie aus einem Vulkan. Regen, später Schnee und Matsch und Kälte. Das Essen wird vorgebracht, aber wer vorn ist, braucht nur Munition. Brände, Trümmer, halb irres Federvieh. Die Gefechtsstände der Kompanien liegen unter der Walze der Granatwerfer, die eigenen und die feindlichen Stoßtrupps begegnen sich auf halbem Wege. Es ist Aberwitz, gegen den zahlenmäßig und im Material überlegenen Gegner zu halten, aber es wird trotzdem gehalten. Wo man in einem Gesicht unter Schmutz und Schwärze noch eine Miene erkennt, blickt man in die verbissene Wut. Tag und Nacht – die Gruppen halten noch zusammen. Sonst reißt das Bataillon in den Nähten. Der Führer der dritten Kompanie ist ausgefallen. Der Oberfähnrich Laser übernimmt sie für Stunden, und dann sind Fahnenjunker da, sie weiter zu führen.
Aber die Sowjets kommen nicht durch. Der eiserne Befehl, zu halten, steht über dem Haufen des zweiten Bataillons, und die Junker und die Männer vom Volkssturm schießen weiter mit ihren Gewehren und Maschinengewehren. Als die Sowjets wieder gegen den Bahndamm anrennen, stellt sich der Fahnenjunker Buttkereit in Positur auf die Höhe und brüllt in die Nacht, und die anderen brüllen mit ihm, und Buttkereit gibt mit noch gesteigerter Stimme Feuerbefehle wie im Manöver. Die Gruppe schießt eine Scheune in Brand, um das Vorfeld zu erhellen, aber der Wind dreht sich und treibt ihr den Qualm zu; da dreht sich der Wind abermals, und schon tönt wieder die Stimme des dreiundzwanzigjährigen Studenten und Fahnenjunkers der Infanterie: „Geradeaus ein Baum, darunter ein MG, Visier einhundert, Feuer frei"; er legt stehend freihändig an, und die Männer schießen mit ihm.
Nein, das Kräfteverhältnis ist nicht zu errechnen. Der Gegner scheint sich zu verstärken, aber er kommt nicht über den Bahndamm. Es gibt keinen Unterschied mehr zwischen den jungen Infanteristen und den älteren Kameraleuten und Bildberichtern und Dolmetschern. Als ein Verwundeter seinen Munitionskasten fallen läßt und die Patronen im Vorfeld bleiben, kriecht ungefragt der Volkssturmmann Tom aus seinem Loch und robbt anderthalb Stunden durch die Nacht und sammelt die Patronen in den Blechkasten und bringt sie wortlos zu seinem Schützen Eins, der sich bereits vollkommen verschossen hatte.

Es ist Widerstand mit allen Kräften. Daß die Gewehre nach fünf, sechs Tagen des Einsatzes in Schlamm, Sand und Nässe noch feuern? Daß man noch immer auf den Beinen ist? Es geht, und die Sowjets kommen nicht durch.

Der Brückenkopf nährt sich durch die Fähre von G. Schlachtflieger waren häufig da, und wir hörten die Bomben aus den Schächten rauschen. Mag sein, daß es damit zusammenhängt: jedenfalls sind hier noch keine sowjetischen Panzer aufgetaucht. Mit der Panzerfaust, die unsere schwerste eigene Waffe ist, läßt sich auch anderes anfangen. Im Dorf ist die Mühle mit einer gut gezielten Hunderter ausgeräuchert worden, und über verschiedenen sowjetischen MG-Stellungen saßen donnernde Einschläge.
Dienstag nachmittags, es regnete wieder, und die wattierten Tarnanzüge hatten sich vollgesoffen, traten wir bei grimmigem Beschuß auf der Straße zu einem Angriff auf den Bahnhof an. Es war ein Entlastungsangriff, der von einem weiter links geplanten Unternehmen ablenken sollte. Die Sowjets legten mit schweren MGs einen Kugelvorhang über die Chaussee und ihre Gräben. Vier Panther, die in unserem Rücken blieben, gaben Feuerschutz. Als das Unternehmen links in Gang gekommen war, setzten wir uns wieder ab, um in die alten Stellungen zu gehen. Es war dunkel geworden, die roten Leuchtspurgeschosse der Sowjets pfiffen wie rasende Glühkäfer durch den Regen. Vor mir hinkte ein Mann; es war der Maler Gerster, der einen Durchschuß im Unterschenkel hatte. Hinter einem Steinhaufen, der den Straßengraben füllte, setzten wir uns in Deckung.
„Der Hauptverbandplatz ist ja nicht weit", sagte ich, „du kommst gut alleine hin, was?"
„Ja", sagte er, „hier kann ja keiner weg. Zwei Männer müssen ohnehin getragen werden, siehst du sie, dort drüben – wer ist es eigentlich?"
„Ich weiß es auch nicht", sagte ich, „und die Namen werden auch gleichgültiger. Alles ist anonymer."
„Heute früh habe ich v. Reutern gesucht," sagte Gerster, „und nachdem ich schon eine Stunde lang gesucht hatte, von einem Loch zum anderen, hörte ich, daß er gestern abend gefallen ist. Weißt du noch, wie er die Rede des Perikles auf die Gefallenen zu rezitieren begann,

in wunderbarem Griechisch, drüben neben dem Potsdamer Feldmarschallsaal?"

„Ja", sagte ich, „wenn ein Mann fällt, der so sehr Gelehrter, Wissenschaftler ist wie er, hat man das Gefühl, daß etwas Feierliches geschehen sei ... es ist wie der Preis für den Anspruch des Geistes, auf das Leben Einfluß zu haben."

„Es war wunderbar", sagte er, „wie er sich bemüht hat, ein guter Soldat zu sein. Es war schwer für ihn, und deshalb nahm er es so ernst. Er kriegte eine Kugel ab, als er dem Oberfähnrich Borke helfen wollte, der eben von einem Splitter erschlagen wurde."

An der Kreuzung rief der Leutnant Polag zum Sammeln. Der Regen nahm zu. Wir besetzten die alte Stellung, in etwas weiterem Abstand voneinander, weil acht Mann ausgefallen waren. Aber das störte uns nicht; wir wußten, daß die Sowjets in dieser Nacht nicht angreifen würden. Sie hatten seit zwei Tagen überhaupt nicht mehr angegriffen; denn das Bataillon hielt.

1985

Die geschlagene und befreite Generation
Ein historisches Stück

Noch leben sie unter uns. Jeder dritte Erwachsene – Bevölkerung ab 16 Jahre – ist vor 1933 geboren. Noch kann man sie fragen, wie sie den 8. Mai 1945 erlebt haben, die damals 12jährigen und Älteren. Auch wie sie sich von heute her an die Jahre zwischen 1945 und 1948 erinnern. Es geht darum, den Historikern, die diese Zeit beschreiben werden, ein wenig Anschauungsmaterial zu liefern. Die demoskopischen Quellen zu nutzen, wird wohl in Zukunft für Historiker selbstverständlich sein.

Von zehn der vor 1933 Geborenen und heute noch Lebenden sind sechs Frauen. Bei vielen Fragen, die das Allensbacher Institut in einer Repräsentativbefragung mit rund 2000 Interviews im März 1985 zum Thema der Kapitulation stellte, muß man die Ergebnisse für Männer und Frauen trennen. Von 100 heute noch lebenden, vor 1933 geborenen Männern waren 80 am Tag des Kriegsendes Soldaten oder Kriegsgefangene. Jeder zehnte dieser Männer war an diesem Tag im Lazarett.

Mit dem totalen Krieg war so ernst gemacht worden wie wahrscheinlich noch nie zuvor. Von den Frauen, die vor 1933 geboren sind, erlebte jede sechste das Kriegsende als Wehrmachtshelferin, im Lazarett, in Kriegsgefangenschaft oder auf der Flucht. Jede dritte dieser Frauen war bei Verwandten untergekommen oder evakuiert. 54 Prozent waren bei Kriegsende zu Hause, an ihrem Wohnort.

Zusammengenommen waren 60 Prozent der Bevölkerung irgendwo unterwegs. Von den heute lebenden, vor 1933 geborenen Männern befanden sich 40 Prozent außerhalb der Grenzen des ehemaligen Reichsgebietes, mehr als 40 Prozent waren Kriegsgefangene.

Zugleich wälzte sich der Flüchtlingsstrom nach Westen. Von den heute im Bundesgebiet Lebenden, die aus dem Osten stammen und vor 1933 geboren sind, sagen rund 40 Prozent, daß sie sich am Tag der Kapitulation auf der Flucht oder im Flüchtlingslager befanden.

Das Gefühl der Befreiung überwog. Die Frage dazu lautete: „Was waren eigentlich Ihre Empfindungen am 8. Mai 1945 / an dem Tag, an dem Sie von der Kapitulation erfahren haben? Können Sie sich daran noch erinnern? War es mehr das Gefühl der Niederlage oder überwog das Gefühl der Befreiung?" Ein Drittel der Männer, ein Fünftel der Frauen erinnert sich, daß sie vor allem ein Gefühl der Niederlage hatten. Die Mehrheit – 58 Prozent insgesamt, 47 Prozent der Männer, 65 Prozent der Frauen – erlebte den Tag als Befreiung. Auch bei den heute Lebenden, die aus dem Osten stammen, überwiegt in der Erinnerung mit 54 Prozent das Gefühl der Befreiung, 31 Prozent sagen, sie hätten vor allem die Niederlage empfunden.

Zwei Drittel hatten am 8. Mai bereits die Ankunft der Besatzungstruppen erlebt. Für die meisten waren es Amerikaner, für 13 Prozent Engländer, in der Erinnerung weitaus am erfreulichsten, nur 14 Prozent kommentieren die englischen Besatzungstruppen negativ gegenüber 20 Prozent, die die Amerikaner erlebten, und 44 Prozent, die die französischen Besatzungstruppen erlebten, und 67 Prozent (75 Prozent der Frauen), deren Aufenthaltsort von russischen Soldaten besetzt wurde.

Überleben, bisher überlebt haben, weiter überleben. Hunger, hamstern, auf dem Schwarzmarkt tauschen. Die eigentümliche Erinnerung an die Gleichheit, die Aufhebung der sozialen Schichten wird lebendig, wenn man hier 40 Jahre später sieht, wie es so gut wie keine Unterschiede in den Auskünften von Arbeitern und ihren Frauen, von Angehörigen der gehobenen Berufsgruppen mit ihren Frauen gibt. Mit rund Zwei-Drittel-Mehrheit waren sie am Schwarzmarkt, am Hamstern, am Hungern beteiligt. Auch keine Unterschiede zwischen den damals ganz Jungen, den zwischen 1921 und 1932 Geborenen, und den Älteren. Für manche hat dieses Gefühl der Schicksalsgemeinschaft, auch der Aussetzung des normalen Arbeitslebens, später diese Zeit verklärt, aber das sind nur wenige. Auf die Frage: „Manchmal sieht man ja Dinge im nachhinein ganz anders. Wenn Sie einmal an das Kriegsende und die Zeit zwischen 1945 und 1948 zurückdenken. Würden Sie sagen, eigentlich war es für mich eine glückliche Zeit, oder würden Sie das nicht sagen?" antworten 14 Prozent „glückliche Zeit", 76 Prozent „keine glückliche Zeit". Und auch hier wieder kein Altersunterschied, kein Unterschied zwischen Männern und Frauen, zwischen den sozialen Schichten. Kein Unterschied auch bei der Frage: „Hatten Sie das Gefühl, daß die meisten nur an sich dachten, egoistisch waren, oder waren die meisten recht hilfsbereit, hat man da irgendwie zusammengehalten?" Für rund 60 Prozent überwiegt die Erinnerung an Hilfsbereitschaft, für 30 Prozent an Egoismus.

Eine Bevölkerung tauchte auf aus 12jähriger totalitärer Herrschaft. „Wenn Sie sich einmal zu erinnern versuchen: Gab es in Ihrem Leben eine Zeit, wo Sie an den Nationalsozialismus geglaubt haben, oder haben Sie nie an den Nationalsozialismus geglaubt?" „Ich habe daran geglaubt", sagen von den heute noch Lebenden, vor 1933 Geborenen 56 Prozent. „Noch eine Frage zu Hitler: Gab es in Ihrem Leben eine Zeit, wo Sie Hitler bewundert haben, oder haben Sie ihn nie bewundert?" „Ich habe Hitler bewundert", bekennen 41 Prozent. Ein Drittel sagt in der 40 Jahre zurückreichenden Erinnerung: „Ich habe alles, was mit den Nationalsozialisten zusammenhing, abgelehnt." Waren das damals ein Drittel, die versuchten, im Alltag den Hitlergruß zu vermeiden, die nichts glaubten, die „dagegen" waren?

Nun wurde die Glaubenshaut abgezogen. „Ich habe die Politik in der nationalsozialistischen Zeit falsch eingeschätzt, mein Urteil stimmte nicht", sagt heute nahezu jeder zweite, 46 Prozent. „Ich habe das damals richtig eingeschätzt", sagen 19 Prozent der damals Jüngeren, zwischen 1921 und 1932 Geborenen, 28 Prozent der Älteren, die zumeist, als Hitler an die Macht kam, Jugendliche und junge Erwachsene waren. Aber diese wenigen Jahre von Erfahrung machten damals viel aus, um sich der Propaganda eher entziehen zu können.

Es kam die Zeit des „ohne mich". Nicht nur bei den „kleinen Nazis", nicht nur bei den Idealisten. An Idealismus erinnern sich von heute aus viele. Eine Frage dazu lautete: „Man hört ja auch oft, daß die Menschen damals vor 1945 viel idealistischer waren, mehr Ideale hatten, als dann später nach 1945. Stimmt das nach allem, was Sie beobachtet und miterlebt haben, oder stimmt das nicht?"

„Es stimmt" sagen heute 68 Prozent bei nur 15 Prozent Gegenstimmen „stimmt nicht". Hier spielt auch keine Rolle, wo die Beteiligten und Zeugen von damals heute politisch stehen, ob bei der SPD oder CDU/CSU. Auch wenn man anders fragt, sagen 70 Prozent: „Man hatte das Gefühl, daß es eine gute Sache ist, wenn man sich für die Gemeinschaft einsetzt."

Aber es war falsch gewesen. „Mein Urteil war falsch." Man fragt sich, welche Situationen es in der Weltgeschichte gab, in der das nahezu die Hälfte einer Bevölkerung sagte oder dachte.

Das Erlebnis eines Zusammenbruchs: nicht nur einer Armee, eines Staates, der Städte, der eigenen Häuser, sondern der eigenen Überzeugungen. Eine Frage lautete: „Welche Rolle hat in Ihrem Leben das Jahr 1945 gespielt? Hatten Sie das Gefühl, daß vieles, woran Sie geglaubt haben, was für Ihr Leben gegolten hat, plötzlich zusammengebrochen war, oder hat sich durch das Jahr 1945 für Sie nicht viel geändert?" Ein Drittel der vor 1933 Geborenen antwortet jetzt: „Nicht viel geändert", 50 Prozent: „Ich hatte das Gefühl, daß plötzlich alles zusammenbricht." Kein Unterschied zwischen Männern und Frauen, zwischen den sozialen Schichten, auch nicht zwischen denen, die heute bei der SPD oder bei der CDU/CSU stehen. Nur die aus dem Osten Gekommenen sind noch stärker erschüttert. Rund 60 Prozent sprechen davon, daß ihre Welt zusammengebrochen war, 26 Prozent „hat sich nicht viel geändert". Am stabilsten blieb die Welt für die Bayern: 44 Prozent „zusammengebrochen", 41 Prozent „hat sich nicht viel geändert".

Es sind nahezu die gleichen, die ihre Welt zusammengebrochen sahen, die sich dann zurückzogen in das „ohne mich". „Gab es für Sie damals eine Zeit, wo Sie von der Politik nichts mehr hören oder sehen wollten, oder war das nicht so, kann man das so nicht sagen?" lautete eine Frage. 56 Prozent antworteten: „Wollte von der Politik nichts mehr hören", 36 Prozent: „Kann man so nicht sagen."

Die „kleinen Leute", die breiten Schichten fühlten sich betroffener, zogen sich nach ihren Berichten von heute mehr von der Politik zurück als zum Beispiel die Leute mit der höheren Schulbildung. Die von der Politik nichts mehr hören wollten, waren aber nicht nur die „kleinen Nazis" oder die gläubigen Idealisten, sondern der Überdruß an der Politik reichte viel weiter, auch zu denen, die heute sagen, daß sie während der Hitlerzeit alles ablehnten.

„Wenn Deutschland 1945 gesiegt hätte: Glauben Sie, daß es Ihnen persönlich heute besser gehen würde oder schlechter, oder würden Sie sagen: kein Unterschied?" – „Besser" sagen 16 Prozent der vor 1933 Geborenen, von den Vertriebenen antworteten 25 Prozent „besser".

Ein normales Leben konnte es nicht mehr werden. „Wie stark belastet Sie persönlich das, was im Dritten Reich und im Zweiten Welt-krieg geschehen ist?" lautete eine Frage. Nur 6 Prozent der vor 1933 Geborenen sagen, es belaste sie fast gar nicht. Von denen, die vor 1921 geboren wurden, sagen 73 Prozent „es belastet mich stark", die zwischen 1921 und 1933 Geborenen: 61 Prozent „es belastet mich stark". Erst langsam weicht der Druck. Von denen, die ab 1933 geboren und heute 30 Jahre oder älter sind, sagen 43 Prozent, von der heutigen jungen Generation der unter 30jährigen schließlich 33 Prozent: „Es belastet mich stark", aber 63 Prozent „es belastet mich kaum oder gar nicht."

**Quellennachweis für die Textstücke
des Abschnitts „Rückblende"**

1940: Noelle, Elisabeth: Frau B. kommt nach Hause.
      Erschienen in: Das Reich Nr. 31, 22. Dezember 1940.
1941: Noelle, Elisabeth: Im Hotel „Märkischer Adler".
      Erschienen in: Das Reich Nr. 10, 9. März 1941.
1943: Noelle, Elisabeth: Fahrt in die ruhigen Nächte.
      Erschienen in: Frankfurter Zeitung Nr. 398–399, 7. August 1943.
1945: Neumann, Erich Peter: Im Oderbruch.
      Erschienen in: Das Reich Nr. 8, 25. Februar 1945, unter dem Namen Hubert Neumann, den Erich Peter Neumann nach der Machtübernahme 1933 annahm.
1985: Noelle-Neumann, Elisabeth: Die geschlagene und befreite Generation.
      Erschienen in: Die Zeit Nr. 20, 10. Mai 1985, unter dem Titel: Ein Volk, gebeutelt und gezeichnet.

Anhang

Die europäische Wertestudie wurde von der Stiftung EVSSG (European Value Systems Study Group) initiiert und durchgeführt in einer internationalen Kooperation von Experten aus Universitäten und außeruniversitären Instituten.

Elisabeth Noelle-Neumann und Renate Köcher haben 1979 zusammen am ersten Entwurf des Fragebogens der internationalen Wertestudie gearbeitet und teils einzeln, teils zusammen an den Konferenzen der Forschungsgruppe teilgenommen. Sie haben gemeinsam an der Analyse gearbeitet und von ihnen verfaßte Manuskripte und Veröffentlichungen mitverwendet.

Quellennachweis von vorliegenden Veröffentlichungen
mit Ergebnissen der internationalen Wertestudie

Abrams, Mark/David Gerard/Noel Timms (Eds.): Values and Social Change in Britain. Basingstoke/London: The Macmillan Press 1985.

Fogarty, M./L. Ryan/J. Lee: Irish Values and Attitudes. Dublin: Dominican Publications 1984.

Harding, Stephen/David Phillips/Michael Fogarty: Contrasting Values in Western Europe. Unity, Diversity and Change. Basingstoke/London: The Macmillan Press 1986.

Köcher, Renate: Religiosität Jugendlicher ohne Kirche? In: Religionsunterricht heute. Information des Dezernates Schulen und Hochschulen im Bischöflichen Ordinariat, Mainz, 1–2/85, S. 6–10.

Dies.: Die Schwierigkeit, in Freiheit zu leben. In: Stimmen der Zeit, Heft 10, Oktober 1985.

Noelle-Neumann, Elisabeth: Brauchen wir mehr Nationalstolz? Eine internationale Umfrage zeigt die Entmutigung der Deutschen. In: Frankfurter Allgemeine Zeitung, Nr. 179, 6. August 1982, S. 10.

Dies.: Who needs a Flag? Thoughts on German Attitudes, New & Old. In: Encounter, Vol. LX, No. 1, January 1983, S. 72–80.

Dies.: Eine demoskopische Deutschstunde (Texte + Thesen 155). Zürich/Osnabrück: Edition Interfrom/A. Fromm 1983.

Dies.: Der Zweifel am Verstand. Wertewandel am Beispiel der Normen des rationalen Verhaltens. In: Frankfurter Allgemeine Zeitung, Nr. 161, 24. Juli 1984, S. 9, und in: Die Stellung der Wissenschaft in der modernen Kultur. Dokumentation des Kongresses des Studienzentrums Weikersheim e.V. 22./23. Juni 1984 und des vorbereitenden Symposiums am 19. Mai 1983. Stuttgart 1984, S. 74–86.

Dies.: Lebenswerte heute. Vortrag, gehalten am 6. Juli 1984 auf dem 88. Deutschen Katholikentag in München. Forum: „Leben für uns alle – Gemeinde als Lebensraum". Veröffentlicht in: Dokumentation des 88. Deutschen Katholikentages „Dem Leben trauen, weil Gott es mit uns lebt". Paderborn: Verlag Bonifatius-Druckerei 1984, S. 754–763. Und in: Arbeitshilfe für Pfarrgemeinderäte, Heft 9, 1984, S. 9–18.

Dies.: Was glauben die Deutschen? In: MDG Service: Perspektiven katholischer Publizistik. Köln 1984, S. 7–51.

Dies.: Meinungsführung in der pluralistischen Gesellschaft. In: Werte, Leitbilder, Tugenden. Zur Erneuerung politischer Kultur. Hrsg. v. Klaus Weigelt. Mainz: v. Hase und Koehler, 1985, S. 171–192 (Schriften zur politischen Bildung, Bd. 8, hrsg. von der Konrad-Adenauer-Stiftung).

Dies.: Der Versuch, einen nationalen Charakter zu verändern. Ein demoskopisches Porträt der Deutschen. In: Frankfurter Allgemeine Zeitung, 28. Februar 1986, S. 11.

Dies.: Porträt der Deutschen oder: Der Versuch, einen nationalen Charakter zu verändern. In: Wirkung des Schöpferischen. Kurt Herberts zum 85. Geburtstag. Hrsg. von Lothar Bossle. Würzburg: Creator Verlag 1986, S. 459–463.

Dies.: Mit den Kindern im Meinungszwiespalt. In: Frankfurter Allgemeine Zeitung, 23. April 1986, S. 11.

Dies.: Einfluß des Wertewandels auf die Arbeit. Vortrag anläßlich des Kollegentages der Geschäftsführer deutscher Industrie- und Handelskammern am 27. September 1985 in Bielefeld. Bielefeld: Industrie- und Handelskammer Ostwestfalen 1986.

Orizo, F. A.: España entre la Apatia y el Cambio Social. Madrid: Mapfre 1983.

Piel, Edgar: Wie deutsch sind die Deutschen? Ihr Selbstverständnis und Nationalgefühl. In: Die neue Ordnung, Nr. 1, 1985, S. 5–15.

Rezsohazy, R./J. Kerkhofs (Eds.): L'Univers des Belges: Valeurs Anciennes et Valeurs Nouvelles dans les Années 80. Louvain-la-Neuve: Ciaco 1984.

Stoetzel, Jean: Les valeurs du temps présent. Une enquête. Paris: Presses Universitaires de France 1983.

Literaturhinweise

Vorwort

1 Rokeach, Milton: The Nature of Human Values. New York: The Free Press 1973.
2 Abrams, Mark: Demographic Correlates of Values. In: Mark Abrams/David Gerard/Noel Timms (Eds.): Values and Social Change in Britain. Basingstoke/London: The Macmillan Press 1985, S. 21–49, hier bes. S. 27.
3 Stoetzel, Jean: Les valeurs du temps présent: Une enquête. Paris: Presses Universitaires de France 1983.
4 Orizo, F. A.: España entre la Apatia y el Cambio Social. Madrid: Mapfre 1983.
  Rezsohazy, R./J. Kerkhofs (Eds.): L'Univers des Belges: Valeurs Anciennes et Valeurs Nouvelles dans les Années 80. Louvain-la-Neuve: Ciaco 1984.
  Fogarty, M./L. Ryan/J. Lee: Irish Values and Attitudes. Dublin: Dominican Publications 1984.
5 Abrams, Mark/David Gerard/Noel Timms (Eds.): Values and Social Change in Britain. Basingstoke/London: The Macmillan Press 1985. Unmittelbar vor Abschluß dieses Manuskripts erschien die zweite englische Buchveröffentlichung, die sich auf die Wertestudie stützte und nun auch einen Vergleich der Länder Europas vornahm: Harding, Stephen/David Phillips/Michael Fogarty: Contrasting Values in Western Europe. Unity, Diversity and Change. Basingstoke/London: The Macmillan Press 1986.
6 Noelle-Neumann, Elisabeth: Politik und Glück. Ein Versuch. In: Horst Baier (Hrsg.): Freiheit und Sachzwang. Beiträge zu Ehren Helmut Schelskys. Opladen: Westdeutscher Verlag 1977, S. 208–262, hier bes. Tab. 6, S. 214.

Nationalgefühl und Glück

1 Sieben-Länder-Untersuchung. Das Beste aus Reader's Digest, Düsseldorf 1963. Jeweils rund 2000 Befragte.
2 Bradburn, Norman M./David Caplovitz: Reports on Happiness: A pilot study of behavior related to mental health. Chicago: Aldine 1965.
  Bradburn, Norman M.: The Structure of Psychological Well-Being. Chicago: Aldine 1969.
3 Laqueur, Walter: Was ist los mit den Deutschen? Frankfurt: Ullstein 1985.
4 Pross, Helge: Was ist heute deutsch? Reinbek: Rowohlt 1982, S. 136 ff.
5 Noelle-Neumann, Elisabeth: Identifying Opinion Leaders. In: European Research, Vol. 13, No. 4, October 1985, S. 18–23.
  Vgl. auch: Spiegel-Dokumentation: Persönlichkeitsstärke. Ein neuer Maßstab zur Bestimmung von Zielgruppenpotentialen. Hamburg: Spiegel-Verlag 1983.
6 Gerstenmaier, Eugen: Was heißt deutsches Nationalbewußtsein heute? In: Hochland, Jg. 60, Dezember 1967/Januar 1968, S. 146–150.

Das Heuss- und das Gerstenmaier-Zitat verdanken wir dem Aufsatz von M. Rainer Lepsius: Die unbestimmte Identität der Bundesrepublik. In: Hochland, Jg. 60, Dezember 1967/Januar 1968, S. 562–569.

7 Rose, Richard: National Pride: Cross-national Surveys (Studies in Public Policy No. 136). Centre for the Study of Public Policy, University of Strathclyde, Glasgow 1984, S. 20.

8 Noelle-Neumann, Elisabeth: Was glauben die Deutschen? In: MDG Service: Perspektiven katholischer Publizistik. Köln 1984, S. 7–51, hier bes. S. 14, Tab. 2.

9 Rose, Richard: National Pride: Cross-national Surveys. A. a. O., S. 15 f.

10 Ebendort, S. 18.

11 Ebendort, S. 4.

12 Gehlen, Arnold: Moral und Hypermoral. Eine pluralistische Ethik. Frankfurt: Athenäum 1973, S. 182.

13 Ebendort, S. 92.

14 Laqueur, Walter: Was ist los mit den Deutschen? A. a. O.

15 Weck, Roger de: Die bedrückte Republik. Ein Schweizer sieht Deutschland. Zwischen Aufgeregtheit und Gleichmut. In: Die Zeit, Nr. 29, 13. Juli 1984.

16 Allensbacher Archiv, IfD-Umfrage 4066, Dezember 1985.

17 Allensbacher Archiv, IfD-Umfrage 4048, September 1984.

18 Allensbacher Archiv, IfD-Umfrage 4075, Juli 1986.

19 Noelle-Neumann, Elisabeth: Eine demoskopische Deutschstunde (Texte + Thesen 155). Zürich/Osnabrück: Edition Interfrom/A. Fromm 1983.
Noelle-Neumann, Elisabeth: Im Wartesaal der Geschichte. Bleibt das Bewußtsein der deutschen Geschichte lebendig? In: Frankfurter Allgemeine Zeitung, Nr. 63, 14. März 1984, S. 8.

20 Stern Nr. 44, 22. Oktober 1981.

21 Allensbacher Archiv, IfD-Umfrage 4076, August 1986.

22 Ebendort.

23 Noelle-Neumann, Elisabeth: Werden wir alle Proletarier? Ungewöhnliche Wandlungen im Bewußtsein der Bevölkerung. In: Die Zeit, Nr. 25, 13. Juni 1975, S. 4, und Nr. 26, 20. Juni 1975, S. 7, und: Die Lust an der Revolution erlosch. Es bleibt die Umwertung der Werte. In: Die Zeit, Nr. 18, 23. April 1976, S. 6.
Macht Fernsehen träge und traurig? Weniger Lebenslust, Arbeitsfreude und Fortschrittsgläubigkeit in unserer Gesellschaft. Ergebnisse und Deutungen von Umfragen. In: Frankfurter Allgemeine Zeitung, Nr. 186, 13. August 1977 (Beilage).
Zusammengefaßt sind die Texte in: Noelle-Neumann, Elisabeth: Werden wir alle Proletarier? Wertewandel in unserer Gesellschaft (Texte + Thesen 102). Zürich/Osnabrück: Edition Interfrom/A. Fromm 1978, 1979.

24 Gehrmann, Friedhelm (Hrsg.): Arbeitsmoral und Technikfeindlichkeit – Über demoskopische Fehlschlüsse. Frankfurt/New York: Campus 1986.

25 Sieben-Länder-Untersuchung. Das Beste aus Reader's Digest. A. a. O.

26 Noelle-Neumann, Elisabeth/Burkhard Strümpel: Macht Arbeit krank? Macht Arbeit glücklich? Eine aktuelle Kontroverse. München: Piper 1984.

27 Fukushima, A.: Gendai Seinen Shinri Noto (Note to Psychology of Contemporary Youth) 1978. Zitiert nach: Kojima, Kazuto: Generational Change and Journalism. Methodology and Tentative Analysis. In: Studies of Broadcasting, No. 22, 1986, S. 79–105, hier bes. S. 85, Tab. 1.

28 Allensbacher Archiv, IfD-Umfrage 4055, März 1985.

29 Allensbacher Archiv, IfD-Umfrage 4062, September 1985.

30 Mommsen, Hans: Zum Problem des deutschen Nationalbewußtseins in der Gegenwart. In: Der Monat, 31. Jg., Heft 2, Juni/Juli 1979, S. 75–83, hier bes. S. 83.

Methodenexkurs
zur Frage der Vergleichbarkeit von Ergebnissen bei internationalen Umfragen

1 Hofstätter, Peter R.: Gruppendynamik. Kritik der Massenpsychologie. Hamburg: Rowohlt 1957 (rde-Band 38), S. 63 ff.

Familie und Gesellschaft

1 Zimmerman, Carle C.: Family and Civilisation. New York: Harper 1947.

2 Pross, Helge: Was ist heute deutsch? Reinbek: Rowohlt 1982, S. 77 ff.

3 Schelsky, Helmut: Wandlungen der deutschen Familie in der Gegenwart. Stuttgart: Enke 1954.

4 Herz, Thomas: Der Wandel von Wertvorstellungen in westlichen Industriegesellschaften. In: Kölner Zeitschrift für Soziologie und Sozialpsychologie, 31. Jg., Nr. 2, 1979, S. 282–302.
Inglehart, Ronald: The Silent Revolution. Princeton: Princeton University Press 1977.
Kahn, Herman: World Economic Development. London: Helm 1979.
Meulemann, Heiner: Value Change in West Germany, 1950–1980: Integrating the Empirical Evidence. Paper presented at the 10th World Congress of Sociology, August 1982 in Mexico City.

5 Schelsky, Helmut: Wandlungen der deutschen Familie in der Gegenwart. A. a. O., S. 18.

6 Stellvertretend für viele andere seien hier angeführt: König, René: Die Familie der Gegenwart. Ein interkultureller Vergleich. München: Beck, 3. erw. Aufl. 1978.
Bahr, Howard M.: Changes in Family Life in Middletown 1924–77. In: Public Opinion Quarterly, Vol. 44, No. 1, 1980, S. 35–52.

7 Sennett, Richard: Verfall und Ende des öffentlichen Lebens. Die Tyrannei der Intimität. Frankfurt: S. Fischer 1983.
Gehlen, Arnold: Moral und Hypermoral. Eine pluralistische Ethik. Frankfurt: Athenäum 1973.
Piel, Edgar: Die Flucht ins Private oder Langeweile breitet sich aus. In: Lebendige Seelsorge, Nr. 1/2, März 1985, S. 7–14.

8 Spiegel-Dokumentation: Persönlichkeitsstärke. Ein neuer Maßstab zur Bestimmung von Zielgruppenpotentialen. Hamburg: Spiegel-Verlag 1983.

9   Pross, Helge: Was ist heute deutsch? A. a. O., S. 75.
10 Ebendort, S. 75.
11 Noelle-Neumann, Elisabeth/Edgar Piel (Hrsg.): Eine Generation später. Bundesrepublik Deutschland 1953–1979. München/New York/London/Paris: Saur 1983, S. 134.
12 Zur Theorie des „doppelten Meinungsklimas" vgl. Noelle-Neumann, Elisabeth: Das doppelte Meinungsklima. Der Einfluß des Fernsehens im Wahlkampf von 1976. In: Politische Vierteljahresschrift, 18. Jg., Heft 2/3, 1977, S. 408–451. Wieder abgedruckt in: Noelle-Neumann, Elisabeth: Wahlentscheidung in der Fernsehdemokratie. Freiburg/Würzburg: Ploetz 1980, S. 77–115.
13 Pross, Helge: Was ist heute deutsch? A. a. O., S. 77.
14 Ogburn, William F.: Social Change. New York: B. W. Huebsch, Inc. 1922.
15 Adams, Bert N.: The Family: A Sociological Interpretation. Chicago: Rand McNally College Publ. Co. 1975, S. 95.
16 Schelsky, Helmut: Wandlungen der deutschen Familie in der Gegenwart. A.a.O., S. 18.
17 Ebendort, S. 355.
    Pross, Helge: Was ist heute deutsch? A.a.O., S. 77.
18 Bahr, Howard M.: Changes in Family Life in Middletown 1924–77. A.a.O.
19 Ebendort.
20 Collard, J./D. J. Thomas: Who Divorces? London: Routledge and Kegan Paul 1979.
    Falk, G.: Mate Selection. In: American International Behavioral Scientist, No. 7, 1975, S. 68–80.
21 Allerbeck, Klaus/Wendy Hoag: Jugend ohne Zukunft. München: Piper 1985.
22 Tenbruck, Friedrich H.: Alltagsnormen und Lebensgefühle in der Bundesrepublik. In: Löwenthal, Richard/Hans-Peter Schwarz (Hrsg.): Die zweite Republik. Stuttgart: Seewald 1974, S. 297.
23 Gehlen, Arnold: Moral und Hypermoral. A.a.O.
24 Pross, Helge: Was ist heute deutsch? A.a.O., S. 82.
25 Köcher, Renate: Ehe und Familie. Einstellungen zu Ehe und Familie im Wandel der Zeit. Eine Repräsentativuntersuchung im Auftrag des Ministeriums für Arbeit, Gesundheit, Familie und Sozialordnung Baden-Württemberg. Stuttgart 1985.

Religiös in einer säkularisierten Welt

1   Freud, Sigmund: Die Zukunft einer Illusion. In: Gesammelte Werke, Band XIV. London: Image Publishing 1948, S. 325–380, hier bes. S. 351.
2   Swatos, William H.: Enchantment and Disenchantment in Modernity: The Significance of „Religion" as a Sociological Category. In: Sociological Analysis, Vol. 44/IV, 1983, S. 321 ff.
3   Stoetzel, Jean: Les valeurs du temps présent: Une enquête. Paris: Presses Universitaires de France 1983.

4 Köcher, Renate: Die Abwendung von der Kirche. Eine demoskopische Untersuchung über Jugend und Religion. In: Herder Korrespondenz, 35. Jg., Heft 9, 1981, S. 443–446, hier bes. S. 444.

5 Stoetzel, Jean: Les valeurs du temps présent: Une enquête. A.a.O., S. 94.

6 Bergson, Henri: Die beiden Quellen der Moral und der Religion. Jena: Eugen Diederichs 1933, S. 128f.

7 Schmidtchen, Gerhard: Gottesdienst in einer rationalen Welt. Religionssoziologische Untersuchungen im Bereich der VELKD. Stuttgart: Calwer/ Freiburg: Herder 1973.

8 Köcher, Renate: Die Abwendung von der Kirche. A.a.O., S. 445.

9 Schmidtchen, Gerhard: Gottesdienst in einer rationalen Welt. A.a.O., S. 42.

10 Schluchter, Wolfgang: Die Zukunft der Religionen. In: Kölner Zeitschrift für Soziologie und Sozialpsychologie. 33. Jg., Heft 4, 1981, S. 605–622, hier bes. S. 607.

11 Ebendort, S. 618.

12 Swatos, William H.: Enchantment and Disenchantment in Modernity. A.a.O., S. 321f.

13 Ebendort, S. 326.

14 Köcher, Renate: Die Abwendung von der Kirche. A.a.O., S. 445f.

15 Schluchter, Wolfgang: Die Zukunft der Religionen. A.a.O., S. 617.

16 Noelle-Neumann, Elisabeth: Lebenswerte heute. Vortrag, gehalten am 6. Juli 1984 auf dem 88. Deutschen Katholikentag in München. Forum: „Leben für uns alle – Gemeinde als Lebensraum".
Veröffentlicht in: Dokumentation des 88. Deutschen Katholikentages „Dem Leben trauen, weil Gott es mit uns lebt". Paderborn: Verlag Bonifatius-Druckerei 1984, S. 754–763. – Und in: Arbeitshilfe für Pfarrgemeinderäte, Heft 9, 1984, S. 9–18.

17 Schmidtchen, Gerhard: Gottesdienst in einer rationalen Welt. A.a.O., S. 131f.

18 Institut für Demoskopie Allensbach: Schwangerschaftsabbruch § 218 – Eine demoskopische Bestandsaufnahme. Allensbacher Archiv, IfD-Bericht 2946, Juli 1983.

19 Pross, Helge: Was ist heute deutsch? Reinbek: Rowohlt 1982, S. 77f.

20 Vgl. dazu auch: Köcher, Renate: Die Abwendung von der Kirche. A.a.O., S. 443f.

21 Weber, Max: Gesammelte Aufsätze zur Religionssoziologie. Band 1. Tübingen: J. C. B. Mohr (Paul Siebeck) 1947.

Freiheit, Gleichheit, Autorität und Norm – Ungeklärte Verhältnisse

1 Inglehart, Ronald: The Silent Revolution. Princeton: Princeton University Press 1977.

2 Mill, John Stuart: Über die Freiheit. Stuttgart: Reclam 1974 (Original: On Liberty, 1859), S. 5–10.

3 Noelle-Neumann, Elisabeth: Die Schweigespirale. Öffentliche Meinung – unsere soziale Haut. München: Piper 1980. Taschenbuchausgabe mit neuer Einleitung: Frankfurt: Ullstein 1982 (Englisch: The Spiral of Silence – Our social skin. Chicago: University of Chicago Press 1984, Taschenbuchausgabe: 1986).

4 Postman, Neil: Wie man sich zu Tode vergnügt. Rede über die Wirkungen des Fernsehens auf die amerikanische Bevölkerung. Gehalten zur Eröffnung der Frankfurter Buchmesse. Veröffentlicht in der Frankfurter Allgemeinen Zeitung, Nr. 223, 4. Oktober 1984, S. 28.

5 Postman, Neil: The Contradictions of Freedom of Information. Vortrag auf der Tagung „Creating Meaning: The Literacies of Our Time" der Annenberg School of Communications, University of Southern California, 16.–18. Februar 1984.

6 Horkheimer, Max: Bedrohungen der Freiheit. In: Max Horkheimer/Karl Rahner/Carl Friedrich von Weizsäcker: Über die Freiheit. Stuttgart/Berlin: Kreuz-Verlag 1965.

7 Kluxen, Wolfgang: Humane Selbstbehauptung in der technischen Welt. In: Handbuch der christlichen Ethik. Freiburg: Herder 1984, S. 295–304.

8 Mill, John Stuart: Über die Freiheit. A.a.O., S. 102.

9 Friedrich, Carl J.: Tradition und Autorität. München: List 1974, S. 89.

10 Ebendort, S. 93 f.

11 Jaspers, Karl: Werden wir richtig informiert? In: Paul Hübner (Hrsg.): Information oder herrschen die Souffleure? Hamburg: Rowohlt 1964, S. 22–34, hier insbes. S. 34.

12 Gehlen, Arnold: Moral und Hypermoral. Eine pluralistische Ethik. Frankfurt/Main: Athenäum 1973.

13 Weizsäcker, Carl Friedrich von: Zumutungen der Freiheit. In: Max Horkheimer/Karl Rahner/Carl Friedrich von Weizsäcker: Über die Freiheit. Stuttgart/Berlin: Kreuz-Verlag 1965.

Rückblende

1 Staël, Germaine de: Über Deutschland. Stuttgart: Philipp Reclam jun. 1962, S. 64–68.

Technische Erläuterungen

In den Tabellen werden einige Bezeichnungen verwendet, deren Bedeutung nachfolgend erklärt wird.

Basis der Prozentzahlen

Bei den Tabellen ist jeweils angegeben, auf welche Befragtengruppe sich die mitgeteilten Ergebnisse beziehen, ob es sich um die Antworten aller Befragten oder um spezielle Gruppen handelt.

Das Zeichen „x"

Die Angabe „x" in den Tabellen bedeutet, daß der Wert unter 0,5 Prozent liegt.

Prozentsumme

Ergibt die Summe der Prozente in einer Tabelle mehr als 100, so waren auf die Frage mehrere Antworten zugleich möglich. Wenn sinnvollerweise auf eine Frage nur *eine* Antwort gegeben werden kann, so beträgt die Summe der Prozente stets 100.

Personen, die einem –

personalen Gottesverständnis anhängen = Personen, die an einen leibhaftigen Gott glauben

abstrakteren Gottesverständnis anhängen = Personen, die an eine geistige Macht glauben

Katholiken

Kirchennah = Katholiken, die mindestens einmal in der Woche in die Kirche gehen

Kirchenfern = Katholiken, die weniger als einmal in der Woche bzw. nie in die Kirche gehen

Protestanten

Kirchennah = Protestanten, die mindestens einmal im Monat in die Kirche gehen

Kirchenfern = Protestanten, die seltener als einmal im Monat bzw. nie in die Kirche gehen

Personen, die den Gottesdienst besuchen –

regelmäßig = einmal bzw. mehrmals in der Woche

ab und zu = ungefähr einmal im Monat

ein-, zweimal im Jahr = nur an Ostern, Weihnachten oder nur an anderen Feiertagen bzw. einmal im Jahr

seltener = seltener

nie = gehen nie in die Kirche

Personen mit –

sehr enger Beziehung zu Vater und Mutter = Personen, die in ihrer Kindheit sowohl zu ihrem Vater als auch zu ihrer Mutter eine sehr enge Beziehung hatten

enger Beziehung zur Mutter, aber nicht zum Vater = Personen, die in ihrer Kindheit eine sehr enge bzw. ziemlich enge Beziehung zur Mutter und gleichzeitig zum Vater keine so enge bzw. gar keine enge Beziehung hatten

enger Beziehung zum Vater, aber nicht zur Mutter = Personen, die in ihrer Kindheit eine sehr enge bzw. ziemlich enge Beziehung zum Vater und gleichzeitig zur Mutter keine so enge bzw. gar keine enge Beziehung hatten

ohne enge Beziehung zu Vater und Mutter = Personen, die sowohl zum Vater als auch zur Mutter keine so enge bzw. gar keine enge Beziehung hatten

Zufriedenheit mit häuslicher Situation –

sehr gering = Personen, die auf die Frage nach der Zufriedenheit mit dem häuslichen Leben auf einer 10stufigen Skala die beiden unteren Stufen wählten

gering = Personen, die die Stufen 3 bzw. 4 wählten

mittel = Personen, die die Stufen 5 bzw. 6 wählten

groß = Personen, die die Stufen 7 bzw. 8 wählten

sehr groß = Personen, die die beiden oberen Stufen wählten

Personen, die ihrem Vater –

sehr nahestanden = Personen, die angaben, in ihrer Kindheit eine sehr enge Beziehung zum Vater gehabt zu haben

nicht besonders nahestanden = Personen, die angaben, keine so enge. bzw. gar keine enge Beziehung zum Vater gehabt zu haben

Personen, die ihrer Mutter –

sehr nahestanden = Personen, die angaben, in ihrer Kindheit eine sehr enge Beziehung zur Mutter gehabt zu haben

nicht besonders nahestanden = Personen, die angaben, keine so enge bzw. gar keine enge Beziehung zur Mutter gehabt zu haben

Personen, die die Verpflichtungen zwischen den Generationen –

betonen = Personen, die den beiden folgenden Meinungen zustimmen:

a) Es ist die Pflicht der Eltern, das Beste für ihre Kinder zu tun, auch wenn sie selbst dafür zurückstehen müssen

b) Ganz egal, welche Vorzüge und Fehler die Eltern haben, man muß sie immer lieben und ehren

ablehnen = Personen, die den beiden folgenden Meinungen zustimmen:

a) Eltern haben ein Anrecht auf ihr eigenes Leben, und man sollte nicht von ihnen verlangen, daß sie sich für das Wohl ihrer Kinder aufopfern

b) Man muß seine Eltern nicht achten, wenn sie es nicht durch ihr Verhalten und ihre Einstellungen verdient haben

Übereinstimmung mit den Eltern –

in keinem, 1, 2, 3, 4, 5 Bereichen = Personen, die auf die Frage, in welchen fünf Bereichen – Religion, Moral, Einstellung gegenüber anderen Menschen, Politik, Sexualität – man ähnliche Ansichten hat wie die Eltern, Übereinstimmung nannten in 0, 1, 2, 3, 4, 5 Bereichen *groß* = Personen, die sowohl in ihren Einstellungen zur Religion als auch ihren Moralvorstellungen und Einstellungen gegenüber anderen Menschen mit ihren Eltern übereinstimmen

gering = Personen, auf die keiner der genannten Punkte zutrifft

Personen, die die Autorität von Vorgesetzten –

akzeptieren = Personen, die der Meinung sind, am Arbeitsplatz sollten die Mitarbeiter die Anordnungen ihres Vorgesetzten auch dann befolgen, wenn sie damit nicht völlig übereinstimmen

nicht akzeptieren = Personen, die der Meinung sind, kein Vorgesetzter sollte von seinen Mitarbeitern verlangen, daß sie seine Anordnungen befolgen, bevor er sie nicht von der Richtigkeit überzeugt hat

Personen, deren Eltern –

streng waren = Personen, die angaben, daß ihre Eltern sehr streng waren

nicht streng waren = Personen, die angaben, daß ihre Eltern nicht sehr bzw. überhaupt nicht streng waren

Permissivität

Um die Ausprägung der Permissivität unterscheiden zu können, wurde eine Skala gebildet, basierend auf folgenden 22 Aussagen:

Es bezeichnen als ‚in jedem Fall in Ordnung':

* *„Wenn man Krankengeld, Arbeitslosenunterstützung oder andere soziale Vergünstigungen in Anspruch nimmt, auf die man kein Recht hat"*
* *„Kein Fahrgeld in öffentlichen Verkehrsmitteln zahlen, schwarzfahren"*
* *„Steuern hinterziehen, wenn man die Möglichkeit hat"*
* *„Waren kaufen, von denen man weiß, daß sie gestohlen wurden"*
* *„Ein Auto, das einem nicht gehört, öffnen und damit eine Spritztour machen"*
* *„Drogen wie Marihuana oder Haschisch nehmen"*
* *„Geld behalten, das man gefunden hat"*
* *„Wenn man für den eigenen Vorteil lügt"*
* *„Wenn verheiratete Männer/Frauen ein Verhältnis haben"*
* *„Geschlechtsbeziehungen zwischen Minderjährigen"*
* *„Wenn jemand Schmiergelder annimmt"*
* *„Homosexualität"*
* *„Prostitution"*
* *„Abtreibung"*
* *„Sich scheiden lassen"*
* *„Wenn man gegen die Polizei handgreiflich wird"*
* *„Wenn man das Leben unheilbar Kranker beendet, Euthanasie"*
* *„Selbstmord"*
* *„Einen Schaden, den man an einem parkenden Auto verursacht hat, nicht melden"*
* *„Arbeiter bedrohen, die sich nicht an einem Streik beteiligen wollen"*
* *„In Notwehr einen Menschen töten"*
* *„Mord aus politischen Gründen"*

Permissivität –

gering = Personen, die keine der 22 Aussagen als ‚in jedem Fall zulässig‘ bezeichnen

mittel = Personen, die eine der 22 Aussagen als ‚in jedem Fall zulässig‘ bezeichnen

hoch = Personen, die mindestens zwei der 22 Aussagen als ‚in jedem Fall zulässig‘ bezeichnen

Personen, die für völlige sexuelle Freiheit sind

= Personen, die der Meinung zustimmen: Jeder Mensch muß sich sexuell völlig frei entfalten können, ohne jede Einschränkung

Fallzahlen der Wertestudie

Um die Tabellen nicht mit Zahlen zu überlasten und damit schwer lesbar zu machen, sind die Fallzahlen für alle Zählungen der internationalen Wertestudie für die soziodemographischen Gruppen ausgewiesen in der folgenden Übersicht.

Fallzahlen der wichtigsten soziodemographischen Analysegruppen

	Europa insgesamt	Bundes- republik Deutschland	Schweden	Dänemark	Groß- britan- nien	Nord- irland	Republik Irland	Nieder- lande	Belgien	Frank- reich	Spanien	Italien	USA
Bevölkerung insgesamt ..	12464	1305	954	1182	1231	312	1217	1221	1145	1200	2303	1348	1729
Männer	5871	611	499	582	580	148	536	514	539	577	1119	665	781
Frauen	6593	694	455	600	651	164	681	707	606	623	1184	683	948
Altersgruppen													
18-24 Jahre	3152	337	104	304	350	66	350	324	263	288	499	371	501
25-34 Jahre	2403	222	192	236	246	57	232	274	203	281	401	251	492*)
35-44 Jahre	1959	193	210	198	165	53	173	234	176	188	382	194	
45-54 Jahre	1762	198	146	134	139	53	167	135	182	157	391	206	341*)
55-64 Jahre	1507	200	155	133	142	39	123	113	141	127	289	200	
65-74 Jahre	1197	127	111	122	112	34	109	111	120	97	259	106	395*)
75 Jahre und älter	478	28	36	55	77	10	54	30	60	62	82	20	
Politische Einstufung													
Stufe 1, 2 (links)	754	58	78	43	49	7	20	81	33	109	171	183	83
Stufe 3, 4	2127	258	228	149	156	30	101	257	95	260	508	313	218
Stufe 5, 6	4161	487	298	526	516	126	446	366	271	425	614	384	728
Stufe 7, 8	1878	257	191	183	213	63	228	253	176	147	261	97	451
Stufe 9, 10 (rechts) ...	663	60	86	73	81	26	98	83	90	33	57	62	145

*) In den USA waren die Altersgruppen wie folgt eingeteilt: 25-39 Jahre, 40-59 Jahre, 60 Jahre und älter

Befragter Personenkreis:	Erwachsene Bevölkerung ab 18 Jahre in der Bundes- republik mit West-Berlin
Anzahl der Befragten:	Insgesamt: 1.305
Auswahl-Methode:	Repräsentative Quotenauswahl. Dem Interviewer wurden dabei Quoten in die Hand gegeben, die ihm vorschrieben, wieviel Personen er zu befragen hatte und nach welchen Merkmalen er sie auswählen sollte. Die Befragungsaufträge oder Quoten wurden nach Maßgabe der amtlichen statistischen Unterlagen auf Länder und Regierungsbezirke aufgeteilt und inner- halb dieser regionalen Einheiten auf Großstädte, Mittel- städte, Kleinstädte und Landgemeinden; weiter auf Männer und Frauen, auf die verschiedenen Altersgruppen, auf Berufstätige und Nichtberufstätige sowie auf die verschiedenen Berufskreise.
Gewichtung:	Um die Analyse der besonders interessierenden Teil- gruppen der 18- bis 24jährigen auf eine hinreichend große Fallzahl stützen zu können, wurde diese Gruppe durch eine Überquote auf insgesamt 337 Interviews aufgestockt. Für die Ausweisung von Gesamtergeb- nissen wurde diese Disproportionalität durch eine faktorielle Gewichtung an den Rohdaten ausgeglichen, so daß die Repräsentativität gewährleistet ist.
Art der Interviews:	Mündliche Befragung nach einem einheitlichen Frage- formular, das im folgenden wiedergegeben ist. Die Interviewer waren angewiesen, die Fragen wörtlich und in unveränderter Reihenfolge vorzulesen.
Anzahl der eingesetzten Interviewer:	An der Befragungskampagne waren insgesamt 249 nach strengen Testmethoden ausgewählte, nebenberuflich für das Institut tätige Mitarbeiter beteiligt.
Termin der Befragung:	Die Interviews fanden zwischen dem 20. März und dem 8. April 1981 statt.
Nummer der Umfrage:	1295

Originalfragebogen
der Wertestudie mit Anlagen*

* Die Listen und Kartenspiele finden Sie ab S. 430.

INSTITUT FÜR DEMOSKOPIE ALLENSBACH

1
2
3
4

Umfrage 1295
März 1981

5

6

7

INTERVIEWER: Fragen wörtlich vorlesen. Bitte die Buchstaben oder Zahlen neben zutreffenden Antworten einkreisen.   8
Wenn keine Antworten vorgegeben sind, auf den punktierten Linien Antworten im Wortlaut eintragen.
Alle Ergebnisse dieser Umfrage dienen dazu, die Meinung der westdeutschen Bevölkerung zu erforschen   9
und besser bekanntzumachen.   10

---

1. "Wenn Sie einmal ganz allgemein an das Wochenende,   ENTSPANNUNG, AUSRUHEN 1   11
T   an Ihre Freizeit denken - was ist Ihnen da alles   ETWAS UNTERNEHMEN, ERLEBEN 2
    in allem wichtiger: möglichst viel Entspannung,   BEIDES GLEICH WICHTIG 3
    ausruhen, oder etwas unternehmen und erleben?"   UNENTSCHIEDEN V

---

2. "Und sind Sie in Ihrer Freizeit am liebsten allein   ALLEIN 1   12
    oder mit Ihrer Familie zusammen, mit Freunden,   MIT MEINER FAMILIE 2
    oder irgendwo, wo viel los ist und viele Leute   MIT FREUNDEN 3
    sind?"   WO VIEL LOS IST 4
    MAG ALLES GERN 5
    UNENTSCHIEDEN V

3.a)   INTERVIEWER überreicht grüne Liste 1 !
t
    "Sind Sie zur Zeit Mitglied in irgendeinem Verein oder einer Organisation? -
    Vielleicht können Sie es mir nach dieser Liste sagen."
    (Genanntes einkreisen!)

    JA, und zwar: / 1 / 2 / 3 / 4 / 5 / 6 / 7 / 8 / 9 / 10 /   X   13

    NEIN, NIRGENDWO MITGLIED .... V**

    ** Gleich übergehen zu Frage 4 !

    b) "Und arbeiten Sie zur Zeit unentgeltlich und freiwillig für eine dieser Gruppen oder Organisationen?"
    (Wieder nach grüner Liste 1! - Genanntes einkreisen!)

    JA, und zwar: / 1 / 2 / 3 / 4 / 5 / 6 / 7 / 8 / 9 / 10 /   X   14

    NEIN, NIRGENDWO V

---

4. "Lesen Sie eine Tageszeitung regelmäßig oder   JA 1   15
    so gut wie regelmäßig (ich meine mindestens   NEIN 2
    vier von sechs Ausgaben)?"

---

5. "Könnten Sie schätzen, wieviel Stunden Sie an einem   "weniger als 1 Stunde" 1   16
    normalen Werktag - also montags bis freitags -   "1 bis 2 Stunden" 2
    fernsehen, wieviel Stunden durchschnittlich?   "2 bis 3 Stunden" 3
    Würden Sie sagen ..."   "3 bis 4 Stunden" 4
    "mehr als 4 Stunden" 5
    SEHE NIE FERN 6

---

6. "Ist es Ihnen eigentlich unangenehm, mit Leuten   "sehr unangenehm" 1   17
    zusammen zu sein, die ganz andere Werte, Glauben,   "ziemlich unangenehm" 2
    Religion und Einstellungen haben als Sie?   "nicht sehr" 3
    Würden Sie sagen ..."   "überhaupt nicht" 4
    UNENTSCHIEDEN V

---

7. "Fühlen Sie sich jemals einsam, sehr allein?"   JA, HÄUFIG 1   18
t   JA, MANCHMAL 2
    SELTEN 3
    NEIN 4
    UNENTSCHIEDEN V

8. "Glauben Sie, daß die Leute heute im
   allgemeinen hilfsbereiter oder weniger
   hilfsbereit sind als vor 10 Jahren,
   oder hat sich da nichts geändert?"

HILFSBEREITER 1	19
WENIGER HILFSBEREIT 2	
HAT SICH NICHTS GEÄNDERT 3	
UNENTSCHIEDEN 4	

9. INTERVIEWER überreicht blaue Liste 2 !
t
"Auf dieser Liste hier stehen eine Reihe ganz verschiedener Personengruppen.
Könnten Sie einmal alle heraussuchen, die Sie <u>nicht</u> gern als Nachbarn hätten?"
(Alles Genannte einkreisen!)

/ 1 / 2 / 3 / 4 / 5 / 6 / 7 / 8 / 9 / 10 / 11 /   20

(X V above 10 / 11)

KEINE ANGABE .... R

10. "Wie würden Sie alles in allem zur Zeit
T   Ihren Gesundheitszustand beschreiben?
    Würden Sie sagen ..."

"sehr gut" 1	21
"gut" 2	
"einigermaßen" 3	
"nicht besonders" 4	
"schlecht" 5	
UNENTSCHIEDEN V	

11. "Wir möchten herausfinden, wie sich die Menschen heute so im allgemeinen fühlen -   22
T   wie ging es Ihnen in der letzten Zeit? - Zum Beispiel:"

a) "Waren Sie von etwas ganz begeistert,
   ganz besonders interessiert daran?"   JA .... 1 ~~22~~   NEIN 1   23

b) "Haben Sie sich in letzter Zeit mal so unruhig
   gefühlt, daß Sie nicht stillsitzen konnten?"   JA 2   NEIN 2

c) "Haben Sie mal ein Lob, ein Kompliment erhalten,
   das Ihnen gutgetan hat?"   JA 3   NEIN 3

d) "Haben Sie sich mal sehr einsam gefühlt oder so,
   als ob die anderen Menschen ganz weit weg von
   Ihnen seien?"   JA 4   NEIN 4

e) "Waren Sie froh, etwas fertiggebracht zu haben?"   JA 5   NEIN 5

f) "Haben Sie sich mal schrecklich gelangweilt?"   JA 6   NEIN 6

g) "Kam es mal vor, daß Sie sich im siebten
   Himmel gefühlt haben, das Leben einfach
   wunderbar fanden?"   JA 7   NEIN 7

h) "Und daß Sie sich sehr niedergeschlagen,
   sehr unglücklich gefühlt haben?"   JA 8   NEIN 8

i) "Und hatten Sie in letzter Zeit mal das Gefühl,
   alles läuft so, wie ich es mir wünsche?"   JA 9   NEIN 9

k) "Und daß Sie verstört waren, weil Sie jemand
   kritisiert hat?"   JA X   NEIN X

12. "Würden Sie ganz allgemein sagen, daß man | KANN DEN MEISTEN VERTRAUEN 1   24
T   den meisten Menschen vertrauen kann, oder | KANN NICHT VORSICHTIG GENUG SEIN 2
     kann man da nicht vorsichtig genug sein?" | WEISS NICHT 3

13.a) INTERVIEWER überreicht weißes Bildblatt 3 und läßt es bis Frage 14 vor dem Befragten liegen!

"Was meinen Sie, wieviel Vertrauen haben heute junge Leute hier in der Bundesrepublik zu
älteren Leuten? Wenn Sie es mir bitte nach dieser Leiter hier sagen: 1 würde bedeuten,
junge Leute haben überhaupt kein Vertrauen zu älteren Leuten, und 10, junge Leute haben
sehr großes Vertrauen. Welche Stufe würden Sie sagen?"
(Genannte Stufe einkreisen!)
                                                                                  X
                              / 1 / 2 / 3 / 4 / 5 / 6 / 7 / 8 / 9 / 10 /   25
                                                   WEISS NICHT V

b) "Und wieviel Vertrauen haben Ihrer Meinung nach ältere Leute in der Bundesrepublik
    zu jungen Leuten?" (Genannte Stufe einkreisen!)
                                                                                  X
                              / 1 / 2 / 3 / 4 / 5 / 6 / 7 / 8 / 9 / 10 /   26
                                                   WEISS NICHT V

---

14. "Einige Leute haben das Gefühl, daß sie völlig frei ihr Leben selbst bestimmen, andere meinen,
     daß sie nur wenig Einfluß darauf haben, was mit ihnen geschieht. Wie sehen Sie das für sich selbst,
     wieviel Freiheit haben Sie bei Entscheidungen darüber, wie Ihr weiteres Leben abläuft?
     Bitte wieder nach dieser Leiter hier. 1 würde bedeuten, Sie haben nach Ihrem Gefühl überhaupt keine
     Freiheit, 10, daß Sie sich völlig frei fühlen, was Entscheidungen über Ihr künftiges Leben angeht."
     (Wieder nach Bildblatt 3 !)   X
                              / 1 / 2 / 3 / 4 / 5 / 6 / 7 / 8 / 9 / 10 /   27
                                                   UNENTSCHIEDEN V

---

5. "Einmal ganz allgemein gesprochen: "sehr glücklich" 1   28
    Würden Sie alles in allem sagen, Sie sind -"   "ziemlich glücklich" 2
                                                      "nicht sehr glücklich" 3
                                                      "gar nicht glücklich" 4
                                                      UNENTSCHIEDEN V

16.a) INTERVIEWER überreicht nochmals weißes Bildblatt 3 und läßt es bis Frage 16 c) vor dem Befragten liegen!

"Wenn Sie einmal alles in allem nehmen, wie zufrieden sind Sie insgesamt zur Zeit mit Ihrem Leben?
Sagen Sie es mir doch bitte wieder nach dieser Leiter hier. 1 bedeutet 'überhaupt nicht zufrieden'
und 10 'völlig zufrieden'."
(Genannte Stufe einkreisen!)   X
                              / 1 / 2 / 3 / 4 / 5 / 6 / 7 / 8 / 9 / 10 /   29
                                                   UNENTSCHIEDEN V

b) "Und wie zufrieden waren Sie vor fünf Jahren mit Ihrem Leben?"
    (Wieder nach weißem Bildblatt 3 !)   X
                              / 1 / 2 / 3 / 4 / 5 / 6 / 7 / 8 / 9 / 10 /   30
                                                   UNENTSCHIEDEN V

---

c) "Und was erwarten Sie, wie es in fünf Jahren sein wird, wie zufrieden Sie dann
    mit Ihrem Leben sein werden?"
    (Wieder nach weißem Bildblatt 3 !)   X
                              / 1 / 2 / 3 / 4 / 5 / 6 / 7 / 8 / 9 / 10 /   31
                                                   UNENTSCHIEDEN V

413

17. INTERVIEWER überreicht [rosa] Kartenspiel!

"Hier steht verschiedenes über die berufliche Arbeit. Suchen Sie bitte heraus,
was Sie persönlich an einem Beruf für ganz besonders wichtig halten."
(Alles Genannte einkreisen!)

/ 1 / 2 / 3 / 4 / 5 / 6 / 7 / 8 / 9 /   32

/ 11 / 12 / 13 / 14 / 15 / 16 /   33

NICHTS DAVON 7

18.a) Ist der/die Befragte berufstätig?

BERUFSTÄTIG 8
NICHT BERUFSTÄTIG 9**

** Gleich übergehen zu Frage 24 !

b) "Wenn das Wochenende vorbei ist, freuen Sie sich   FREUE MICH AUF ARBEIT 1   34
dann richtig wieder auf Ihre Arbeit, oder tut   TUT MIR LEID 2
es Ihnen eher leid, daß das Wochenende vorbei   GENIESSE ARBEIT UND WOCHENENDE . 3
und das nächste so weit weg ist?"   UNENTSCHIEDEN V

19. "Sind Sie stolz auf Ihre Arbeit, Ihren Beruf?   "sehr stolz" 1   35
Würden Sie sagen ..."   "ziemlich" 2
                                                         "etwas" 3
                                                         "überhaupt nicht" 4
                                                         UNENTSCHIEDEN V

20. "Wenn Sie mal an Ihre Arbeit denken: ÖFTER 1   36
fühlen Sie sich da öfter oder manchmal   MANCHMAL 2
ausgenutzt, oder haben Sie dieses Gefühl nie?"   NIE 3
                                                         UNENTSCHIEDEN V

21. INTERVIEWER überreicht nochmals weißes Bildblatt 3 (Leiter)!

"Jeder Berufstätige kann ja bei seiner Arbeit manches frei entscheiden, und in anderem ist er abhängig.
Es fragt sich nun, wie frei der einzelne sich fühlt. Wie geht es Ihnen selbst? Könnten Sie das an Hand
dieser Leiter erklären? Es geht so: 1 würde bedeuten, Sie hätten in Ihrem Beruf keine Freiheit,
etwas zu entscheiden, und 10 würde bedeuten, Sie fühlen sich in Ihren beruflichen Entscheidungen
ganz frei und unabhängig. Auf welche Stufe dieser Leiter würden Sie sich einordnen?"
(Genanntes einkreisen!)   X

/ 1 / 2 / 3 / 4 / 5 / 6 / 7 / 8 / 9 / 10 /   37

UNENTSCHIEDEN V

22. INTERVIEWER überreicht graue Liste 4 !

"Angenommen, Regierung und Arbeitgeber würden sich darauf einigen, bei gleichbleibendem
Wochenlohn oder Gehalt die 3-Tage-Woche einzuführen. Was von dieser Liste hier würden Sie
dann wohl tun?"
(Nur eine Angabe!)   / 1 / 2 / 3 / 4 / 5 / 6 / 7 / 8 /   38

NICHTS DAVON X
UNENTSCHIEDEN V

23. INTERVIEWER überreicht nochmals weißes Bildblatt 3 (Leiter)!

"Wie zufrieden sind Sie alles in allem genommen mit Ihrer Arbeit?
Wenn Sie es mir wieder nach dieser Leiter hier sagen: 1 würde bedeuten, überhaupt nicht zufrieden,
10 völlig zufrieden. Welche Stufe würden Sie wählen?"
(Genanntes einkreisen!)   X

/ 1 / 2 / 3 / 4 / 5 / 6 / 7 / 8 / 9 / 10 /   39

UNENTSCHIEDEN V

24. INTERVIEWER überreicht nochmals weißes Bildblatt 3(Leiter)!

"Wie zufrieden sind Sie mit der finanziellen Situation Ihres Haushalts, mit Ihrem Lebensstandard?
Bitte wieder nach dieser Leiter hier."
(Genanntes einkreisen!)   X

/ 1 / 2 / 3 / 4 / 5 / 6 / 7 / 8 / 9 / 10 /   40

UNENTSCHIEDEN V

25. "Und wie wird sich die finanzielle Lage Ihres
    Haushalts in den nächsten 12 Monaten verändern?
    Würden Sie sagen, sie wird ..."

"viel besser" 1   41
"etwas besser" 2
"gleichbleiben" 3
"etwas schlechter" 4
"viel schlechter" 5
UNENTSCHIEDEN V

---

26.   "Jetzt möchte ich Ihnen einen Fall erzählen: Zwei Sekretärinnen sind gleich alt und tun praktisch
T   die gleiche Arbeit, aber eines Tages stellt die eine fest, daß die andere 100 Mark im Monat
      mehr bekommt. Sie geht darauf zum Chef, um sich zu beklagen. Aber der Chef muß ihr sagen, daß die
      andere tüchtiger und zuverlässiger ist und rascher
      arbeitet als sie. - Halten Sie es für gerecht,   GERECHT 1   42
      daß die eine mehr bekommt, oder halten Sie es   NICHT GERECHT 2
      nicht für gerecht?"   UNENTSCHIEDEN V

---

27.   INTERVIEWER überreicht rosa Liste 5 !   MEINUNG A 1   43
                                                                MEINUNG B 2
      "Es gibt ja verschiedene Meinungen darüber, wer in   MEINUNG C 3
      Betrieben und Unternehmen bestimmen soll. Hier auf   MEINUNG D 4
      dieser Liste stehen vier Meinungen. Wofür sind Sie?"   UNENTSCHIEDEN V
      (Nur eine Angabe!)

---

28.   INTERVIEWER überreicht weiße Liste 6 !   (1) ANORDNUNGEN BEFOLGEN 1   44
                                                         (2) NUR WENN MAN ÜBERZEUGT WURDE ... 2
      "Wenn Sie das einmal lesen - welcher dieser beiden   KOMMT DARAUF AN 3
      Meinungen würden Sie zustimmen?"   WEISS NICHT V

---

29.   "Nun einige Fragen zum Leben im allgemeinen: WIRD HELFEN 1   45
      Glauben Sie, daß der wissenschaftliche   WIRD SCHADEN 2
      Fortschritt auf lange Sicht den Menschen   TEILS, TEILS 3
      helfen oder schaden wird?"   UNMÖGLICH ZU SAGEN V

---

30.   "Machen Sie sich eigentlich manchmal Gedanken   "oft" 1   46
      über den Sinn des Lebens? Würden Sie sagen ..."   "manchmal" 2
                                                                "selten" 3
                                                                "nie" 4
                                                                UNENTSCHIEDEN V

---

31.   "Haben Sie manchmal oder öfter das Gefühl,   HABE ICH ÖFTER 1   47
      daß das Leben eigentlich keinen Sinn hat,   MANCHMAL 2
      oder kennen Sie dieses Gefühl nicht?"   SELTEN 3
                                                                NIE 4
                                                                UNENTSCHIEDEN V

---

32.   "Machen Sie sich manchmal Gedanken über den   "oft" 1   48
T   Tod? Würden Sie sagen -"   "hin und wieder" 2
                                                                "selten" 3
                                                                "nie" 4
                                                                KEINE ANGABE, UNENTSCHIEDEN V

---

33.   "Die einen sagen, in jedem Menschen steckt Gutes   IN JEDEM GUTES UND BÖSES 1   49
      und Böses. Andere meinen, daß jeder Mensch im   JEDER IM GRUNDE GUT 2
      Grunde gut ist. Welcher von diesen Ansichten   UNENTSCHIEDEN V
      würden Sie zustimmen?"

---

34.   "Wie oft kommt es vor, daß Sie etwas bedauern,   "oft" 1   50
      weil Sie das Gefühl haben, nicht richtig   "manchmal" 2
      gehandelt zu haben? Würden Sie sagen ..."   "selten" 3
                                                                "nie" 4
                                                                UNENTSCHIEDEN V

415

35. "Einmal von Ihrer Familie abgesehen: Gibt es

T   für Sie irgend etwas, für das es sich lohnt,
     alles zu opfern, sogar sein Leben einzusetzen?"

NEIN 1   51
JA 9*
WEISS NICHT V

[*] "Wofür? Was meinen Sie?"

....

....

36. "Wir hoffen natürlich alle, daß es nie mehr
     einen Krieg gibt. Aber wenn es dazu käme,
     wären Sie dann bereit, für Ihr Land zu kämpfen?"

JA 1   52
NEIN 2
UNENTSCHIEDEN V

37. INTERVIEWER überreicht wieder weißes Bildblatt 3 (Leiter)!

"Für wie wahrscheinlich halten Sie es, daß die Bundesrepublik in den kommenden fünf Jahren wieder
in einen größeren Krieg verwickelt wird? Sagen Sie es mir doch wieder nach dieser Leiter hier.
1 würde bedeuten, Sie halten das für ganz ausgeschlossen, 10 würde bedeuten, Sie halten das für
sehr wahrscheinlich."
(Genannte Stufe einkreisen!)   X

                 / 1 / 2 / 3 / 4 / 5 / 6 / 7 / 8 / 9 / 10 /   53

                                      UNENTSCHIEDEN V

38. INTERVIEWER überreicht orangefarbene Liste 7 !

"Hier stehen zwei Meinungen, die man hören kann,
wenn sich Menschen über Gut und Böse unterhalten.
Welche davon kommt Ihrem eigenen Standpunkt am
nächsten, die erste oder die zweite?"

DIE ERSTE 1   54
DIE ZWEITE 2
STIMME BEIDEN NICHT ZU 3
UNENTSCHIEDEN V

39. INTERVIEWER überreicht graue Liste 8 !

"Hier auf dieser Liste stehen verschiedene Meinungen. Welcher davon würden Sie zustimmen?"
(Genanntes einkreisen!)

                      / 1 / 2 / 3 /   55

                                      UNENTSCHIEDEN V

40.a) INFORMELL:

      Gehören Sie einer Konfession an?

KATHOLISCH 1   56
EVANGELISCH 2
JÜDISCH 4

      ANDERER KONFESSION, und zwar: ....

                                          3 5 6 7 8
                                      KEINER KONFESSION X

b)   "Einmal abgesehen von Hochzeiten, Beerdigungen,
     Taufen usw.: Wie oft gehen Sie zum Gottesdienst
     in die Kirche?"

MEHRMALS IN DER WOCHE 1   57
EINMAL IN DER WOCHE 2
UNGEFÄHR EINMAL IM MONAT 3
NUR OSTERN, WEIHNACHTEN 4
NUR AN ANDEREN FEIERTAGEN 5
EINMAL IM JAHR 6
SELTENER 7
GEHE NIE IN DIE KIRCHE V

41. "Einmal abgesehen davon, ob Sie in die Kirche
     gehen oder nicht - würden Sie sagen, Sie sind ..."

"ein religiöser Mensch" 1   58
"kein religiöser Mensch" 2
"ein überzeugter Atheist" 3
UNENTSCHIEDEN V

416

42.a) "Glauben Sie ganz allgemein, daß die Kirche in unserem Land eine Antwort auf moralische Probleme und Nöte des einzelnen geben kann?"

~~59~~ ~~60~~ ~~61~~ 59

JA ... 1   NEIN .. 1   UNENTSCHIEDEN . 1   60

61

b) "Und für Probleme im Familienleben?"

JA ... 2   NEIN .. 2   UNENTSCHIEDEN . 2

c) "Und kann sie eine Antwort auf die Frage nach dem Sinn des Lebens geben?"

JA ... 3   NEIN .. 3   UNENTSCHIEDEN . 3

43. "Glauben Sie, daß die Religion in Zukunft für die Menschen in der Bundesrepublik wichtiger oder weniger wichtig wird, oder wird sich da nichts ändern?"

WICHTIGER 1   62
WENIGER WICHTIG 2
NICHTS ÄNDERN 3
UNMÖGLICH ZU SAGEN V

44.a) "Glauben Sie an Gott?"

~~63~~ ~~64~~ ~~65~~

JA 1   NEIN 1   UNENTSCHIEDEN . 1   63

64

b) "An ein Leben nach dem Tod?"

JA 2   NEIN 2   UNENTSCHIEDEN . 2   65

c) "An die Seele?"

JA 3   NEIN 3   UNENTSCHIEDEN . 3

d) "Glauben Sie an den Teufel?"

JA 4   NEIN 4   UNENTSCHIEDEN . 4

e) "An die Hölle?"

JA 5   NEIN 5   UNENTSCHIEDEN . 5

f) "Den Himmel?"

JA 6   NEIN 6   UNENTSCHIEDEN . 6

g) "An Sünde?"

JA 7   NEIN 7   UNENTSCHIEDEN . 7

h) "Glauben Sie an eine Wiedergeburt?"

JA 8   NEIN 8   UNENTSCHIEDEN . 8

45. INTERVIEWER überreicht gelbe Liste 9 !

"Welche von den Aussagen hier kommt Ihren Überzeugungen am nächsten?"
(Genanntes einkreisen!)

/ 1 / 2 / 3 / 4 /   66

UNENTSCHIEDEN V

46. INTERVIEWER überreicht nochmals weißes Bildblatt 3 (Leiter)!

"Wie wichtig ist Gott in Ihrem Leben? Wenn Sie es mir wieder nach dieser Leiter hier sagen:
1 bedeutet überhaupt nicht wichtig, 10 sehr wichtig."
(Genannte Stufe einkreisen!)

X
/ 1 / 2 / 3 / 4 / 5 / 6 / 7 / 8 / 9 / 10 /   67

UNENTSCHIEDEN V

47. "Ziehen Sie persönlich aus dem Glauben Trost und Kraft?"

JA 1   68
NEIN 2
UNENTSCHIEDEN V

48. "Haben Sie manchmal das Bedürfnis nach Augenblicken der Ruhe, des Gebets, der inneren Einkehr oder etwas Ähnlichem?"

JA 1   69
NEIN 2
UNENTSCHIEDEN V

49. a) INTERVIEWER überreicht [gelbes] Kartenspiel und grüne Liste 10 !

"Hier auf den Karten stehen die Zehn Gebote. Es ist die Frage, ob diese Grundsätze noch heute
uneingeschränkt gelten, oder nur mit Einschränkungen, oder ob sie heute nicht mehr gelten.
Wenn Sie jetzt zuerst einmal an sich persönlich denken - wie würden Sie diese Frage für sich
beantworten? Würden Sie die Karten bitte auf dieses Blatt verteilen, je nachdem, ob es für
Sie gilt, oder nur mit Einschränkungen, oder ob Sie davon nichts halten."
(Antwort für jedes Gebot in entsprechender Spalte im Kasten einkreisen!)

	GILT für mich UNEINGESCHRÄNKT	GILT für mich nur MIT EINSCHRÄNKUNGEN	Gilt für mich NICHT, HALTE NICHTS DAVON	WEISS NICHT, UNENTSCHIEDEN	II
1. Gebot	1	2	3	V	8
2. Gebot	1	2	3	V	9
3. Gebot	1	2	3	V	10
4. Gebot	1	2	3	V	11
5. Gebot	1	2	3	V	12
6. Gebot	1	2	3	V	13
7. Gebot	1	2	3	V	14
8. Gebot	1	2	3	V	15
9. Gebot	1	2	3	V	16
10. Gebot	1	2	3	V	17

b) INTERVIEWER, jetzt alle gelben Karten nochmals überreichen und wieder nach grüner Liste 10 !

"Und wenn Sie jetzt einmal an die meisten Menschen denken - welche der Zehn Gebote gelten heute
noch für die meisten Menschen? Verteilen Sie doch die Karten bitte noch einmal auf dieses Blatt!"

(Zutreffende Antwort für jedes Gebot in entsprechender Spalte einkreisen!)

	GILT für die meisten Menschen UNEINGESCHRÄNKT	GILT nur MIT EINSCHRÄNKUNGEN für die meisten Menschen	GILT NICHT MEHR für die meisten Menschen	WEISS NICHT, UNENTSCHIEDEN	
1. Gebot	1	2	3	V	18
2. Gebot	1	2	· 3	V	19
3. Gebot	1	2	3	V	20
4. Gebot	1	2	3	V	21
5. Gebot	1	2	3	V	22
6. Gebot	1	2	3	V	23
7. Gebot	1	2	3	V	24
8. Gebot	1	2	3	V	25
9. Gebot	1	2	3	V	26
10. Gebot	1	2	3	V	27

50.a) INTERVIEWER überreicht blaue Liste 11 !

"Auf dieser Liste stehen verschiedene Erlebnisse, von denen uns andere Leute erzählt haben.
Könnten Sie mir bitte zu jedem sagen, ob es Ihnen auch schon mal so gegangen ist."
(Alles Genannte einkreisen!)

Erlebnis 1:	NEIN, NIE 1	JA 2	WEISS NICHT V	28
Erlebnis 2:	NEIN, NIE 1	JA 2	WEISS NICHT V	29
Erlebnis 3:	NEIN, NIE 1	JA 2	WEISS NICHT V	30
Erlebnis 4:	NEIN, NIE 1	JA 2	WEISS NICHT V	31

b) INTERVIEWER, bitte einstufen:

Wurde bei Erlebnis 4 eine 2 eingekreist?

JA .... A*
NEIN .... E

[*] "Und hat dieses Erlebnis Ihre Ansichten über
das Leben in irgendeiner Weise verändert?
Würden Sie sagen ..."

"gar nicht" 1   32
"kaum, sehr wenig" 2
"etwas" 3
"ziemlich" 4
"sehr" 5
UNENTSCHIEDEN V

51.a) "Wenn Sie einmal an Ihre Kindheit zurückdenken:
Würden Sie sagen, daß Ihre Eltern in dieser Zeit eine
sehr enge Beziehung zueinander hatten, eine ziemlich
enge, nicht so enge oder überhaupt keine enge Beziehung?"

SEHR ENG 1   33
ZIEMLICH ENG 2
NICHT SO ENG 3
GAR NICHT ENG 4
WEISS NICHT V

b) "Wie stark war Ihre Bindung, Ihre Beziehung
zur Mutter in Ihrer Kindheit?"

SEHR ENG 1   34
ZIEMLICH ENG 2
NICHT SO ENG 3
GAR NICHT ENG 4
WEISS NICHT V

c) "Und wie war Ihre Verbundenheit mit dem Vater,
wie würden Sie Ihre Beziehung zum Vater in
Ihrer Kindheit einstufen?"

SEHR ENG 1   35
ZIEMLICH ENG 2
NICHT SO ENG 3
GAR NICHT ENG 4
WEISS NICHT V

52. "Manche Eltern sind ziemlich streng mit ihren Kindern und
sagen ihnen ganz genau, was sie tun sollen und was nicht,
was richtig ist und was falsch. Andere dagegen sind nicht
der Meinung, daß sie so streng sein sollen. Wenn Sie sich
einmal zurückerinnern: Wie streng waren Ihre Eltern?"

SEHR STRENG 1   36
ZIEMLICH STRENG 2
NICHT SEHR STRENG 3
ÜBERHAUPT NICHT STRENG 4
UNENTSCHIEDEN V

53. "Ich möchte Ihnen jetzt einige Empfindungen, Stimmungen vorlesen. Könnten Sie mir zu jedem Wort
sagen, ob Sie sich zu Hause oft, manchmal, selten oder nie so fühlen?"
(INTERVIEWER, jetzt die einzelnen Wörter vorlesen und die Antwort für jedes Wort in
entsprechender Spalte einkreisen!)

		OFT	MANCHMAL	SELTEN	NIE	
a)	"Entspannt"	1	2	3	4	37
b)	"Ängstlich"	1	2	3	4	38
c)	"Glücklich"	1	2	3	4	39
d)	"Gereizt"	1	2	3	4	40
e)	"Geborgen, sicher"	1	2	3	4	41

54. INTERVIEWER überreicht nochmals weißes Bildblatt 3 (Leiter)!

"Alles in allem: Wie zufrieden oder unzufrieden sind Sie mit Ihrem häuslichen Leben?
1 würde bedeuten, sehr unzufrieden, und 10 völlig zufrieden."
(Genannte Stufe einkreisen!)

X
/ 1 / 2 / 3 / 4 / 5 / 6 / 7 / 8 / 9 / 10 /   42

---

55. INFORMELL:

Was ist Ihr Familienstand, sind Sie zur Zeit ...
(Nur eine Angabe!)

VERHEIRATET 1*   43
LEBEN MIT JEMANDEM ZUSAMMEN 2*
GESCHIEDEN 3*
GETRENNT LEBEND 4*
VERWITWET 5*
LEDIG? 6

[*] INTERVIEWER überreicht rosa Liste 12 !

"Haben
"Hatten Sie und Ihr Partner irgend etwas von dem auf der Liste hier gemeinsam?"
(Genanntes einkreisen!)

/ 1 / 2 / 3 / 4 / 5 /   44
NICHTS DAVON 6
WEISS NICHT V

---

56. INTERVIEWER überreicht (nochmals)rosa Liste 12 !

"In welchen Bereichen haben/hatten Sie und Ihre Eltern ähnliche Ansichten?"
(Genanntes einkreisen!)

/ 1 / 2 / 3 / 4 / 5 /   45
IN NICHTS DAVON 6
WEISS NICHT V

---

57. "Wenn jemand sagt: Die Ehe ist eine überholte
Einrichtung, nicht mehr zeitgemäß. Würden Sie
da eher zustimmen oder eher nicht zustimmen?"

EHER ZUSTIMMEN 1   46
EHER NICHT ZUSTIMMEN 2
UNENTSCHIEDEN V

---

58. "Wenn jemand sagt: Jeder Mensch muß sich sexuell
völlig frei entfalten können, ohne jede Einschränkung.
Würden Sie da eher zustimmen oder eher nicht zustimmen?"

EHER ZUSTIMMEN 1   47
EHER NICHT ZUSTIMMEN 2
WEDER NOCH, KOMMT DARAUF AN 3
UNENTSCHIEDEN V
KEINE ANGABE .... R

---

59. INTERVIEWER überreicht [orangefarbenes] Kartenspiel und weiße Liste 13 !

"Könnten Sie die Karten bitte auf diese Liste hier verteilen, je nachdem, ob Sie meinen,
daß das für eine gute Ehe sehr wichtig, ziemlich wichtig, oder nicht besonders wichtig ist."
(Zutreffendes einkreisen!)

X   V
Für eine gute Ehe   / 1 / 2 / 3 / 4 / 5 / 6 / 7 / 8 / 9 / 10 / 11 /   48
SEHR WICHTIG: / 12 / 13 /   49
                                                                   1   2

X   V
ZIEMLICH WICHTIG: / 1 / 2 / 3 / 4 / 5 / 6 / 7 / 8 / 9 / 10 / 11 /   50
                                                                / 12 / 13 /   51
                                                                   1   2

X   V
NICHT BESONDERS WICHTIG: / 1 / 2 / 3 / 4 / 5 / 6 / 7 / 8 / 9 / 10 / 11 /   52
                                                                / 12 / 13 /   53
                                                                   1   2

---

60.   "Was ist für Sie die ideale Größe einer Familie -
T   Vater, Mutter und wieviel Kinder?"

.... KINDER   54
UNENTSCHIEDEN V

61. INTERVIEWER überreicht grüne Liste 14 !

"Man kann ja unterschiedlicher Meinung sein, wann eine Ehe geschieden werden sollte.
Was von dieser Liste hier halten Sie für einen ausreichenden Scheidungsgrund?
Wenn Sie mir einfach die Nummern nennen."
(Alles Genannte einkreisen!)

/ 1 / 2 / 3 / 4 / 5 / 6 / 7 / 8 / 9 / 10 /   X   55

NICHTS DAVON V

62.a) "Wenn jemand sagt: Ein Kind braucht ein Heim mit
beiden: Vater und Mutter, um glücklich aufzuwachsen.
Würden Sie da eher zustimmen oder eher nicht
zustimmen?"

EHER ZUSTIMMEN 1   56
EHER NICHT ZUSTIMMEN 2
UNENTSCHIEDEN V

b) "Glauben Sie, daß eine Frau Kinder haben muß,
um glücklich zu sein, oder ist das nicht
nötig?"

BRAUCHT KINDER 1   57
NICHT NÖTIG 2
UNENTSCHIEDEN V

---

63. "Wenn jemand sagt: Die Sexualität kann man nicht
völlig der Freiheit des einzelnen überlassen.
Es muß moralische Regeln geben, an die sich alle
halten. Würden Sie da eher zustimmen oder eher
nicht zustimmen?"

EHER ZUSTIMMEN 1   58
EHER NICHT ZUSTIMMEN 2
WEDER NOCH 3
WEISS NICHT V
KEINE ANGABE .... R

---

64. INTERVIEWER überreicht orangefarbene Liste 15 !

"Hier stehen zwei Meinungen. Welcher von beiden
würden Sie eher zustimmen, der ersten oder der
zweiten?"

EHER DER ERSTEN 1   59
EHER DER ZWEITEN 2
UNENTSCHIEDEN V

---

65. INTERVIEWER überreicht graue Liste 16 !

"Hier stehen zwei Meinungen über die Verantwortung
von Eltern gegenüber ihren Kindern. Welche von
beiden ist auch Ihre Ansicht?"

DIE ERSTE MEINUNG 1   60
DIE ZWEITE MEINUNG 2
STIMME BEIDEN ZU 4
KEINE VON BEIDEN 3

---

66. "Wenn eine Frau ein Kind haben will, ohne
mit einem Mann zusammen zu leben, würden Sie
das gutheißen oder nicht?"

GUTHEISSEN 1   61
NICHT GUTHEISSEN 2
KOMMT DARAUF AN 3
WEISS NICHT V

67.
t
INTERVIEWER legt |weißes| Kartenspiel bereit!

"Eine Frage zur Erziehung. Wir haben einmal Karten zusammengestellt mit den verschiedenen
Forderungen, was man Kindern für ihr späteres Leben alles mit auf den Weg geben soll, was
Kinder im Elternhaus lernen sollen. Was davon halten Sie für **besonders** wichtig?
Wenn Sie mir die Karten herauslegen, aber bitte nicht mehr als fünf davon."
(INTERVIEWER überreicht weißes Kartenspiel! - Nicht mehr als fünf Angaben!)

                                                X   V

/ 1 / 2 / 3 / 4 / 5 / 6 / 7 / 8 / 9 / 10 / 11 /   62

/ 12 / 13 / 14 / 15 / 16 / 17 /   63

           1   2   3   4   5   6

---

68. "Haben oder hatten Sie Kinder?"

JA 1*   64
NEIN 2

[*] "Wieviel?" 65

---

69. INTERVIEWER überreicht gelbe Liste 17 !

"Nun etwas anderes: Welche von diesen Aussagen beschreibt am besten Ihr Interesse an Politik?"
(Genanntes einkreisen!)

/ 1 / 2 / 3 / 4 /   66

70. INTERVIEWER überreicht blaue Liste 18 !

"Wenn Sie sich jetzt bitte einmal diese Liste hier anschauen. Könnten Sie mir zu jedem dieser Punkte sagen, ob Sie sich schon einmal an einer solchen Aktion beteiligt haben, ob Sie das vielleicht einmal tun würden, oder ob Sie sich unter keinen Umständen an so etwas beteiligen würden."
(INTERVIEWER, für jeden Punkt die Antwort in der entsprechenden Spalte im Kasten einkreisen!)

	Habe mich SCHON BETEILIGT	Würde mich VIELLEICHT BETEILIGEN	Würde mich NIE BETEILIGEN	WEISS NICHT	
1. "Unterschriftensammlung"	1	2	3	V	67
2. "Boykott"	1	2	3	V	68
3. "Genehmigte Demonstration"	1	2	3	V	69
4. "Wilder Streik"	1	2	3	V	70
5. "Gebäude besetzen"	1	2	3	V	71
6. "Sachbeschädigung"	1	2	3	V	72
7. "Gewalt gegen Personen"	1	2	3	V	73

71. INTERVIEWER überreicht rosa Bildblatt 19 !
T

"Hier unterhalten sich zwei, was letzten Endes wohl   DER 0 1   74
wichtiger ist, Freiheit oder Gerechtigkeit *)   DER U 2
wenn Sie bitte einmal lesen. Welcher von beiden   UNENTSCHIEDEN 3
sagt eher das, was auch Sie denken?"   WEISS NICHT V

72. INTERVIEWER legt grüne Liste 20 bereit!
t

"In der Politik spricht man von rechts und links." (INTERVIEWER überreicht grüne Liste 20 !)
"Wie würden Sie ganz allgemein Ihren eigenen politischen Standort beschreiben: wo auf dieser Skala
würden Sie sich selbst einstufen?"   X
(Genanntes einkreisen!)   / 1 / 2 / 3 / 4 / 5 / 6 / 7 / 8 / 9 / 10 /   75
                                        UNENTSCHIEDEN V
                                        KEINE ANGABE .... R

73. INTERVIEWER überreicht gelbe Liste 21 !
t

"Hier auf dieser Liste stehen drei grundsätzliche Standpunkte über die Gesellschaft,
in der wir leben. Welcher davon drückt am ehesten das aus, was auch Sie denken?"
(Genanntes einkreisen!)
                                        / 1 / 2 / 3 /   76
                                        UNENTSCHIEDEN V

74.a) INTERVIEWER überreicht graue Liste 22 !

"Es wird ja viel darüber gesprochen, welche Ziele die Bundesrepublik in den nächsten zehn Jahren
vor allem verfolgen soll. Auf dieser Liste hier stehen vier Ziele, die verschiedene Leute für
besonders wichtig halten. Welches davon halten Sie für das wichtigste?"
(Bitte nur eine Angabe!)
                                        / 1 / 2 / 3 / 4 /   77
                                        WEISS NICHT V

b) "Und welches von diesen vier halten Sie für das zweitwichtigste?"
(Wieder nur eine Angabe!)
                                        / 1 / 2 / 3 / 4 /   78
                                        WEISS NICHT V

75. INTERVIEWER überreicht orangefarbene Liste 23 !
"Wenn jemand zu einer Gefängnisstrafe verurteilt ist,   / 1 / 2 / 3 / 4 /   79
welchen Zweck sollte diese Bestrafung vor allem erfüllen?" UNENTSCHIEDEN, NICHTS DAVON V
(Genanntes einkreisen!)

---

*) In anderen Ländern lautete die Alternative "Freiheit oder Gleichheit". Diese Frageform wurde in einer
Allensbacher Umfrage nachgezogen, um die Ergebnisse exakt vergleichbar zeigen zu können (vgl. Tabellen A 160, A 161).

76. INTERVIEWER überreicht rosa Liste 24 !

"Hier auf dieser Liste steht verschiedenes, was sich in Zukunft in unserer Gesellschaft
verändern kann. Könnten Sie mir zu jedem Punkt sagen, ob Sie eine solche Entwicklung
begrüßen oder ablehnen würden, oder ob Ihnen das egal ist."
(Antworten für jeden Punkt in der entsprechenden Spalte im Kasten einkreisen!)

	BEGRÜSSE ICH	LEHNE ICH AB	IST MIR EGAL	iii
(1) Weniger Wert auf Geld legen	1	2	3	8
(2) Die Arbeit weniger wichtig nehmen	1	2	3	9
(3) Mehr für Fortschritt tun	1	2	3	10
(4) Persönliche Entfaltung fördern	1	2	3	11
(5) Mehr Achtung vor Autorität	1	2	3	12
(6) Mehr Wert auf Familienleben legen	1	2	3	13
(7) Einfacher leben	1	2	3	14

77. INTERVIEWER überreicht weißes Bildblatt 25 !

"Ich möchte Ihnen verschiedenes vorlesen, wo man geteilter Meinung sein kann, ob man das tun
darf oder nicht. Wenn Sie mir bitte jedesmal sagen, ob Sie das in jedem Fall für in Ordnung
halten, oder unter keinen Umständen, oder irgendwo dazwischen. Gehen Sie bitte nach diesem
Bildblatt vor: 1 würde bedeuten, das darf man unter keinen Umständen tun; 10 würde bedeuten,
das ist in jedem Fall in Ordnung."
(INTERVIEWER, genannte Stufe zu jedem Punkt einkreisen!)

	Unter keinen Umständen tun									In jedem Fall in Ordnung	
a) "Wenn man Krankengeld, Arbeitslosen-unterstützung oder andere soziale Vergünstigungen in Anspruch nimmt, auf die man kein Recht hat"	/ 1 / 2 / 3 / 4 / 5 / 6 / 7 / 8 / 9 / 10 X /	15
b) "Kein Fahrgeld in öffentlichen Verkehrs-mitteln zahlen, schwarzfahren"	/ 1 / 2 / 3 / 4 / 5 / 6 / 7 / 8 / 9 / 10 /	16
c) "Steuern hinterziehen, wenn man die Möglichkeit hat"	/ 1 / 2 / 3 / 4 / 5 / 6 / 7 / 8 / 9 / 10 /	17
d) "Waren kaufen, von denen man weiß, daß sie gestohlen wurden"	/ 1 / 2 / 3 / 4 / 5 / 6 / 7 / 8 / 9 / 10 /	18
e) "Ein Auto, das einem nicht gehört, öffnen und damit eine Spritztour machen"	/ 1 / 2 / 3 / 4 / 5 / 6 / 7 / 8 / 9 / 10 /	19
f) "Drogen wie Marihuana oder Haschisch nehmen"	/ 1 / 2 / 3 / 4 / 5 / 6 / 7 / 8 / 9 / 10 X /	20
g) "Geld behalten, das man gefunden hat" ...	/ 1 / 2 / 3 / 4 / 5 / 6 / 7 / 8 / 9 / 10 /	21
h) "Wenn man für den eigenen Vorteil lügt" .	/ 1 / 2 / 3 / 4 / 5 / 6 / 7 / 8 / 9 / 10 /	22
i) "Wenn verheiratete Männer/Frauen ein Verhältnis haben"	/ 1 / 2 / 3 / 4 / 5 / 6 / 7 / 8 / 9 / 10 /	23
j) "Geschlechtsbeziehungen zwischen Minderjährigen"	/ 1 / 2 / 3 / 4 / 5 / 6 / 7 / 8 / 9 / 10 /	24

77.k) "Wenn jemand Schmiergelder
annimmt" .... / 1 / 2 / 3 / 4 / 5 / 6 / 7 / 8 / 9 / 10 /   25

1) "Homosexualität" .... / 1 / 2 / 3 / 4 / 5 / 6 / 7 / 8 / 9 / 10 /   26

m) "Prostitution" .... / 1 / 2 / 3 / 4 / 5 / 6 / 7 / 8 / 9 / 10 /   27

n) "Abtreibung" .... / 1 / 2 / 3 / 4 / 5 / 6 / 7 / 8 / 9 / 10 /   28

o) "Sich scheiden lassen" .... / 1 / 2 / 3 / 4 / 5 / 6 / 7 / 8 / 9 / 10 /   29

p) "Wenn man gegen die Polizei handgreif-
lich wird" .... / 1 / 2 / 3 / 4 / 5 / 6 / 7 / 8 / 9 / 10 /   30

q) "Wenn man das Leben unheilbar Kranker
beendet, Euthanasie" .... / 1 / 2 / 3 / 4 / 5 / 6 / 7 / 8 / 9 / 10 /   31

r) "Selbstmord" .... / 1 / 2 / 3 / 4 / 5 / 6 / 7 / 8 / 9 / 10 /   32

s) "Einen Schaden, den man an einem parken-
den Auto verursacht hat, nicht melden" .. / 1 / 2 / 3 / 4 / 5 / 6 / 7 / 8 / 9 / 10 /   33

t) "Arbeiter bedrohen, die sich nicht an
einem Streik beteiligen wollen" .... / 1 / 2 / 3 / 4 / 5 / 6 / 7 / 8 / 9 / 10 /   34

u) "In Notwehr einen Menschen töten" .... / 1 / 2 / 3 / 4 / 5 / 6 / 7 / 8 / 9 / 10 /   35

v) "Mord aus politischen Gründen" .... / 1 / 2 / 3 / 4 / 5 / 6 / 7 / 8 / 9 / 10 /   36

78.a) "Etwas anderes: Viele Leute mögen ja Alkohol,
andere machen sich nicht viel daraus. Würden
Sie sagen, Sie trinken Alkohol ..."

"regelmäßig" 1   37
"häufig" 2
"gelegentlich" 3
"nie" 4**
KEINE ANGABE 5

** Gleich übergehen zu Frage 79 a!

b) "Glauben Sie, daß Sie weniger Alkohol trinken
als die meisten Leute, genausoviel oder mehr
als die meisten?"

WENIGER 6
GENAUSOVIEL 7
MEHR 8
KEINE ANGABE X
UNMÖGLICH ZU SAGEN, WEISS NICHT. V

79.a) "Eine Frage zum illegalen Drogenkonsum. Halten Sie
Drogen und Rauschgift heute in der Bundesrepublik
für ein -"

"sehr ernstes Problem" 1   38
"ziemlich ernst" 2
"nicht sehr ernst" 3
"überhaupt nicht ernst" 4
UNENTSCHIEDEN 5

b) "Und für wie ernst halten Sie den Alkoholismus
heute in der Bundesrepublik?"

"Sehr ernstes Problem" 6
"Ziemlich ernst" 7
"Nicht sehr ernst" 8
"Überhaupt nicht ernst" 9
UNENTSCHIEDEN V

80. "Es wird ja viel darüber diskutiert, unter welchen Umständen eine
Abtreibung gerechtfertigt ist. Ich möchte Ihnen verschiedenes vorlesen,
und Sie sagen mir bitte jedes Mal, ob Sie in dem Fall eine Abtreibung
billigen oder nicht billigen würden."

		BILLIGEN	NICHT BILLIGEN	39
a)	"Wenn die Gesundheit der Mutter durch die Schwangerschaft gefährdet ist"	1	1	40
b)	"Wenn es wahrscheinlich ist, daß das Kind behindert sein wird"	2	2	
c)	"Wenn die Frau ledig ist"	3	3	
d)	"Wenn ein Ehepaar keine weiteren Kinder möchte"	4	4	
	KEINE ANGABE		R	

81. "Wenn Sie von etwas wirklich überzeugt sind:
Kommt es dann vor, daß Sie Ihre Freunde, Verwandten
oder Kollegen dazu bringen, Ihre Ansichten zu teilen?
Würden Sie sagen, das passiert ..."

"oft" 1 41
"ab und zu" 2
"selten" 3
"nie" 4
UNENTSCHIEDEN V

82. "Wenn Sie mit Ihren Freunden zusammen sind:
Sprechen Sie dann öfter oder gelegentlich
über Politik, oder nie?"

ÖFTER 1 42
GELEGENTLICH 2
NIE 3
KEINE ANTWORT V

83. "Stehen Sie irgendeiner Partei nahe?"

JA 1 43
NEIN 2**

** Gleich übergehen zu Frage 85 a !

84.a) INTERVIEWER überreicht blaue Liste 26 !

"Und welcher? Wenn Sie mir einfach nach dieser Liste die Nummer angeben!"
(Genanntes einkreisen!)

/ 2 / 3 / 4 / 5 / 44

ANDERE, und zwar: 6

WEISS NICHT V
KEINE ANGABE .... R

b) "Und fühlen Sie sich dieser Partei sehr nahe,
ziemlich nahe, oder sympathisieren Sie nur
mit dieser Partei?"

SEHR NAHE 1 45
ZIEMLICH NAHE 2
SYMPATHISIERE NUR 3
STEHE IHR ÜBERHAUPT NICHT NAHE . 4
UNENTSCHIEDEN V

85.a) INTERVIEWER überreicht gelbe Liste 27 !

"Welcher dieser geografischen Gruppen auf dieser Liste hier
fühlen Sie sich vor allem zugehörig?"
(Nur eine Angabe!)

/ 1 / 2 / 3 / 4 / 5 / 46
UNENTSCHIEDEN V

b) "Und welcher fühlen Sie sich außerdem noch am meisten zugehörig?"
(Nur eine Angabe!)

/ 1 / 2 / 3 / 4 / 5 / 47
UNENTSCHIEDEN V

425

86. "Sind Sie stolz, Deutsche(r) zu sein?   "sehr stolz" 1   48
     Würden Sie sagen ..."   "ziemlich stolz" 2
                                               "nicht sehr stolz" 3
                                               "überhaupt nicht stolz" 4
                                               UNENTSCHIEDEN 5

---

87. INTERVIEWER überreicht grüne Liste 28 !

     "Terrorismus ist heutzutage beinahe alltäglich geworden.   EHER MEINUNG 1 6
     Im Prinzip sind die meisten gegen Terrorismus, aber   EHER MEINUNG 2 7
     trotzdem kann man noch unterschiedlicher Meinung sein.   WEDER NOCH 8
     Welcher dieser beiden Standpunkte kommt Ihrem am nächsten?" UNENTSCHIEDEN, WEISS NICHT V

---

88. INTERVIEWER überreicht graue Liste 29 !

     "Könnten Sie mir bitte zu jedem Punkt auf dieser Liste sagen, wieviel Vertrauen Sie
     in jeden haben, ob sehr viel Vertrauen, ziemlich viel, wenig oder überhaupt kein Vertrauen."
     (Zutreffendes jeweils einkreisen!)

		Sehr viel	Ziemlich viel	Wenig	Überhaupt keins	
a)	Die Kirche	1	2	3	4	49
b)	Die Bundeswehr	1	2	3	4	50
c)	Das Erziehungswesen	1	2	3	4	51
d)	Die Gesetze	1	2	3	4	52
e)	Die Zeitungen	1	2	3	4	53
f)	Gewerkschaften	1	2	3	4	54
g)	Die Polizei	1	2	3	4	55
h)	Bundestag	1	2	3	4	56
i)	Die Verwaltung	1	2	3	4	57
j)	Große Wirtschaftsunternehmen	1	2	3	4	58

---

89. "Würden Sie der folgenden Aussage eher zustimmen
     oder nicht zustimmen?   EHER ZUSTIMMEN 1   59
     'Die Zukunft ist so unsicher, da ist es das beste, NICHT ZUSTIMMEN 2
     von einem Tag auf den nächsten zu leben.'"   UNENTSCHIEDEN V

426

1.a) INFORMELL:

Bewohnt der/die Befragte ein Haus   HAUS 1   60
oder nur eine Wohnung?   WOHNUNG 2

        ANDERES, und zwar: 3

  b) "Wohnen Sie hier zur Miete, oder gehört   EIGENER BESITZ 4
      das Haus/ die Wohnung Ihnen bzw. Ihrer Familie?"   GEMIETET 8*
                                                         ANDERES: Heim usw. 7

      [*] "Und gehört die Wohnung/das Haus dem Staat,   STAAT, GEMEINDE 5
           der Gemeinde, oder privaten Eigentümern?"   PRIVATEN EIGENTÜMERN 6
                                                         KEINE ANGABE .... R

2.   "In welchem Alter <u>haben Sie Ihre Ausbildung abgeschlossen?</u>"   MIT 12 JAHREN ODER JÜNGER 1   61
                       verden Sie Ihre Ausbildung abschließen?"   13 JAHREN 2
     (Schule, Lehre, Universität usw.)   14 JAHREN 3
                                                                          15 JAHREN 4
                                                                          16 JAHREN 5
                                                                          17 JAHREN 6
                                                                          18 JAHREN 7
                                                                          19 JAHREN 8
                                                                          20 JAHREN 9
                                                                          21 JAHREN ODER ÄLTER X

3.a) "Wieviel Personen leben in Ihrem Haushalt,
      Sie selbst und Kinder bitte mitgezählt?"   INSGESAMT: .... PERSONEN   62

  b) INFORMELL:

      Wieviel davon sind 18 Jahre oder älter?   7   63

  c) Und wieviel im Alter von -   16 - 17 JAHREN: 8

                                                        11 - 15 JAHREN: 9

                                                        5 - 10 JAHREN: 0

                                                        1 - 4 JAHREN: X

                                                        UNTER 1 JAHR: V

4.   INFORMELL:
                                                        JA 1   64
     Leben Sie mit Ihren Eltern zusammen?   NEIN 2

5.   Sind Sie berufstätig?   JA, GANZTAGS 1   65
                                                        JA, TEILZEITBESCHÄFTIGT (weniger
                                                            als 30 Stunden die Woche) .. 2   66
                                                        JA, SELBSTÄNDIG 3
                                                        ARBEITSLOS 4
                                                        RENTNER, RUHESTAND 5
                                                        HAUSFRAU 6
                                                        IN AUSBILDUNG 7

6.a) In welchem Beruf arbeiten Sie/haben Sie gearbeitet?

      ....

Berufsstellung: Inhaber und Geschäftsführer von größeren
bei Rentnern: ehemalige Berufsstellung: Unternehmen, Direktoren 1   67
                                         Inhaber und Geschäftsführer von kleineren
                                             Unternehmen, selbst.Geschäftsleute/Handwerker 2   68
                                         Freier Beruf 3
                                         Leitender Angestellter/Beamter des höheren oder
                                             gehobenen Dienstes 4
                                         Nichtleitender Angestellter/Beamter des
                                             mittleren oder einfachen Dienstes. 5
                                         Meister, Vorarbeiter 6
                                         Facharbeiter mit abgelegter Prüfung 7
                                         Angelernter Arbeiter 8
                                         Ungelernter Arbeiter 9

                                         Landwirt 0
                                         Landarbeiter X
                                         Angehöriger der Bundeswehr V

7.   Der Hauptverdiener ist -   BEFRAGTER SELBST 1**   69
                                                      ANDERE PERSON IM HAUSHALT 2

                                                      ** Gleich übergehen zu Punkt 9 !

8.a) Ist der Hauptverdiener zur Zeit berufstätig?   JA, GANZTAGS 1   ~~66~~
                                                      JA, TEILZEITBESCHÄFTIGT (weniger
                                                          als 30 Stunden die Woche)2
                                                      JA, SELBSTÄNDIG 3
                                                      ARBEITSLOS 4
                                                      RENTNER, RUHESTAND 5
                                                      HAUSFRAU 6
                                                      IN AUSBILDUNG 7

b)   Beruf des Hauptverdieners: ....

c)   Berufsstellung: Inhaber und Geschäftsführer von größeren
      bei Rentnern: ehemalige Berufsstellung: Unternehmen, Direktoren 1   ~~68~~
                                               Inhaber und Geschäftsführer von kleineren
                                                   Unternehmen, selbst.Geschäftsleute/Handwerker 2
                                               Freier Beruf 3
                                               Leitender Angestellter/Beamter des höheren oder
                                                   gehobenen Dienstes 4
                                               Nichtleitender Angestellter/Beamter des
                                                   mittleren oder einfachen Dienstes. 5
                                               Meister, Vorarbeiter 6
                                               Facharbeiter mit abgelegter Prüfung 7
                                               Angelernter Arbeiter 8
                                               Ungelernter Arbeiter 9

                                               Landwirt 0
                                               Landarbeiter X
                                               Angehöriger der Bundeswehr V

9.   <u>Nur an Berufstätige!</u> (Übrige gleich übergehen zum nächsten Statistik-Punkt!)

      "Wieviel Personen arbeiten in Ihrer Abteilung?"   1 1   70
                                                             2 2
                                                             3 - 5 3
                                                             6 - 9 4
                                                             10 - 25 5
                                                             26 - 99 6
                                                             100 - 249 7
                                                             250 - 1000 8
                                                             MEHR ALS 1000 9
                                                             WEISS NICHT V

10. "Sind Sie (oder Ihr Ehepartner)   JA, ICH SELBST 1   71
      in der Gewerkschaft?"   JA, MEIN MANN/MEINE FRAU 2
                                    NEIN 3

---

11. Geschlecht des Befragten: MÄNNLICH 4
                                   WEIBLICH .... N*

      [*] Ist die Befragte in erster Linie Hausfrau?   JA 5
                                            NEIN 6

---

12. "Können Sie mir bitte Ihr Geburtsdatum sagen?"   72
      (Geburtsdatum bitte genau eintragen!)   73
                                    (Tag)   (Monat)   (Jahr)

---

13. INFORMELL: AUF DEM LAND, IN EINEM DORF 1   74
                                     IN EINER KLEINSTADT oder
      Sie leben -   MITTELSTADT 2
                                     IN EINER GROSSSTADT 3

---

14. Land: Schleswig-Holstein ... V   Niedersachsen ... 1   Rheinland-Pfalz ... 4   Südwürtt.,Südbaden . 68   75
        Hamburg X   NRW 2   Bayern 5   Saarland 7
        Bremen 0   Hessen 3   Nordwürtt., Nordb.. 6   West-Berlin 9

---

15. INTERVIEWER legt orangefarbene Liste 30 bereit!
T

      "Wenn Sie jetzt das Einkommen aller <u>Haushaltsmitglieder</u> zusammenzählen:
      Wie groß ist das Netto-Einkommen des Haushalts insgesamt im Monat?
      Sie brauchen mir nur nach dieser Liste hier   A 1   F 6   76
      den Buchstaben zu sagen."   B 2   G 7
      (INTERVIEWER überreicht orangefarbene Liste 30! -   C 3   H 8
      Genanntes einkreisen!)   D 4   I 9
                                           E 5   K X

===

<u>Nach Abschluß des Interviews!</u>
OHNE BEFRAGEN - NACH BEOBACHTUNG:

a) Soziale Schicht des/der Befragten: A 7   B 8   C 9   D ... X   77

b) Der/die Befragte war während des Interviews -   - SEHR SELBSTSICHER, VON SICH
T   ÜBERZEUGT 1   78
                                         ZIEMLICH SELBSTSICHER 2
                                         ETWAS UNSICHER 3
                                         ZIEMLICH UNSICHER 4

---

c) Der/die Befragte sieht insgesamt -   - GANZ FRÖHLICH AUS 5
T   NICHT SO FRÖHLICH AUS 6
                                         UNMÖGLICH ZU SAGEN 7

===

Ort:	Datum:	Wochentag des Interviews:	Dauer des Interviews:	Uhrzeit bei Beendigung des Interviews:	Unterschrift des Interviewers:
		So.(X) Mo.(0) Di.(1) Mi.(2) Do.(3) Fr.(4)			
....	....	Sa.(5)	...... Min.	.... Uhr	....

429

Zu Frage 3

Liste 1 (grün)

(1) Wohltätigkeitsverein
(Rotes Kreuz, Caritas, Innere Mission,
Arbeiterwohlfahrt usw.)

(2) Kirchliche, religiöse Vereine, Organisationen,
Gruppen

(3) Bildungs-, Kunstgruppen

(4) Gewerkschaft

(5) Partei, sonstige politische Organisationen
oder Gruppen

(6) Organisationen, die sich in Deutschland
und im Ausland um die Einhaltung der
Menschenrechte kümmern

(7) Umweltschutzverein, Tierschutzverein

(8) Jugendgruppe

(9) Verbraucherschutzgruppe

(10) Berufsvereinigung, Standesverein

Zu Frage 9

Liste 2 (blau)

(1) Personen, die vorbestraft sind

(2) Menschen anderer Hautfarbe

(3) Studenten

(4) Linksextreme

(5) Mütter mit unehelichen Kindern

(6) Leute, die oft betrunken sind

(7) Rechtsextreme

(8) Leute mit vielen Kindern

(9) Psychisch Kranke

(10) Mitglieder religiöser Sekten

(11) Gastarbeiter

Zu Fragen 13, 14, 16, 21,

23, 24, 37, 46, 54

Bildblatt 3 (weiß)

10
9
8
7
6
5
4
3
2
1

Zu Frage 22

Liste 4 (grau)

(1) Ich würde drei Tage für einen Arbeitgeber arbeiten und mir für den Rest der Woche noch eine zusätzliche Arbeit suchen, um mehr zu verdienen

(2) Ich würde die freie Zeit für Weiterbildung nutzen

(3) Ich würde die freie Zeit mit meiner Familie und Freunden verbringen

(4) Um mich nicht zu langweilen, würde ich mir zusätzliche Arbeit suchen, auch wenn es mir nicht viel Geld einbringt

(5) Ich würde die freie Zeit benutzen, um etwas für die Gemeinde, den Ort hier zu tun, zum Beispiel durch ehrenamtliche Tätigkeit, Arbeit in der Lokalpolitik, Kirchengemeinde oder so etwas Ähnliches

(6) Ich würde mich in der freien Zeit meinen Hobbys widmen

(7) Ich würde in der freien Zeit eine selbständige Tätigkeit, ein eigenes Geschäft oder Unternehmen beginnen

(8) Ich würde mich in der freien Zeit entspannen, nichts Bestimmtes tun

Zu Frage 27

Liste 5 (rosa)

(A)   Die Eigentümer sollten ihre Unternehmen selbst leiten oder die Geschäftsführer bestimmen

(B)   Eigentümer und Angestellte sollten gemeinsam die Geschäftsführer bestimmen

(C)   Der Staat sollte der Eigentümer der Unternehmen sein und die Geschäftsführer bestimmen

(D)   Die Unternehmen sollten den dort Angestellten gehören, und die Geschäftsführer sollten von ihnen gewählt werden

Zu Frage 28

Liste 6 (weiß)

(1)   Am Arbeitsplatz sollten Mitarbeiter die Anordnungen ihres Vorgesetzten grundsätzlich befolgen, auch wenn sie damit nicht völlig übereinstimmen

(2)   Kein Vorgesetzter sollte von seinen Mitarbeitern verlangen, daß sie seine Anordnungen befolgen, bevor er sie nicht von der Richtigkeit überzeugt hat

Zu Frage 38

Liste 7 (orange)

1. Meinung   Es gibt völlig klare Maßstäbe, was gut und was böse ist. Die gelten immer für jeden Menschen, egal, unter welchen Umständen

2. Meinung   Es kann nie absolute und klare Maßstäbe über Gut und Böse geben. Was gut und böse ist, hängt immer allein von den gegebenen Umständen ab

Zu Frage 39

Liste 8 (grau)

(1) Es gibt nicht nur *eine* wirklich wahre Religion, aber einige Überzeugungen und Wahrheiten, die alle Religionen gemeinsam haben

(2) Es gibt nur eine wirklich wahre Religion

(3) Keine der großen Religionen hat irgendwelche Wahrheiten anzubieten

Zu Frage 45

Liste 9 (gelb)

(1) Es gibt einen leibhaftigen Gott

(2) Es gibt eine geistige Macht

(3) Ich weiß nicht richtig, was ich glauben soll

(4) Ich glaube nicht, daß es einen Gott oder irgendeine geistige Macht gibt

Zu Frage 49

Liste 10 (grün)

1. Das *gilt uneingeschränkt*	2. Das gilt *nur mit Einschränkungen*	3. Das gilt *nicht*	4. Weiß nicht, unentschieden

Zu Frage 50 a)

Liste 11 (blau)

(1)   Das Gefühl gehabt, mit jemandem
      in direkter Fühlung zu sein, der
      ganz weit weg von mir war

(2)   Geschehnisse gesehen, von denen
      ich wußte, daß sie ganz weit weg
      von mir passierten

(3)   Das Gefühl gehabt, daß ich mit
      jemandem in Verbindung stand,
      der schon gestorben war

(4)   Das Gefühl gehabt, daß ich einer
      mächtigen geistigen Kraft ganz nahe
      war, die mich irgendwie aus mir
      selbst herauszuheben schien

Zu Fragen 55⊛ und 56

Liste 12 (rosa)

(1)   Einstellungen zur Religion

(2)   Moralvorstellungen

(3)   Einstellungen gegenüber anderen
      Menschen

(4)   Politische Ansichten

(5)   Einstellung zur Sexualität

Zu Frage 59

Liste 13 (weiß)

Für eine gute Ehe
sehr wichtig:

---

ziemlich wichtig:

---

nicht besonders wichtig:

Zu Frage 61

Liste 14 (grün)

(1) Wenn ein Ehepartner lange krank ist

(2) Wenn die finanziellen Verhältnisse
zerrüttet sind

(3) Wenn ein Partner ständig zuviel trinkt

(4) Wenn ein Partner gewalttätig ist

(5) Wenn ein Ehepartner ständig untreu ist

(6) Wenn die sexuellen Beziehungen nicht
befriedigend sind

(7) Wenn ein Partner für den anderen nichts
mehr empfindet

(8) Wenn sie mit den Verwandten des Partners
nicht auskommen

(9) Wenn sie keine Kinder bekommen können

(10) Wenn sie nicht zueinander passen,
ihre Charaktere zu verschieden sind

Zu Frage 64

Liste 15 (orange)

1. Meinung Ganz egal, welche Vorzüge und
Fehler die Eltern haben, man muß
sie immer lieben und ehren

2. Meinung Man muß seine Eltern nicht achten,
wenn sie es nicht durch ihr Verhalten
und ihre Einstellungen verdient haben

Zu Frage 65

Liste 16 (grau)

1. Meinung Es ist die Pflicht der Eltern, das Beste
für ihre Kinder zu tun, auch wenn
sie selbst dafür zurückstehen müssen

2. Meinung Eltern haben ein Anrecht auf ihr
eigenes Leben, und man sollte nicht
von ihnen verlangen, daß sie sich
für das Wohl ihrer Kinder
aufopfern

Zu Frage 69

Liste 17 (gelb)

(1) „Ich bin politisch aktiv"

(2) „Ich interessiere mich für Politik, bin
aber selbst politisch nicht tätig"

(3) „Ich interessiere mich für Politik nicht
mehr als für andere Gebiete"

(4) „Ich interessiere mich überhaupt nicht
für Politik"

Zu Frage 70

Liste 18 (blau)

(1) Beteiligung an einer Unterschriftensammlung

(2) Beteiligung an einem Boykott

(3) Teilnahme an einer genehmigten politischen
Demonstration

(4) Beteiligung an einem wilden Streik

(5) Besetzung von Gebäuden oder Fabriken

(6) Sachen beschädigen, wie Fenster einschlagen,
Straßenschilder beseitigen usw.

(7) Anwendung von Gewalt gegen Personen,
z. B. gegenüber anderen Demonstranten oder
der Polizei

Zu Frage 71

Bildblatt 19 (rosa)

„Ich finde Freiheit und Gerechtigkeit* eigentlich beide
gleich wichtig. Aber wenn ich
mich für eines davon ent-
scheiden müßte, wäre mir die
persönliche Freiheit am wichtigsten, daß also jeder in
Freiheit leben und sich ungehindert entfalten kann.“

„Sicher sind Freiheit und
Gerechtigkeit* gleich wichtig.
Aber wenn ich mich für eines
davon entscheiden müßte,
fände ich Gerechtigkeit am
wichtigsten, daß also niemand benachteiligt ist und
die sozialen Unterschiede
nicht so groß sind.“

* In den anderen Ländern lautete die Alternative „Freiheit und Gleichheit".
Diese Frageform wurde in einer Allensbacher Umfrage nachgezogen, um die
Ergebnisse exakt vergleichbar zeigen zu können (vgl. Tabellen A 160, A 161).

439

Zu Frage 72

Liste 20 (grün)

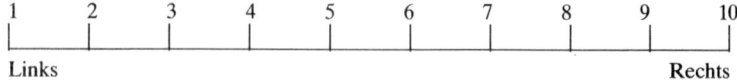

Links   Rechts

Zu Frage 73

Liste 21 (gelb)

(1)   Man muß unsere ganze Gesellschaftsordnung durch eine Revolution
radikal verändern

(2)   Man muß unsere Gesellschaft
Schritt für Schritt durch Reformen
verbessern

(3)   Man muß unsere bestehende Gesellschaft
mutig gegen alle umstürzlerischen
Kräfte verteidigen

Zu Frage 74

Liste 22 (grau)

(1)   Recht und Ordnung aufrechterhalten

(2)   Mehr Mitbestimmung des Bürgers in
wichtigen Entscheidungen der Regierung

(3)   Verhindern, daß die Preise steigen

(4)   Die Meinungsfreiheit erhalten

Zu Frage 75

Liste 23 (orange)

Eine Bestrafung sollte vor allem
erreichen ...

(1) ... daß der Straffällige wieder in die
Gesellschaft eingegliedert wird

(2) ... daß die, die ein Verbrechen
begangen haben, dafür bezahlen
müssen

(3) ... daß die übrigen Bürger geschützt werden

(4) ... daß andere dadurch abgeschreckt werden

Zu Frage 76

Liste 24 (rosa)

(1) Daß man weniger Wert auf Geld
und materiellen Wohlstand legt

(2) Die Arbeit weniger wichtig nehmen

(3) Daß mehr für den technischen
Fortschritt getan wird

(4) Daß die persönliche Entfaltung
des einzelnen stärker betont wird

(5) Mehr Achtung vor Autorität

(6) Mehr Wert auf familiäre Bindungen
legen

(7) Einfacher und natürlicher leben

Zu Frage 77

Bildblatt 25 (weiß)

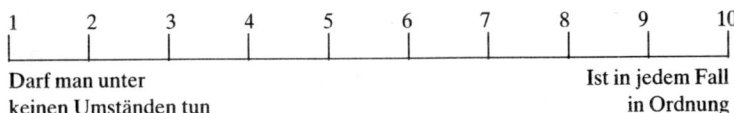

1   2   3   4   5   6   7   8   9   10

Darf man unter   Ist in jedem Fall
keinen Umständen tun   in Ordnung

441

Zu Frage 84a)

Liste 26 (blau)

(2) CDU – Christlich-Demokratische Union
CSU – Christlich-Soziale Union

(3) SPD – Sozialdemokratische Partei Deutschlands

(4) F.D.P. – Freie Demokratische Partei

(5) DIE GRÜNEN

Andere Partei bitte angeben!

Zu Frage 85

Liste 27 (gelb)

Ich fühle mich vor allem zugehörig ...

(1) dem Stadtteil, dem Ort, wo ich lebe

(2) der Gegend, dem Bundesland,
in dem ich lebe

(3) der Bundesrepublik

(4) Europa

(5) der ganzen Welt

Zu Frage 87

Liste 28 (grün)

(1) Es kann Umstände geben, unter denen
Terrorismus gerechtfertigt ist

(2) Terrorismus ist immer zu verurteilen,
ganz gleich, aus welchen Gründen
er verübt wird

Zu Frage 88

Liste 29 (grau)

a)   Die Kirche

b)   Die Bundeswehr

c)   Das Erziehungswesen

d)   Die Gesetze

e)   Die Zeitungen

f)   Gewerkschaften

g)   Die Polizei

h)   Bundestag

i)   Die Verwaltung

j)   Große Wirtschaftsunternehmen

Zur Statistik Punkt 15

Liste 30 (orange)

Wie groß ist
das *Netto*-Einkommen
des *Haushalts* insgesamt
im Monat?

(A)   Unter 1000 DM

(B)   1000–1249 DM

(C)   1250–1499 DM

(D)   1500–1749 DM

(E)   1750–1999 DM

(F)   2000–2499 DM

(G)   2500–2999 DM

(H)   3000–3499 DM

(I)   3500–3999 DM

(K)   4000 DM und mehr

Die folgenden Bogen wurden in einzelne Karten geschnitten, auf denen jeweils nur eine der Angaben zu lesen war. Die Interviewer hatten den Befragten die Karten willkürlich geordnet in die Hand zu geben

Zu Frage 49:

Gelbes Kartenspiel

1. Gebot:
„Ich bin der Herr, Dein Gott.
Du sollst keine anderen Götter
neben mir haben"

2. Gebot:
„Du sollst den Namen Gottes
nicht verunehren"

3. Gebot:
„Du sollst den Tag des Herrn heiligen"

4. Gebot:
„Du sollst Vater und Mutter ehren"

5. Gebot:
„Du sollst nicht töten"

6. Gebot:
„Du sollst nicht ehebrechen"

7. Gebot:
„Du sollst nicht stehlen"

8. Gebot:
„Du sollst kein falsches Zeugnis
geben wider Deinen Nächsten"

9. Gebot:
„Du sollst nicht begehren
Deines Nächsten Frau"

10. Gebot:
„Du sollst nicht begehren
Deines Nächsten Hab und Gut"

Zu Frage 17:

Rosa Kartenspiel

Gute Bezahlung 1	Nette Arbeitskollegen, Mitarbeiter 2
Wenig Streß 3	Sicherer Arbeitsplatz 4
Gute Aufstiegsmöglichkeiten 5	Ein Beruf, der anerkannt und geachtet ist 6
Günstige Arbeitszeiten 7	Die Möglichkeit, eigene Initiative zu entfalten 8
Ein Beruf, bei dem man etwas Nützliches für die Allgemeinheit tun kann 9	Großzügige Urlaubsregelung 11
Ein Beruf, bei dem man mit Menschen zusammentrifft 12	Ein Beruf, in dem man das Gefühl hat, etwas zu erreichen, zu leisten 13
Ein Beruf mit Verantwortung 14	Interessante Tätigkeit 15
Ein Beruf, der den eigenen Fähigkeiten entspricht 16	

Zu Frage 59:

Orangefarbenes Kartenspiel

Treue 1	Angemessenes Einkommen 2
Gleiche soziale Herkunft 3	Gegenseitiger Respekt und Anerkennung 4
Gemeinsame religiöse Überzeugungen 5	Gute Wohnverhältnisse 6
Übereinstimmung in politischen Fragen 7	Gegenseitiges Verstehen und Toleranz 8
Von den Schwiegereltern getrennt leben 9	Glückliche sexuelle Beziehungen 10
Den Haushalt gemeinsam machen 11	Kinder 12
Gemeinsame Interessen 13	

Zu Frage 67:

Weißes Kartenspiel

Gute Manieren	Höflichkeit
1	2

Unabhängigkeit, Selbständigkeit	Hart arbeiten, etwas leisten wollen
3	4

Ehrlichkeit	Verantwortungsgefühl
5	6

Geduld	Phantasie
7	8

Andersdenkende achten, tolerant sein	Durchsetzungsvermögen
9	10

Selbstbeherrschung	Sparsamkeit
11	12

Energie, Ausdauer	Festen Glauben, feste religiöse Bindung
13	14

Selbstlosigkeit	Gehorsam
15	16

Treue, Loyalität	
17	

Weitere aktuelle Literatur
zum Thema dieses Buches:

Christian Graf Krockow
Der Wandel der Zeiten
Wegweiser durch das moderne Leben
192 Seiten

Hans Maier
Die Deutschen und die Freiheit
Perspektiven der Nachkriegszeit
288 Seiten

Manfred Rommel
Wir verwirrten Deutschen
Betrachtungen am Rande
der großen Politik
240 Seiten

Jörg von Uthmann
Die Sehnsucht nach dem Paradies
Zeitgemäße Anmerkungen zur
deutschen Neurose
128 Seiten

DVA